인 류 혼 인 사

A Short History of Marriage

Edward Westermarck 저

鄭 東 鎬 · 申 榮 鎬 역

세창출판사

이 도서의 국립중앙도서관 출판시도서목록(CIP)은 서지정보유통지원시스템 홈페이지(http://seoji.nl.go.kr)와 국가자료공동목록시스템(http://www.nl.go.kr/kolisnet)에서 이용하실 수 있습니다.(CIP제어번호: CIP2013019943)

역자서문

人類婚姻史

이 책은 저명한 사회학자인 E. 웨스터마크(Edward Alexander Westermarck)가 지은 『인류혼인약사』(人類婚姻略史; A Short History of Marriage)를 한글로 옮겨 펴낸 책이다. 이 번역서의 원본은 1926년에 출간된 것으로 웨스터마크가 오랜 동안 혼인의 성립, 형태, 변천 및 그 사회적 기능에 관하여 해 온 연구를 집대성한 『인류혼인사』(人類婚姻史; The History of Human Marriage) 제5판을 발췌하여 꾸민 책이다. 이 책이 비록 인류혼인사라는 대저(大著)의 발췌본(拔萃本)이라고는 하지만 저자도 서문에서 밝히고 있는 바와 같이, 사회제도로서의 혼인에 관한 것만을 모아서 편찬한 것이기 때문에 그 내용에 있어서는 혼인의 사회 · 경제 · 문화와 관련된 사항을 골고루 망라한 특징이 그대로 살아 있다.

이 번역본의 서명(書名)을 정함에 있어서도 이 책이 지니는 내용상의 특성, 즉 사회제도로서의 혼인의 변천과정과 그 사회적 기능을 포괄적으로 수록하고 있는 점을 고려하여 인류혼인약사라고 하지 않고 그대로 인류혼인사(人類婚姻史)라 하기로 하였다.

어느 사회에 있어서나 혼인이 차지하는 중요성은 사회 · 경제의 존립이나 발전을 위하여 더할 나위 없이 크거니와 그에 관한 연구도 각 필요에 따라 다양하기 이를 데 없다. 최근 우리나라를 포함한 세계의 여러 문명사회에 불어 닥친 혼인기피현상도 사회의 유지 · 존립을 위하여 근본적으로 해결하지 않으면 안 될 어려운 난제이면서 그 결론이 묘연한 연구대상이라 하지 않을 수 없다. 그리고 난혼(亂婚), 가부장제혼(家父長制婚), 일부다처제(一夫多妻制), 일부일처제(一夫一妻制), 독거생활(獨居生活), 별거(別居), 그리고 이혼(離婚) 등 이러한 용어 하나하나가 모두 호기심을 불러일으키는 것들이다. 우리의 현실도 그 예외는 아니다.

웨스터마크의 혼인에 관한 연구는 19세기 후반기에 꽃을 피운 진화주의적 인류학의 테두리 안에서 시작되어 종래의 학설이나 연구방법에 머물지 않고 자기 나름대로의 연구방법과 이론에 터잡아 불후의 결실을 맺은 것이다. 그의 혼인 및 가족에 관한 이론은 전반적으로 생물학적인 '원인' 내지 '조건'이 그대로 인류의 사회제도의 '기원'이 된다는 이론 위에 전개되고 있기 때문에 단순한 '비교'의 방법'이나 '기술방법'을 극복하고 있는 특색이 있다. 그는 각 부문의 연구에 이와 같은 생물학적인 원리를 도입함으로써 혈연의식 · 윤리관념 · 신분제도 등과의 관련성으로 말미암아 복잡하기 마련인 혼인과 가족문제를 일관성 있게 풀어 헤치고 있을 뿐만 아니라 그 심원함을 한층 더 높이고 있다. 또한 그는 원시 난교(亂交) · 집단혼(集團婚) 논쟁에서는 반진화론적 입장을 펴서 처음으로 원시 일부일처제를 주창하여 오늘날까지도 많은 지지를 받고 있다. 이렇게 보면 그가 본문에서 혼인의 기원을 설명하면서 "우리는 사실 가족이 혼인에 근거를 두고 있다기보다는 차라리 혼인이 가족에 근거를 두고 있다고 말하여도 괜찮을 것이다"(We may truly say that marriage is rooted in the family rather than the family in marriage)라고 한 것도 결코 우연한 소론이 아니라 혼인과 가족을 즉자적(卽自的)인 관계로 파악하여 이끌어 낸 결론임을 알 수 있다. 또한 그의 이와 같은 고찰태도는 이혼에 관한 그의 단편적인 말에서도 찾아볼 수 있으니, 그는 곧 "나는 이혼을 불행에 대한 필요적인 구제책으로, 그리고 혼인의 명예를 더럽히는 결합을 종식시킴으로써 혼인의 위엄을 보전하는 수단으로 본다"는 현실적이고도 명쾌한 답변을 서슴치 않고 토로하고 있다.

어느 책을 번역하거나 저자가 뜻하는 바를 제대로 알고 그대로 옮긴다는 것은 매우 어려운 일이라 하지 않을 수 없겠지만 이 책의 번역에 있어서는 여러 곳의 지명, 종족명, 인명, 각 사회의 독특한 습속 등을 옮기는 데 특히 많은 어려움이 있었다. 대체로 이미 우리에게 익숙해 있는 표기는 그것을 좇았으며, 처음 소개되는 용어는 가장 일반적인 표현방법 또는 설명방법을 따라서 기술하였다. 또한 번역에 있어서 뒤따르게 되는 잘못을 가능한 한 줄이고, 될 수 있는 대로 저자의 취지가 올바르게 전달될 수 있도록 운문의 뜻을 살리려고 하는 것도 잊지 않았다. 아무쪼록 이 조그마한 소품이 인류학, 사회학, 경제학, 민속학, 가족법학 등을 전공하는 사람들에게 다소나마 도움이 될 것임은 물론 일반독서인에게도 좋은 읽을거리가 되었으면 하는 마음 간절하다.

끝으로 바쁜 일정에도 불구하고 번역문구의 확인, 수정까지 맡아서 돌봐준 강승묵 박사에게 고마움의 정을 전하고, 여러 가지 어려운 사정이 있음에도 불구하고 이 책의 소중한 값어치를 인정하여 쾌히 그 출판을 맡아준 세창출판사 이방원 사장님, 임길남 상무님 그리고 직원 여러분께 충심으로 감사의 뜻을 표한다. 출판에 관한 애정의 결실은 참으로 귀하고 값질 것으로 믿어 의심치 않는다.

2013년 9월

역 자 씀

저자서문

人類婚姻史

이 책은 하나하나 전부 권위 있는 문헌을 참조하여 집필해 온 졸저 『인류혼인사』(人類婚姻史; The History of Human Marriage) 제5판을 기초로 하여 펴낸 것이다. 그렇다고 하여 상기 『인류혼인사』의 초략본을 만들어 내려고 이 책을 쓴 것은 아니다. 나는 이 책에서 문자 그대로 하나의 사회제도(社會制度)로서의 혼인(婚姻)을 서술하고 있으며, 이러한 뜻에서 상기의 대저에서 논의된 여러 논제를 빼버리기도 하였다.

길퍼드(Guildford)의 버프햄(Burpham)에서

1926년 6월

E. W.

차례

人類婚姻史

제6장 혼인의 조건으로서의 동의

제1장

혼인의 기원

혼인(婚姻; Marriage)이란 말은 일반적으로 어느 하나의 사회제도를 나타내는 용어로 사용된다. 이러한 의미에서의 혼인은 관습이나 법에 의하여 승인되고, 그러한 결합당사자나 당해 결합에서 태어난 자(子)에게 일정한 권리의무관계가 인정되는 1인 또는 수인의 남자와 1인 또는 수인의 여자의 관계라고 정의될 수 있을 것이다. 혼인관계의 당사자나 그 자녀들에게 인정되는 권리의무는 민족에 따라서 각각 다르기 때문에 그 모든 것을 포함하는 일반적인 정의를 내린다는 것은 거의 불가능하다. 그러나 권리의무 중에는 여러 민족에 공통적인 부분도 있다. 혼인은 언제나 성교(性交)를 포함하는데, 사회는 당해 성교를 부부의 경우에 당연히 할 수 있는 것으로 허용하고 있을 뿐만 아니라 일반적으로 서로 상대방의 욕구를 일정 정도까지 만족시켜 주어야 하는 것이 부부 각자의 의무(義務)라고까지 한다. 그렇지만 성교의 권리는 반드시 배타적인 것만은 아니다. 만일 간통이 상대방 당사자로 하여금 혼인을 해소할 수 있는 위반으로 여겨지지 않는다면 법률적으로 성교의 권리가 배타적인 것이라고만 할 수 있는 것은 아니다. 또 사실상 간통이 반드시 이혼원인으로 되어 온 것만도 아니다.

그런가 하면 혼인은 단지 일정한 성관계에 그치는 것이 아니라 다른 의미도 내포하고 있다. 그것은 하나의 경제적 제도로서 부부의 재산권에 여러 방식으로 영향을 미칠 수 있다. 즉 필요하고 가능한 한 남편이 자기의 처와 자녀를 부양하는 것은 그의 의무이고, 또한 처와 자녀가 그를 위하여 일을 해주는 것도 그들의 의무라고 할 수 있다. 일반적으로 남편은 처와 자녀에 대하여 일정한 권력을 가진다. 그러나 자녀에 대한 남편의 권력은 일정기간에 한정되기 마련이다. 혼인은 일반적으로 새로이 태어나는 어느 사람이 그가 소속되는 공동체의 사회적 조직 속에서 어떠한 지위를 차지하게 되는가를 결정해 준다. 그러나 지금까지 종종 주장되어 온 바와 같이 이것을 혼인의 주된 제1차적 기능으로 볼 수는 없다. 왜냐하면 비적출자(非嫡出子)라 하더라도 출계(出系)나 재산상속(財産相續)이나 신분승계(身分承繼)에서 적출자와 완전히 동일하게 취급하는 경우가 아주 많기 때문이다.[1] 끝으로 남녀의 결합이 혼인으로 인정되기 위해서는 관습이나 법으로 정해진 규칙이 어떠한 것이더라도 적어도 그것의 규칙에 따라서 체결되어야 한다. 이들 규칙은 당사자 자신의 동의를 필요로 하는 경우가 있고, 당사자의 부모의 동의를 요구하는 경우도 있으며, 혹은 당사자와 부모의 동의를 모두 요구하는 경우도 있다. 규칙에 따라서는 남자가 신부를 얻기 위하여 일정한 반대급부를 지불하도록 하는 경우도 있고, 때로는 신부의 부모가 신부에게 일정한 지참금(持參金)을 지급해야 하는 경우도 있다. 또한 일정한 방식이나 기타 특정한 혼인의식을 거행할 것을 규칙으로 정해 놓은 경우도 있다. 또한 모든 남녀는 관습(慣習)이나 법(法)으로 규정되어 있는 여러 조건에 따라 결합하지 않으면 정식의 부부가 될 수 없다.

_ 혼인제도는 아마도 원시습속에서 발달해 왔을 것이다

혼인제도의 기원에 관해 보면, 혼인은 원시시대의 습속(習俗)으로부터 발달해 내려온 것임에 틀림없다고 생각한다. 우리가 가지고 있는 믿을 만한 증거에 의하면, 원시시대에도 한 사람의 남자가 한 사람의 여자(또는 수인의 여자)와 동거하고, 서로 성관계를 가지며, 자기들의 자녀를 공동으로 키우고, 남자가 가족의 보호자와 부양자로 지내기도 하고, 여자는 남자의 조력자와 자녀의 간호자로 지내는 것이 관행이었

1_ 예를 들어 중국에서는 세대 내에서 태어난 아들은 그 모가 정처(正妻)이든지 첩(妾)이든지 또는 가내노비(家內奴婢)이든지 관계없이 모두가 균등한 상속분을 가진다. 그리고 이슬람교법에 따르면 처의 자녀와 노비가 주인을 위하여 낳아 준 자녀 중에서, 후자를 자기 자신의 자녀라고 인정하면 아무런 차별도 할 수 없게 되어 있다.

다. 이러한 관행은 관습에 의하여 인정되고 나중에는 법에 의하여 공인되었으며, 그리하여 하나의 사회제도(社會制度)가 되었다. 이러한 습속이 우리의 상고시대(上古時代)의 조상들의 생활 속에 존재하였다고 믿는 이유를 서술하고 그 기원을 찾아내 보기로 하자.

_ 저급한 동물에서의 암수관계 및 어미의 보호

인류의 원시시대에 있었던 것과 유사한 습속은 동물계의 다른 많은 종(種; species)에서도 발견된다. 그렇지만 아주 저급한 동물에서는 그러한 습속이 발견되지 않는다. 무척추동물(無脊椎動物; invertebrate)의 고등의 아계(亞界)에서는 양성 사이의 관계는 일반적으로 아주 보잘것없고 심지어 어미까지도 그 새끼에 관하여 거의 관심을 기울이지 않는다. 그리고 척추동물(脊椎動物; vertebrate)의 하등의 강(綱; class)에서도 암수 구별이 있었다는 말을 들어본 적이 없다. 그러나 대다수의 조류의 경우에는 그렇지 않다. 새 중에는 암컷과 수컷이 교미기 동안뿐만 아니라 그 후에도 동거하고, 수컷이나 암컷 모두 어미로서의 본능이 강한 것이 있다. 동물의 습성에 관한 저명한 학자인 브렘 박사(Dr. Brehm)는 순계과(鶉鷄科; gallinaceous family)와 기타 몇몇 종에 속하는 것을 제외하고는 대부분의 조류는 일단 한 쌍이 되면, 그중의 어느 하나가 죽기까지 한 쌍으로 살아간다고 확신한다. 브렘 박사는 조류의 가족애에 깊이 감동하여 "진실하고 순수한 혼인은 조류 중에서만 찾아볼 수 있다"라고 술회하기도 하였다.

_ 왜 특정한 종에서는 새끼를 낳은 다음에도 그대로 함께 살아갈까?; 사족류의 암수관계와 어미의 보호

대부분의 포유동물(哺乳動物; mammal)에 관해서는 이러한 말을 할 수 없다. 포유동물의 어미는 매우 열정적으로 그 새끼의 안위에 관심을 기울이고 일반적으로 극진한 애정으로 그 새끼를 돌보는 것은 틀림없는 사실이지만, 대다수의 종에 있어서 양성관계는 교미기(交尾期; pairing period)에 국한되는 것이 보통이다. 그렇지만 적지 않은 종에서는 암컷과 수컷의 결합은 다소 지속적이고, 이 기간 동안에는 수컷이 가족의 보호자 역할을 한다. 이러한 현상은 사족류(四足類; quadrumana)에서 흔히 찾아볼 수 있다. 유인원(類人猿; anthropoid ape)은 우리에게 특별한 관심을 갖게 한다. 오랑우탄(orang-utan)에 관해서는 견해가 다소 엇갈린다. 한 보고자에 의하면 원숭이는 암컷, 수컷 그리고 하나 또는 때로는 두 마리의 새끼로 한 가족을 구성해서 생활한다고 하며, 다른 보고자에 의하면 늙은 수컷은 언제나 독신으로만 발견되고, 반면에 암컷은 두 마리의 새끼를 데리고 살아가는 것을 볼 수 있는데, 새끼 중의 한 마리는 젖먹이새끼이고 다른 한 마리는 한두 살 정도라고 한다. 월리스(Wallace)는 완전히 성장한 두 마리의 오랑우탄이 함께 있는 것을 본 적이 없다고 한다. 그러면서도 그는 암컷이나 수컷 중 어느 하나가 반쯤 자란 새끼를 데리고 다니는 것은 가끔 본 일이 있다고 하는데, 월리스의 보고에 의하면 우리는 오랑우탄의 새끼도 그 어미의 보살핌을 전혀 받지 않는 것은 아니라는 결론을 이끌어 낼 수 있다. 그런데 고릴라(gorilla)에 관하여 우리가 알고 있는 바는 이 점에서 더욱 일치한다. 여러 가지 설명을 종합해 보면, 고릴라는 한 마리의 수컷(다른 보고에 의하면 두 마리), 한 마리 또는 여러 마리의 암컷 및 한 마리이거나 나이가 다른 여러 마리 새끼로 구성되는 가족집단으로 살고 있으며, 그리고 수컷 즉 아비 고릴라는 그 가족을 수호·경호·보호하고, 또한 가족을 위해 우리를 짓는다고 한다. 침팬지(chimpanzee)의 습성도 이와 대단히 유사한 것으로 되어 있다. 코펜펠즈(von Koppenfels)는 고릴라와 마찬가지로 침팬지도 갈라진 나뭇가지 위에 어린 새끼와 암컷을 위한 우리를 만들고, 수컷 자신은 우리 아래쪽의 나뭇가지에서 밤을 지낸다고 한다.

_ 출산 후 자식과의 동거

그렇다면 어느 동물의 종에서 암컷과 수컷이 교미기뿐만 아니라 새끼를 낳고 난 후까지도 함께 사는 것인가? 이 문제에 대한 올바른 해답은 다음과 같이 간추려야 할 것으로 생각한다. 즉 침팬지는 자연도태(自然淘汰; natural selection)의 과정을 통하여 얻어진 본능에 의하여 그와 같이 살게 되는 것이다. 왜냐하면 본능은 다음 세대를 보존하고 그렇게 함으로써 종 자체를 보존할 수 있기 때문이다. 이것은 그러한 경우에 수컷이 암컷과 어린 새끼와 함께 동거할 뿐만 아니라 이들을 보호한다는 사실에 의해서도 나타난다. 종의 존속을 가능하게 해 주는 다른 여러 수단이 있는 것은 물론이지만 수컷으로서의 본능과 부(父)로서의 본능은 모성애와 마찬가지로 일정한 종의 생존을 위하여 필수적인 것이다. 만일 어미의 보살핌이 결여되어 있는 경우에는 일정한 다른 방식으로 대체되고 있음을 알 수 있다. 무척추동물, 어류 및 파충류의 대부분의 새끼는 성숙기에 달하기 전에 죽어 버리고 만다. 그러나 새로 낳는 알의 수가 죽어 버리는 수에 비례하고 그 결과 죽는 수가 대단히 많음에 불구하고 종은 보존된다. 만일 물고기의 암컷이 낳아 놓은 알이 모두 수정되고 부화하게 된다면, 바다가 아무리 넓더라도 거기에서 생겨나는 어족을 모두 감당하지는 못할 것이다. 파충류의 알은 어미의 보살핌을 전혀 필요로 하지 않고 그 알 속에 있는 태아는 태양열에 의하여 자라게 되며, 그리고 그 새끼는 알에서 깨어나면서부터 독립적으로 생존할 수 있으며 어미와 똑같이 살아갈 수가 있다. 이와 반대로 조류는 어미의 보살핌이 절대적으로 필요하다. 즉 알 속에 있는 태아의 발육과 애송이의 보호를 위해서는 일정하고 지속적인 온도가 절대적으로 필요하다. 그리고 이를 하기 위하여 암컷은 수시로 수컷의 도움을 필요로 하고, 수컷은 암컷이 필요로 하는 것을 공급하여 주는가 하면, 때때로 품어 주는 일을 대신함으로써 암컷을 쉬게 하기도 한다. 포유동물의 경우 유아기의 새끼는 암컷 어미 없이 살아나갈 수 없지만 수컷 어미의 원조는 그렇게 꼭 필요한 것이라고 할 수는 없다. 해마, 코끼리 및 박쥐와 같은 몇몇 종에는 수컷의 보호에 해당하는 다소 특이한 대체습성(代替習性)을 찾아볼 수 있다. 예컨대 암컷들이 수컷들과 떨어져서 그 새끼들과 함께 커다란 무리를 이루고 있거나 집단적으로 살아간다.

_ 유인원의 암수보호 및 양육의 필요성

유인원(類人猿; man-like apes)의 경우에는 수컷이나 어미 수컷의 보호의 필요성을 말하여 주는 것이라고 할 수 있는 몇 가지의 명백한 사실이 있다. 그 중의 하나는 새끼의 수가 많지 않다는 것으로, 바꾸어 말하면 암컷은 출산시에 한 마리밖에 낳지 않는다는 점이다. 그리고 다른 하나는 유아기가 길다는 점이다. 오랑우탄은 15년이 되어야 비로소 완전히 자라게 된다. 그럼에도 불구하고 오랑우탄의 가족생활이 고릴라나 침팬지의 가족생활보다 불완전하다면, 그것은 아마도 위험에 직면하게 되는 일이 적기 때문일 것이다. 사실상 보르네오(Borneo)의 오랑우탄은 사람 이외에는 자기와 상대될 만한 힘을 가진 적(敵)이 없는 것으로 되어 있다. 마지막으로 이러한 유인원(ape) 중 어느 것도 군거적 동물(群居的 動物)이라고 할 수 없다. 바로 이 점에서 유인원은 몸집이 작은 원숭이(monkey)와 다르다. 이러한 특징은 다름이 아니라 그 몸집이 큰 데서 비롯하는 것이다. 몸집이 크게 되면, 한편으로는 군거생활에서 얻어지는 보호의 필요성이 그다지 절실하지 않고, 다른 한편으로 대량의 먹이를 필요로 하기 때문에 커다란 무리를 이루어 사는 것이 쉽지 않다. 예를 들어 고릴라는 같은 곳에서 이틀 밤을 보내는 일이 거의 없고, 각 가족이 여러 곳으로 옮겨 다닌다고 한다. 새비지 박사(Dr. Savage)는 과일이 가장 많이 익는 계절에 침팬지의 수가 보다 많다는 사실을 주장하는데, 이것은 침팬지가 일반적으로 격리된 가족집단에서 고독한 생활을 하는 것이 주로 과일이 그다지 많지 않은 계절에 먹이를 조달하는 데 겪어야 하는 어려움에서 오는 것임을 의미하는 것 같다. 그런데 원주민의 보고자가 말하는 바와 같이, 카메룬(Kamerun) 지방의 침팬지가 집단을 이루고 생활한다고 할지라도 "울창한 삼림이 많은 먹이를 풍부하게 공급하기 때문에 침팬지가 먹이를 해결하는 데 별다른 어려움을 겪지 않는 것이 보통이다"라고 하는 점은 침팬지에게 보다 뛰어난 사교성이 있다는 사실과 상당한 관련성이 있을 것이다.

_ 인류에서 부(父)를 보호자로 하고 부모와 자녀를 구성원으로 하는 가족

그런데 가장 발달된 원숭이로부터 인간으로 눈을 돌려볼 때에도 같은 현상이 나타난다. 가장 문명화된 족속에서뿐만 아니라 가장 저급한 야만인 중에서도 우리는 부모와 자녀로 구성된 가족을 찾아볼 수 있는데, 이들 가족에서의 부(父)는 보호자이자 부양자가 된다. 정말로 몇몇 민족은 아무런 가족적 유대(家族的 紐帶)를 이루지 못한 채 난교(亂交; promiscuity)의 상태로 살거나 그렇게 살아 왔다는 보고가 있다. 또한 지난날 그러한 상태의 잔재라고 해석되는 여러 관습이 현재에도 존재한다. 그리고 난교제(亂交制)가 미개인 사이에서 보편적으로 행해졌다고 주장하는 가설이 나오기도 했다. 그렇지만 앞의 보고나 앞선 시대의 난교제의 잔재라고 추단되는 관습도 아무런 증거적 가치를 지니지는 못한다고 생각한다.

_ 난교설의 비판

난교상태로 생활하였다는 민족에 관하여 내가 알고 있는 모든 사례를 자세히 검토한 끝에, 나는 이것보다 더 믿을 수 없는 보고자료를 찾기란 쉽지 않다는 결론까지 내리게 되었다. 결국 이러한 보고 중 어느 것은 성적 방종, 빈번한 부부의 이별, 일처다부제(一妻多夫制; polyandry), 군혼(群婚; group-marriage)이나 그와 유사한 것 또는 혼인의식의 결여, '혼인한다'(to marry)는 말의 결여, 우리의 혼인결합과 같은 결합의 결여를 난교제도와 혼동하는 이론가의 잘못된 주장일 뿐이다. 또한 다른 보고들은 다양한 해석이 가능한 애매모호한 증거나 부정확한 것으로 판명된 정보에 근거한 것들이다. 그래서 이러한 보고는 어느 것도 권위 있는 것이라고 할 수 없으며, 또한 어느 경우나 난교(亂交)의 존재를 조금이라도 신빙성 있게 하는 것이라고 할 수 없다. 어느 야만민족도 오늘날 그러한 상태로 살고 있지 않으며 최근까지 그러한 상태로 살아오지도 않았다는 것은 명백하다. 그러므로 이러한 사실에 비추어 보면 종래 고전시대나 중세의 저술가가 짤막하게 지적하고 그다지 명확하지도 않게 기술에서 언급하고 있는 몇몇 민족에서 난교제가 행해졌다고 하는 상정은 너무나도 의심스럽다. 또한 사람들이 자기의 이웃 사람의 성관계에 관하여 제공하는 정보라는 것이 얼마나 불확실한가라는 것을 고려한다면, 우리는 고전시대의 저술가들이 잘 알지 못하면서 상당히 떨어져 있는 아프리카나 아시아의 여러 부족에 관하여 제시한 보고를 신빙성 있는 증거로 채택하는 데는 매우 신중을 기하지 않으면 안 된다. 예를 들어 플리니우스(Plinius)는 가라만트인(Garamantians) 사이의 남녀가 난교상태로 생활하고 있었다고 기술하고 있는데, 바로 이러한 사실을 적고 있는 편장에서 아프리카의 다른 인종인 브레미아인(Blemmyans)에 관하여 이들은 머리가 없고 입과 눈이 가슴에 달려 있다고 적고 있다. 그런데 나는 지금까지 인체해부에 관한 책에 이러한 말이 인용되어 있는 것을 본 적이 없으며, 이 경우 우리는 플리니우스가 브레미아인의 신체적 형질에 관하여 알고 있는 것보다 가라만트인의 성적 습관에 관하여 더 잘 알고 있었다고 상정할 만한 아무런 근거도 찾아볼 수 없다. 더구나 가라만트인의 성적 습관에 관한 기술이 매우 짧고 분명하지 못하므로 그에 관하여는 서로 다른 해석을 내릴 수 있을 것이다. 또한 가라만트인의 성적 습관에 관한 기술 속에 언급되어 있는 여자공유(女子共有)라는 것은 반드시 어느 한 군속(群屬; horde) 또는 부족(部族; tribe) 내에서의 일반적인 난교제를 의미하는 것이 아니라 오늘날의 몇몇 야만인들 사이에서 행해지는 것으로 알려져 있는 집단적 관계(group relation)와 유사한 것일 수도 있다. 그리고 혼인이라는 존재가 부정되는 경우에는 '혼인'이라는 말이 여러 의미를 지니는 것으로 사용됨을 잊어서는 안 된다. 중세의 저술가가 어느 슬라브 민족에서 행해지고 있다고 쓴 난교에 관하여도 같은 말을 할 수 있다. 그렇기 때문에 설령 우리가 수 세기 이전에 어느 아리아민족에 혼인이 존재하지 않았다고 믿을 수밖에 없다 하더라도, 그것은 당해 민족이 과거 그 조상들이 가지고 있었던 것을 잃어버리고 만 것이라고 생각하는 것이 옳을 것이다.

원시기에 난혼제단계가 있었다고 주장하는 사람들은 난교제가 세계 전 지역의 야만인 사이에서 혼인과 함께 발견되고, 더욱이 그것이 흔히 단순한 사실로서가 아니라 관습상 허용된 관행으로 되어 있었다고 주장해 왔다. 실제로 알려져 있는 바로는 이러한 현상은 성관계가 본래부터 억제되어서는 안 된다는 것을 설명해 주는 것이다. 문명화되지 못한 여러 민족에서 남녀가 혼인 전에 완전한 자유를 누리게 되어 있음은 이미 잘 알려진 사실이다. 그러나 우리가 당해 사실을 좀 더 면밀히 살펴보게 되면 그중 많은 것은 어떠한 사정에서든지 원시난교제의 유물이라고 볼 수 없음을 곧바로 알게 된다. 왜냐하면 그러한 것이 시대적으로 나중에 생긴 것으로 알려진 것이기 때문이고, 또한 그 자체도 전혀 난교적인 것이 아니기 때문이다. 혼인 전의 자유(pre-nuptial freedom)라는 것은 미혼의 여자가 끊임없이 그 연인을 바꾸거나 미혼의 남자가 수시로 그 연애대상을 바꾸는 것이나 미혼의 남녀가 아무런 잘못도 없는데도 그렇게 할 수 있음을 의미하는 것은 아니다. 소년과 소녀 사이의 성관계는 그들의 혼인에 있어서의 예비행위인 경우가 매우 많다. 그것은 일반적인 구혼방법(求婚方法)일 수도 있으며 혹은 아주 영속적인 관계를 확정짓기 전의 시험일 수도 있다. 많은 민족에서는 혼인이 확정되기 전에 일정한 시험혼(試驗婚; marriage upon trial)이 행해지기도 하였는데, 신랑이 소녀를 자기 집에 데리고 가거나 또는 그 자신이 소녀의 집으로 가서 일정한 기간 동안 그녀의 부모와 함께 체류했던 것이 그것이다. 이러한 혼속(婚俗)은 종교개혁 이전의 스코틀랜드에서도 '시험혼'(試驗婚; hand-fasting)이라는 이름으로 알려진 순수한 관습으로 존속하고 있었다. "공공의 정기적인 장날이면 남자는 1년 동안 함께 살 반려자를 선택하였다. 이 기간이 지나면 양 당사자는 자유롭게 된다고 생각하였으며, 그들은 혼인을 하거나 헤어져 혼자서 살 수도 있었다." 이와 유사한 관습은 매우 조잡한 형태로 아일랜드에도 남아 있었다. 그리고 옛날의 어느 저술가에 의하면, 웨일즈인은 자기가 혼인을 하고자 하는 때에는 반드시 함께 지내면서 약혼중인 사람의 성질 및 특히 생식능력을 시험해 보았다고 한다. 문명화되지 못한 많은 민족에서 미혼자들의 자유로운 교제는 소녀가 임신을 하거나 어린애를 낳게 되면 일반적으로 혼인하여 살아가게 되고, 아니면 그러한 경우 유혹자나 연인은 당해 소녀와 혼인을 하도록 강제되었으며, 혼인을 하지 않으면 일정한 위약금을 지급해야 했었다. 이러한 여러 사실들은 자녀의 아버지를 알 수 있음을 전제로 하고 있어서 이러한 점은 어디까지나 난교제와는 전혀 다른 어떤 것을 의미하는 것으로 볼 수밖에 없다.

내가 굳이 발달하지 못한 민족(simple peoples)에서의 혼인 전의 관계가 언제나 이러한 성격을 지닌다는 것을 주장하는 것은 아니다. 우리는 그 반대로 혼인 이외에 난혼제가 존재하였다는 너무나도 많고 분명한 보고자료를 가지고 있다. 그럼에도 불구하고 미혼자 사이의 난교제는 순수한 야만인의 관습상 예외에 지나지 않는 것임을 확신한다. 홉하우스(Hobhouse), 휠러(Wheeler) 및 긴스버그(Ginsberg)와 같은 사람은 그들의 공저인 『미개민족의 물질문화와 사회제도』(Material Culture and

Social Institutions of the Simpler Peoples)에서 이들이 조사한 사례—약 120건—가운데 혼인 전의 관계를 비난한 사례와 그것을 허용한 사례의 수가 거의 비슷하다는 결론을 내린 바 있다. 많은 보고자료가 불확실하기 때문에 숫자를 대고 싶지는 않지만, 내가 직접 수집한 사실은 나로 하여금 어쨌든 이들 저자들이 야만인의 정절(貞節)의 표준을 결코 지나치게 평가한 것은 아니라는 확신을 갖게 한다. 그러나 이와 관련하여 문명과의 접촉이 대단히 많은 경우에 저급한 족속(族屬)에 미치는 퇴폐적인 영향을 생각하지 않을 수 없고, 더욱 중요한 사실은 '혼인 전의 부정'(pre-nuptial unchastity)에는 아무리 절대적이고 지속적이었더라도, 아무튼 정식의 혼인에 선행되는 모든 성관계를 포함한다는 사실을 유의해야 한다.

그 밖에도 미개민족에 있어서 혼인 전의 부정행위(不貞行爲)에 대한 비난이나 허용이 경제적 발달과 어떠한 관련이 있는지를 검토해 본 결과 부족에서의 혼인 전의 정절의 표준이 당해 민족의 문화 정도와 비례하지 않는다는 것으로 나타났다. 오히려 이와 반대로 가장 뒤떨어진 부족에서는 비교적 발달된 부족에서보다도 정절이 한층 더 존중되었던 것 같다. 이것은 혼인이 인류의 양성(兩性) 간의 자연스럽고도 정상적인 관계라고 한다면 당연히 예측할 만한 것이다. 혼인 전에 정절을 지키느냐 지키지 못하느냐 하는 것은 혼인을 하게 되는 연령에도 크게 관계된다. 낮은 문화단계에서는 독신(獨身)이 대단히 드물고 우리들보다도 훨씬 젊은 나이에 혼인하는 것이 보통이다. 그러나 야만인의 생활에서도 성인이면서 어쩔 수 없이 일정한 기간 동안 독신으로 살지 않을 수 없는 경우가 있다. 예를 들어 너무 가난하여 처를 부양할 수 없는 사람도 있고, 처를 사야 하는 경우에 그 대금을 지불할 수 없는 사람도 있을 수 있다. 혹은 몇몇 사람이 일부다처(一夫多妻)로 살기 때문에 다른 남자가 독신으로 살게 되는 경우도 있게 된다. 그러나 이러한 장애는 문화가 어느 정도 발달한 경우에 주로 발생하는 것이고 다소 원시적인 상태에서는 훨씬 작은 규모로만 발생하였던 것이기 때문에 혼인 전에 부정을 저지를 필요도 그다지 많지 않았을 것이다. 따라서 처음에는 모든 양성 간의 관계가 난교적이었다고 하는 가설에 의하지 않더라도 혼인 이외의 관계는 쉽게 설명될 수 있다. 우리들 사이에서 매음이 인구증가율보다 높은 비율로 증대하는 경향을 보여 왔다는 사실과 창부(娼婦)가 일반적으로 불임증임에도 불구하고 유럽에서는 비적출자의 출생수가 적출자의 출생 수보다 많은 도시가 있었다는 사실을 고려한다면, 야만인의 미혼자의 부정을 가지고 원시난교제(原始亂交制)의 잔재라고 주장하는 것은 잘못된 것이라고 할 수 있다.

난교제나 에이브버리 경(Lord Avebury)이 말하는 이른바 '공동혼'(共同婚; communal marriage)의 가설은 개인적 혼인에 대한 속죄행위(贖罪行爲)로 설명되는 어느 관습을 그 주된 근거로 삼는 것으로 생각된다. 많은 경우 처를 배타적으로 소유한다는 것은 이전에 존재하고 있던 처에 대한 공동의 권리를 일시적으로 승인하기 시작함으로써 비로소 합법적으로 획득될 수 있었다고 한다. 일반적으로 공동체의 남자구성원들이 고대의 권리를 상실하게 된 다음에 공동체의 대표자로 여겨졌던 사제, 왕 또는 귀족에게 흔히 주어졌던 이른바 초야권(初夜權; jus primae noctis)이 여기서 말하는 승인으로 생각된다. 그렇지만 이러한 추론을 하기에 앞서서 우리는 당해 권리가 이것을 인정하거나 또는 이것과 유사한 성질의 관행을 채용하고 있는 민족의 감정 또는 관념으로써 설명될 수 있는지의 여부를 고려하지 않으면 안 된다. 이것은 어느 관습을 연구하든지 이러한 방법을 따르지 않을 수 없으며, 특히 하나의 관습이 그 자체가 전적으로 가정적인 선행상태의 존재를 입증하는 것으로 사용되고 있는 바로 지금과 같은 경우에는 더욱 이에 의존할 수밖에 없다.

그런데 우리의 관심을 불러일으키는 중요한 사실 중 하나는 신랑이 신부의 정결(貞潔)을 깨뜨리거나 또는 본성에 의한 방법이더라도 그렇게 하는 것을 꺼려한다는 점이다. 사실상 여러 민족 가운데서 혼인 외의 성관계가 그것을 접하고자 하는 남자 쪽의 권리행사를 의미하는 것이 아니라, 남편이 피하고자 하는 행위가 명백하게 드러나는 경우에는 젊은 여성과 소녀는 혼인 외의 성관계에 의하여 정결을 잃게 되는 것이다. 남편이 정결을 깨뜨리는 것을 꺼려하는 주된 이유는 틀림없이 미신적인 공포이며, 대부분의 경우 이러한 감정은 적어도 처녀막 출혈에 관하여 여러 사람이 알고 있는 공포와 밀접하게 관련되어 있다. 이러한 사정과는 반대로 사제나 치료주술사는 다른 사람들에게 위험한 것을 안전하게 할 수 있다고 생각한다. 카르스텐 박사(Dr. Karsten)가 최근에 저술한 『남아메리카 인디언의 문명』(The Civilization of the South American Indian)에서 언급하고 있는 것처럼, 맨 처음의 성교에는 악령이 방해할지도 모른다는 두려움이 있더라도 사제나 치료주술사는 그러한 악령을 다루는 방법을 알고 있기 때문에 "소녀의 정결을 깨뜨림으로써 그녀가 자연적인 위해(危害)를 받지 않도록 하고, 또한 그녀의 남편이 나중에 위해를 받지 않도록 하는 방법"을 알고 있는 것으로 여긴다. 또한 한층 더 적극적인 이득이 그들의 성교에 덧붙여 기대될 수도 있다. 다시 말하여 성스러운 사람과의 성교는 일반적으로 커다란 은혜로 여기기도 한다. 그리고 단지 관습에 지나지 않거나 관습으로 되어 온 것이 하나의 권리로 풀이되든가 실제의 권리로 되기도 한다. 추장이나 왕의 초야권에 관하여도 같은 말을 할 수 있으며, 이들의 초야성교도 사제가 정결을 깨뜨리는 것과 유사한 정황에 휩싸여 갈구하였던 것으로 설명되기도 하였다. 1100년경에 편찬된 아일랜드어의 문서가 포함되어 있는 고문헌 사본에는 그리스도(Christ)가 탄생하였던 때에 살았던 얼스터(Ulster)의 왕인 콘코와(Conchobar)는 자기 왕국 내의 모든 처녀의 정결을 깨뜨린 것으로 되어 있는데, 이것은 소녀의 정결을 깨뜨리는 것이 그에게 부여된 일종의 의무사항이었음을 보여 주는 것이기도 하다. 동시에 추장의 초야권도 일부의 추장들이 자기가 거느리는 여자 신하와 함께 살아갈 수 있었던 권한과 그 기원을 같이하는 것이라고 할 수 있을 것이다. 그러나 추장이나 사제가 가지는 초야권이 궁극적으로 정결파괴에 대한 일반인의 두려움에서 발생하든, 신성한 사람이나 우월한 사람과의 성교에서 생겨나는 이득의 소망에서 발생하든 또는 당해 권리를 가지는 사람의 성욕에서 발생하든, 어떻든 그것은 언제나 그 자신의 인격적인 품위나 권위의 소산이기 때문에 고대의 처에 대한 공동의 권리의 잔재라고 보는 것은 잘못이다.

옛날의 여성공유(女性共有)에 관한 증거로 제시된 다른 하나의 관습은 남자로 하여금 자기의 처나 그 처 중의 한 사람을 손님에게 제공하도록 하는 관습이다. 이 관습에 대하여 에이브버리 경은 '공동체의 전 구성원이나 일시적 구성원인 손님의 고유한 권리'의 승인을 의미하는 것으로 본다. 만일 에이브버리 경이 생각하는 그대로였다면, 처를 빌려주는 이러한 관습은 세계 여러 곳의 많은 민족 가운데서 발견되기 때문에 '공동혼'(共同婚; communal marriage)이 전 인류에 널리 유포되어 있었다는 결론을 받아들이지 않을 수 없을 것이다. 그러나 우리는 손님에 대한 식사나 침상의 제공은 어느 사람도 오로지 자기의 것이라고만 할 수 없는 음식물이나 거처에 의존해 살았던 시대의 유물이라고 생각한다. 나는 주인이 그 처를 손님에게 제공하였던 이러한 관습은 손님을 후하게 대접하는 여러 방식 중 하나에 지나지 않는 것으로 생각하며, 손님을 후하게 대접하는 것은 그 방식에서 다소 차이가 있기는 하였지만 낮은 문명단계의 여러 곳에서 보편적으로 행해졌던 것 같다. 손님에게 제공되었던 사람이 반드시 처만은 아니고 딸이나 자매 또는 하인일 수도 있었다. 이러한 방식의 환대법(歡待法)은 아일랜드의 영웅설화에 적지 않게 나오고 또한 프랑스의 문학작품에서도 여러 사례를 찾아볼 수 있는데, 이것은 예전 프랑스에 이러한 환대법이 있었음을 보여 주는 것이라고 생각한다. 찾아온 낯선 손님에게 자기의 처를 빌려주는 것도 다른 형태의 환대법과 마찬가지로 미신적인 신앙과 관련되어 있다고 볼 수 있다. 손님에게 대접을 잘 해주면 그 손님이 축복을 가져다 줄 것이라고 믿는 것이 보통이다. 그러나 반면에 그 사람이 화를 가져오게 되는 불씨가 될 수도 있다. 낯선 사람은 마법(魔法)을 잘 알고 있다고 믿는 것이 보통이며, 손님의 사악한 기원(祈願)이나 저주(詛呪)는 일반인이 크게 두려워하는 바이기도 하다. 그렇게 되는 것은 어쩌면 손님이 흔히 지니고 있는 뛰어난 소질 때문이거나, 아니면 손님이 주인이나 그 일족과 아주 가까이 있다 보니 그들에게 화(禍)도 쉽게 옮겨 줄 수 있다고 믿기 때문일 것이다. 우리가 낯선 사람의 사악한 눈이나 저주에서 생겨난다고 믿는 위험 및 손님의 사랑의 결과라고 믿는 이익을 생각해 보면, 주인이 자기의 처를 손님에게 빌려 주는 관습은 그다지 어렵지 않게 납득할 수 있다.

대다수의 문명화되지 못한 민족에서는 각 사람의 출계(出系)가 부(父)에 맞춰서가 아니라 모(母)를 기준으로 이루어진다. 일반적으로 '모권'(母權; mother-right)이라고도 불리는 이러한 관습은 맥레넌(McLennan) 및 그 이후의 많은 저자들에 의하여 성적 난교제로 인한 부자관계(父子關係)의 불확실성(不確實性)의 결과로 설명되어 왔다. 그러나 우리가 도덕적인 습관이나 비도덕적인 습관이라고 생각하는 것과 야만인 사이의 부계제나 모계제의 보급이 일반적으로 서로 어떻게 부합하는지를 밝힐 수 있는 사람은 없다. 모든 연결이 모(母)를 통하여 자녀에게로 행해짐에도 불구하고 간통이 아주 드문 것으로 되어 있는 민족이 있는가 하면, 반면에 출계가 부(父)를 통해서 이어지는데도 성교관계는 혼인 전후를 막론하고 아무런 제한을 받지 않고 할 수 있는 민족도 있다. 하틀랜드 박사(Dr. Hartland)는 모계출계(母系出系)가 부자관계의 불명확성에서 기원한 것으로 볼 수 없다는 견해를 취하면서 적절하게 지적하고 있는 바와 같이, '모권'(母權)은 "부자관계가 불명확한 곳에서뿐만 아니라 이러한 관계가 실제로 확실한 곳에서도 나타나며", 반면에 '부권'(父權)도 "부자관계가 확실한 곳에서뿐만 아니라 이러한 관계가 확실하지 않은 곳에서도 나타나고, 더욱이 법적인 부가 자녀를 낳지 않았다고 판명된 경우에도 나타난다. 이에 그치지 않고 부권제도가 확고한 곳에서는 명목상 부(名目上 父)를 위하여 타인이 아이를 낳아줄 필요성이 대두되기도 하고 대체로 그 방법을 용인하였던 것도 사실이다." 나는 부로서의 품성을 어떻게 생각하든지 모권은 자녀의 출생이라는 사실, 즉 자녀가 모로부터 태어난다는 사실과 직접적인 관련성이 있음을 인정한다. 그러나 부권이나 모권 모두 다각적으로 여러 사회적 조건에 크게 의존하게 되어 있음을 조금도 의심하지 않는다. 저급한 족속에 관한 지식이 우리가 지금 알고 있는 것보다 훨씬 풍부해지더라도, 각 경우에 부권이나 모권이 얼마나 보급되어 있는지에 대한 설명이 불가능할지 모른다. 그렇지만 나는 우리가 혈연관계라는 점을 고려하지 않고서도 모권제도를 발생시킨 주된 원인 또는 적어도 그 가운데 몇 가지는 개괄적이나마 직시할 수 있을 것으로 생각한다.

어느 야만인 가운데서나 모자(母子)간의 유대(紐帶)가 부자(父子)를 결속시키는 유대보다 훨씬 강하다. 야만인의 모(母)는 오랜 동안 어린애를 가슴에 안고 다니는 것을 볼 수 있으며, 젖을 먹이는 기간도 2년, 3년이나 4년 또는 이보다 더 장기간이기도 하다. 젖을 뗀 경우에도 어린애는 언제나 모를 따라다니고, 어느 정도 나이가 먹은 아이도 일반적으로 모를 따라다닌다. 일부다처제 가족(一夫多妻制 家族; polygynous family)에서는 각 처가 독자적인 숙소를 가지는 것이 보통이고, 거기에서 자기의 어린애들과 함께 생활한다. 그렇지 않은 경우라 하더라도 모와 어린애들은 하나의 조그만 분지가족(分支家族; subfamily)을 이루어 함께 살기 마련이다. 더구나 많은 민족에서는 혼인을 하면 남자가 자기의 집을 떠나서 처가(妻家)에 가서 그 식구들과 함께 사는 것이 하나의 관습으로 되어 있는데, 이 대부분의 경우 모권제가 행해지는 것이 보통이다. 그러므로 모권에 관한 하나의 원인은 처가거주혼(妻家居住婚; matrilocal marriage)에 있는 것 같다. 이러한 결론은 다음과 같은 사실에 의하여 입증된다. 즉 처가거주혼과 부가거주혼(父家居住婚; patrilocal marriage)이 동일민족 내에서 병존적(竝存的)으로 행해지는 경우의 몇몇 사례를 보면, 만일 남편 되는 사람이 처가로 가서 그 가족과 함께 사는 경우의 출계는 모계적(母系的)으로 구성되고, 그렇지 않고 남편이 처를 데리고 자기의 집으로 와서 살게 되면 그 출계는 부계적(父系的)으로 구성된다.

나는 지금까지 양성의 무차별적인 동서(同棲) 또는 '공동혼'(共同婚; communal marriage)의 태고적 상태의 잔재로 주장된 어떠한 관습도 이전에 그러한 상태가 존재하였음을 전제로 하지 않는다는 것을 분명하고 확고하게 말할 수 있다. 난교제의 가설을 뒷받침하는 것으로 제시된 여러 사실을 살펴보더라도 우리는 난교제가 미발달 민족에서의 성관계의 일반적인 형태였다고 추단할 수 없으며, 또한 그것이 인간의 사회적 발전의 보편적인 단계를 이루었다거나 더욱이 그 단계가 전 인류사의 출발점이 된다고도 생각할 수 없다. 그리고 난교제라는 가설은 아무런 사실상의 근거도 가지고 있지 못할 뿐만 아니라 실제로 우리가 인간의 초기상태에 관하여 내릴 수 있는 가장 믿을 만한 추론에도 반대된다.

다윈(Darwin)은 네발짐승(quadruped)의 모든 수컷에 대하여 그 대부분이 연적(戀敵)과 싸우기 위하여 특수한 무기로 무장을 할 만큼 질투가 많고, 이러한 점에서 본다면 난교적인 교미가 자연상태에서 널리 행해졌으리라는 것은 거의 있을 수 없는 일이라고 주장하기까지 했다. 그렇지만 모건(Morgan), 맥레넌(McLennan) 및 러벅(Lubbock)이 제시한 일련의 증거는 다윈으로 하여금 거의 난교적인 교미가 후대에 전 세계에 걸쳐 일반적으로 행해졌다고 믿게 하였으며, 몇몇 다른 저자들도 유사한 견해를 표명한 바 있다. 그런데 만일 옛날의 난교제에 관한 증거로서 제시된 여러 사실이 정말로 인류의 발전단계에서 일반적이었음을 뒷받침해 주는 것이라면, 우리는 두말할 것도 없이 남자 쪽의 질투가 난교제에 대하여 그다지 중대한 장애일 수 없었음을 인정하지 않을 수 없다. 반면에 만일 우리가 어느 시대에 난교단계가 있었다고 추정할 만한 합리적인 근거를 전혀 확보하지 못하게 되면 사정은 완전히 바뀌게 된다. 이와 관련하여 유인원이나 현존하는 족속에서 남자의 질투심이 널리 유포되어 있는 것은 질투심이 인류의 초기에도 마찬가지로 널리 보급되어 있었음을 보여 주는 아주 확실한 증거가 되는 것이다. 남성의 질투가 인간의 일반적인 특성이라는 것은 관찰자의 직접적인 보고에서뿐만 아니라 간통(姦通)에 관한 관습이나 법에서도 추론할 수 있다. 간통에 관한 종래의 관습이나 법은 유혹자나 부정한 처 또는 이들에게서 피해를 입은 남편 자신 또는 그 남편이 구성원으로 되어 있는 공동체가 일정한 형벌(刑罰)을 가할 수 있도록 하고 있으며, 또한 어느 경우에나 피해를 입은 남편에게 자기의 처와 이혼할 수 있는 권리를 준다.

질투심이 거의 없다고 할 만한 야만인 민족이 있는 것도 틀림없는 사실이다. 이것은 처를 빌려주거나 교환(交換)하거나 또는 매음(賣淫)시키는 관행으로부터 추론되어 왔다. 그러나 만일 성적 질투심이, 내가 그렇게 생각하려는 것처럼, 전적으로 어느 사람의 성적 목적의 대상인 한 개인에 대한 배타적인 점유를 잃거나 잃게 될지도 모른다는 염려에서 생겨나는 분노감정을 의미하는 것이라면, 그러한 추론은 도저히 납득할 만한 것이 못 된다. 첫째로 어느 야만인이 앞에 말한 이유에서 또는 단순히 자기 민족의 관습에 따라서 자기의 처를 방문객에게 빌려주는 경우 그 야만인이 어떠한 감정을 갖게 되는지를 도대체 어느 누가 정확하게 말할 수 있는가? 그리고 둘째로 사람은 어느 특정한 경우에는 말로는 표현할 수 없는 일정한 감정을 체험하고 싶어 하는 성향 어쩌면 강력한 충동을 가지는 경우도 있다. 욕망이라는 것은 적어도 어느 순간에 다소 강한 다른 욕망에 의하여 억제될 수도 있는 일이다. 일반적으로 말하여 남자는 자기의 처에 관하여 질투심이 상당히 많게 마련이다. 그럼에도 불구하고 남자는 금전욕에 치우치게 되면 자기의 처로 하여금 낯선 사람에게 매음을 하게 시키거나 또는 흑인종족에서의 남편이 때때로 그렇게 하는 것처럼 다른 남자를 함정에 빠뜨려서 그들로 하여금 막대한 배상금을 물도록 하는 데 자기의 처를 이용하기도 한다. 더구나 성적 질투심은 어느 정도의 색정(色情)을 전제로 하는 것이다. 그래서 야만인뿐만 아니라 문명인도 한결같이 자기의 처를 사랑하는 것만은 아니다. 자기의 처를 다른 남자의 처와 교환하는 이유 중 하나는 그가 자기의 처에게 완전히 싫증을 느꼈기 때문일는지도 모른다.

이러한 여러 사실에 비추어 나는 질투심을 그다지 절실하게 일으키지 않는 민족이 있다는 것을 전적으로 부인하지는 않는다. 그런데 질투심을 별로 느끼지 않는다는 것은 일처다부제(一妻多夫制)를 관습으로 하는 민족에서 연유하는 특징적인 말이다. 그러나 일처다부제의 기원은 나중에 살펴보는 것처럼, 부인에 대한 일반적인 공유와는 관계없는 특수한 원인에 의하는 것이기 때문에 위에 든 이유만으로 난교제의 이론을 뒷받침하는 근거로 일처다부제를 행하고 있는 민족을 인용하는 것은 적절치 못하다. 또한 이와 관련하여 매우 중요한 점은 이들이 아주 뒤떨어진 야만인이 아니라 양이나 소를 무리로 기르거나 농사를 짓고 사는 사람들이어서 도저히 야만인이라고 할 수 없는 민족에서도 일처다부제가 발견된다는 사실이다. 그렇다고 하여 이러한 사실이 "일처다부제는 난교제의 변형물 내지 난교제가 진보한 형태로 보아야 한다"는 맥레넌의 주장을 뒷받침해 줄 만한 것은 더욱 아니다. 뿐만 아니라 처로 하여금 매음하게 하는 관행을 함부로 원시기에는 질투심이 없었다는 점에 관한 증거로 삼을 수 있는 것도 아니다. 매음(賣淫)은 확실히 원시기의 특성이 아니며, 여러 민족에 걸쳐서 고찰해 보면, 그것이 '고도의 문명'과의 접촉에서 발생한 것임을 어렵지 않게 알 수 있다. 만일 인류의 태동기에 동물적 교미기가 있었다는 것이 타당한 것이라면, 내가 다른 곳에서 설명한 바와 마찬가지로, 그러한 단계에서의 인간의 질투심은 적어도 다른 포유동물 이상으로 강하였을 것이라고 추단할 수 있을 것이다.

_ 남편이 처와 함께 살지 않는 몇 가지 사례

난교상태로 생활하고 있던 민족에 관하여 전해지고 있는 사례는 없지만, 어린애가 아버지보다 어머니 쪽의 숙부(叔父)와 더욱 친밀한 관계를 맺게 되는 민족이 있는 것만은 틀림없는 사실이다. 예외적인 몇몇 경우 — 수마트라(Sumatra)의 오랑 마마크족(Orang Mamaq), 수마트라 파당고원(Padang Highlands)의 말레이인 계통의 부족, 앗삼(Assam)의 자인티아구릉(Jaintia Hills)의 신텡족(Syntengs), 말라바르(Malabar)의 나야르족(Nayars)—에서의 남편은 처와 전혀 동거하지 않고 처가 그 어머니 쪽의 친족(親族)과 함께 살고 있는 곳을 찾아다니는 관습이 있다고 한다. 이렇게 사는 경우 처가 낳는 어린애는 그대로 그녀와 함께 살게 된다. 더욱이 일반적으로 어린애들이 어렸을 때는 그 부모와 함께 생활함에도 불구하고 모(母)의 오빠가 어린애에 대하여 아버지보다 더 많은 권리를 가지고 있거나 아버지의 권위가 미약하거나 거의 무시되는 곳도 있다고 한다. 그렇지만 나는 아버지가 배제하는 가운데 모 쪽의 숙부로 하여금 절대적인 권력을 가지도록 한다는 보고자료는 다소 주의해서 받아들여야 할 것으로 생각한다. 여행자들은 유럽인의 가족체계와 자기가 방문하고 있는 민족의 가족체계의 서로 다른 점에 깊은 인상을 받게 마련이고, 따라서 자칫하면 실제의 사실 이상으로 그 다른 점을 과장시켜서 표현하기 쉽다. 이렇게 생각해야만 우리는 그들의 설명 중 간혹 발견되는 납득하기 어려운 모순도 어느 정도 이해할 수 있다. 그러한 모순은 이를 테면 다음과 같은 것들이다. 어느 저작자는 프랑스령 서아프리카(French West Africa)의 로비족(Lobi)에서는 어린이들이 그 양친과 동거하고 있기는 하지만 그들의 숙부에게 소속된다고 하면서, 그 다음 쪽에서는 "가부(家父)의 권위를 제외하면 그 밖에는 아무런 권위도 없다"고 하는가 하면, 노예해안(Slave Coast)의 에웨어를 사용하는 민족(Ewhe-speaking peoples)에 관한 한 권위자는 어느 곳에서는 "장남이 가장이다"라고 하면서 다른 데서는 아버지가 '세대의 소유주 또는 통솔자'라고 하거나 남자가 어느 소녀와 혼인하고 싶을 때에는 그 소녀의 양친과 협의를 한다고 하는 등이다. 어느 경우에도 자녀들이 그 아버지의 가(家)에서 사는 동안에는 자녀들에 대한 아버지의 권리는 어느 정도 제한되었을는지 모르지만 부친으로서의 기본적인 의무는 보편적으로 인정되었던 것 같다.

_ 어머니의 오빠가 자녀에 대하여 그 아버지보다 더 강한 권력을 가지고 있다는 사례; 모계제 민족에서의 부권(父權)

그러나 모 쪽의 숙부 또는 모의 친족 중 다른 사람이 아버지 이상으로 자녀에 대한 권위를 가지고 있다는 것이 모계제민족에서의 일반원칙이라고도 할 수 없다. 오스트레일리아의 각 종족에서는 그 계통이 부계이거나 모계이거나를 막론하고 예외 없이 아버지가 가장(家長)이다. 이러한 사례는 출계가 모계로 이어지는 멜라네시아(Melanesia)의 대부분의 지역에서도 마찬가지인데, 코드링턴 박사(Dr. Codrington)가 주장하는 것처럼 "가옥은 아버지의 것, 채소밭도 그의 것, 규칙이나 지배권도 아버지의 것이다." 북아메리카의 모계적인 알곤킨족(Algonkin)에 관하여 샤를부아(Charlevoix)는 "비록 아버지가 부친으로 여겨지지 않는다 하더라도 그는 언제나 자기 집의 통솔자로 존경을 받는다"고 한다. 그리고 이로쿼이족(Iroquois)—모건(Morgan)의 권위서에는 이 부족이 아버지가 세대(世代) 내에서 아무런 권위도 가지지 못하는 가장 전형적인 형태로서의 모권(母權)에 관한 몇몇 실례 중 하나로 서술되어 있다—에 관하여 모건 이전의 어느 권위자는 모가 자녀들을 감호하지만 아버지의 말은 법이고 그 말에 전 세대 구성원들이 복종한다고 한다. 이러한 사실은 모계의 출신계통을 가지고 있는 민족에서도 아버지에게 대단히 포괄적인 권리가 부여되고 있는 전형적인 사례라고 할 수 있다.

_ 가족 중에서 남편이자 아버지의 기능은 처와 자녀를 보호하고 부양하는 의무를 포함한다는 이론의 여러 사실에 의한 입증

'모권설(母權說)'에 관한 최근의 대표자 몇 사람만을 들어 보면, 하틀랜드 박사는 부친으로서의 권위를 후대에 발전한 소산물로 보고, 아버지가 전적으로 종속적인 사람임에 지나지 않았던 모권제의 사회조직이 어느 곳에서나 부모와 자녀로 구성되는 가족에 선행한다고 주장한다. 이 이론이 기초로 삼고 있는 주요논점에 관하여는 이미 서술한 바 있다. 부부가 한평생 각각 자기의 공동체에 소속되어 생활하는 가운데 자녀가 모와 함께 생활하는 것이 관습으로 되어 있는 예는 대여섯 민족밖에 없었다. 그 이외의 많은 민족에서는 모의 친족(親族), 특히 모쪽의 숙부가 자녀들에 대하여 독점적이지는 않더라도 아버지 이상의 확고한 권리를 가지고 있었다고 한다. 그렇더라도 다른 많은 모계적인 민족에서는 아버지의 권력이 최고로 되어 있다. 나는 이들 각 민족이 오랫동안 모권제를 채택하고 있었다고 추단할 만한 아무런 이유도 발견하지 못하였다. 어느 한 제도가 특정한 민족에서 고도로 발달하고 다른 민족에서는 그렇지 못한 경우가 있으면, 그 제도가 이전에는 후자에서도 당연히 고도로 발달하였으리라고 추단할 수는 없는 일이다. 이러한 결론을 지금 다루고 있는 문제에 끌어들이는 것은 다음과 같은 사실을 고려해 볼 때 더욱 불합리해진다. 즉 완전한 모권제를 농경부족사회에서 찾아볼 수 있는 것은 그렇다 치고, 수렵이나 식량채취단계에 머물러 있는 오스트레일리아 원주민에서는 모계적 체계가 아주 보잘것없는 정도이면서 그대로 남아 있다는 사실이 그것이다. 이것은 가족조직과 경제적 특질의 요인 사이에 개재하는 긴밀한 관계라는 점에서 보면 대단히 중요하다. 나는 "모권제(母權制)가 어느 곳에서나 부권제(父權制)에 앞선다"고 하는 견해를 도저히 받아들일 수 없다. 만일 실제로 그랬다면 가장 원시적인 야만인들 사이에 모권제가 특별하고 광범위하게 유포되어 있음을 쉽게 찾아볼 수 있어야 함에도 불구하고 사실은 그렇지 못하다. 아버지의 권리의무가 존재하지 않았던 원시적인 모권단계를 주장하는 자들은 바로 다음에 다루게 될 중요한 사실, 즉 수렵물(狩獵物)이나 토지경작이나 가축사육을 하지 않고서도 자연에서 획득할 수 있는 천연산물에 주로 또는 전적으로 의존하여 생활하는 아주 저급한 야만인 사회에도 친자(親子)로 구성되는 가족이 매우 두드러진 사회단위(社會單位)로 되어 있으며, 그 속에서는 아버지가 가장이자 가족의 보호자가 된다는 사실에 어쩔 수 없이 직면하게 된다.

_ 남자는 스스로 처와 자녀를 보호하고 부양하는 의무를 이행할 수 있다는 능력을 어떠한 증거로 보여 주기까지는 종종 혼인이 금지되기도 한다

가족 내에서의 남편 및 아버지의 역할이 단지 성적이고 생식적인 것에 그치는 것이 아니라 처자를 부양하고 보호하는 의무를 포함한다는 것은 전 세계 각 지역과 문명단계에 들어선 모든 민족과 관계있는 일련의 사실에 의하여 입증되어 있다. 사실상 많은 야만인들의 남자가 그러한 의무를 수행할 능력을 갖추고 있다는 일정한 증거를 보여 줄 때까지 혼인을 금한다는 사실은 하나의 본보기를 제공해 주는 셈이다. 영국령 기아나(Brititish Guiana)의 매커시스족(Macusis)에서는 "젊은이는 처를 얻을 수 있다는 허락을 받기 이전에 자기가 한 사람의 남자이고 남자로서의 임무를 다할 수 있음을 증명하지 않으면 안 된다. 그는 조금도 주저 없이 신체에 상처를 입히는 것을 견뎌내며, 불개미로 가득 채워진 달아맨 그물침대(hammock)에 자기 자신을 얽어매게 하거나 아니면 기타 이와 유사한 시험을 통하여 자기의 용기를 과시한다. 그리고 그는 삼림에서 카사바(cassava)를 심어 재배할 공간을 개간하고, 가능한 한 많은 수렵물이나 어류를 가져옴으로써 자기가 자신뿐만 아니라 다른 사람까지도 부양할 수 있음을 과시하기도 한다." 시베리아의 유카기르족(Yukaghir)에서는 "장인이 될 사람이 숲 속으로 들어가 가장 굵은 나무를 찾아 베어 넘어뜨린다. 사위 될 사람은 그 나무몸통을 장인이 될 사람의 집에까지 끌고 와서 그것을 움막집 위에 집어 던진다. 그러면 그 움막집은 대개 무너진다. 이렇게 하고 나면 장인 될 사람은 '이 사람은 능력 있는 사람이다. 그는 우리를 먹여 살릴 수 있고 우리의 안전을 도모할 수 있다'고 말한다." 영국령 동아프리카(British East Africa)의 와포코모족(Wapokomo)에서는 악어를 잡아서 그 고기 조각을 여자에게 주기 전까지는 어느 남자도 혼인하지 못한다는 규칙이 있기 때문에 지나친 조혼(早婚)이 방지된다. 잠베지강(Zambesi)의 남쪽 베추아나족(Bechuana)이나 카피르족(Kafir)에서의 젊은이는 코뿔소를 죽인 다음에야 비로소 처를 얻을 수 있다. 그리고 사람의 목을 베는 습속이 있는 동남아시아에 살고 있는 종족에서는 어떠한 남자도 자기의 용맹성의 표시로서 적어도 한 사람의 머리를 가져오지 않고서는 혼인을 하지 못한다고 한다.

_ 어느 정도 지속적인 남자와 여자의 결합과 부부의 보호 및 부모의 보호는 종의 보존을 위하여 원래부터 지니는 본능에서 비롯하는 것이리라는 견해; 가장 원시적인 단계를 벗어났음에도 가축 사육도 모르고 농경도 모르던 야만인의 사회상태

가족생활과 같은 인류의 습관(習慣)이 인류와 가장 가까운 종을 포함하여 다른 많은 동물들의 그것과 같다는 것을 알게 되면, 당연히 이 습관이 이들 모든 경우에 동일한 기원에서 발생한 것이 아닌가 하는 의문이 생겨나게 된다. 남녀 사이의 어느 정도 지속적인 결합이나 남자가 여자 및 그 자녀에 대하여 베푸는 보살핌은 옛날에 인종보존을 위하여 필요했던 본능에서 기원하는 것이라고 미루어 짐작할 수 있지 않을까? 우리는 믿을 만한 근거에 의거하여 유인원에 있어서의 부부관계나 부자관계가 새끼의 생존을 위하여 필요한 본능의 소산임을 알게 되었다. 왜냐하면 그 새끼의 수가 적고 유아기가 길며 또한 그 종이 주식으로 하는 음식물의 종류나 공급량이 군거적 생활을 꾸려나가기 어렵게 만들기 때문이다. 그런데 인류의 경우 어린애의 수가 항상 많았던 것은 아니지만 유아기가 상대적으로 꽤 길었던 것만은 분명한 사실이다. 더구나 우리의 가장 오래된 조상이 인간적이든지 반인간적(半人間的)이었든지 간에 본원적(本源的)으로 유인원과 동일한 음식물—전적이라고 할 수는 없지만 주로 채소—에 의존해 살았으며 대체로 동일한 양의 음식물을 필요로 하였다고 믿을 만한 충분한 증거가 확보되어 있다. 이렇게 보면, 유인원과 인간의 어느 경우에나 동일한 원인은 같은 결과를 가져오는 것이라고 볼 수 없는 것인가? 이러한 생각에 대하여 인간은 유인원과는 달리 사회성이 매우 강한 동물이기 때문에 다른 사회적 동물과 마찬가지로 여러 이유에서 맺어지는 부부간의 유대나 친자간의 유대가 없이도 지낼 수 있었으므로, 이들 유대는 거의 필요하지 않았으리라는 반론이 제기될 수 있을 것이다. 그러나 이러한 반론은 가축의 사육이나 농경—그 가장 원시적인 것을 제외한다면—도 모르고 전적으로나 주로 자연이 직접 자기들에게 주는 것—수렵물, 어류, 과실, 뿌리 등—만으로 살고 있는 야만인의 사회상태를 생각해 보게 되면 그 설득력을 잃게 된다.

_ 원시인이 현대의 많은 야만인들보다 훨씬 오래도록 군거생활을 해 왔다는 견해의 불합리성; 인류에서의 가족은 유인원과 인간의 발전적 시원이라고 할 수 있는 원종에서 물려받은 것일지도 모른다는 견해

이와 관련하여 믿을 만한 여러 사실을 자세히 검토해 보면, 세계의 여러 지역의 그러한 야만인 사이에서는 부모와 자녀로 구성되어 있는 가족이 일반적으로 매우 두드러진 단위로 되어 있음을 알게 된다. 가족만이 야만인들 사이에서 유일한 집단체가 아니라는 것은 명백하다. 만일 여행자가 가족의 유대를 개인을 서로 결합시키는 유일한 것으로 말한다면 그들은 틀림없이 '가족(家族; family)'이라는 말을 광의로 사용하는 것이다. 아주 가까운 사람들로만 구성되는 가족은 서로 우호적인 관계를 유지할 뿐만 아니라 크거나 작거나 간에 하나의 집단을 이루고 함께 거주한다. 그래서 그 집단 내에서는 오스트레일리아 원주민에서처럼 매우 다종다양한 사회조직체가 존재할 수도 있게 된다. 그렇지만 이와 달리 동일한 집단에 속하는 여러 가족이 언제나 함께 모여 사는 것이 아니고 때로는 음식물을 찾아서 흩어지기도 하며, 경우에 따라서는 상당한 기간 떨어져 지내기도 한다는 보고자료도 적지 않게 있다. 그리고 이러한 현상은 음식물의 공급이 이례적으로 부족하고 황폐한 지역에서만 나타나는 것이 아니라 천연적으로 대단히 풍요로운 지역에서도 나타난다. 여기에서 나는 원시인들이 오늘날의 여러 야만인들보다 더 지속적으로 군거생활(群居生活)을 하였으리라고 상정하는 것이 과연 합리적일까 하는 자문(自問)을 해 본다. 그 대답은 그들은 결코 그렇지 않았으리라고 할 수밖에 없다. 오늘날 남아 있는 모든 야만인들은 우리들의 태고적 조상들보다 훨씬 진보된 상태에서 살아가고 있다고 할 만한 것을 떠올려 보기로 하자. 이미 잘 알려져 있는 바와 같이 인간은 —다윈(Darwin)의 말을 인용하면—"여러 가지의 무기, 도구, 덫 등을 발명하고, 그것을 이용하여 자기 자신을 방어하고 희생물을 죽이거나 사로잡으며, 그리고 이 밖의 여러 가지 방법으로 음식물을 마련한다. 인간은 또한 어로용(漁撈用)으로 쓰거나 인접해 있는 풍요로운 섬에 건너가는데 사용하기 위하여 뗏목 또는 통나무 배(canoe)를 만들었다. 그리고 인간은 불의 사용법을 발명하였으며, 이에 의하여 딱딱하고 섬유질이 많은 뿌리를 소화시킬 수 있는 것으로 만들 수 있고, 유독한 뿌리나 풀을 무해한 것으로 만들 수 있었다." 요컨대 인간은 그 원시적인 조상들이 생각지도 못했던 많은 새로운 생계방법을 점차적으로 발견했으며, 그렇게 함으로써 자연환경에 그대로 의존할 수밖에 없는 자신을 점차적으로 해방시켜 온 것이다. 이러함에도 불구하고 아직도 그 생존을 위해 필요한 음식물을 찾기 위하여 흩어져 살아가야 하는 가족으로 되어 동거함으로써 얻어지는 방위를 단념해야 하는 야만민족이 많이 남아 있다면, 원시인에게는 고릴라나 침팬지보다 부친이나 모친의 보살핌을 포함해서 가족이라는 것이 어쩌면 더 필요한 것이라고 믿어도 좋지 않을까 생각한다. 만일 그렇다고 한다면, 가족은 유인원(類人猿; anthropoids)이나 인류의 조상(hominides)이 가족으로부터 점차적으로 발전한 원종(原種; parent species)에서 전해 내려 온 잔재일 것이다. 그리고 이 가설적인 원종이 유인원과 동일한 먹이에 의하여 살아 왔거나 또는 침팬지보다도 더 동물적인 먹이를 취하면서 체구도 더 크기 때문에 침팬지와 같은 양의 음식물을 필요로 하였다거나, 아니면 침팬지와 마찬가지로 적은 수의 새끼만을 낳기는 하지만 그 새끼들이 오랜 동안 어미의 보살핌을 필요로 하였다고 한다면, 위에서 말한 것이 사실이라고 생각해도 좋을 것이다. 나는 단순히 고릴라나 침팬지의 습성에 의해서뿐만 아니라 지금까지 설명해 온 여러 요인에 근거하여 나의 가설, 즉 부모와 자녀로 구성되는 가족이 원시인들 사이에서도 있었다고 하는 주장을 하게 되었음을 여기에서 강조해 두고자 한다.

_ 행위규범으로 변질되려고 하는 습속의 경향; 부모의 본능

나는 지금까지 습관에 관하여 서술해 오면서 제도에 관하여는 아무런 논의도 하지 않았다. 그러나 습관과 제도는 서로 밀접한 관련성이 있다. 그리고 사회적인 관습은 진정한 관습, 즉 단순한 습관이 아니라 행위규범이 되려는 강한 경향성을 지니기 마련이다. 습관이 순수한 관습으로 발전하는 것은 사람이 흔히 어느 것이나 별것이 아니라고 여기는 경향 때문이라고 할 수도 있다. 그렇더라도 우리가 지금 여기에서 다루고 있는 문제에서 습관(習慣)이 관습(慣習)으로 바뀌게 되는 것은 한층 깊은 근거에서 비롯하는 것임은 의심할 바 없다. 교접관계(交接關係)가 끝나고 나서까지도 수컷이 암컷을 보살펴 주는 것은 일종의 본능이다. 이 본능의 기저에는 쾌락, 이 경우에는 성적 쾌락을 야기시킨 자에 대한 일정한 애정을 느끼는 경향이 있다고 생각한다. 그러한 감정이 본질적으로 성욕을 채운 다음에도 그대로 양성을 결합시키고 수컷으로 하여금 암컷을 보호하게 하는 원인이 되어 왔다. 그리고 만일 생존경쟁에서 부부의 애정이 종(種)에 크나큰 이익을 가져다주게 되면 그것은 자연히 하나의 특수한 형질로 발달하게 된다. 아버지가 그의 자녀에 대하여 베푸는 보살핌의 원인도 본능임에 틀림없다. 부성감정(父性感情)은 야만인들 사이에서도 문명인 못지않게 보편화되어 있었던 것으로 생각된다. 그렇지만 이 부성감정이나 이와 유사한 모성애의 감정을 출산자와 그 자녀를 결합시키는 애정으로 규정해 버리는 것은 아주 잘못된 일이다. 이 관계에서 아주 빈번하고 매우 강하게 나타내는 이른바 부모의 정이라는 것은, 스펜서(Spencer)가 아주 적절하게 지적한 바와 같이, 친자관계를 떠나서라도 실제와 결부시켜 떠올릴 만한 점이다. 스펜서에 따르면 부모의 정을 불러일으키는 대상의 공통적인 특징은 언제나 미미하고 무력한 것들이다. 그러나 이 설명은 부분적으로만 사실에 들어맞는 것이라고 할 수밖에 없다. 왜냐하면 군거생활을 하는 종에 있어서도 암컷은 자기의 새끼와 다른 새끼를 구별하기 때문이다. 그러므로 모성감정을 설명하기 위해서는 자녀가 무력하다는 특징 이외에 어머니에게 본능적인 자동반응을 불러일으키거나 적어도 그것을 고조시키는 어떤 다른 자극제를 상정하지 않으면 안 된다. 이 자극은 내가 알고 있는 한도에서는 힘이 약한 자녀가 처음 어렸을 때부터 어머니와 아주 근접해 살아간다는 외적인 관계에 기초하고 있는 것이다. 그리고 부성본능(父性本能)의 반응을 불러일으키는 자극도 모성본능(母性本能)을 작용시키는 것과 마찬가지의 상황, 즉 자녀의 무력성(無力性)과 근접성(近接性)에서 파생되는 것임이 명백하다. 이 부성본능을 찾아볼 수 있는 경우에는 어디서든지 그 아버지는 어머니와 동거하고 처음부터 그 자녀의 가까이에 있다. 물론 내가 여기에서 말하고 있는 부모의 정은 그 본래의 단순한 것일 뿐이고 그 정은 결국 소유나 자랑과 같은 다른 감정과 결합함으로써 더욱 복잡하게 되며 또한 유아기를 지나서까지도 계속적으로 확장되어 나가려는 경향이 있다.

_부부의 본능과 부모의 본능은 습속뿐만 아니라 관습규범 또는 제도까지 만들어 낸다

인류에 있어서 이러한 본능(本能)은 단순한 습관(習慣)뿐만 아니라 관습규범(慣習規範)이나 제도(制度)까지도 만들어 낸다. 이러한 본능을 지니고 있으며, 더욱이 충분히 발달된 지성까지 갖추고 있는 사회적 존재라면, 부부의 관계를 맺었기 때문에 그로부터 태어난 자녀를 저버리는 남자에 대하여 도덕적인 분개를 느낄 만도 하다. 그리고 내가 전에 다른 저서에 적시한 바와 같이, 공적이거나 도덕적인 분개 또는 반감은 관습규범이나 모든 권리의무의 바탕이 된다.[2]

2_ The Origin and Development of the Moral Ideas.

_ 가족이 혼인에 근거를 두고 있는 것이 아니라 혼인이 가족에 근원을 두고 있다

이상에서 서술한 것을 통하여 보면 혼인(婚姻)과 가족(家族)은 상호 아주 밀접한 관련이 있으며, 원래 남자와 여자가 함께 살게 되는 것은 자녀(子女)의 이익(利益)을 도모하기 위함이었음을 알 수 있다. 사실상 많은 민족에서 자녀가 태어나거나 또는 임신의 징후가 있기까지는 형식적으로 혼인을 한 당사자들이더라도 진정한 혼인생활이 시작되지 않거나, 아니면 혼인이 확정되지 못하기도 한다. 다른 한편 이미 앞에서 지적한 바와 같이 어느 경우에는 성관계가 우연히 임신 또는 자녀의 출생에까지 이르게 되면 당연히 혼인을 하게 되거나 또는 혼인이 강제되기도 한다. 그렇기 때문에 가족이 혼인에 기초를 두고 있는 것이 아니라 오히려 혼인이 가족에 그 기초를 두고 있다고 하는 것이 더 적절하다고 할 수 있다.

제2장

혼인횟수와 혼인연령

_ 문명화되지 못한 족속에서는 일반적으로 거의 모든 남자는 성숙기에 달했을 때 혼인하려고 애쓰고, 이와 함께 모든 여자는 그때쯤 혼인하게 되는 것이 보통이다

문명화되지 못한 족속에서는 혼인이 하나의 제도로 되어 있을 뿐만 아니라 우리가 살고 있는 사회보다 훨씬 더 일반적인 일이었다. 성숙기에 달했으면서도 아직 약혼을 하지 않은 남자들은 누구나 혼인을 하도록 노력하여야 하는 것이 상규(常規)로 되어 있으며, 여자의 경우 혼인을 하지 않고 사는 예는 거의 없다. 다만 몇몇 야만인 사회에서는 사제(司祭)나 주술사(呪術師)가 혼인을 하지 않고 혼자서 살아야 하는 것으로 되어 있으며, 남녀를 막론하고 이성과의 성교를 거부하는 성욕도착자가 있기도 하다. 그 가운데 우리는 혼인을 하지 않는 사람을 변태적인 자로 보거나 경멸이나 조소의 대상으로 삼는다는 말을 자주 듣게 된다. 예를 들어 벵골(Bengal)의 산탈족(Santals)에서의 독신남자는 "남녀 모두에게서 멸시를 당하며, 도둑이나 마녀 정도의 사람으로 취급받으며, 사람들은 이러한 불행하고도 가여운 자를 별 볼일 없는 사람(No man)"이라고 부른다. 카피르족(Kafirs)에서의 독신남자는 촌락 내에서 발언권을 가지지 못한다. 버마(Burma)의 카친족(Kachins)에서의 독신남자나 고령의 미혼여자가 사망하면 장례식을 치루기는 하지만 조소를 해대기 일쑤다. 피지인의 신앙에 따르면 처가 없이 사망한 사람은 천국에 가는 도중 낭가낭가(Nangganangga)신이 중지시켜 그 몸을 가루로 만들어 버린다고 한다.

_ 자연스럽지 못한 사람 또는 멸시나 조소의 대상으로 여겨지는 미혼자; 야만인들 사이에서는 여자는 서구의 문명민족에서보다 어려서 혼인하였고, 대부분의 남자의 경우도 마찬가지였다

사람들의 혼인횟수(frequency of marriage)는 일반적으로 혼인을 하는 연령에 의해 크게 좌우된다. 야만인에 관한 한 혼인의 빈도에 관하여

도 혼인연령에 관한 것과 마찬가지로 통계자료가 거의 전무한 실정이지만, 모든 야만인소녀는 서양문명민족보다 어려서 혼인한다고 할 수 있고, 아마도 대부분의 경우에는 남자에 관하여도 타당하다고 생각한다. 조혼(早婚)은 때때로 남자에 있어서는 거의 어쩔 수 없는 일이라고도 할 수 있다. 왜냐하면 문명화되지 못한 많은 족속에서는 부부관계에 있는 경우나 통상적으로 혼인을 하게 될 관계에 있는 경우를 제외하고는 남자가 성욕(性慾)을 만족시키는 것은 결코 쉬운 일이 아니거나 전혀 불가능하였기 때문이다. 또한 자유로운 혼인 외의 성교를 할 수 있는 경우에도 남자는 성교에 만족하지 않고 혼인할 필요성이 있음을 느끼게 된다. 남자는 무엇보다 가사를 돌볼 여자반려자를 맞아들여야 한다. 대개는 여자들이 나무나 물을 준비하여 쓸 수 있게 하며, 불을 붙이고 잘 관리하며, 식사를 준비하는가 하면, 짐승의 가죽을 곱게 손질하여 다듬거나 의복을 만들며, 뿌리를 캐거나 열매를 따기도 하며, 그리고 농경민족에서 흔히 볼 수 있는 일로 토지를 경작하기도 한다. 남자는 부인을 얻어 자기의 자녀를 낳아서 그 어린애들에게 젖을 주고 양육해 나가야 한다. 그도 그럴 것이 안전과 행복이 가족의 유대에 달려 있고 노인이 젊은 사람에게서 부양을 받을 수밖에 없는 원시적인 생활조건 아래에서는 자손 없는 남자는 불행한 사람이 될 수밖에 없기 때문이다. 자녀가 없는 남자는 자손이 없기 때문에 죽은 다음에까지도 고통을 겪기도 한다. 베링 해협(Bering Strait) 근처의 에스키모인은 "자기들의 영혼이 축제기간에 잊혀지지 않고 회상될 것에 대한 확신이 없이 죽게 되는 것을 대단히 두려워한다. 만일 확인해 두지 못하고 죽게 되면 그로 말미암아 내세(來世)에서 궁핍을 받을지 모른다고 두려워하기 때문이다." 또한 영국령 동아프리카(British East Africa)의 바게수족(Bagesu)에서의 혼인은 "죽은 뒤 영혼을 보살펴 주는 수단이기 때문에 애정이라기보다는 오히려 편의적 조치"라고 해야 할 것이다.

_ 대부분의 야만인들에 있어서 혼인은 절대적으로 필요불가결이었던 것 같다

젊은 야만인은 가족을 부양하는 것에 대하여 그다지 어렵지 않게 생각한다. 인도의 오지에 있는 몇몇 원주민 부족에 관하여, "활동력 있는 젊은이가 수렵이나 고기잡이에 의하여 부족의 연장자들과 동등한 생계수단을 갖추게 되면 조혼(早婚)을 한다 하더라도 아무런 장애요인이 없다"라고 하거나 "젊은이는 늦지 않게 혼인을 하는 것이 자기에게 실제로 유익하다는 것을 알게 된다"고 한다. 이와 유사한 말은 목축민족이나 농경민족에 관하여도 할 수 있을 것이다. 처와 자녀는 남자에게 부담이 되는 것이라기보다는 오히려 번영의 근원이 된다. 예를 들어 캐나다의 몇몇 인디언에 관하여 설명하는 가운데 헤리어트(Heriot)는 어린애들이 원시부족의 부(富)를 형성해 주고 있음을 밝히고 있다.

_ 사람들로 하여금 얼마 동안이나마 미혼으로 살지 않을 수 없게 만들었던 야만사회의 사회상

이와 달리 야만인의 생활에 있어서도 사람들로 하여금 일정한 기간 동안 혼인을 하지 않고 살 수밖에 없게 하는 사정이 있다. 예를 들어 처를 사들여야만 하는 곳에서는 젊은 사람이 처를 맞이하는 데 지급해야 할 필요한 만큼의 자금을 마련하기 어려운 경우가 있을 것이다. 사실상 많은 원시적인 민족에 관하여 우리는 신부대금(新婦代金; bride price)을 지급하여야 한다는 필요성이 조혼을 하는 데 적지 않은 장애요인(障碍要因)이 되고, 경우에 따라서는 계속해서 독신으로 살아갈 수밖에 없게 만드는 원인이 되기도 한다. 그러나 이러한 장애요인의 파급영향을 지나치게 과장시켜서는 안 된다. 왜냐하면 젊은이가 자기 혼자의 힘으로 처를 살 수 없는 경우에는 많은 경우 일정한 기간 동안 처의 부모와 함께 일하거나 그 여자와 함께 도망해 버림으로써 처를 얻을 수도 있기 때문이다. 그런가 하면 에이브버리 경(Lord Avebury)은 이와 관련하여 처를 구하기 위한 대상액(代償額)은 일반적으로 근면한 젊은이라면 누구든지 감당할 수 있을 만큼 부족의 여러 사정에 의하여 결정된다고 하였는데 이는 타당하다고 생각한다.

_ 야만인들이 가족을 부양하는 것이 그렇게 어렵지 않았던 실정; 혼인횟수에 대한 일부다처제의 영향

많은 원시인의 공동체의 공통적 현상이기는 하지만, 남자의 수가 여자의 수보다 많은 곳에서는 가난한 남자가 처를 얻기란 전혀 불가능하다고 할 수는 없겠지만 상당히 어려운 일임에 틀림없다. 양성 간의 이러한 불균형이 일처다부제(一妻多夫制; polyandry)의 관행과 연결되어 있는 때에는 독신남자가 발생하게 되지 않지만, 만일 그러한 현상이 일처다부제가 허용되지 않는 민족에서 발생하는 경우에는 상당히 많은 수의 남자가 혼인을 하지 못하는 사태가 발생할 수밖에 없다. 예를 들면 남자가 여자보다 현저히 많은 남양군도(South Sea Islands)의 여러 섬의 경우가 그렇다. 오스트레일리아 원주민에서는 대체로 남양제도와 비슷하게 여자보다 남자가 많은데, 나이 많은 사람이 여자 특히 젊은 여인을 차지하고 있고 그 결과 젊은 남자들은 오랜 동안을 기다려야만 겨우 혼인할 수 있다.

일부다처제(一夫多妻制)는 부(富)의 불평등한 분배와 관련되어 가난하고 젊은 남자로 하여금 독신생활을 하지 않을 수 없게 하는 것이라고 보고된 예가 많다. 그 실례로 콩고강 상류(Upper Congo)의 보로키족(Boloki)에서는 "중류층이나 하류층 사회의 건장한 남자들 사이에서는 처를 얻는다는 것이 거의 불가능하다는 불평이 그치질 않는다. 그도 그럴 만한 것이 몇 명 안 되는 남자가 마을의 거의 모든 여자를 차지하여 한 사람이 4인 내지 5인으로부터 25인 내지 30인의 여자를 데리고 있는가 하면, 대다수의 젊은 남자는 처를 얻을 수 없는 것을 보았다"고 위크스 씨(Mr. Weeks)는 말하였다. 일부다처제가 성행하는 남기니의

해안부족에서도 "사회의 젊은 남자 구성원 대부분은 처를 가지지 못한 채 살아간다." 하디스티(Hardisty)에 의하면, 쿠친인디언(Kutchin Indians)은 버림받은 늙은 과부라도 만족스럽게 여기고 맞아들이지 않으면, 적은 수의 젊은이들만이 처를 얻을 수밖에 없는데, 이것은 추장, 치료주술사, 재산을 가지고 높은 지위를 차지한 자들이 두세 명 내지 이보다 더 많은 수의 처를 차지하기 때문이라고 한다. 일부다처제는 여자가 남자보다 훨씬 많은 곳에서까지도 독신남자를 생겨나게 하는 원인이 될 수 있다. 바간다족(Baganda)에서는 여자의 남자에 대한 비율이 3.5 대 1임에도 불구하고 일부다처제의 성행으로 말미암아 대다수의 가난한 남자는 혼인할 수 없다고 펠킨 박사(Dr. Felkin)는 기술하고 있다. 그렇지만 일부다처제가 행해지는 곳이라고 하여 일반적으로 상당한 수의 남자로 하여금 강제적인 독신생활을 하게 만든다고 생각할 수는 없다. 일부다처제가 행해지는 대부분의 민족에서도 다수의 처를 데리고 사는 자는 매우 적은 수의 사람에 한정되어 있을 뿐이고, 또한 흔히 그것은 여자의 과잉과 관련되어 있기 때문에, 웬만한 사람들이 1명 이상의 처를 데리고 살더라도 실제로 모든 남자가 처를 얻을 수 있는 예도 있다. 나는 스완 씨(Mr. A. J. Swann)로부터 전해 들어 알게된 사실인데, 실제로 탕가니카호(Lake Tanganyika)의 일부다처적인 와구하족(Waguha)에서는 여자가 남자보다 많기 때문에 성인으로서 미혼인 남자는 없다고 한다. 또한 일부다처제가 그렇게 널리 행해지고 있지 않았던 문명의 최저단계에서는 그것이 독신의 유력한 원인이 된다는 것은 거의 있을 수 없으며, 이렇다 할 만한 재산의 축적이 없었던 원시적 상황에서 남자가 빈곤으로 말미암아 그대로 혼인을 하지 못하고 살아야 했다는 것도 확실치 않은 것임을 주의하지 않으면 안 된다.

일부다처제가 남자 가운데 독신자를 생겨나게 하는 것은 사실이지만 그러한 현상이 여자에게 미치는 영향은 완전히 정반대다. 쥬노

(Gunod)가 남아프리카의 어느 부족의 생활을 서술하는 가운데서 지적하고 있는 바와 같이, “일부다처제가 성행하고 있는 지방에서도 어느 소녀든지 남편감을 찾아서 부부가 된다.” 그리고 유럽문명의 영향을 받지 않은 나라에서도 여자의 수가 많아지면 언제든지 일부다처제가 행해지는 것 같다. 그래서 야만민족 가운데 늙은 미혼여자는 거의 없다. 그렇기 때문에 어느 지역사회의 일처다부제가 다른 지역사회의 일부다처제를 발생시킨다고 생각해서는 안 된다. 일처다부제를 행하는 민족에서 전부는 아니라 하더라고 흔히 남자가 여자보다 많다는 사실을 제외하게 되면, 한 여자가 여러 남자와 함께 사는 것을 허용하는 민족에서조차도 일처다부제는 아주 예외적인 혼인형태이다. 그리고 어느 경우에도 그것이 유일한 혼인형태라고 되어 있지는 않으며, 일부일처제, 일부다처제 때로는 집단혼이 일처다부제와 함께 행해지는 것이 보통이다.

_ 유아약혼과 소아약혼의 원인

한편 남자가 처, 특히 젊은 처를 얻으려고 하는 지나친 욕심이 유아약혼(幼兒約婚)이나 소아약혼(小兒約婚)의 관행을 발생시킨 하나의 원인이 될 수도 있는데, 이러한 혼인풍속은 비교적 발달하지 못한 민족에서 널리 유포되어 있다. 오스트레일리아 원주민 사회에서 이러한 혼속(婚俗)이 두드러지게 널리 보편화되어 있는 것은 의심할 나위 없이 그들 부족에 있어서 여자에 대한 절실한 수요와 관련되어 있는 것이다. 나이가 어린 소녀를 확보하려고 하는 것은 경제적 이유 때문일 수도 있는데, 어린 소녀는 나이가 든 소녀보다도 싼 값으로 살 수 있기 때문이다. 다른 한편 소아약혼은 소녀의 처녀성(處女性)을 보존시키는 한 방법이기도 한데, 소녀의 처녀성은 많은 민족에서 매우 높이 평가되는 신부의 품위이다. 마지막으로 이러한 약혼을 하게 하는 매우 흔히 볼 수 있는 요인으로 양쪽 집안이 접근하려고 하거나 우호관계(友好關係)

를 지속적으로 공고히 하려고 하는 소망 및 권세가와 관계를 맺고자 하는 욕망을 들 수 있다. 많은 경우 이러한 약혼은 특히 유력자(有力者)나 부자 또는 추장들 사이에서 행해졌으며, 그것은 정치적인 동기로 맺어진 결연이라고 할 수 있을 것이다.

_ 나이 어린 아들이나 딸은 연장자보다 먼저 혼인하지 못한다

발달하지 못한 많은 민족에서는 젊은 아들이나 딸 또는 이들 누구도 그들의 손위 형이나 언니가 있는 경우에는 그들보다 먼저 혼인하지 못하는 것으로 되어 있다. 그렇지 않은 경우라도 연하자가 연상자보다 먼저 혼인하는 것은 옳지 않은 것으로 생각한다. 이러한 관습은 자녀들을 연령순서에 따라 혼인시키는 중국에서도 찾아볼 수 있고, 또한 셈계 및 아리아계의 여러 민족에서도 찾아볼 수 있다. 또한 창세기(Genesis)를 보면, "라반(Laban)은 우리가 살아가는 이 나라에서는 연장의 딸보다 먼저 연하의 딸을 시집보내서는 안 된다고 말했다"고 기록되어 있다. 베다인(Vedic people)은 연하의 동생들이 형이나 언니보다 먼저 앞서 혼인하지 말아야 하는 것을 옳다고 여기고 살았으며, 인도의 고대법서(古代法書)에는 이러한 규율위반은 지옥에 떨어지는 벌을 받거나, 그렇지 않으면 적어도 고행(苦行)에 의하여 속죄(贖罪)를 하여야 하는 것으로 되어 있다. 근대의 그리스(Greece)에서도 딸 전부가 혼인하기 전에 아들이 혼인을 하는 것을 나쁘게 생각하였으며, 딸은 연장의 순서대로 혼인해야 하는 것으로 되어 있었다. 또한 아일랜드(Ireland)에서도 마찬가지로 딸들은 맏딸을 맨 먼저로 하여 나이 순서대로 혼인하는 것이 관례로 되어 왔다. 동일한 원칙을 생각나게 하는 사례가 잉글랜드, 웨일즈 및 스코틀랜드의 혼인의식(婚姻儀式)에 아직도 남아 있다. 이와 관련하여 브랜드(Brand)는 "만일 어느 집안의 막내딸이 그 언니보다 먼저 혼인을 하게 된 경우에는 그 딸들은 모두 그녀의 혼인식 때 구두를 신지 않은 채 춤을 춰야 한다. 이렇게 함으로써 그들의 불운(不運)을 방지하고 또한 남편을 얻을 수 있다고 생각한다"는 보고를 인용하고 있다. 이와 같은 관습이 셰익스피어(Shakespeare)의 『말괄량이 길들이기』(Taming of the Shrew) 가운데도 언급되어 있으며, 아직까지도 슈롭셔(Shropshire) 및 잉글랜드의 북부지방에서 행해지고 있거나 그 주민들의 기억 속에 남아 있다. 발모럴(Balmoral) 부근에서는 연하의 동생이 언니보다 먼저 혼인을 하게 되면 언니는 동생의 혼인식 때 강제적으로 초록색의 대님을 매야 하고, 그 대님을 끌러가는 젊은이는 누구든지 그녀의 장래의 남편감으로 정해진다. 이러한 관습은 궁극적으로 젊은 남녀가 적령(適齡)에 달하면 곧 혼인을 하여야 하고 연하의 동생들이 혼인을 할 수는 있지만 연상의 형이나 언니가 혼인을 하지 않은 채로 그대로 있는 것은 상례가 아니라는 관념에 기초하고 있다는 것은 너무도 명백하다.

_ 고대의 문화민족에서도 독신생활은 아주 예외적인 일이었고 혼인은 일종의 의무였다

문명화되지 못한 대부분의 족속(族屬)에서와 마찬가지로 고대문화민족에서도 독신은 아주 예외에 속하고, 혼인하는 것은 일종의 의무로 여겼다. 그레이 박사(Dr. Gray)는 "거의 모든 중국인은 건강한 사람이거나 허약한 사람이거나, 사지가 멀쩡하거나 불구이거나 관계없이 성숙기에 달하게 되면, 자기들의 부모로부터 혼인하라는 요구를 받게 된다. 다 자란 아들이나 딸이 미혼으로 사망하게 되면 부모는 그것을 무엇보다도 애통하게 여긴다"고 한다. 그러므로 혼인할 수 있는 연령의 젊은 사람에게 폐병 또는 기타 숙환(宿患)의 징조가 나타나면, 그는 바로 그 부모(父母)나 후견인(後見人)이 시키는 대로 억지로 혼인하게 되기도 한다. 중국인들은 혼인을 필수불가결한 의례로 생각하기 때문에, 유아기나 소년기에 사망한 모든 남자의 영혼은 비슷하게 어린 나이에 요절한 여자의 영혼과 적당한 시기에 혼인을 시키며, 즉 죽은 사람까지도 혼인을 시켜야 한다는 생각까지 한다. 그리하여 가(家)의 제사(祭祀)를 이어나갈 아들을 두지 못하고 죽는 것은 남자로서 당하게 되는 가장 큰 불상사 중 하나로 생각하며, 동시에 조상에 대한 죄과로 여긴다. 그도 그럴 것이 아들을 두지 못하고 죽게 되면 부친, 모친 및 지하에 있는 모든 조상들은 자기들을 적절하게 돌보아 주고 조상의 분묘에 참배를 하며 조상의 위패를 지키고 사자에 관한 모든 제례의식을 제대로 수행할 만한 후손이 없는 불쌍한 존재가 되는 것으로 여기기 때문이다. 공자(孔子)에 의하면 불효보다 더 큰 죄는 없다고 이르고, 맹자(孟子)는 "불효에 세 가지가 있는데 후손이 없는 것이 가장 크다"라고 한 바 있다. 따라서 독신으로 살아가는 것보다 더 큰 죄는 없는 셈이다. 그리고 만일 아내가 아들을 낳지 못한 채 40세에 달하게 되면, 남자는 첩(妾)을 얻어야만 하는 것을 명령적인 의무로 여기기까지 한다.

혼인에 관한 중국 도덕가들의 교설(敎說)은 일본에서도 천여 년 이상이나 가르쳐 왔다. 그 결과 비록 독신생활이 법률에 의하여 강제적으로 금지되지는 않았음에도 불구하고 사실상 여론에 의하여 배척되었다. 호즈미 교수(Professor Hozumi)에 의하면 실제로 혼인을 하여야 하는 책무(責務)는 여론에 의하여 아주 효과적으로 강조되었으므로 입법에 의하여 그것을 강제할 필요가 없었다고 한다. 그러나 호즈미 교수는 독신으로 지내는 데 대한 관습상 금제(慣習上 禁制)는 현재 가장인 독신자나 가장이 될 사람에 대해서만 미쳤다고 부언하고 있다. 다른 가족 구성원은 오히려 독신생활을 해야 하는 것이 의무처럼 되어 있었다. 1868년의 유신(維新) 이전에는 가장(家長), 추정상속인(推定相續人)인 장남(長男) 및 이 장남의 추정상속인인 장손만이 혼인할 수 있으며, 경우에 따라서는 의무로까지 되어 있었고, 차남 이하의 아들들은 어느 경우든지 가장이나 제사승계인(祭祀承繼人)이 된다고 하는 확실한 기대를 가질 수 없었기 때문에 그들이 혼인을 하여 자녀를 둘 필요도 없었다.

이 원칙은 사무라이(Samurai)인 무사계급 사이에서 엄격하게 지켜졌다. 그도 그럴 것이 봉건영주는 차남 이하의 아들이 혼인을 할 수 있도록 허락해 주지 않았기 때문이다.

셈족(Semite)에서의 자녀를 두지 못하고 죽은 남자는 조상이 이전에 받아 오던 참배를 받지 못하게 되므로 저승(Shĕol)에서 아주 섭섭하게 느끼게 될 것이라는 관념을 가지고 있었다. 히브리인(Hebrew)은 혼인을 종교적 의무로 보았다. 공인되어 있던 유태인의 법전인 슐한 아루크(Shūlhān 'Ārūkh)에 따르면, 혼인을 하지 않는 자는 유혈(流血)의 죄를 범하고 신의 표상을 훼손시키며 이스라엘에서 신의 존재를 내쫓는 것으로 되어 있다. 그러므로 20세를 넘은 독신자에 대해서는 법정에서 처를 얻도록 명령을 내릴 수도 있었다. 미슈나(Mishna) 법전은 18세를 남자의 적절한 혼인연령으로 규정하고 있으며, 여자는 성년에 달하는 13세부터 혼인할 수 있는 것으로 규정하고 있다. 그러면서도 유태인들 사이에서는 여러 시대에 걸쳐서 조혼을 하는 것이 널리 보급되어 왔는데, 13세기까지는 대부분의 유태인 소녀들이 미성년일 때 혼인했으며, 17세기 후반기에는 신랑은 흔히 10세 미만이었고 신부는 그보다도 더욱 어렸던 것으로 전해진다.

이슬람교에서는 혼인을 민사계약(民事契約)으로 보지만 그것은 단순한 계약이 아니라 능력 있는 모든 사람에게 부과된 종교적 의무라고 명명한다. 신의 종인 사람이 혼인을 하게 되면, 이로써 그는 자기 신앙의 절반정도를 성취하는 셈이다. 이것은 언젠가 예언자(Prophet)가 어느 남자에게 혼인을 했느냐고 물었는데, 혼인을 하지 않았다고 대답하자 "너는 건강하냐?"고 물었다는 말이 전설(傳說; Tradition)로 내려온다. 그 남자가 건강하다고 대답하자 예언자는 "그렇다면 너는 악마의 형제이다"라고 하였다고 한다. 나는 모로코(Morocco)에서 혼인을 한 남자는 현세(現世)에서 축복을 받고 사후에도 천국에 가지만, 독신생활을 하다가 사망하는 성년의 남자는 천국에 가는 길을 찾지 못하고 악마와 다시 만나게 될 것이라는 이야기를 들었다. 이슬람교국가에서는 남자가 상당한 연령에 달하고 더구나 혼인장애가 없음에도 불구하고 혼인을 하지 않는 것은 더할 나위 없이 못마땅하게 여기거나 명예롭지 못하다고까지 생각한다. 니부르(Niebuhr)가 주장한 바와 같이 동양에서는 일정한 연령에 달한 미혼의 여자를 만나기는 매우 드문 일로 되어 왔다.

고대의 이른바 아리아계의 여러 민족들은 퓨스텔 드 쿨랑주(Fustel de Coulanges) 및 기타의 학자들이 지적한 바와 같이 독신생활을 불경스럽고 불행한 것으로 여긴다. "혼인을 하지 않은 자는 조상의 영혼의 행복을 위태롭게 하기 때문에 불경이고, 그 자신도 사후에 참배를 받지 못할 것이기 때문에 불행이다." 다음 세상에서의 인간의 행복은 지속적인 남계(男系)의 자손 —정기적으로 모심으로써 자기의 영혼을 편안하게 해주는 것을 임무로 하는 자손 — 을 이어가느냐에 달려 있는 것으로 생각하였다. 아들을 입양하는 것도 물론 가능했지만, 리그베다(Rig-Veda) 교전에서는 적어도 입양의 관습을 불만족스러운 것으로 여겼던 것이 확실하다. 인도에는 예로부터 내려오는 관념이 아직도 남아있는데, "힌두인(Hindu)의 남자는 혼인을 하여, 자기의 장례식을 치를 자녀를 낳아서 자기의 영혼이 현세의 황폐지(荒廢地)에서 어찌할 바를 모르고 헤매지 않도록 해야 한다." 혼인은 모든 사람이 부모가 되어 자녀를 두기 위하여 하지 않으면 안 되는 의무이다. 만일 이 의무를 제대로 이행하지 못하면, 자녀들은 그를 존경하지 않았다. 그리고 혼인을 하지 않은 남자는 공동체의 부실한 구성원, 더 나아가 자연계에 속하지 않는 자로 여겼는데, 그렇다고 하여 자기의 가족을 욕되게 하는 것으로 보지는 않았다. 이에 반하여 지위가 높은 힌두인에게 있어서 성숙기에 달한 딸이 있는 것보다 더 큰 불명예는 없었다. 그러한 딸을 가진 가족은 신이 불쾌하게 여기게 되므로 괴로움을 받는 것으로 생각하였다. 어느 경구(經句)를 엄밀하게 번역해 보면 딸이 혼인하지 않고 있는 상태는 3대까지의 조상들을 지옥에 떨어지는 죄를 소급적(遡及的)으로 범하는 것으로 되어 있다. 일반적으로 인도에서는 미혼으로 15세를 넘기게 되는 소녀는 겨우 14명 중에 1명이 될 정도이고, 30세를 넘기게 되는 독신남자는 24명 중에 1명이 있을 정도다. 그리고 주민 전체를 비교해 보더라도 힌두인들은 비교적 어린 나이에 혼인을 하는 편이다. 실제로 나이가 많아서도 미혼으로 있는 사람은 거의 없다. 다만 그 예외를 이루는 사람으로 병자, 불구자, 거지, 창부(娼婦), 첩, 광신자, 탁발승, 그리고 사회 규칙상 존치하게 되어 있으면서도 결연이 금지되는 상승혼 집단(上昇婚 集團; hypergamous group)의 몇 안 되는 구성원 정도이다.

_ 인도에서의 유아혼인

힌두인의 남녀는 그 상당수가 아주 어린 나이에 혼인한다. 그렇지만 힌두인의 소아혼인(小兒婚姻)은 일반적으로 즉각적인 동거를 의미하지 않는 것임을 유의하여야 한다. 이 조기의 약혼은 이미 다른 저자들이 지적한 바와 같이 여러 원인에서 비롯하는 것이라고 할 수 있는데, 그 중에서 가장 유력한 요인은 장래의 독신에 대한 두려움과 처녀신부에 대한 편애인 것 같다. 이러한 원인은 세계의 다른 여러 곳에서도 동일한 현상이 발생한다. 그렇다고 이러한 혼인현상이 드라비다족(Dravidian)이나 아리아인(Aryan)의 원시적 관습의 잔재라고 볼 수는 없다. 왜냐하면 드라비다계 부족의 대부분은 성인혼(成人婚; adult marriage)을 하였으며, 그리고 초기의 베다경전에는 혼인은 본질적으로 성인 두 사람 사이의 결연(結緣)이라 적혀 있고, 유아처(幼兒妻; child-wife)는 수트라기(Sūtra period)에야 비로소 분명하게 나타나기 때문이다. 인도의 많은 법서(法書)는 소녀의 혼인적령(婚姻適齡)을 규정하고 있는데, 당해 법서의 연대가 후대로 내려오는 것일수록 그에 규정되어 있는 연령도 점차 낮아진다.

인도의 성전(聖典)에서와 마찬가지로 조로아스터(Zoroaster)의 성전에서도 사람은 누구든지 혼인을 하여 자손을 두어야 한다는 관념을 찾아볼 수 있다. 아후라 마즈다(Ahura Mazda)는 조로아스터에게 “처가 있는 사람은 성정(性情)을 절제하고 사는 사람보다 훨씬 낫고, 가족을 이루고 사는 사람은 가족을 이루지 않고 사는 사람보다 훨씬 낫고, 자녀를 둔 사람은 자녀가 없는 사람보다 훨씬 낫다”고 하였다. 고대의 페르시아인(Persian)에게 닥칠 수 있는 가장 큰 불행은 자녀를 두지 못하는 것이었다. 그리고 자녀를 두지 못한 사람은 천국(天國)으로 가는 다리의 통행이 막히게 될 수밖에 없다. 천사들이 다리에서 자녀가 없는 사람에게 물어보는 첫마디는 당신은 현세에 당신 대신에 남겨두고 온 사람이 있는가라고 묻는 말이고, 이때 만일 ‘없다’고 대답을 하게 되면 천사들은 그냥 지나가 버리고, 자녀를 두지 못하고 거기까지 온 사람은 슬픔에 잠긴 채 다리에 남아 있을 수밖에 없다고 한다. 이 설화(說話)의 원시적 내용은 명백하다. 즉 아들이 없는 자는 가(家)의 제사를 이어갈 사람이 없는 것이므로, 결국 천국에 들어갈 수 없음을 의미하는 것이다. 그리고 오늘날에도 모든 착한 파시교도(Parsee)의 눈에는 다리우스왕(King Darius)시대나 헤로도토스(Herodotus)시대와 마찬가지로 많은 수의 자녀를 낳아서 기르는 것과 토지를 경작하여 많은 수확을 거두어들이는 것이 시민의 두 가지 큰 미덕으로 되어 있다.

_ 혼인 및 독신생활에 관한 기독교의 입장 및 규칙

고대 그리스인은 혼인을 공적으로나 사적으로 모두 중요한 일로 생각하였다. 그리하여 여러 지방에서 독신자들에 대해 형사조치까지 취할 수 있게 되어 있었다. 플라톤(Plato)은 사람은 누구나 신(神; Divinity)

의 하인으로서 자신을 승계할 영속적인 후계자를 배려하여야 한다고 하고, 이사이오스(Isæus)는 "인생의 최후가 다가오고 있다고 생각하는 자는 모두 자기의 가(家)가 무후(無後)로 되지 않도록 해야 하며, 또한 자기의 장례식에 참배하고 묘소에서 올바른 의식을 거행할 사람이 끊어지지 않도록 신중하게 배려하여야 한다"고 말한 바 있다. 이와 같이 일가(一家)의 창설과 자녀를 출산하는 것이 도덕적 의무이자 공적인 의무라고 하는 확신은 초기 로마인의 정신에 깊이 자리잡고 있었다. 키케로(Cicero)의 논문 "법률론(De Legibus)"—이것은 고대 로마법을 철학적 형식으로 그 전반에 걸쳐서 다시 서술한 것이다—에는 호구총감(戶口總監; Censor)이 미혼남자에게 세금을 부과하도록 하는 법이 포함되어 있다. 그러나 성도덕(性道德)이 상당히 쇠퇴해 버린 로마의 후대에는 독신자의 비율이 특히 상류계층에서 자연적으로 증가하였었다. 이 상류계급에서는 혼인이 단지 공적인 이익을 위해서 해야 하는 부담으로 여겼다고 볼 수도 있다. 사실상 혼인을 치르고 자녀를 양육하는 것이 어떻게 행해졌는지는 그라쿠스(Gracchus)의 농지법(農地法)이 자녀의 양육에 할증제(割增制)를 설정하였었다는 사실로써 미루어 알 수 있다. 이후 「율리아법」과 「파피아 포파이아법」(Lex Julia et Papia Poppaea)은 일정한 연령에 달한 다음에도 독신으로 생활하는 사람에게 여러 제재를 부과하였다. 그러나 그 효과는 별로 없거나 아주 없는 채 끝나버리고 말았다. 후기의 로마법에 의하면 남자는 14세, 여자는 12세부터 혼인할 수 있었다.

고대의 문화민족이 일반적으로 지니고 있었던 바와는 크게 다른 혼인관을 히브리인의 소수계층은 가지고 있었다. 다시 말해 그들은 혼인을 부정한 것으로 생각하였다. 요세푸스(Josephus)는 에세네파의 신도(Essene)들은 "쾌락을 죄악이라고 하여 배척하고 절제와 정욕의 극복을 미덕으로 존중하며 혼인생활을 도외시한다"고 말하기도 하였다. 이

교리(敎理)는 유태교(Judaism)에는 아무런 영향을 주지 못했으나 기독교(Christianity)에는 많은 영향을 준 것 같다. 성 바울(St. Paul)은 혼인생활보다 독신생활이 더 좋다고 생각하였다. "자기의 딸을 혼인시키는 행위는 잘하는 일이다. 그러나 자기의 딸을 혼인시키지 않는 일은 더 잘하는 일이다." "남자는 여자를 건드리지 않는 것이 좋다. 그렇지만 음행(淫行)을 피하기 위해서 남자는 자기의 아내를 갖도록 하고, 여자는 자신의 남편을 갖도록 해야 한다." 혼인을 하지 않는 사람이나 과부가 자제하지 못하면 혼인을 하도록 해야 하는데, "왜냐하면 혼인을 하는 것이 욕망을 태우도록 내버려 두는 것보다 낫기 때문이다." 신약성서(新約聖書; New Testament)의 이들 구절이 처녀성에 관한 일반적인 열망을 고취시켰다. 테르툴리아누스(Tertullianus)는 사도의 복음에 관한 주석을 하면서 "조금 나은 것이라고 하여 반드시 좋은 것은 아니다"라고 지적하고 있다. 양쪽 눈을 실명하는 것보다는 한쪽 눈을 실명하는 것이 조금 낫기는 하겠지만 어느 경우도 좋은 것은 아니다. 이와 마찬가지로 혼인을 하는 것이 욕망을 태우는 것보다는 좋겠지만 혼인을 하지 않고 욕망도 앓지 않는 것을 훨씬 더 좋게 여긴다. 혼인은 "간음의 본질인 것으로 되어 있다." 이에 반하여 금욕(禁慾)은 인간이 그것에 의하여 "전능하신 거룩한 실체에 소통할 수 있는 수단이다." 우리들의 주(主; Lord)가 걸치고 생명의 고투를 겪어낸 육신도 성스러운 처녀로부터 얻어서 차려 이룬 성체였던 것이다. 사도 요한(John), 바울 및 기타 "생명의 서에 그 이름이 기록되어 있는" 모든 사람은 처녀성을 소중히 여겼다. 처녀성은 기적을 만들어 낸다. 즉 모세(Mose)의 누이 동생인 마리아(Mary)는 여성 군단을 이끌고 걸어서 해협(海峽)을 건넜고, 또한 같은 미덕에 의하여 데클라(Thecla)는 맹수 사자한테서도 존경을 받아서, 굶주린 사자가 그 먹이인 데클라의 다리 밑에 누워 있으면서도 방자한 눈초리를 하지도 않고 날카로운 발톱으로 그녀를 해치려고도 하지 않는 채 성스러우리만큼 배고픔을 참아낸 것으로 되어 있다. 처녀성은 봄철의 꽃과 같이 언제나 하얀 꽃잎으로 고결한 생명력을 발산한다. 창조주 자신도 환관(宦官)에게 천국의 문을 열어 준다. 만일 아담(Adam)이 창조주의 명령에 따랐다면 그는 동정의 순결을 지키며 영원히 살았을 것이며, 아무런 죄악도 따르지 않는 식물의 생장방식에 의하여 천국은 순수한 불후의 인간 삶터로 되었을 것이다.[3] 처녀성이라는 것은 신앙심이 독실한 사람들의 막사에 이르는 가장 가까운 길이긴 하지만 혼인의 길도 다소 오래 걸리기는 하나 우회(迂廻)에 의하여 그곳에 도달하게 해주는 것임에는 틀림없다. 마르키온파(Marcionities)에서는 기혼자는 세례를 받고 신도의 단체에 가입하기에 앞서 강제적으로 이혼하게 하는데, 테르툴리아누스 자신은 이에 반대입장을 취했다. 그리고 4세기 전반 경에는 강 그라(Gangra)의 종교회의에서 기독교인이 혼인을 하면 신의 왕국에 들어가지 못한다고 주장하는 자를 명문으로 비난한 바 있다. 그러나 4세기 말기에 열린 종교회의에서는 수도사인 요비니안(Jovinian)을 처녀성이 혼인보다 더 가치가 있다는 것을 부정했다는 이유로 파문(破門)시켰다. 인간에게 있어서 혼인의 관행은 전적으로 인종유지를 위한 대책으로서 허용된 것이고, 그리고 불완전하기는 하지만 자연적인 정욕에 대한 억제책으로서 허용되어 온 것이라 할 수 있다. 자녀의 출산이라는 것이 기독교인이 색정(色情)을 허용하는 한도라고 할 수 있는데, 마치 땅에 종자를 뿌린 농부가 그 땅 위에 더 이상의 씨앗을 뿌리지 않고 수확을 기다리는 것과 같다. 그런데 이러한 의견이 점차적으로 수도원의 성직자로 하여금 의무적으로 독신생활을 하게 만들었다.

3_ 이 견해는 니사(Nyssa)의 그레고리우스(Gregory)에 의하여 지지되고, 나중에 다마스쿠스(Damascus)의 요한(Joannes)에 의하여도 지지되었다. 그러나 토마스 아퀴나스(Thomas Aquinas)는 이에 반대하고 인종(人種)은 태초부터 성교에 의하여 중식되어 왔으며, 그 성교는 다른 모든 육욕과 관계가 없는 것이라고 주장하였다.

_ 기독교국가에서 혼인이 허용되는 최저연령

그런데 모든 기독교국가의 법은 남자와 여자가 혼인을 할 수 있는 최저연령을 정하고 있다. 로마법에서는 남자는 14세, 여자는 12세에 혼인을 할 수 있도록 하고 있었는데, 이 규정은 교회에 의하여 채용되고 이후 교회법(敎會法; canon law)의 영향 아래 오늘날까지도 여러 나라에서 그대로 유지되고 있다. 그러나 최근 입법의 일반적인 경향은 제한연령을 높이는 경향이기 때문에, 남자는 21세, 여자는 18세까지 높인 경우도 있다. 그렇지만 교회법의 제한연령이 갖춰져 있지 않은 많은 나라에서는 법이 허용하는 연령보다 어린 나이에 혼인하려면, 그 장애는 특별한 면제를 받아서 혼인할 수 있게 되어 있었다. 그리고 최저연령에 관한 제한 이외에도 다른 필요에 따른 제한, 즉 부모, 후견인이나 기타 당사자를 감독하는 자의 동의(同意)를 얻어야만 혼인이 성립할 수 있도록 하는 제한이 종종 있다.

_ 근대문명은 혼인횟수를 줄어들게 하였고 혼인이 체결되는 평균연령을 높였다

사람들이 실제로 혼인하는 연령이나 혼인횟수에 관하여 유럽의 경우 일반적으로 근대문명의 발달이 혼인횟수를 다소 감소시켰고, 평균연령은 높아졌다고 할 수 있다. 즉 유럽에서 15세 이상의 남녀인구의 3분의 1 이상이 자발적으로나 본의 아니게 독신으로 생활하고 있으며, 이들 가운데는 끝내 혼인을 하지 않는 사람도 많이 있다. 혼인관계비율은 다음의 수치에서도 알 수 있는 바와 같이 유럽의 여러 나라에서 큰 차이가 있다. 다음의 수치는 혼인을 할 수 있는 자, 즉 독신자, 과부나 홀아비 또는 이혼자로서 남자 18세 이상, 여자 15세 이상의 자 1만 명당 각 1년간의 혼인건수를 모아 정리한 것이다. 이 수치의 대부분은 제1차 세계대전과 관계있는 특수사정의 영향을 받지 않은 것이다.

국 명	시 기	연간혼인건수
세르비아	1896~1905	1,386
불가리아	1910~1911	1,223
러시아 (핀란드와 폴란드 제외)	1896~1897	921
루마니아	1896~1903	873
헝가리	1906~1915	778
독일	1907~1914	569
프랑스	1910~1911	539
오스트리아	1908~1913	536
잉글랜드와 웨일즈	1907~1914	507
노르웨이	1907~1914	418
스코틀랜드	1907~1914	411
핀란드	1906~1915	398
스웨덴	1908~1913	367
아이슬란드	1906~1915	335
아일랜드	1909~1912	254

그리고 독신남자와 독신여자가 혼인하는 평균연령은 다음과 같다.

국 명	시 기	남 자 (세)	여 자 (세)
세르비아	1896~1900	21.8	19.7
이탈리아	1911~1914	27.2	23.6
독일	1911~1914	27.4	24.7
잉글랜드	1906~1914	27.4	25.7
스코틀랜드	1906~1914	27.8	25.8
프랑스	1906~1910	28.0	23.7
스웨덴	1906~1913	28.8	26.4

최근 유럽의 여러 국가에서는 미혼자비율이 증가하고 있으며, 혼인연령은 높아지고 있다. 잉글랜드와 웨일즈에서 혼인할 수 있는 사람 1만 명당 각 연간 혼인건수는 다음과 같다.

시 기	연간혼인건수	시 기	연간혼인건수
1876~1885	568	1896~1905	531
1886~1895	529	1907~1914	507

마지막 시기인 1911년으로부터 1914년까지의 비율이 1906년으로부터 1910년까지의 비율보다 다소 높다. 미혼의 신랑과 신부의 평균 연령은 다음과 같다.

시 기	평균초혼연령		시 기	평균초혼연령	
	남자(세)	여자(세)		남자(세)	여자(세)
1876~1885	25.9	24.4	1896~1905	26.8	25.3
1886~1895	26.4	24.9	1906~1910	27.2	25.6

잉글랜드에서 혼인연령이 상승하는 경향은 25세 이하에 하게 되는 혼인비율을 보면 쉽게 알 수 있다.

시 기	25세 이하의 혼인 비율		시 기	25세 이하의 혼인 비율	
	남자(%)	여자(%)		남자(%)	여자(%)
1896~1900	48.2	64.4	1906~1910	42.5	59.1
1901~1905	45.4	61.6	1911~1915	40.4	56.9

_ 서구의 근대국가에서의 혼인비율의 저하원인 및 혼인연령의 상승원인

유럽에서 혼인비율(婚姻比率)의 저하(低下) 및 혼인연령(婚姻年齡)의 상승(上昇)을 야기시킨 가장 결정적인 원인은 근대사회에서 가족을 부양해야 하는 어려움에 있다. 경제적 요인의 중요성은 지금까지 통계학자들이 크게 강조해 온 바이다. 쉬스밀히(Süssmilch)시대로부터 지난 세기의 중기까지는 혼인건수가 곡물가격과 반비례하여 변화한다고 하는 것이 대체로 통계적으로 밝혀진 원칙으로 되어 왔다. 독일에서는 호밀

(rye)의 가격이 올라가면 혼인건수가 줄어들고 그 가격이 떨어지면 혼인건수가 늘어난다고 하는 반비례적 경향(反比例的 傾向)을 1860년경까지는 발견할 수 있다. 그러나 이후의 독일은 매우 빠른 공업화와 상업화로 바뀌었기 때문에 식품가격은 대중의 경제적 복리의 한 가지 요인에 지나지 않게 되었다. 영국의 기록 중 1820년까지의 자료를 확인해 보면 혼인건수와 곡물가격 사이에 그러한 관계는 전혀 찾아볼 수 없다. 오히려 혼인비율이 종종 밀(wheat)의 가격과 반비례하는 것이 아니라 그것에 정비례(正比例)하여 변화하였음을 알 수 있다. 오글 박사(Dr. Ogle)는 이 사실을 설명하는 가운데 수출입의 증가는 화물운임을 높이고 그에 따라 곡물가격을 상승시키지만, 한편 그와 동시에 무역이 번창하고 수출액이 증가하게 되면 사람들은 한층 더 많이 혼인을 하게 된다는 점에서, 수출액은 고용기회를 측정하는 계측기가 되고, 또한 경제적 번영의 지침인 것임을 지적하고 있다. 그러나 혼인비율과 국가의 전체적인 번영의 부합관계가 절대적인 의미를 지니는 것은 아니다. 이 두 곡선이 보여주는 바에 의하면 사실 두 요인이 단지 변화한다는 점에서만 상관관계가 있는 데 지나지 않는다. 금세기의 초기에 후커(Hooker)는 지난 40여 년 동안에 영국에서는 무역곡선이 상승하여 왔음에도 불구하고 혼인비율은 저하하였음을 밝혀냈다. 따라서 "어느 시기의 혼인건수는 그 시대에서의 경제적 번영의 기대치를 나타내 주는 것이다"라고 하는 헤르만(Herman)의 법칙도 상대적인 가치밖에 가지지 못하는 것이라 할 수 있다.

경제의 일반적인 진보에도 불구하고 사람들이 점점 더 혼인하기를 꺼려하는 것은 더 나아가 전 계급에 걸친 생활수준의 향상으로 혼인의 지체라든가 혼인의 포기를 가져온다. 다만 이 점에 관하여는 각 사회계층 사이에 다소 차이가 있다. 팔벡 교수(Professor Fahlbeck)는 스웨덴의 귀족계층에서는 혼인연령에 달해 있는 남자의 43.17%와 여자의

46.15%가 미혼인 데 비하여 스웨덴 전체인구에서의 당해 비율은 각각 31.42% 및 31.54%뿐이며, 아울러 최근 미혼자의 수는 크게 증가하고 있음을 밝혀 낸 바 있다. 일반적으로 말하여 평균혼인연령은 하층계급에서보다도 상층계급에서 한층 더 높아졌다. 이른바 '신사'(紳士; gentleman)라고 하게 되면 혼인하기에 앞서서, 기혼의 근로자들로서는 그 일부만으로도 충분할 정도의 일정한 수입이 혼인생활에 필요한 것으로 생각한다. 그는 자기의 처에게 그녀 및 자기 자신의 사회적 지위에 상응하는 가정을 꾸려나가야 하는 것으로 되어 있는 반면에, 그 처는 남편이 일정한 생활자금을 가지고 오지 않은 한, 가족의 부양을 위해서 기여하는 바가 그다지 크지 못했다. 더구나 경제적인 관점에서 보면 청년기에도 장년기에서와 거의 같은 소득을 벌어들이는 남자, 예컨대 광부, 양복 짓는 사람, 구두수선공, 공예가 및 이와 비슷한 사람들이 혼인을 늦게 해야 할 이유는 별로 없다. 대개는 이들이 전문가계층보다 젊은 나이에 혼인을 하는 것으로 되어 있다. 그러니까 어느 남자든지 지적 노동으로 자기의 생계를 마련하는 데는 육체노동에 의하는 것보다 더 긴 시간을 필요로 하는 것이라고 할 수 있다.

유럽 여러 나라에서 혼인비율과 혼인연령이 각각 다른 것을 훑어보면, 다소 뒤떨어진 문명의 단계에 놓여 있는 동부지역에서 혼인을 하려는 경향이 가장 높은 것을 알게 된다. 러시아에서는 20세 이하의 신랑이 아주 많고, 또한 신부의 절반 이상이 20세 이하이다. 이러한 현상을 발생시키는 이유는 다름이 아니라 별도의 여자노동자를 획득하기 위하여 가능한 한 어린 나이에 자기의 아들을 혼인시켜 왔던 관습을 지키며 살고 있는 소농(小農)들이 그 인구의 대부분을 차지하고 있다는 사실에 있다. 또한 북부 유럽에서 혼인비율이 아주 낮은 것은 부분적으로 이민(移民)에 연유한다고 할 수 있다. 젊은 남녀의 이민이 많은 점이 아일랜드가 유럽의 다른 나라보다 혼인비율이 낮은 원인이 되고 있음은 의심의 여지가 없다.

아직까지 언급하지 않은 것으로 혼인의 감소경향에 관하여 또 다른 경제적 원인 중 하나는 높아져 가는 여자의 경제적 지위라고 할 수 있다. 저급한 문명의 단계에서 여자는 남자의 부양에 의존하여 살아가게 되어 있는 보잘것없는 존재였지만, 근대문명은 자기의 노력만으로 생계를 조달할 수 있는 수단을 여자에게 제공했던 것이다. 그러나 경제적 성향의 여러 요인 이외에도 남녀로 하여금 혼인생활에 들어가지 않도록 하는 것으로 지금까지 설명한 것 이외에 그럴 수밖에 없고 중요한 다른 요인들이 있다.

즉 최근의 각 저자들이 적절하게 지적하고 있는 바와 같이, "교육이나 문화의 일반적인 보급, 시대적인 새로운 발명과 발견, 상업 · 교역 및 부의 증대에 의하여 남녀의 취미가 폭넓어지고 욕구가 다양화되었으며, 새로운 취미활동과 쾌락이 남녀 모두에게 제공되고 있다. 이러한 생활상의 즐거움이 증가함으로써 혼인생활이 가져다주는 즐거움의 비율이 상대적으로 감소한 것이다. 행복한 가정생활이 과거처럼 생활 속에서 중요한 비중을 차지하지 못하게 되었다. 실제로 가정생활이라는 것이 남녀 모두에게 그다지 중요한 역할을 하지 못한다. 혼인생활은 독신생활에서 맛볼 수 있는 편의를 적지 않게 잃게까지 한다. 오늘날 독신생활에서도 혼인생활에서만큼 또는 그 이상으로 즐길 수 있는 대단히 많은 즐거움을 누릴 수 있다." 더구나 "사회 전체에 우수한 문화가 보급됨으로써 남녀 누구든지 생애의 반려로 삼고 싶은 사람을 그렇게 쉽게 찾아 맞이할 수 없게 되었다. 그들이 필요로 하는 물건은 한층 세련되었으며, 그들이 우수하다고 생각하는 수준은 이전보다 훨씬 높아졌다. 그들은 자기의 이상에 맞는 사람을 쉽게 찾아낼 수 없게 되었으며, 또한 자기 자신도 다른 사람의 이상을 충족시켜 주지 못하게 되고 말았다."

기독교국가(基督敎國家)의 혼인법(婚姻法)과 이혼법(離婚法)도 일정한 수의 사람들이 독신생활을 하게끔 만든 데 대한 책임을 면할 수 없다. 만일 혼인관계의 해소가 보다 용이하였더라면 혼인관계의 성립도 그만큼 쉽게 이루어졌을 것이다. 그리고 성년여자의 수가 성년남자의 수보다 많은 경우에는 일부일처제(一夫一妻制)의 법은 필연적으로 독신생활을 발생시키는 한 요인이 된다. 혼인을 하는 연령을 20세로부터 50세까지라고 보면, 유럽에서 100명의 남자는 103명 내지 104명의 여자 가운데서 처를 선택하게 되고, 그 결과 정상적인 상태에서는 여자의 3% 내지 4%는 의무적인 일부일처제로 말미암아 독신생활을 하지 않으면 안 되는 운명에 놓이게 될 수밖에 없는 셈이다.

제3장

족내혼제

_ 족내혼제의 규칙과 족외혼제의 규칙

사회는 여러 가지 방식으로 혼인을 규제한다. 그중에서도 먼저 사회는 배우자선택에 관하여 일정한 규범을 마련하여 지키게 한다. 특정한 집단의 구성원이 당해 집단의 구성원이 아닌 사람과의 혼인을 금지하는 족내혼규범이 있고, 또한 특정한 집단의 구성원이 당해 집단의 구성원인 사람과의 혼인을 금지하는 족외혼규범이 있다. 다른 것처럼 보이는 두 가지의 규범은 그것이 각각 다른 집단에 관계되는 한에서는 결코 모순되는 것이 아니다. 따라서 족내혼(族內婚制)와 족외혼제(族外婚制)는 같은 민족에서도 각각 동시에 나타나기도 한다. 사실상 어느 곳이든지—편의상 헨리 메인 경(Sir Henry Maine)의 표현을 사용한다면—그 외부와의 혼인을 절대적으로 금지하거나 부적당한 것으로 생각하는 외혼금지집단(外婚禁止集團)과 그 내부에서는 어떠한 혼인도 허용되지 않는 내혼금지집단(內婚禁止集團)이 있다.

_ 족속적 족내혼제 및 그 원인

우리는 많은 족속(族屬)이 다른 족속에 속한 사람과의 혼인 또는 성관계 일반을 억제하거나 비난하거나 또는 실제로 금지하고 있는 것을 알고 있다. 파우어스(Powers)의 말에 의하면, 몇몇 캘리포니아의 인디언(Californian Indian)에서는 백인과 간통하였거나 혼인한 여자가 있으면, 그녀는 사형에 처해졌다고 한다. 중앙아메리카의 스페인인, 모리셔스섬(Mauritius)에서의 영국인, 레위니옹섬(Réunion)이나 앤틸리스제도(Antilles)에서의 프랑스인 그리고 그린란드에서의 덴마크 무역상인은—그 시기는 각각 다르지만—법으로 토착민(土着民)과의 혼인이 금지되어 있었다. 그리고 옛날 로마인들도 미개인(未開人)과 혼인하는 것이 금지되어 있었다. 아마도 어느 족속이나 그 자신과 크게 다른 열등한 족속과의 혼인은 범죄는 아니더라도 치욕적인 일로 생각하였다고 할 수 있다. 이러한 감정은 특히 족속의 여자에 있어서 특히 강하다. 실제로 불평등한 족속 사이의 통혼관계를 자세히 살펴보면, 대부분의 경우 부(父)가 우월한 족속에 속한다. 드 카트르파즈(de Quatrefages)는 "여자는 자기 자신이 천하게 되는 것을 아주 꺼리지만, 남자는 그만큼 민감하지 않다"고 한다. 예를 들면 북아메리카에서는 백인 여자가 유색인종의 남자와 혼인하는 사례는 매우 드물고, 남부의 여러 주에서는 이러한 혼인이 관습(慣習)에 의해서뿐만 아니라 종종 법률에 의해서도 금지되고 있다. 그러므로 백인의 피가 흑인의 족속과 섞이게 되는 대부분은 백인남자와 흑인여자와의 성교(性交)에서 생겨나게 된다.

어느 족속의 내혼제는 의심할 나위도 없이 족속적 내지 민족적 자존심, 다른 족속 사람과의 융화감의 결여 또는 그에 대한 적극적인 반감이 주된 요인이다. 그리고 이러한 이유로 말미암아 관념, 습속 및 문명 일반에 걸쳐서 크게 다른 족속 사이에서는 족속적 내혼제가 적지 않게 일반화되어 있다. 그러나 이와 함께 나는 다른 종류의 동물이 서로 교미하는 것을 꺼리는 본능적 감정과 유사한 어떤 성적 혐오감이 아주 다른 용모를 한 족속의 사람과의 성교에서 흔히 생겨나고, 그리고 이러한 성적 혐오감은 남자보다도 성본능이 대체로 강한 것으로 되어 있는 여자에게서 특히 일반적이라고 생각한다. 그렇지만 이러한 사실이 인류가 여러 종(種)으로 구성되어 있음을 증명하는 것은 아니다. 그도 그럴 것이 일정한 사육 또는 반사육 동물의 군속(群屬)도 서로 잡교(雜交)하는 것을 꺼린다. 본능적인 혐오감은 배우자(mating gamate) 사이의 일정한 유사성(類似性)이 생식작용 또는 적어도 정상적인 생식작용을 위하여 필요하다고 하는 생리학상의 유사성법칙(physiological law of similarity)에 기인하는 것이고, 그것은 서로 아주 다른 동종의 구성원 사이의 관계에서도 느껴지는 것 같다. 이를테면 이 법칙이 작용하지 않고 이종교배(異種交配; intercrossing)가 수정능력을 저하시키지 않는 경우에도 본능적인 혐오감을 느끼는 경우가 있다. 그러나 동종의 동식물의 다른 변종 또는 품종이 교배를 하면 다산(多產)하게 된다는 원칙은 그대로 들어맞는 그러한 법칙은 아니다.

_ 씨족이나 마을사람으로서 그 분족 이외의 다른 사람과의 혼인을 금하는 규칙

많은 민족에서 혼인은 부족(部族) 외에서 또는 씨족(氏族)이나 마을사람과 같은 부족보다 좀 작은 집단을 제외하고 행해지는 일은 매우 드물거나 아니면 전혀 없다. 벵골(Bengal)의 오라온족(Oráons)에 관하여 우리는 "부족의 외부로부터 처를 취한 사람은 즉시 당해 부족에서 축출되고, 그 사람은 자기가 맞아들인 외래의 처와 헤어지지 않는 한 다시 부족에 들어 올 수 없다"는 말을 듣고 있다. 앗삼(Assam)에 있는 파담(Pádam)의 아보르족(Abors)은 자기 동족의 소녀가 씨족 외의 사람과 혼인하는 것을 매우 싫어한다. 달톤 대령(Colonel Dalton)은 "파담의 어느 한 부녀자가 그렇게 처신을 한다면 해도 달도 빛을 발하지 않을 것이며 그 오점이 희생물과 공물로써 말끔히 씻어지기까지는 모든 일을 반드시 중단하지 않을 수 없을 만큼 심한 폭풍우가 있을 것이다"라고 아주 자신 있게 말한 바 있다. 고대의 셈족에 관하여 바르톤 교수(Professor Barton)는 이 점에 관한 그들의 감정을 역사적으로 살펴보면, 그것은 족내혼제를 따르는 것으로서 셈족의 양친은 만일 그 자녀들이 자기 부족 외의 사람들과 혼인을 하게 되면 언제나 슬퍼한다고 말하고 있다. 로마에서는 로마시민이 아닌 여자나 로마시민과 혼인할 수 있는 특권(特權)—이것은 언제든지 특별히 수여되었다—을 수여받지 못한 여자와의 혼인을 무효로 했었다. 더구나 초기에는 부(父)가 자기의 딸을 위하여 자신의 씨족(氏族; gens)에서 사윗감을 찾는 것이 관습으로 되어 있었으며 씨족 외의 혼인은 상규(常規)에 어긋난 일로 취급하였다.

서로 다른 부족 또는 그 분파 사이에 교류가 거의 없는 곳에서는 그 구성원들 사이에 혼인은 알려지지 않아서 그런지는 모르겠으나 서로 하지 않는 것을 당연한 것으로 여긴다. 계속적인 고립생활은 그 자체와 다른 관습, 예법 및 언어를 지닌 민족에 대하여 반감을 일으키게 되고 이민족간의 통혼(通婚)에 대한 비난 내지 사실상의 금지를 쉽게 가져오게 한다. 또한 부족 또는 씨족이 자기 구성원을 잃기 싫어하는 욕망도 같은 작용을 한다. 족내혼제가 부가거주혼(patrilocal marriage)과 병존하는 곳에서의 그 내혼(內婚)의 이유는 의심할 나위도 없이 집단의 여자를 잃는다는 데 대한 집단 자체의 저항에 있는 것이다. 고대 아랍인 사이에서의 마을 사람끼리 혼인을 하는 것은 친족유대(親族紐帶)를 강화하는 목적에 이바지하였다. 모로코(Morocco)에 있는 리프(Rīf)의 베르베르족(Berbers)은 공동체 내로 이질적인 요소가 들어오는 것을 방지하기 위하여 동일한 일족의 구성원 사이의 혼인을 장려하며, 이와 함께 자기의 촌락을 떠나간 여자에게는 상속권을 인정하지 않는다. 모세는 상속재산(相續財産)을 '자기 아버지의 일족의 부족에' 남겨 두도록 하기 위하여 슬로브핫(Zelophehad)의 딸들에게 자기 부친의 부족의 남자에게 시집가라고 명하였다. 그러나 신명기(申命記; Deuteronomy)에 기록되어 있는 가나안의 일곱 지방민과의 금혼이유(禁婚理由)는 종교적인 것이었다. 즉 "그들은 자기들의 아들이 나를 따르는 것을 그만두라고 할 것이며, 그렇게 되면 그 아들들은 다른 신을 섬기게 될 것이다"라는 것이 그 이유이다.

이스라엘사람과 가나안사람 사이에서의 모세의 혼인금지(婚姻禁止)는 어떻게 해서 그렇게 되었든지 에즈라(Ezra)시대 이후에는 온 나라의 모든 이교도인(異教徒人)을 포함할 정도로 확대되었다. 그리고 유다스 마카베오스(Judas Makkabaios)시대나 로마인과의 전쟁시대의 종교권위자들은 에즈라칙령(勅令)의 정신에 따라 이스라엘사람과 모든 이교도인과의 혼인관계를 금지시켰다. 이 금지를 따르고 있는 것이 탈무드법전(Talmud code) 및 랍비법전(Rabbinical code)과 같은 제정법이다. 그리고 비록 후자에는 기독교도와의 통혼에 관하여 아무런 특별규정이 포함되어 있지 않았지만 실제로는 이교도와의 일반적인 혼인금제 속에 기독교도도 포함되어 있었던 것이다. 1807년에 나폴레옹이 소집한 대유태종교회의(the great Jewish Synod)는 이스라엘사람과 기독교도의 혼인은 민법전에 따라서 행해진 때는 유효하고, '비록 그러한 혼인이 종교적인 형식을 갖추어서 행하지 않았더라도', 즉 유태교의 종교의식을 올려서 축하를 받지 않은 경우에도 아무런 징계적인 처벌(파문)을 받지 않는다고 선언하였다. 또한 1844년에 브라운슈바이히(Braunschweig)에서 개최된 랍비회의에서는 한 걸음 더 나아가 유태인과 기독교도의 통혼이나 일반적으로 유태인과 모든 일신교(一神敎)의 신도와의 통혼은, 만일 양친이 그 자녀를 유태교의 교지(敎旨)에 따라 양육하는 것을 국가법(國家法)에서 허용하고 있으면, 그것을 금지할 수 없다고 결정하였다. 그렇지만 탈무드법의 취지를 완전히 탈피해버린 이 결정은 개혁파 유태교의 가장 열렬한 몇몇 옹호자들에 의해서도 신랄한 비판을 받았다. 유태교의 어느 교파에서도 종교를 달리하는 당사자들의 혼인을 긍정적으로 받아들이지 않는다. 러시아를 비롯하여 몇몇 유럽국가에서는 유태인과 기독교도와의 혼인은 아직까지도 매우 드물다. 1898년에 빈(Vienna)에서는 순수한 유태인끼리의 혼인이 847건임에 비하여 유태인과 기독교도와의 이교도혼(mixed marriage)이 110건이었으며, 한편 프라하(Prague)에서는 유태인끼리의 혼인이 354건이었음에 비하여 이교도혼은 겨우 6건뿐이었다.

기독교도와 유태인의 혼인은 기독교도에 의하여 즉 콘스탄티누스 황제나 이후의 황제 및 여러 종교회의에서도 금지되었다. 그리고 중세에는 그러한 혼인이 일반적으로 회피되었다. 야곱(Jacobs)은 "유럽민족은 유태인을 인간 이하로 취급했으며, 아마도 중세기의 기독교도의 소녀는 거의 있을 수 없을 정도의 관용을 베풀더라도 유태인과의 결합을 자연스러운 것으로 생각할 수는 없었을 것이다"라고 말하고 있다. 사실상 구세주(救世主; Christ)라는 성스러운 명칭에 대한 유태인의 극렬한 증오로 말미암아 초기의 교회는 이교도와의 혼인보다도 유태인과의 혼인을 더욱 강하게 반대하였다. 성 바울은 기독교도는 이교도(heathen)와 혼인해서는 안 된다고 적시하고 테르툴리아누스는 그러한 혼인을 간음이라고 하였지만 초기에는 종종 교회가 이러한 종류의 혼인을 기독교의 포교수단(布敎手段)으로서 권장하기도 하였다. 그러므로 교회가 실제로 이러한 혼인을 금지한 것은 포교가 확실하게 성공을 거두게 된 다음부터이다. 12세기에 그라티아누스 훈령집(Eecretum of Gratian)이 간행되기에 이르러 이종의 장애(impediment disparitas cultus)가 교회법(canon law)의 일부로 되었으며, 이후 카톨릭교도와 비신자와의 혼인은 당국으로부터 그 혼인의 특별허가(特別許可)를 얻지 못하면 무효가 되었다. 다른 한편 카톨릭교도와 이단자와의 혼인은 혼종(混宗; mixtœ religionis)의 특별허가를 얻지 못하는 경우에는 위법으로 여기기는 하였지만 무효라고는 생각하지 않았다. 그러나 그러한 혼인에 대하여는 예로부터 많은 반대가 있었으며 여러 차례의 종교회의에서 이러한 혼인을 반대하는 입법조치를 취한 바 있었다. 트리엔트공의회는 카톨릭교도와 비카톨릭교도의 모든 혼인결합을 교회 당국의 면전에서 치러지는 경우를 제외하고는 무효라고 선언하였다. 그러나 점차적으로 로마교황들은 이교도혼에 대한 여러 가지 양보를 할 필요성이 있음을 느끼게 되었다. 톤턴(Taunton)은 "교회가 이러한 혼인을 지금까지 꺼려해 온 곳은 교리배반의 위험 및 자녀교육의 곤란 때문일 뿐만 아니라 성례상 교류(聖禮上 交流; communicatio in sacris) 때문이다"고 말하고 있다. 신교도들도 처음에는 이러한 혼인을 금하였었다. 그러나 오늘날 이교도혼은 로마카톨릭국가에서나 신교국가에서나 민법(民法)에 위반되는 것이 아니다. 그런데 그리스교회(Greek Church)에 속하는 국가에서는 이와 달리, 교회에서 가하던 제한을 국가에서 가하고 있다.

_ **계급적 족내혼제 및 상승혼제**

이슬람교는 종교를 혼인에 대한 일종의 장애사유(障碍事由)로 여겨오고 있다. 즉 코란(Koran)은 명문(明文)으로 "다신교도인 여자와는 이슬람교를 믿기까지는 혼인하지 말라"고 하고 있다. 그러나 코란은 또한 정결하다는 평판이 있고 경전의 종파에 속하거나 또는 계시적이거나 도의적인 종교를 믿는 여자는 이슬람교도의 처가 되는 데 부적법한 것이 아님을 인정하고 있다. 이러한 지침 및 이와 유사한 사항에 근거하여 수니파(Sunnī)와 시아파(Shi'ah)의 법학자들은 다소 상이한 결론을 이끌어 내고 있다. 그러나 양파의 모든 이슬람교도는 우상을 숭배하는 여자 또는 성신이나 기타의 물신을 숭배하는 여자를 처로 맞이하는 것을 금한다. 그리고 어떠한 경우에도 이슬람교도인 여자는 이슬람교도가 아닌 남자와 혼인하지 못하도록 하고 있다.

힌두인들 사이에서는 서로 다른 카스트계급(caste)에 속하는 사람들의 통혼(通婚)을 종교적으로까지 금지한다. 족내혼제(族內婚制)는 카스트제도의 본질적 요소이다. 힌두인은 자기 계급 이외의 사람과 혼인을 하지 말아야 할 뿐만 아니라 그렇게 하는 것이 보통이지만, 어느 계급이 여러 소계급으로 나누어지는 경우에는 특정한 소계급에 속하는 사람은 자기가 소속되어 있는 소계급 이외의 사람과 혼인하지 못하도록 되어 있다. 물론 경우에 따라서는 어느 일정한 소계급과의 혼인을 할 수는 있지만, 이때에도 당해 소계급 이외의 다른 계급과는 혼인을 하지 못한다. 그리고 어느 소계급으로부터 처를 맞이할 수는 있지만 거기에 딸을 시집보낼 수 없도록 되어 있다. 어느 계급이 신분적으로 다른 몇 개의 분파로 나누어지는 경우에는 상승혼제(上昇婚制)가 생겨날 수 있다. 즉 이 규칙에 의하면 양친은 자기의 딸을 자기와 동등하거나 고위의 분파에 출가시켜야 하고 만일 그렇게 하지 않으면 양친 자신도 딸이 시집간 분파의 지위까지 그 지위가 떨어지게 되어 있다. 이에 반하여 남자는 자신과 동등하거나 하등의 분파의 딸을 처로 맞이할 수 있다. 상승혼제는 오늘날까지도 널리 행해지고 있는데, 인도의 남부지방 및 앗삼지방에서만은 거의 찾아볼 수 없다. 이것은 아주 오랜 태고적 관습의 근대적 잔존형태라고 할 수 있다.

_ 계급내혼제

계급내혼제(階級內婚制; class endogamy)는 세계의 여러 지방에 살고 있는 많은 민족—야만민족이거나 문명민족이거나—에서 찾아볼 수 있다. 마다가스카르(Madagascar)의 호바족(Hovas)에서는 귀족, 서민 및 노예의 삼대별족(三大別族)은 다소의 예외는 있지만 서로 혼인할 수 없었으며, 또한 노예의 서로 다른 세 계급도 서로 혼인하지 않았다. 폴리네시아(Polynesia)에서의 귀족은 서민을 거의 다른 종(種)의 인간으로 여겼다. 그리고 높은 신분의 귀족들은 자기들과 서민의 혼인을 강렬하게 반대하였다. 타히티섬(Tahiti)에서는 신분이 높은 여자가 자기보다 낮은 사람을 남편으로 선택하면 그 남자가 그 여자와의 사이에서 낳은 어린애들을 죽였다. 동아프리카(East Africa)에 사는 마사이족(Masai)의 대장장이 가족은 다른 직업을 가진 사람의 일족(一族)과 혼인할 수 없도록 되어 있다. 로마에서는 기원전 445년까지 평민(平民)과 귀족(貴族)이 서로 혼인을 할 수 없었으며, 또한 귀족(貴族)과 예속민(隷屬民) 사이에서도 혼인이 허용되지 않았다. 키케로(Cicero) 자신도 생래자유인(ingenui)과 해방자유민의 통혼을 비난하였으며, 만약 그러한 결연(結緣)이 제정 하에서 일반적으로 허용되었더라도 원로원의원(Senator)은 해방된 여자를 처로 얻지 않았을 것이고 또한 여자의 보호자는 해방된 자기의 노예와 혼인할 수 없게 되어 있었다. 자유인과 노예 사이에는 식탁을 함께 하는 관계(contubernium)는 있을 수 있어도 혼인을 할 수 없었다. 튜튼민족(Teutonic people)에서는 노예와 성교를 한 자유인은 누구나 처벌을 받아 노예가 되고 동일한 죄를 지은 여자는 살해할 수도 있었다. 스칸디나비아의 여러 나라에서는 노예제가 상당히 일찍이 사라졌지만, 독일에서는 노예제(奴隷制)가 농노제(農奴制; serfdom)로 계승되었다. 그래서 항상 출생의 동등성이 합법적인 혼인이 되기 위한 불가결의 조건으로 되어 왔다. 독일이나 스칸디나비아에서는 자유인 계급과 명확하게 구별되는 하나의 계급으로서의 귀족이 그치지 않고 출현하였고, 귀족출신자와 자유인이기는 하지만 귀족이 아닌 자 사이의 혼인은 적절하지 못한 혼인으로 여겨지기까지 하였다. 스웨덴에서는 그러한 혼인이 일찍이 지대한 경제적 중요성을 갖기도 했었다. 오늘날에도 유럽에서는 옛날의 계급내혼제의 잔상이 남아 있다. 독일민법에 따르면 상위귀족에 속하는 남자와 낮은 신분으로 태어난 여자와의 혼인은 여전히 신분상위(身分相違)의 혼인(disparagium)으로 다루어지고 있다. 뿐만 아니라 그러한 혼인을 한 여자는 자기 남편의 신분을 보유할 수 없고 또한 그녀 또는 그 자녀는 완전한 상속권을 가지지 못한다. 그러나 헨리 메인 경(Sir Henry Maine)이 말하는 것처럼, 그 속에서 남자 또는 부인이 혼인을 하지 않으면 안 되었던 외혼금지적 제한이나 내혼제적인 제한은 대체로 풍습이나 편견의 결과로 생겨나게 되었던 것이다. "프랑스에서는 모든 형식적인 제도에도 불구하고 귀족(noblesse)에 속하는 사람과 시민(bourgeoisie)에 속하는 사람(대체로 'de'라는 전치사의 유무에 의하여 구별된다) 사이의 혼인은 전혀 없는 것은 아니지만 이상할 정도로 아주 드물다."

대부분의 경우 계급내혼제는 분명히 족속적 차이나 민족적인 차이에서 비롯한다. 사회적 분화는 외래인에 의한 정복과 종속의 결과로 생겨날 수 있으며, 이때의 정복자는 귀족계층으로 되고 피정복자는 서민계층 또는 노예로 된다. 영국에서는 노르만인의 정복(Norman Conquest) 이전에는 귀족계층은 색슨인(Saxon)이고 그 이후는 노르만인(Norman)이었다. 고올(Gaul)을 정복한 게르만인의 후손들은 프랑스에서의 천 년 동안의 지배족속이었으며, 15세기까지는 모든 상급귀족계층은 프랑크계 또는 부르군트계였다. 윌리엄 리지웨이 경(Sir William Ridgeway)은 로마의 귀족은 본래 로마의 지배자가 된 세이바인인(Sabines)의 일단인 반면, 평민들은 토착의 리구리아인(Ligurians)이라고 하고 있다. 스파르타(Sparta)에는 피정복자인 헬로트인(Helots)과 명확하게 구별되는 정복자의 귀족계층이 있었다.

종래 계급(caste)에 상당하는 산스크리트어의 바르나(varna)는 문자 그대로 말하면 '색'(colour)을 의미하고, 그것은 인도에서 상하 계급이 얼마만큼 구별되었었는지를 암시하는 것이라고 주장되어 오고 있다. 즉 후대의 문헌에서는 네 개의 계급을 지칭할 때에 허용되고 있는 이 용어는, 리그베다(Rig-Veda)에서는, 피부의 빛깔 때문에 서로 대조를 이루는 다사 바르나(Dāsa Varna)와 아리아 바르나(Arian Varna)의 두 계급의 사람들을 지칭하기 위하여 사용되었던 것이다. 백색피부의 아리아인이 서북부의 국경을 넘어 들어와 산스크리트어와 베다(Veda)나 우파니샤드(Upanishad)로 대표되는 종교적 관념을 가지고 들어와서 인도를 점령하기 이전에는 인도에는 흑색피부의 민족이 살고 있었다. 그리고 정복자의 지배적 정신, 그들의 이방부족에 대한 심한 경멸 및 그들의 강한 족속적 · 종교적 반감은 그들 자신과 피정복민인 수드라(śūdras)를 명확히 구별하는 데서 나타나기 시작하였다. 처음에는 그들 자신의 족속(族屬)의 여자가 매우 적었기 때문에 그들은 종종 원주민의 딸을 처로 맞아들여야만 했다. 그러나 나중에 이러한 부족상태가 없어지게 되자 그들은 자신들의 신분을 폐쇄시켜버림으로써 더 이상의 혼합이 생겨나지 않게 만들었으며, 그리고 그들이 이렇게 하고 난 후 각 집단은 오늘날과 유사한 계급으로 바꾸게 되었다. 현재에도 계급은 대체로 족속에 상응하고 있어서 적어도 북부인도에서는 계급의 사회적 지위가 그 신체적인 외형에 의하여 표시되어 상위계급은 아리아인적인 인상을 가지며, 하위계급은 원주민적인 인상을 가지고 있다고들 한다. 물론 이러한 견해가 전면적으로 수긍되는 것은 아니다. 예를 들어 몇몇 저술가에 따르면, 계급제도(階級制度; caste system)의 기원은 기능과 직업을 공통으로 하는 데서만 찾아볼 수 있다고 한다. 그러나 오늘날 사회적 신분이 직업과 아무리 밀접하게 관련되어 있다고 하더라도 계급의 민속학(民俗學)의 기초에 관한 이론은 그대로 옳다고 할 만하다. 족속의 차이는 처음부터 직능적 차이를 수반하는 것인지도 모른다. 그도 그럴 것이 정복자는 당연히 보다 고급직업을 그들 자신의 것으로 보유할 것이고, 보다 원시적인 직업을 비아리아계의 민족인 수드라에게 떠맡겼을 것이기 때문이다.

그런데 서로 다른 조상의 후손인 귀족가문의 사람들은 자기들의 독자적인 지위를 유지하려는 경향이 있고, 자기들 주위의 사람들에 대하여 거의 외래인(外來人)처럼 살아가는 수도 있다. 이렇게 해서 생겨나는 차별이 그대로 인정되고 있는 사회에서 여러 계급 사이에 연대감(連帶感)이 결여되어 있는 점을 깊이 생각하여, 토크빌 백작(Count de Tocqueville)은 "각 계급은 그 자체의 의견, 감정, 권리, 예법 및 생활양식을 가지고 있다. 그러므로 각 계급을 구성하고 있는 사람들은 같은 시민의 일단과 공통성을 가지고 있지 않다. 왜냐하면 그들은 동일한 방식으로 생각하거나 느끼지도 않으며, 자신들이 동일한 족속에 속한다고는 거의 믿지 않는다. …… 출신상으로나 교양면으로 귀족계층에 소속되어 있었던 중세의 편년사가(編年史家)들이 귀족의 비극적인 종말을 말할 때에는 자기들의 슬픔이 흘러 넘쳤는 데 반하여, 서민에게 가해진 학살이나 고문에 관하여 말할 때에는 단숨에 써버리곤 하였던 것이다. 그렇지만 이들 저자들이 서민에 대하여 상례적인 증오를 품고 있었다거나 확고한 모멸감을 가지고 있었던 것은 아니다. 사회의 여러 계급 사이의 투쟁이 아직 선언되지는 않았었다. 그들은 정열에 의하여 그렇게 했던 것이 아니고 본능에 좇아서 그렇게 했던 것이다. 그리고 그들은 가난한 사람들에 대하여 확실히 이해하고 있지 못하였기 때문에 이들의 운명에 대하여 그다지 신경을 쓰지 않았었다"고 술회하고 있다. 계급외혼(階級外婚)의 금제(禁制) 또는 이러한 혼인에 대한 일반적인 회피(回避)는 그 기원을 바로 이 배타성 및 이에 수반되는 그 밖의 여러 가지 것에 두고 있다. 내혼집단(內婚集團)의 권외(圈外)와의 비정식 관계는 당사자를 전보다 평등한 지위에 놓이게 하는 혼인보다는 비교적 너그럽게 허용된다. 그런데도 계급적 내혼제의 경우만은 그렇지 못하다. 어느 여행자의 말에 의하면 성도덕이 그다지 중요하게 여겨지지 아니하는 딧다(Djidda)에서는, 베도우인인(Bedouin)의 여자는 돈을 벌기 위하여 터키인 또는 유럽인에게 몸을 허락하여도 괜찮은데, 다만 그녀가 법률상 혼인을 하여 그러한 남자와 결합하면 영원히 불명예스러운 일로 생각하였다고 한다.

_ 족내혼제에 관한 근대문명의 영향

근대의 문명은 족속, 민족, 다른 종교의 신자 및 여러 가지 사회계급을 발생시키는 장벽을 다소 낮추거나 무너뜨려 버린 것 같기도 하다. 이와 함께 근대문명은 내혼규범을 다소 완화시키고 덜 엄격하게 만들었으며, 남녀가 혼인할 수 있는 그리고 일반적으로 혼인하는 범위를 확대시켰다. 이 과정은 인간의 역사상 매우 중요한 과정의 하나이다.

내혼제규범은 주로 족속적 또는 계급적인 자존심 또는 종교적인 편파심에서 생겨나고 더구나 이 내혼제규범(內婚制規範)은 다시 그러한 감정을 유지하고 강화하는 데 이바지하였다. 그러므로 이족혼(異族婚)을 빈번하게 거듭한다는 것은 결국은 그 정반대의 효과를 가져오게 될 것임에 틀림없다.

제4장

족외혼제

_ 족외혼제 집단

특정한 집단의 구성원으로 하여금 당해 집단의 구성원이 아닌 사람과 혼인을 하지 못하도록 하는 족내혼제규범에서 눈을 돌려 다음에는 외혼제규범을 살펴보기로 하자. 외혼제규범은 특정한 집단의 구성원으로 하여금 당해 집단의 다른 구성원과 혼인을 하지 못하도록 하는 것이다. 이 '외혼제'(外婚制; exogamy)라는 용어는 동일한 가족의 구성원만으로 되어 있는 집단보다는 다소 큰 집단, 특히 씨족 내에서 혼인을 하지 못한다는 의미로 통용되고 있다. 그러나 그 말의 어원에서 보거나 그것이 지니고 있는 금제의 성질에서 검토해 보아서도 나는 그러한 제한에 관한 근거를 찾아내지 못하였다. 이에 그치지 않고 그와 같이 제한하는 것은 본질적으로 동일한 부류에 속하고 동일한 근거를 가지는 갖가지 규범을 오히려 분열시키는 결함을 지니는 것이 아닌가 생각하게 되었다.

_ 부모와 자녀 간의 혼인

족외혼집단은 대체로 혈연관계(血緣關係)에 있든가 또는 동일한 친족(親族)에 속하는 사람이나 그러한 관계가 있다고 생각하는 사람들로 구성되어 있다. 그리고 친족관계가 가까우면 가까울수록 그것은 더욱 엄격한 통혼의 장애가 되고, 적어도 동일한 출계계통에서는 그러하다. 모든 외혼제규범 가운데서 가장 철저한 것은 아들이 자기의 어머니와 혼인하는 것을 금하고 아버지가 자기의 딸과 혼인하는 것을 금하는 규범이다. 실제로 이러한 규범은 인류에게 보편적으로 유포되어 있는 것 같다. 그렇지만 우리는 어느 민족에서는 양친과 자녀 사이에 '혼인'이 행해지고 있다는 말을 들어서 알고 있는 것도 사실이다. 그러나 이러한 사례 중 몇몇 경우는 그렇지 않은 것으로 명백하게 규명된 바 있다. 그래서 그러한 결합이 어느 민족의 관습에 의하여 시인되었는지의 여부는 지극히 의심스러운 것으로 남아 있다.

_ 동일한 아버지와 어머니의 자녀인 형제와 자매 간의 혼인

동일한 아버자와 어머니의 자녀인 형제자매 사이의 혼인을 금지하는 족외혼제규범도 친자 사이의 혼인을 금지하는 족외혼제규범에 못지않게 보편적이다. 이 규범에 대한 예외로서 전해지고 있는 대부분은 명백하게 틀린 것이거나 또는 적지 않게는 의문시되는 것들이다. 그 까닭은 다름이 아니라 그러한 보고가 전혈형제자매(全血兄弟姉妹)에 관한 것인지 아니면 양친 중 한 명만을 같이하는 형제자매에 관한 것인지가 확실하지 않기 때문이다. 관습적인 형제자매혼(兄弟姉妹婚; brother-and-sister marriage)으로서 가장 믿을 만한 사례는 일반적으로 왕이나 유력한 추장의 가문(家門)에서 찾아볼 수 있다. 이러한 혼인에 관한 가장 확실한 보고는 하와이(Hawaii)로부터 전해온 것이다. 말로(Malo)는 "최고위의 추장에게 적절한 배우자는 그와 부모를 같이 하는 추장 자신의 자매였다. …… 대추장(大酋長)에 적절한 다른 배우자는 아마도 동모이부(同母異父)의 반혈자매(半血姉妹)이든가 또는 동부이모(同父異母)의 반혈자매였다"고 말하고 있다. 그렇지만 혈족혼인(血族婚姻; consanguineous marriage)은 추장의 고유한 특권이었다. 실제로 우리가 하와이에서 들어서 알 수 있는 바에 의하면, "초기 기독교도의 선교사들이 종형제자매(從兄弟姉妹) 사이의 혼인을 허용하였는데, 이 사실이 새로운 종교를 소개함에 있어서 가장 깨기 어려운 장애였다"라고 한다. 가르실라소 드 라 베가(Garcilasso de la Vega)는 페루(Peru)의 잉카국왕은 왕국의 승계자가 부측(父側)으로나 모측(母側)으로나 모두 적출(嫡出)인 자기의 손위의 자매와 혼인하여야 한다는 것을 처음부터 대단히 엄격한 법으로 정하고 있었다고 한다. 그렇지만 다른 권위자에 의하면 15세기 말기에 어느 잉카국왕이 동부(同父)의 자매와 혼인을 하고 있으면서, "잉카국왕에서는 동부의 자매와 혼인을 할 수 있어도 다른 자매와는 혼인을 하여서는 안 된다"고 선언하기까지는, 페루인은 1촌인 사람과 혼인하는 것을 위법(違法)으로 여겨 왔다고 한다. 자기의 자매와 혼인을 하는 것과 같은 자연의 섭리를 무시할 수 있는 권한은 군주(君主) 이외에는 어느 누구에게도 주어지지 않았다. 고대의 이집트에서는 후기의 파라오(Pharaoh)가 자기의 자매나 반혈자매와 혼인을 하였고, 또한 프톨레미왕조(Ptolemies)의 왕들도 파라오의 선례(先例)를 계승하였었다고 하는 다소의 증거가 있다. 로마치하시대의 이집트에 있어서는 반혈자매 또는 전혈자매와의 혼인은 토지경작자 및 직공들의 가(家)에서도 자주 행하여졌다. 그러나 이러한 혼인이 그 이전에도 이집트에서 이때와 마찬가지로 또는 그 이상으로 성행하였다는 것은 아무런 증거도 제시할 수 없는 단순한 발상에 지나지 않는 것이다. 전혈형제자매 사이의 혼인을 허용한다거나 그것을 관행으로 하지 않았던 것으로 알려져 있는 민족에서도, 신 또는 인간의 형제자매 사이의 혼인에 관한 신화와 전설은 그렇게 적은 것이 아니었다. 그러나 이들 설화(說話)의 기원이 무엇이든지 간에, 그러한 것을 과거에 있었던 관습의 증거로 삼을 수 없는 것은 확실하다.

_ 이부형제와 이부자매 간의 혼인

반혈자매(半血姉妹)와의 혼인은 적지 않게 행해졌으며, 그리고 그 거의 모든 경우에 형제자매는 부친을 같이하는 경우이다. 이러한 종류의 사례는 야만인에서는 물론 일본인(Japanese), 아테네인(Athenian) 및 셈족(Semite)과 같은 고대의 문화민족에서도 찾아볼 수 있다. 아브라함(Abraham)은 자기의 반혈자매인 사라(Sarah), 즉 자기 부친의 딸과 혼인을 하였으며, 타마르(Tamar)는 자기의 반혈오빠인 암논(Amnon)과 합법적으로 혼인을 할 수 있었다. 이러한 혼인에 대하여 에체키엘(Ezekiel)은 추행이라고 비난하였지만 그의 시대에도 유대에서 여전히 행해졌었다. 씨족외혼제(氏族外婚制)가 행해지는 곳에서의 남자는 출계(出系)를 모친이나 부친을 통하여 따져 보아 어느 쪽으로나 자기의 자매이면 그녀와 혼인할 수 있었다는 주장이 종래 있어 왔다. 그러나 이 주장은 족외혼제규범이 전적으로 출계추급방식(出系追及方式)에 의거하는 것으로만 보는 잘못된 가정에 근거하고 있는 것이다.

_ 아저씨와 조카딸 간의 혼인 및 아주머니와 조카 간의 혼인

인도의 몇몇 민족 또는 특정한 카스트계급에서는 남자가 그 자매의 딸, 형제의 딸, 부친의 자매 또는 모친의 자매와 혼인을 할 수 있는 특수한 권리를 가지고 있는가 하면, 또한 그렇게 혼인을 하리라고 기대하거나 의무로 되어 있기까지 하다. 그리고 많은 다른 민족에서도 정도의 차이는 있지만 그러한 혼인이 허용되고 있다. 유태법에 의하면 숙모는 자기의 조카와 혼인을 할 수 없지만 숙부는 자기의 조카딸과 혼인을 할 수 있도록 되어 있다. 그러나 영국법은 숙부와 조카딸과의 혼인을 금하고 있으므로, 영국에서는 유태의식으로는 허용되는 그러한 혼인을 하지 못한다. 한편 이와 같은 종류의 결합 및 숙모와 조카 사이의 혼인은 독일, 뉴욕주(State of New York), 페루 및 우루과이에서는 법률상 허용되어 있는 반면에 프랑스, 이탈리아, 벨기에, 네덜란드 및 스웨덴과 같은 여러 나라에서는 이러한 혼인을 법률상 금지하고 있으면서 특별허가를 받아야 할 수 있는 것으로 규정하고 있다.

_ 사촌형제와 사촌자매 간의 혼인

숙부와 조카딸 사이의 혼인 및 숙모와 조카 사이의 혼인은 종형제자매(從兄弟姉妹)가 금혼친(禁婚親)으로 되어 있는 모든 기독교국가에서는 금지하고 있다. 그러나 그 반대의 경우는 그러하지 아니하다. 오히려 전 양자(兩者)의 혼인을 금지하고 있는 대부분의 근대적인 법전은 종형제자매 사이의 혼인에 대하여 아무런 제한규정도 두고 있지 않다. 그리고 이것은 조카 또는 조카딸과의 혼인을 절대로 금지하고 있는 스위스, 잉글랜드 및 북아메리카의 많은 주(州)와 같은 나라의 법에서도 마찬가지다. 일반적으로 말하여 숙부와 조카딸 및 숙모와 조카의 친족관계가 혼인장애로 되는 경우가 종형제자매의 친족관계(親族關係)가 혼인 장애(婚姻障碍)로 되는 경우보다 훨씬 많다는 것은 거의 의심할 바 없다. 종형제자매 사이의 혼인은 유태법에서나 이슬람교법에서나 모두 허용되어 있다. 유럽에서는 교회법의 영향을 받고 있는 몇몇 나라, 특히 러시아, 오스트리아(유태인은 제외), 헝가리 및 스페인에서는 종형제자매는 혼인을 하지 못하도록 되어 있거나 또는 최근까지만 해도 그랬었다. 다만 헝가리와 스페인에서는 당해 금제는 특별허가를 받아서는 면제될 수 있었다. 매우 여러 민족에서 사람들이 종형제자매 사이의 혼인이 가장 적절한 혼인이라고 생각하거나, 남자는 자기의 종자매를 처로 삼을 권리가 있다든가 또는 종자매와 혼인하는 것이 그의 의무라고까지 생각하기도 한다. 그렇지만 이러한 것은 대부분 특정한 종자매에 대하여서만 타당한 것이고 반면에 다른 종형제자매 사이에서의 혼인은 금지되는 것이 보통이다. 고대의 아랍인은 남자는 자기의 빈탐(bint'amm), 즉 자기 부친의 형제의 딸과 혼인할 수 있는 권리를 가지는 것이라고 생각하였으며, 이 권리는 아직까지도 이슬람교의 세계에서는 흔히 인정되고 있다. 또한 어떤 곳에서는 가장 적당한 혼인은 남자와 그의 부친의 자매의 딸 또는 모친의 형제의 딸 사이의 혼인, 즉 이른바 '교차사촌혼'(交叉四寸婚; cross-cousin marriage)이라고 생각한다. 종형제자매혼은 몇 가지의 분명한 장점을 지니고 있다. 즉 이 혼인은 친족유대를 공고히 하고 결연을 맺게 되는 양가의 결속을 돈독히 하며, 가산(家産)의 분산을 방지하고 또한 아주 비근한 예로는 혼인비용의 부담을 줄여 준다. 그리고 교차사촌혼의 성행은 씨족외혼제가 행해지는 곳에서는 동일한 씨족에 속하는 종형제자매가 당연히 금혼친이라고 하는 사실과 관련이 있는 것임은 의심할 바 없다. 이러한 곳에서는 어떤 남자가 다른 씨족에 속해 있는 종자매와 하는 혼인을 아주 흔히 볼 수 있지만 그렇다고 하여 반드시 그렇게만 하도록 되어 있는 것을 뜻하는 것이 아님을 주의하여야 한다.

_ 씨족이나 파족 또는 '유족'의 모든 구성원에 관한 족외혼제규칙 및 기타 근대문명의 영향을 받지 않은 민족에서의 족외혼제 규칙

근대문명의 영향을 받지 아니한 민족에서는 족외혼제규범이 아마도 대부분의 경우 우리 사회에서보다도 훨씬 광범위하게 유포되어 있었다고 할 수 있다. 이 규범은 대체로 씨족(氏族; clan), 파족(派族; phratry), 유족(類族-class; 오스트레일리아나 멜라네시아의 외혼제에 관하여 사용되는 의미로) 또는 지역공동체의 모든 구성원에 적용되는 것이 보통이다. 더구나 어느 남자가 자기 자신의 씨족 또는 유족의 여자와 혼인하지 못한다는 규범에서는 통상적으로 다시 그와 근친의 관계에 있는 여자와도 혼인해서는 안 된다고 하는 금제가 덧붙여지기 마련이다. 오스트레일리아 원주민의 족외혼제규범은 특히 복잡하다. 우리가 정확한 자료를 가지고 있는 그들 부족의 대부분은 두 개의 혼인유족[파족(派族) 또는 반족(半族)]으로 나누어져 있으며, 각 유족의 구성원은 자신의 유족 내부에서는 혼인을 하지 못하도록 되어 있다. 많은 부족에서는 이들 각 유족이 두 개의 족외혼적인 분족(section)으로 되어 있고, 그 각 분족이 다시 두 개의 소분족(subsection)으로 나누어지기도 한다. 그리하여 부족은 둘, 넷, 여덟 개의 족외혼적인 유족 또는 소유족(小類族)으로 구성되기 마련이고, 그 각 구성원은 자기의 남편이나 아내를 자기 자신의 유족 또는 소유족과는 다른 유족이나 소유족에서 물색하도록 되어 있다. 그렇지만 4유족제도를 가지는 부족에서는 남자는 일반적으로 자기가 소속되어 있는 반족의 여자와 혼인하지 못하도록 되어 있으면서 또한 다른 반족 중의 어느 한 분족에서만 혼인을 할 수 있도록 되어 있었다. 이 경우 자녀는 부의 소분족에도 모의 소분족에도 속하지 않게 되며, 만일 반족이나 유족의 여계인 경우에는 그들의 모의 반족의 다른 소분족에 속하게 되고, 만일 반족의 출계가 부계적이면 그들의 부의 반족의 다른 소분족에 속하게 된다. 더구나 우리들이 지금까지 알고 있는 대부분의 부족에는 유족외혼제뿐만 아니라 씨족외혼제에 따르게 되

어 있으며, 각 반족 또는 유족은 다수의 족외혼의 토템씨족으로 소분되어 있다. 그리고 유족 및 씨족의 족외혼제 이외에 오스트레일리아에서는 또 다른 규범이 있는데, 만일 이 규범이 없었더라면 서로 혼인을 할 수 있었을 일정한 친족의 통혼까지 금하게 된다. 오스트레일리아 원주민 사이에서는 족외혼제규범이 대단히 엄격하게 시행되었으며, 경우에 따라서는 최근까지 그렇게 지켜 온 것으로 되어 있는데, 그 위반자에 대하여는 통상적으로 사형이 과해졌다. 이것은 혼인에 관하여서뿐만 아니라 상례에 어긋난 성교에 관하여도 그대로 적용했지만 약간의 예외는 있다. 즉 어떤 부족에서 의식적인 방종이 행해지는 때에는 금제적인 유족규범이 무시되었었다. 그렇지만 이러한 때에도 근친자간—친자간 또는 형제자매간—의 성교는 엄격하게 금지되었었다.

중국에서는 가명(家名)과 관련된 족외혼제의 규범이 있다. 중국에서는 커다란 집합체를 이루는 사람들이 동일한 성(姓)을 채용한다. 옛날 중국의 형법전(刑法典)에 의하면 동성(同姓)인 사람과 혼인한 사람에게는 장 60의 형이 가해지고 당해 혼인은 무효로 되었다. 더욱이 부측의 근친자와의 혼인에 대하여 부과되는 형벌은 한층 더 가혹하게 되어 있었는데, 종조부(從祖父; grand-uncle), 부의 종형제, 형제 또는 조카와의 혼인 또는 근친상간(近親相姦)의 성교는 사형에 처할 수 있었다. 그리고 이와 같은 금제와 달리 다소 좁은 범위에 걸쳐서 여계친(女系親)에서 적용되었던 다른 규범이 있다. 또한 중국법은 혼인을 하지 못하도록 되어 있는 일정한 친족과의 우발적인 성교도 금지하고 이를 위반할 때에는 금혼위반과 동일한 형벌을 가하게 되어 있었다.

족외혼적 씨족이나 부족에로의 분할은 인도의 전 지역에서도 찾아볼 수 있다. 그리하여 여러 부족에서 남자는 자기가 소속되어 있는 씨족의 여자와 혼인하지 못하도록 되어 있을 뿐만 아니라 기타의 일정한 씨족, 예컨대 자기의 모 또는 조모가 속하는 씨족에서는 혼인하지 말아야 하는 것으로 되어 있다. 씨족, 즉 고트라(gotra) 내에서의 혼인금제 이외에 힌두법에 따르면, 브라만교도(Brahman)는 자기의 모친 또는 모친의 조부의 고트라의 여자 또는 자기 부친 또는 모측 조부의 친족, 즉 사핀다(sapindā)인 여자와는 혼인을 하지 말아야 한다. 사핀다 사이의 혼인을 금지하는 이 규범은 만일 양 당사자가 그 공동의 조상으로부터 4세대 이내이고 부계적(父系的)으로 연결되어 있는 친족인 경우에는 그들은 혼인을 하지 못한다고 하는 것이다. 그리고 다른 한편 만일 배우자들의 친족관계가 모계적(母系的)으로 연결되어 있으면 그들이 동일한 조상으로부터 3세대 내에 포함되는 경우에는 혼인을 할 수 없다. 그러나 실제에 있어서는 남계친의 경우에는 공통의 조상으로부터 4대손에 속하는 사람들 사이 또한 여계친의 경우에는 3대손에 속하는 사람들 사이에서의 혼인은 유효한 것으로 여기고 지낸다. 결국 남계로는 증조부모(great-grandparent)를 같이하는 사람들, 여계로는 조부모(grandparent)를 같이하는 사람들은 서로 혼인을 할 수 있는 셈이다. 종교적인 법전에는 사핀다는 공통의 조상이 남자인 경우에는 6촌에 미치고, 여자인 경우에는 6촌, 아니면 4촌에 미치는 것으로 되어 있다.

_ 고대 로마에서의 금혼범위와 기독교 교리에 따른 금혼범위

고대 로마에서는 같은 가부장권(patria potestas)에 복종해야 하는 사람, 즉 6촌(재종형제자매의 촌수) 내의 혈족(血族; cognati) 사이의 혼인은 부도덕하고 불건전한 것으로 여겼다. 다시 말하여 그러한 혼인은 상서롭지 못하고 불순한 혼인(nefariae et incestuae nuptiae)으로 보았다. 이러한 금제조치는 점차적으로 완화되어 늦어도 제2차 포에니전쟁(the Second Punic war)의 시대로부터는 종형제자매는 서로 혼인할 수 있도록 되었으며, 뒤이어 클라우디우스 황제(Emperor Claudius)는 원로원의 포고에 맞춰서 형제의 딸과의 혼인을 적법한 것으로 선언하였다. 그러나 후대에는 교회에 만연되어 있던 금욕적 관념의 영향을 받아 금혼촌수(禁婚寸數)는 다시 확대되었다. 동방교회(Eastern Church)에서는 촌수를 당사자의 일방으로부터 공통의 조상에까지 거슬러 올라갔다가 그로부터 타방의 당사자까지 내려오는 방식으로 계산하는 —예컨대 종형제자매는 4촌이고 숙부와 조카딸은 3촌이 된다— 로마식촌수계산법에 따라서 7촌 이내 사람 간의 혼인은 금지되었다. 이 원칙은 오늘날까지 동방교회에서 시행되고 있다. 서방교회(Western Church)에서는 당해 금제에 따른 제한이 한층 더 엄격해졌다. 금혼촌수는 새로운 서방의 계산법인 '교회식 촌수계산법'(canonical computation)에 의하여 점차적으로 7촌까지 확대되었다. 이 계산법에 의하면 7촌이라 함은 사실상 7세대에 상당하는 것으로서 형제자매가 1촌, 종형제자매가 2촌, 재종형제자매가 3촌이고, 이하 이러한 방식으로 산정되었다. 이와 같이 7촌을 채택한 것은 친족인 이상 아무리 멀더라도 그 사이의 혼인을 금지시켜야 한다고 하는 엄격한 이론가들의 주장 때문이라고 할 수 있다. 한편 튜튼민족(Teutonic people)에서는 상속의 목적을 위한 친족관계에 7세대를 넘어서까지 포함시킬 수 없었다는 것이 공통의 원칙으로 되어 있었던 것 같다. 따라서 7촌 내의 혼인을 금지시킨다고 하는 것도 일정한 법률적인 목적을 위하여 서로 혈연관계를 주장할 수 있는 모든 사람들 사이에서 혼인을 금지한다는 취지였다고 할 수 있다. 인노첸시오 3세(Innocentius III)의 치하였던 1215년에 개최된 제4차 라테란공회의(Lateran Council)는 금혼촌수를 7촌에서 4촌으로 축소시켰다. 즉 삼종형제자매의 촌수 이내의 일정한 사람 사이의 혼인까지도 허용하였다. 그리고 이후에는 아무런 개정도 없었다. 이렇게 하여 서방교회의 금혼촌수는 동방교회의 그것과 거의 일치하게 되었다. 왜냐하면 교회법식계산법의 4촌은 로마식계산법의 7촌 내지 8촌에 상응하기 때문이다. 그러나 상기 두 교회의 법제 사이에는 다음과 같은 중요한 차이점이 깔려 있다. 즉 동방교회에서는 금혼친인 사람은 어느 누구도 특별허가를 받을 수 없다고 여겨지는 데 비하여 서방교회에서는 그 특별허가가 인정되었을 뿐만 아니라 일찍부터 대규모로 행해져 왔던 것이다. 그렇지만 15세기까지는 법황(Papal)의 특별허가권이 레위기의 금령(Levitical prohibition)의 범위 내까지 영향을 미쳤던 것으로는 생각되지 않는다. 원칙적으로 모세의 율법상의 금혼촌수로 환원시켰던 것은 종교개혁자들이었다. 1540년에 헨리 8세(Henry VIII)는 "신의 법을 제외하고는 어떠한 사람도 레위기율법의 금혼촌수 이외의 혼인을 저해하거나 비난할 수 없다"고 선언하였는데, 이에 따른 금혼범위의 한계는 숙부와 조카딸 사이라고 할 수 있다.

_ 혈족이나 인척 간의 혼인에 적용되는 여러 가지 금제

혈족 사이의 혼인금제 이외에 혼인에 의한 친족, 즉 인척(姻戚) 사이의 혼인에 적용되는 별도의 금제(禁制)가 있다. 이 인척 사이의 혼인금제에 관한 규정은 국가마다 현저하게 다르다. 문명화되지 못한 많은 민족은 남자로 하여금 자기 처의 자매를 취할 수 있도록 하며 경우에 따라서는 그녀를 처로 삼을 우선적 청구권까지도 부여하고 있는가 하면, 다른 한편 그러한 혼인을 전적으로 금지하거나 비난하는 민족 또는 망처(亡妻)의 동생과의 혼인만을 허용하는—대단히 흔한 예이지만—민족도 있다. 레위기율법이나 이슬람교는 두 자매를 동시에 처로 맞이하는 것을 금지하고 있으며, 카톨릭교회(Catholic church)는 망처의 자매와의 혼인을 금지하고 있다. 물론 이 경우의 금제는 특별허가에 의하여 면제받을 수 있게 되어 있다. 영국에서는 망처의 자매와의 혼인은 영국교회의 교회법(canon law)에 의하여 비난되어 왔으며, 1835년에는 그 위법성을 확인하기까지 하였다. 그리고 이미 잘 알려져 있는 바와 같이 쓸데없는 많은 시련을 겪고 매우 격렬한 반대에 부딪치고 난 다음에야 비로소 1907년에 대영제국(the United Kingdom)에서 망처의 자매와의 혼인을 합법화하는 법률이 의회에서 통과되었다. 동방교회는 두 사람의 형제가 두 사람의 자매와 혼인하는 것까지도 금지하는데, 이와 유사한 금제는 문명화되지 못한 여러 부족에서도 찾아볼 수 있다. 또한 대단히 많은 민족은 남자로 하여금 그의 사망한 형제 특히 형의 유처(遺妻)를 처로 삼는 것을 허용하고, 경우에 따라서는 그렇게 하는 것을 그의 의무로까지 여기기도 하지만, 이러한 혼인을 전적으로 금지하는 민족도 있다. 중국의 형법전은 이러한 종류의 혼인을 교수형으로 처벌하도록 되어 있었는데, 그럼에도 불구하고 중국에서는 망처의 자매와의 혼인은 어느 시대든지 특별히 칭송할 만한 것으로 여겨왔다. 사망한 형제의 유처와의 혼인뿐만 아니라 망처의 자매와의 혼인은 교회법에 의하여 금지사항으로 되어 왔으며 또한 여러 나라 특히 라틴국가의 법률에서는 금지되어 왔다. 그렇지만 이 경우의 특별허가는 그다지 어렵지 않게 얻을 수 있는 것이다.

_ '영적 연고관계'로부터 생겨나는 족외혼제적 금제

기독교는 이른바 '영적 연고관계'(靈的 緣故關係; cognatio spiritualis)를 설정함으로써 새로운 혼인장애요인을 도입하기도 하였다. 유스티니아누스 황제(Emperor Justinianus)는 세례식에서 대부(代父; godfather)로서 입회하였던 남자로 하여금 그에 의하여 세례를 받은 부인과 혼인을 하지 못하도록 하는 법을 제정하였다. 대부와 대자(代子; godchild)의 유대는 부자의 그것과 대단히 유사하므로 그러한 혼인을 부적당한 것으로 하였던 것 같다. 그리고 교회는 이 법에 부가하여 영적 연고관계를 이유로 하는 다른 많은 금지규정을 설정하였다. 예를 들면 성례(聖禮)의 집행자와 수례자나 그 부모 사이의 혼인, 대부와 대자의 자매 사이의 혼인, 두 명의 대부모 사이의 혼인, 그리고 대부모의 어느 일방과 다른 대부모의 자녀로서 세례의식 이후에 태어난 사람 사이의 혼인이 금지되었다.

여러 민족 사이에서는 같은 마을 또는 기타의 지역집단에 속하는 사람들 사이의 혼인이 금지(禁止)되거나 또는 일반적으로 회피(回避)하는 것으로 되어 있다고 한다. 이들 사례 중 많은 경우에 당해 지역집단의 전 구성원이 혈연적으로 연결되어 있는지의 여부는 잘 모르지만 혈연적으로 연결되어 있지 않은 경우도 있는 것만은 확실하다. 호윗 박사(Dr. Howitt)가 지적하고 있는 바와 같이 오스트레일리아의 부족은 두 가지 방식으로 조직되어 있다. 한 방식에 의하면 각 부족은 사회적으로 파족 및 씨족으로 구분되어 있고, 다른 방식에 의해서는 지리적 군속(horde)으로 구분되어 있다. 왜냐하면 어느 한 집단에 속하는 사람들은 모두가 그 집단원으로만 발견되는 데 반하여 어느 한 사회집단에 속하는 사람들은 모든 지역집단원이라고 할 수 없더라도 다수의 지역집단에 산재하고 있는 경우가 아주 많기 때문이다. 그런데 많은 부족에서는 생래적이고 지역적 인접성이 극복하기 어려운 혼인장애로 되어 있으며, 남자는 동일한 군속이나 소군속의 여자와 혼인을 하거나 성교를 하는 것이 절대적으로 금지되어 있다. "다른 사항에서는 아무리 혼인하기에 적절한 여자라 하더라도 양 당사자가 동일한 지역에 속한다고 하는 사실만으로 어떤 부족, 예를 들어 쿠르나이족(Kurnai)에서는 그들은 '서로 너무나도 가깝다'고 생각하게 된다." 지역적 조직이 그와 같이 압도적인 우월성을 지니는 것은 주로 씨족제도가 약화되었거나 거의 소멸해 버린 부족에서이지만, 씨족제도가 철저한 몇몇 부족에서도 혼인에 대한 지역적인 구속이 엄격하게 실시되는 곳도 있다. 오스트레일리아의 몇몇 토착민에 관하여 우리는 사람들이 '될 수 있는 대로 먼 곳에서' 처를 얻는 것이 가장 좋다고 생각한다는 말을 들어서 알고 있다. 인도에는 "외혼집단에서 비롯하는 제한 및 금혼집단과는 별도로 남자는 같은 마을의 여자와 혼인을 하지 말아야 한다는 규칙이 많이 있다." 초타 나그푸르(Chota Nagpur)의 오라온족(Oráons)은 "같은 마을의 청년과 소녀 사이의 혼인에 대하여 혐오감을 가지고 있으며, 그러한 혼인은 배우자의 일방 또는 쌍방에 대하여 흉조(凶兆)라고 일반적으로 믿고 있다." 러시아의 몇몇 지방에서는 신부를 언제든지 신랑이 사는 마을이 아닌 곳에서 맞아들인다. 이와 유사한 관습이 존재하지 않는 것으로 되어 있는 지방에서도 신랑은 계속적으로 '외래인'(foreigner)이라고 불리고 있으며, 그의 친구 및 수행원은 장래의 배우자를 데려가기 위하여 머나먼 지방에서부터 신랑과 함께 오는 것이라고들 한다. 또한 불가리아(Bulgaria)의 민요에는 신부는 언제나 다른 마을로부터 데려 오는 것이라는 내용이 실려 있다.

_ 족외혼제의 규칙에 관한 여러 가지 학설

족외혼제규범을 설명하기 위하여 맥레넌(McLennan), 허버트 스펜서(Herbert Spencer), 모건(Morgan), 에이브버리 경(Lord Avebury), 슈타르케(Starcke), 프란처(Franzer), 뒤르켐(Durkheim), 앳킨슨(Atkinson), 안드류랑(Andrew Lang), 호제(Hose), 맥두걸(McDougall) 및 기타의 여러 저작들이 여러 차례 착수·서술한 바 있다. 이들은 족외혼제규범의 발생 이유를 여아살해(女兒殺害; female infanticide)라고 하는 태고의 관행에서 찾기도 하고, 전승기념물로서 처를 갖고 싶어하는 야만인 남자의 헛된 욕망에서 찾기도 하였으며, 근친생식(近親生殖; in-breeding–이것은 현존하는 야만인보다 이전의 인류의 발전단계에서 있었던 것으로 후대에는 존재하지 않았다)이라고 하는 나쁜 영향에 관한 경험에서 찾기도 하고, 가설적인 원시난교제의 시대에 발생한 약탈혼(掠奪婚)에서 비롯하는 것이라고 하기도 하며, 매매혼(賣買婚)에서 찾기도 하고, 근친상교가 농작물을 말라 죽이고 식용동물의 번식을 저해하며 여자로 하여금 임신을 할 수 없게 만든다는 미신에서 찾기도 하며, 토템숭배(totemism)에서 구하기도 하고, 고릴라와 유사한 조상의 격렬한 질투심에서 찾기도 했다. 이들 여러 이론에 대하여 각각 중대한 반론이 제기될 수 있으며 그 밖에 이들 학설의 전부에 대하여 제기될 수도 있을 만한 별도의 반론도 있다. 이들 각 학설은 모두가 족외혼제규범(族外婚制規範)을 아주 오랜 옛날부터 전해내려 오는 사회적인 유물로 보고 있다. 또한 이들 각 학설은 전부 족외혼제규범이 이미 없어진 사회상태에서 또는 몇몇 야만민족 이외에는 어느 곳에서도 찾아볼 수 없는 관념에서 발생한 것으로 가정하고 있다. 그렇다면 오늘날의 법과 동종의 것을 유사한 근원에까지 거슬러 올라가 밝혀낼 수 있다고 믿어도 되는 것일까? 약탈이나 구매나 또는 외래인의 동의도 필요로 하지 않으면서 어느 다른 것보다도 쉽사리 체결될 수 있었던 혼인을 방해하는 제한이 전혀 쓸모없는 것은 아니지만 흐트러지거나 없어지지 않은 채 오랜 동안 유지될 수 있다고 생각할 수 있을까? 여기에서 족외혼제규범이 불변형태로 유지되어 온 것은 아니라는 것에 주의하여야 한다. 오히려 이 규범은 동일 계통의 민족 사이에서도 각각 다르고 또한 우리는 교회가 이 규범에 종교적인 유지책을 가했음에도 불구하고 수세기 동안에 현저하게 변화했음을 알고 있다. 이러한 사실은 족외혼제규범은 죽어 있는 화석이 아니라 환경에 따라서 변화를 받는 사회적 유기체의 살아 있는 유지원리임을 증명해 주는 것이다.

_ 이들 모든 이론에 관하여 제기될 수 있는 반론

더구나 상기의 여러 학설은 법, 관습 또는 교육이 한 가정의 사람들로 하여금 근친상교적 성교를 못하게 한다는 것을 암시한다. 그러나 아무리 사회의 금지가 최근친족 간의 결합을 저지한다 하더라도, 그것이 그러한 결합을 하려는 욕구 자체를 막을 수는 없었다. 대체로 성본능(性本能)은 어떠한 규제에 의하여 변화될 수 있는 것이 아니다. 동성애적 성교(homosexual intercourse)를 금지하는 법률이 아무리 엄격하더라도 그것이 태어날 때부터 동성애적 성향을 지니고 있는 사람의 특수한 욕구를 근절시킬 수 있을는지 의심하지 않을 수 없다. 그럼에도 불구하고 근친상교를 금지하는 우리 사회의 법률이 각자의 감정에 가해진 억제라고는 거의 생각하지 않는다. 그 까닭은 너무나도 명백한 것으로, 즉 정상적인 경우에는 법률이 금지하려는 행위에 대하여 아무런 욕구도 가지지 않기 때문이다. 일반적으로 말하여 어렸을 때부터 아주 가까이 함께 생활해 온 사람들 사이에서는 성애감정이 현저하게 결여되어 있는 것만은 사실이다. 그렇지만 다른 많은 경우와 마찬가지로 이 경우에도 성적 무관심은 당해 행위를 생각하였을 때에 떠오르는 적극적인 혐오감과 결부되어 있다. 나는 바로 이 점을 족외혼제적 금제(族外婚制的 禁制)의 기본적인 원인이라고 생각한다. 어렸을 때부터 아주 가까이 함께 생활해 온 사람은 일반적으로 근친자(近親者)이다. 그러므로 상호간에서의 성관계에 대한 이들 자신의 혐오감은 관습이나 법에서 근친자 간의 성교금제로 나타난다.

_ 족외혼제적 금제의 근본적인 원인은 어릴 때부터 아주 가까이에 살아왔기 때문에 그로 인해 갖가지 적극적인 혐오감까지 떠올리는 자들 사이에서는 현저하게 성애욕이 결여되어 있다는 사실에 있다고 보는 견해; 어떠한 일에 대한 혐오감정이 인류에게 존재한다는 사실

지금까지 적시한 바와 같은 종류의 감정이 있다는 것, 적어도 동거자에 대한 성적 무관심(性的 無關心)의 존재는 공통의 체험에 의하여 증명되는 심리학적인 사실로서 많은 저자들이 인정해 왔다. 해블록 엘리스 박사(Dr. Havelock Ellis)는 "어렸을 때부터 함께 자라 온 사람들 사이에는 시각, 청각 및 촉각의 모든 감각의 자극이 습관상 둔화되어 있고, 평온한 수준의 감정만을 일으키도록 훈련되어 있으며, 성적 충동을 자아내는 지나친 흥분을 일으킬 만한 동력이 결여되어 있다"라고 주장하고 있다. 핀란드(Finland)에서 여러 해 동안 학교장을 지낸 바 있는 한 부인의 편지에 의하면, 같은 학교에서 함께 교육을 받은 청소년과 소녀 사이에서도 성애감정이 현저하게 결여되어 있다고 한다. 때로는 젊은 남편들이 자기나 자기 친구 중의 어느 누구도 그들의 교우였던 소녀와 혼인을 하리라고는 생각해 본 적이 없었다고 자기의 부인에게 말한다고들 하며, 나도 남학생이 자기 학교의 소녀와 타교의 소녀를 엄격하게 구별한다는 말을 들은 바 있는데, 남학생들은 타교의 소녀를 '진짜'(real) 소녀라고 부르기까지 한다. 또한 다른 보고에 의하면 소년들이 학교의 하급생 소녀에 대하여는 성애감정을 나타내지만, 동급생의 소녀에 대하여는 그것을 나타내지 않는다고 한다.

어느 일방 또는 쌍방이 어렸을 때부터 아주 가까이 함께 살아온 사람들 사이에 흔히 성교의 성향이 결여되어 있다는 사실은 의심할 바 없을 만큼 세계적인 현상이다. 플라톤(Plato)은 불문의 법이 친자 사이나 형제자매 사이의 근친상간의 성교를 어쩌면 완벽할 정도로 방지하며, 그러한 일은 보통 사람의 머리에는 떠오르지도 않는 일이라고 적시한 바 있다. 내가 그레이트 아틀라스(Great Atlas)에서 온 베르베르족(Berber)의 교사에게 당신의 부족에서는 종형제자매혼(從兄弟姉妹婚)이 자주 행하여지는지의 여부를 물었을 때, 그의 대답은 "항상 보면서 자라온 소녀를 어떻게 사랑할 수가 있겠습니까?"라는 답변을 들은 바 있다. 뉴질랜드(New Zealand)의 마오리족(Maori)의 최고 권위자라고 생각되는 콜렌조(Colenso)에 의하면, 성인이 된 형제와 자매라 하더라도 그들이 아주 어렸을 때부터 그렇게 해 온 바와 같이 '아무런 죄를 짓지 아니할 뿐만 아니라 그러한 생각조차 하지 않으면서' 함께 잔다고 한다. 러셀 씨(Mr. Russell)와 스튜록 씨(Mr. Sturrock)는 인도에서 나의 견해, 즉 족외혼제(族外婚制)가 어렸을 때부터 아주 가까이 함께 살아온 사람들이 서로 혼인하는 것에 대한 반감(反感)에 근거를 두고 있음을 뒷받침해 주는 여러 사실을 발견하였다. 리처드 버튼 경(Sir Richard Burton)은 "일반적으로 소말리족(Somali)의 여자는 '새로이 온 사람은 멀리 바라본다'(the newcomer filleth the eye)는 널리 알려져 있는 아라비아인의 격언에 좇아서 외래인과의 정사(情事)를 즐겨한다"고 설시하고 있다. 그럽 씨(Mr. Grubb)는 파라과이령의 차코(Chaco)의 렝구아 인디언(Lengua Indians)의 기혼남녀가 부정을 자주 저지르는 사례를 다음과 같이, 즉 "그 사람들은 매우 좁은 범위 속에서 섞여 있고 어렸을 때부터 함께 놀면서 자라난 친구들 이외에는 혼인을 할 수 있는 배우자를 만날 수 없다. 그러므로 그들에게는 선택의 가능성이 별로 없으며 새로이 매력을 느껴서 종국적으로 사랑을 하게 되는 새로운 인물이 없는 것이다"라고 설명한다.

_ 저급한 동물에서의 혐오감정

하등동물(下等動物)에서도 교미본능(交尾本能)은 같은 무리에 의하여 자극되지 않고, 그것의 만족을 위하여 다른 곳에 있는 동물을 찾는 예증이 있다. 비둘기에 관한 권위자인 드 브리세이 후작(Marquis de Brisay)은 "한 둥우리에서 자란 두 마리의 새가 한 쌍의 자웅(雌雄)이 되는 예는 매우 드물다. 같은 둥지에서 나온 새들은 마치 한 쌍을 이루는 것이 금지되어 있는 것처럼 살아간다. 경우에 따라서는 오히려 그들은 서로 너무 잘 알아서 성(性)에 관하여는 무관심한 것처럼 보이고, 이러한 관계는 성숙기의 변화가 있더라도 아무런 영향을 받지 않는 채 그대로 지속된다"라고 한다. 꿀벌은 벌집 속에서 번식을 하지 않고 이 목적을 위하여 밖으로 날아간다. 날개 달린 개미들은 암컷과 수컷이 '교접비행'(交接飛行; marriage flight)을 하는 것이 보통이다. 그들은 동시에 살던 곳을 떠나서 한 떼거리가 설령 숙적이더라도 다른 떼거리와 섞이게 되는데, 이렇게 되면 지난날의 반목은 말끔히 잊혀지고 오로지 기쁨과 구애만이 있게 되는 것이다. 가축에서도 종종 같은 무리라는 것이 성본능에 관한 감응을 무디게 하고 다른 곳의 동물을 더 좋아하는 것을 찾아볼 수 있다. 몽테뉴(Montaigne)는 "늙은 종마가 암말의 냄새를 맡고 억제하지 못하는 것을 보고, 나는 그놈을 마지못하여 울타리를 친 조그만 목장 안으로 풀어놓았다. 그에 따른 쉬운 접근가능성이 얼마 안 있어 그 말로 하여금 자기 자신의 암말과 같아서 싫증이 나도록 만들었다. 그러나 다른 곳의 암말이나 그의 목초지의 울타리를 처음으로 지나가는 암말에 대하여는 그 말은 다시 전과 같이 추근추근한 울음을 울고 맹렬한 교미욕구를 일으키곤 하였다"고 쓴 바 있다. 그리고 나 자신도 종마가 같은 마구간의 암말에게는 잘 근접하지 않는다는 말을 믿을 만한 사람으로부터 들어서 알고 있다. 해리스 씨(Mr. G. W. Harris)는 다음과 같이, 즉 "내가 생각하기로는 수캐와 암캐를 강아지 때부터 함께 기르면 암캐가 강아지 때부터 친숙해 온 수캐와 교미하기를 거절하는 예가 자주 있음은 개를 기르는 사람들이 잘 알고 있는 사실이다. 수캐 쪽에서는 아무런 혐오감이 없는 것이라고 생각하게 되지만 암캐에 관하여는, 나의 경험에 비추어 보더라도 어느 정도까지는 이것을 확인할 수 있다"고 적어 보낸 바 있다. 히페 씨(Mr. Heape)는 동물이 다른 곳에서 온 동물과 접하게 되면 성적 자극이 높아진다는 것은 모든 사육인들이 수긍하는 바일 것이라고 생각한다. 셀리그만 교수(Professor Seligman)는 친절하게도 나에게 "조그만 웅덩이와 천연의 늪이 딸린 상당한 크기의 우리에 약 여섯 마리의 깃털이 고루 잘 자란 사육용의 보통 물오리를 길렀다. 그들은 함께 잘 자랐다. 그리고 계속적으로 관찰해 보았지만(나는 당시 깃털의 빛깔의 변화를 열심히 조사하고 있었다) 이들 물오리는 서로 특별한 주의를 기울이지 않았다. 같은 종류이고 동일한 깃털이 난 두 마리의 새로운 물오리가 반입되었는데, 이들 물오리는 그 우리에서 전부터 살아 온 물오리의 성적인 반응태세에 의하여 어쩔 수 없이 압도되어 버리고 말았다. 나는 이러한 현상이 두세 시간 계속된 것으로 알고 있으며. 그러한 양상은 아마도 며칠 동안 계속되었을 것이다. 그러나 나중에는 이들은 모두 정상적인 생활을 해나가는 상태로 안정되었다. 이때의 계절은 초여름이었고 대체로 6월 초순이었다"는 편지를 보내준 바 있다.

그렇지만 성적 무관심만으로 족외혼적 금제를 설명하기에 충분하지 못하다. 다만 그러한 무관심은 흔히 그 행위가 생각난 바로 그때의 성적 혐오감(性的 嫌惡感)과 결부되어 있다. 사실상 성교에 관한 상념이 마음을 확고부동하게 사로잡고 있으면서 욕구가 나타나지 않는 때는 언제나 통상적으로 그러하리라고 나는 생각한다. 예를 들어 늙고 추한 여자는 사정이 달라지지 않는 한, 대부분의 남자에게 있어서 성적으로 불쾌감을 일으키는 사람이 될 것이다. 그리고 많은 성욕도착자인 남자에게는 어떠한 여자도 성욕의 대상으로서 아무런 흥미도 불러일으키지 못할 뿐만 아니라 지긋지긋한 대상에 지나지 않게 될 따름이다. 또한 나의 졸작 「도덕관념의 기원과 발달」(The Origin and Development of the Moral Ideas)에서 지적한 바와 같이 일반적으로 느낀 혐오감은 쉽사리 도덕적 비난과 관습 또는 법률상의 금지로 바뀌게 된다.

_ 필자의 이론에 대하여 제기된 반론에 대한 답변과

정신분석학자들이 제기하는 반론

이상과 같은 나의 이론에 대하여는 여러 반론이 제기되고 있다. 정신분석학자들은 나의 이론을 아연실색하지 않을 수 없는 것이라고 한다. 프로이트 박사(Dr. Freud)는 나의 이론이 의거하고 있는 심리학적 가설(心理學的 假說)은 정신분석의 결과에 의하여 그 정당성을 완전히 잃고 말았다고 주장하고 있다. 정신분석의 결과는 이와 반대로 "젊은이의 최초의 성적 경향은 보통 근친상교적인 성질을 가지고, 이 억압된 경향은 나중에 노이로제로서 매우 중대한 역할을 한다는 것"을 보여 준다. 그렇지만 정신분석이 나의 이론에 치명적인 사실을 찾아냈다고 믿는 것은 단순한 억측이고, 나는 그것을 중대한 것이라고 인정하기에 앞서 그것이 억측이라는 데 대한 몇 가지의 증거를 살펴보지 않으면 안 되겠다. 나는 노이로제에 걸린 사람의 연구를 가지고 성적 본능의 정상적인 표현에 관한 적절한 이해의 안전판으로 삼을 수 있는지의 여부를 의심해 마지 않으며, 프로이트 박사의 '성적 경향'(性的 傾向; sexual inclination)이라는 용어는 성교에 대한 실제의 욕구와는 크게 다른 심리상태를 의미하는 것 같다. 다른 저명한 정신분석학자인 융 박사(Dr. Jung)는 다음과 같이, 즉 "어렸을 때의 근친상교의 욕구에 대하여 원시인의 그것과 마찬가지의 역점을 부여할 수는 없다"고 말하고 있다. 존스 박사(Dr. Jones)에 의하면 정신분석학이 지적하는 것은 근친상교에 대한 강력하고 보편적인 성향이 실제로 존재하지만 "대부분의 경우 그것은 무의식적으로 억압되고 있는 것일 뿐이다"라고 한다. 그렇지만 어째서 그것이 억압되는 것일까? 나는 이 가장 중요한 문제에 대한 만족스러운 해답을 정신분석학자들의 저작물에서 아직 찾아보지 못하였다. 그리고 정신분석학이 '근친상교에 대한 거의 보편적인 공포와 세계의 이곳저곳에서 근친상교를 방지하려고 안출된 대단히 복잡하고 엄격한 법'에 '충만된 광명'을 투사하였다고 말하는 것은 대단히 부당한 주장이라고 하지 않을 수 없다. 무엇 때문에 이 복잡하고 엄격한 법이 안출되었으며, 그리고 어떻게 하여 이 경우에만 법이 거의 완전할 정도까지 생래적인 성적 욕구를 억압할 수 있었고, 특히 그 생래적인 성적 욕구를 옛날부터 보편적으로 느꼈던 것이라고 한다면 어떻게 그럴 수 있었을까? 이러한 문제에 대하여 해답이 내려지기 전에는 원시인에게는 의식적인 근친상교의 욕구가 존재한다는 것을 수천 명의 주로 노이로제환자의 문명인에 관한 정신분석학의 연구나 여러 가지로 해석할 수 있는 신화(神話) 또는 우주개벽설(宇宙開闢說)로부터 이끌어 낸 결론의 요점으로 주장할 수는 없을 것이다.

_ 뒤르켐의 반대견해

뒤르켐 교수(Professor Durkheim)는 만일 가까이에서 생활하는 것이 성교에 대한 혐오감을 불러일으킨다면 그러한 혐오감은 근친자 사이에서뿐만 아니라 부부 사이에서 나타나야 할 것이라고 하는 반대론을 제기하기도 하였다. 그러나 이들 두 경우는 확실히 같은 종류의 것이 아니다. 내가 지금 설명하고 있는 것은 성욕행위가 적어도 그 엄밀한 형태로서는 당연히 문제되지 않는 일생의 어느 시기로부터 오랜 기간에 걸쳐 밀접한 관계를 유지하면서 살아 온 사람들 사이에서의 성교성향(性交性向)의 결여(缺如)라든가 성교를 생각할 때의 혐오감정(嫌惡感情)의 창출 등에 관한 것이다. 한편 남자가 여자와 혼인하게 되면 그녀에 대한 그의 감정은 전혀 다른 종류의 것이고 그의 연애행동이 부부생활이 계속되는 동안 그대로 남아 있을 수도 있으며 경우에 따라서는 증대하기도 할 것이다. 그렇지만 이 경우에도 오랜 동안 함께 사는 것은 틀림없이 성욕을 둔화시키고 또 때로는 적극적으로 혐오감의 성향까지도 빚어내게 된다. 블로크 박사(Dr. Bloch)는 "일상의 반려생활이 오랫동안 단조롭게 계속되면 부부 사이에 사람을 잠들게 하고 열정을 둔화시키며 잠재되거나 또는 표면에 드러나는 증오감정을 불러일으키기까지 한다. 이 증오는 연애생활에서 흔히 찾아볼 수 있다"고 갈파해 지적한 바 있다.

_근친상교의 사례와 근친혼의 사례와 이를 설명하는 방법

형제자매 간의 근친상교를 하고 있는 민족의 '불쾌한 일람표'(the noisome list)를 작성해서 형제자매인지의 여부를 따지지 않고 한 지붕 밑에 사는 젊은 사람 사이에는 성의 혐오감이 존재한다고 하는 나의 견해에 대하여 반대하거나 또는 철저하게 분쇄해야 한다는 주장이 있어 왔다. 그러나 실제로 최근친(最近親) 간의 혼인(婚姻)을 허용하고 있다고 보고된 민족의 수는 그러한 혼인을 금지하고 있는 민족의 수에 비하여 극히 적다. 더구나 이미 앞에서 살펴본 바와 같이 보고된 내용 가운데 어떠한 것은 몇몇 개인에 관한 설명이고, 어떠한 것은 명백히 잘못된 것이거나 그 정확성이 의심스러우며, 그리고 많은 경우 그 보고가 전혈형제자매에 관하여 설명하는 것인지 반혈형제자매(半血兄弟

姉妹)에 관하여 설명하는 것인지를 결정할 수가 없다. 이들 두 종류의 형제자매의 구별은 지금 우리가 논하고 있는 문제에 관해서는 중대한 것이다. 우리는 반혈자매와의 혼인이 허용되는 곳에서는 형제자매는 거의 모든 경우에 부친을 함께하고 있음을 보았다. 이것은 모친을 달리하는 어린애들이 모친을 같이하는 어린애들과 같은 정도로 서로 접촉하지 않게 된다는 사실로서 설명된다. 일부다처제민족(一夫多妻制民族)에서는 각 처와 그 어린애들이 소집단을 이루고, 대개의 경우에 별채의 조그만 집에서 살고 있으며, 여러 소가족의 구성원들 사이에서 드물지 않게 증오와 적대심이 생겨나곤 한다. 또한 부(父)도 일부일처제가족(一夫一妻制家族)에서 차지하는 것과 같은 지위를 각각의 소가족에서 차지하는 것도 아니다. 남자로 하여금 그 부친을 같이하는 반혈자매와의 혼인을 인정한 아테네의 법에 관하여 언급하면서 흄(Hume)은 "남자의 계모(繼母; step-mother)와 그 자녀는 다른 가족의 여자와 마찬가지로 그로부터 단절되어 있었다"고 말한 바 있다. 고대의 아라비아인 사이에서 허용되었던 반혈형제자매 간의 혼인에 관하여 설명하고 나서, 로버트슨 스미스(Robertson Smith)는 "혼인장애의 기원이 무엇이든지 간에 그것은 일찍부터 동거자들이 혼인을 하는 것은 음란하다고 하는 것과 관련되어 있다"고 간파하고 있다.

친자 간이나 형제자매 간의 혼인에 관하여 보고된 사례에는 의심할 나위도 없이 야만민족이나 문명민족 어디에서나 행해지고 있는 혼인 외의 근친상교적 성교(近親相交的 性交)라는 우발적 사례를 덧붙일 수 있을 것이다. 유럽에서는 이러한 혼인이 프랑스의 로코코(French Rococo) 시대와 같은 몇몇 시기에 보다 빈번했었던 것 같다. 문트(Mundt)는 전 세기의 중기 프랑스에서는 부친이 자기의 딸과 첩관계로서 동거하는 것이 그렇게 이상스럽지 않게 여겨졌다고 기술하고, 그는 혈연적으로 가까운 사람과의 성적 결합에 관한 관념에 있어서 프랑스인은 일반적으로 독일인만큼 반감을 일으키지 않는다고 지적한 바 있다. "오늘날 문명인들 사이에서도 근친상교가 그렇게 드문 것이 아니며, 대도시의 빈민들 사이에서는 특히 그러하다. …… 또한 우리나라의 상류계급에서도 동일한 가(家)의 소년소녀 간의 성교가 많은 양친이나 보호자가 생각하는 것처럼 그렇게 없는 것만도 아니다. 실제로 나도 성숙기를 지나면 훨씬 적어지는 것이긴 하겠지만, 12-13세의 형제자매 사이의 몇몇 성교 사례를 들은 바 있다. …… 문명국에 있어서의 근친상교는 대부분의 경우 성숙연령 이전의 어린애들에게 국한되고 있다"고 모티머 씨(Mr. Mortimer)는 말하고 있다.

그렇지만 나는 이러한 사실이 어째서 내 이론의 타당성을 근거 없게 만드는지를 이해하지 못하겠다. 이러한 사실은 결국 아주 예외적인 경우이고 내가 말한 것은 일반원칙인 것이다. 물론 범세계적으로 특히 몇몇 나라에 동성애(同性愛)의 관행(慣行)이 근친상교보다도 성행하지만 그러함에도 불구하고 그것이 성행하는 것이 양성 간에는 보통 사람의 감정이 존재한다고 하는 일반적인 견해에 '치명적'이거나 또는 '적대적'이라고까지 생각하는 사람은 아무도 없을 것임을 나는 조금도 의심하지 않는다. 성본능이 여러 양상을 띠고 나타나는 것을 생각해 보면, 우리가 근친상교의 성교라고 생각하는 사례가 실제로 발생한다 하더라도 그렇게 이상한 것도 아니며, 도리어 원칙에 대한 예외가 비율적으로 이렇게도 적다는 것이 한층 나에게는 놀랄 만한 것으로 생각된다.

우리는 욕구의 결여 및 적극적인 혐오감까지도 일정한 상황 하에서는 극복될 수 있는 것임을 잊어서는 안 되겠다. 성본능(性本能)이라는 것은 대단히 강력하므로 정상적인 방법으로 그것을 만족할 수 없는 때에는 변태적인 만족을 찾게 되기도 한다. 그러므로 음탕한 손장난이나 수간(獸姦)은 말할 나위도 없고, 동성애적 관행은 대단히 많은 경우 여자가 없기 때문에 생겨나는 것이다. 이와 마찬가지로 근친자와의 성교도 근친자 이외에 보다 적절한 배우자를 고를 수 없는 때에 행해지게 되는 것이라고 할 수 있다. 만일 이러한 보고가 정확한 것이라고 한다면, 브라질의 몇몇 인디언, 추크치족(Chukchee) 및 부시멘족(Bushmen)과 같은 격리된 좁은 지역사회에서 근친상교의 관행이 존재하는 것을 설명해 주는 것이라고 할 수 있다. 토마스 씨(Mr. Thomas)는 나이지리아(Nigeria)의 오소소(Ososo)에서 반혈자매(半血姉妹)와 혼인을 하는 것이 여자의 결핍에서 비롯하는 것이라고 할 수 있음을 지적하고 있다. 유럽에서는 오늘날 "근친상교가 행해지는 것은 대부분의 경우 우연한 결합의 결과 —예를 들어 술에 취해서, 비좁은 주거에서의 밀접한 가정생활에서 생겨나는 친교(親交)의 결과로서, 그리고 다른 방법에 의한 성교의 기회를 만들어 내지 못하는 데서— 로서만 생겨난다"고 말한다.

왕가(王家)에서의 혈족혼인(血族婚姻)에 관하여는 그것이 왕가의 피의 순결을 유지하려고 하는 의도로써 행해졌다고 하는 것은 거의 의심할 바 없다. 그런데 지금까지 다음과 같은, 즉 여계적인 친족제도 아래에서 왕의 자매의 아들이나 왕의 딸의 남편이 누리고 있던 왕위계승권(王位繼承權)을 왕의 아들에게 부여하려는 목적으로 혈족혼인이 채용되었다는 추측도 있어 왔다. 그러나 이 설명은 여계의 친족제도를 가지고 있었는지가 분명하지 아니한 민족에서 그것이 옛날에는 존재하였다고 가정하는 난점을 지니고 있다. 이에 반하여 왕가의 피의 순결을 확보하려고 하는 욕구는 널리 알려진 사실이다. 고대 이집트에서 행해진 자매와의 혼인은 재산 특히 토지재산을 왕가에 보존하려고 하는 목적을 가지고 있었던 것으로 설명되어 왔다. 마찬가지로 마오리족(Maori)에서 아주 드물게나마 행해졌던 형제자매혼도 "일반적으로 여자가 가지는 토지를 남자와 동일한 계통에 그대로 보존시키려고 하는 욕구에서 생겨났다" 는 것을 우리는 전해 들어서 알고 있다.

_ 제임스 G. 프레이저 경의 필자이론에 대한 반론

제임스 G. 프레이저 경(Sir James G. Frazer)은 나와 반대되는 주장을 펴면서 만일 족외혼제가 자연적 본능으로부터 생겨난 것이라고 한다면 법적인 형벌에 의해서까지 그 본능을 보강할 필요가 없을 것이고, 법은 사람들이 본능에 의해 그렇게 하게끔 되어 있는 것을 금지하는 데 지나지 않는 것이며, 따라서 언제든지 법에 의하여 금지되는 범죄는 대부분의 사람들이 그것을 범하려고 하는 자연적 성향을 가진 것들이라고 가정해도 아무 무리 없이 괜찮을 것이라고 하였다. 이 주장은 프로이트 박사나 존스 박사에 의하여 높이 평가되어 인용되었다. 존스 박사는 "이러한 종류의 법이 성안된 것을 오로지 강력하고 보편적인 유혹을 느끼게 되는 범죄에 대처하기 위한 것이라고 하는 프레이저의 설득력 있는 주장에는 어느 누구도 대답을 하지 못했다. 이 주장은 어쩔 수 없는 것(non possumus)으로 끝난다. 그것도 그럴 것이 만일 근친상교에 대한 일반적인 성향이 없었다고 한다면 그것이 그렇게 엄격하게 금지될 까닭이 없기 때문이다"라고 한다. 이와 같은 주장은 법률의 금지가 생겨난 것에 관하여 이상스러운 오해를 내포하고 있다. 물론 침범이 없는 경우에는 아무런 법도 존재하지 않게 마련이다. 그렇지만 나는 성본능이 여러 양상을 띠고 나타날 수 있음을 앞에서 말하였고, 또한 자연의 감정이 무디게 되거나 압도될 수 있는 상황이 존재한다는 주지의 사실을 상기시킨 바도 있다. 우리는 수간(獸姦) 및 계간(鷄姦)과 같은 성범죄를 금지하는 법이 근친상교에 대한 것과 마찬가지로 또는 그 이상으로 엄격하다는 것을 알고 있다. 그렇다면 이 법을 가지고 이러한 성범죄를 저지르려고 하는 일반적인 성향 또는 강력한 유혹이 있다는 증거로 삼을 수 있을까? 또한 많은 법전(法典)에서 존속살해(尊屬

殺害)를 가중처벌하는 것을 가지고 대부분의 사람들이 자기의 양친 부모를 살해하려는 자연적 성벽이 있음을 나타내 주는 것으로 볼 수 있을까? 정신분석학자들은 부친살해(父親殺害)에 관한 한 이 질문에 대하여 긍정적으로 대답을 할지도 모른다. 왜냐하면 존스 박사의 말을 인용한다면 그들은 "어떠한 남자도 자기의 모친과의 성적인 관계를 하려는 욕망과 방해되는 적수 특히 부친을 죽여 없애 버리려는 욕망을 무의식 중에 지니고 있다"고 믿기 때문이다. 그러나 모친살해에 대한 법도 마찬가지로 준엄하다. 만일 아들이 모친과 성관계를 갈망한다면 그가 어째서 자기의 어머니를 살해하려고 하는지는 이해하기 어렵다. 법은 사회 또는 입법자의 감정을 표현하고 사회나 입법자를 당혹하게 만드는 행위를 처벌한다. 그러나 법은 금지된 행위를 저지를 성향을 다수인이 가지고 있는지 또는 소수인들만 가지고 있는지를 우리에게 알려 주지는 않는다.

한편 프레이저는 나의 이론에 대하여 한층 더 중요한 다른 견해를 제기하였는데, 나는 다소의 말을 첨가하여 그 견해에 대한 설명을 하도록 하겠다. 프레이저는 "어렸을 때부터 아주 가까이 함께 자란 사람들 사이에서의 성교에 대한 자연적인 혐오감 또는 적어도 성교에 대한 성향의 결여"가 있다는 것을 믿을 만한 다소의 근거가 있는 것 같다고 인정한다. 그러나 그는 그것이 어떻게 해서 근친자(近親者)와의 성교(性交)에 대한 혐오감으로 변화하였는지를 이해하기 어렵다고 생각하고, 내가 이 점을 만족스럽게 설명하지 못한다면, 나의 이론을 뒷받침해 주는 일련의 추론이 그 결정적인 점에서 거의 무너질 수밖에 없다고 주장하였다. 이 견해를 피력하여 그는 프로이트 박사의 열렬한 지지를 받았다.

_ 어릴 때부터 가까이 살아온 사람 간의 상호성교에 관한 혐오감과 혈족 간의 결합에 대한 금제의 관계

이 문제에 관한 나의 답변은 다음과 같다. 즉 프레이저가 이해하기 어렵다고 한 변화는 그대로 가능하고 자연스러운 것일 뿐만 아니라 근친상교의 금제와 마찬가지로 세계적으로 널리 유포되어 있고 근친상교금제 보다 한층 사회적으로 중요하면서 완전히 유사한 사례, 즉 모든 종류의 사회적인 권리의무와의 결합을 초래한 과정에 의해서도 거의 전부 입증된다는 것이다. 대체로 양친의 의무와 권리의 밑바닥에 깔려 있는 모성감정(母性感情)과 부성감정(父性感情)은 그 가장 단순한 형태로서 혈연관계의 인식 위에 기초를 두고 있는 것이라고 할 수 없으며, 앞에서 지적한 바와 같이 다른 상황 주로 가엾은 어린애의 근접성, 즉 자녀가 처음부터 양친의 곁에 붙어 지낸다고 하는 외적인 관계로부터 파생한 자극에 의한 것이다. 이른바 부모에 대한 사랑(filial love)도 무엇보다도 친족관계(親族關係)라는 생각에 근거를 두고 있는 것이 아니다. 그것은 본질적으로 보답적이고, 개인이 받은 은혜에 의하여 창출된 쾌감이 당해자로 하여금 기쁨과 온정을 가지고 시혜자(施惠者)를 우러러 보게 하는 것이다. 여기에서도 애정은 궁극적으로 밀접한 동거에서 비롯하는 것이며 그리고 자녀와 그 양친의 장기간의 별거로 빚어지는 애정의 냉각에 비추어 보더라도 애정은 동거에 의하여 한층 심화되는 것이다. 이와 마찬가지로 형제의 사랑이나 그로부터 생겨나는 의무나 권리도 무엇보다도 공동의 피(common blood)라는 관념 이외의 다른 상황에 의거하고 있고, 이보다 먼 촌수의 친족을 결속시키는 유대(紐帶)에 관하여도 똑같은 말을 할 수 있을 것이다. 결국 그 사회적인 힘은 궁극적으로는 근친자들의 동거하는 습관에서 연유하는 것이다. 사람들은 태어나서 자라난 범역 내에 머물러 있음으로써 군거적(群居的)으로 되는 것이며, 만일 자기의 친척과 함께 살지 않고 고립되거나 또는 외래인과 결속하기를 더 좋아하였다고 한다면, 혈연결속

(血緣結束)이란 도저히 있을 수 없을 것이 확실하다. 이 군거적 상태로부터 생겨난 서로의 애착이나 사회적인 권리의무는 집단구성원이 서로 얽혀 있는 관계—공통의 명칭에 의하여 표시되는 친족의 관계—와 관련되어 있으며, 이 관련은 지연적 유대가 파기된 다음까지도 공통의 명칭을 계속적으로 유지함으로써 지속할 수도 있다. 궁극적으로는 밀접한 동거에 의거하면서도 지금까지 친족관계에 의하여 설명되는 무수히 많은 정실관계(情實關係)가 있다는 것도 바로 이러한 이유에 의한 것이다. 그렇다고 한다면 어째서 근친상교에 대한 혐오감이나 그로부터 생겨난 금제규범에 관하여도 사정이 똑같다고 생각해서는 안 되는 것일까?

프레이저는 "만일 모든 문제의 연원적 기초가 언제나 동거해 온 사람들 사이에서의 혼인에 대한 외포(畏怖)라고 한다면, 어째서 오늘날 그 외포가 약해져서 오랫동안 사귀고서도 애정이 무뎌지지 아니한 사람과의 혼인을 오히려 일반적으로 더 좋아하게 되었을까? …… 어째서 형제와 자매 사이의 혼인이라든가 혹은 모와 자 사이의 혼인이 가장 깊은 혐오를 불러일으키는 것일까? …… 다른 일방에서는 전적으로 근친혼의 기원이 되는 동거자 사이의 혼인이 기껏해야 어쩌면 웃음거리의 주제도 되지 못할 정도의 미온적인 놀라움을 불러일으키는 데 지나지 않고, 모든 문명국의 법에 비추어 보면 어느 다른 혼인과 마찬가지로 적법한 것으로 되어 있는데도……"라고 반문한다. 나로서는 어느 남자와 그의 수양딸(foster-daughter) 사이의 혼인 또는 수양형제(收養兄弟; foster-brother) 및 수양자매(收養姉妹; foster-sister) 사이의 혼인은 당사자간의 사회적 관계가 그에 상응하는 유사한 경우에는 반드시 적지 않은 놀라움을 일으킬 것이며 또 부당하다고 비난받을 만한 것이 될 것이라고 생각한다. 물론 이 경우의 대부분은 사회적 관계의 긴밀도와 시간적인 근접 여부에 달려 있다. "지극히 음탕한 프랑스의 남자는 아주 젊었을 때의 여자친구와 혼인을 하는 것 같다"고 한 슈타인메츠 박사(Dr. Steinmetz)의 반론은 더할 나위 없이 적절하지 못하다. 문명민족에서의 동거자 간의 혼인에 관하여 설명하면서 히페 씨(Mr. Heape)는 다음과 같이 올바르게 지적하고 있다. "문명이 발달해 감에 따라서 유년기 이후에 비혈연자들이 지속적으로 동거하는 것은 점점 더 드물게 됨은 주의를 기울이지 않으면 안 된다. 남자가 일시적으로 가정을 떠나게 되는 것도 성숙기 이후에는 점차적으로 빈번해지고, 이에 따라 성숙기 이전의 동거자가 성숙기 이후에는 성적인 관점에서 볼 때 외래인(外來人)이 된다는 것도 사실이다. 이러한 문제에 관하여 놀라울 만큼 정확한 지표가 된다고 할 수 있는 소설에서도 동거자 사이의 혼인을 다루는 예가 거의 없으며, 그러한 것을 서술할 때에도 외래인을 처로 얻으려는 남자의 노력이 실패로 끝나는 것이 통례(通例)이다." 확실히 나는 아주 가까운 혈족 사이의 혼인이 당사자들 자신의 혐오감을 불러일으킨다고 하는 것을 부정하지는 않는다. 오히려 가까이 동거하는 사람들 사이의 성교에 대한 혐오감이 아주 오랜 옛날부터 관습, 법 및 종교에 의하여 제재되고 친족 간의 혼인에 대한 금제로서 표현되어 온 것을 생각한다면, 그들이 혐오감을 일으키는 것은 지극히 자연스러운 일이다. 또한 금지규범이 흔히 친족 간의 혼인에만 국한되었던 것도 그다지 놀라운 일이 아니다. 법은 오로지 일반적이고 명확하게 한정될 수 있는 경우만을 고려하는 것이므로 대개의 경우 친족으로 되어 있는 사람들 사이에서의 일정한 종류의 관계만이 혈족관계(血族關係)라는 용어로서 한정되는 것이다. 이것은 근친상교에 관해서뿐만이 아니라 가족이라는 범역 내에서의 많은 의무와 권리에 관하여도 그대로 들어맞는다.

_ 친족의 통혼이 금지되는 범위는 대체로 그들의 근접생활과 관련되어 있다는 사실

동시에 양친자관계(adoption) 또는 수양자관계(fosterage)도 혼인장애를 일으키는 경우가 대단히 많다. 적지 않은 민족에서는 같은 마을 또는 그 밖의 지역집단에 속하는 사람이면 혈연적으로 연결되어 있는지에 관계없이 이들 사이의 혼인을 금지한다. 그리고 아주 많은 실제의 사실이 보여 주는 바에 의하면 금혼친등(禁婚親等)의 범위는 밀접한 동거와 아주 관련이 깊다.

이미 오래전에 몽테스키외(Montesquieu)는 종형제자매혼(從兄弟姉妹婚)이 금지되어 있는 민족에서는 형제와 그 자녀들이 동일한 가옥에서 살고 있음을 알아냈다. 그리스인과 로마인의 금혼친등의 대비는 이 점에 관하여 교시해 주는 바가 적지 않다. 즉 그리스인들 사이에서는 종형제자매나 반혈형제자매까지도 통혼이 허용되어 있었음에 반하여, 로마인들 사이에서는 아무리 먼 친족 사이에서도 혼인이 금지되었다. 이러한 차이는 로스바흐(Rossbach)가 말한 바와 같이 그리스인의 가족감정이 로마인의 그것보다 훨씬 박약한 데서 비롯한 것이다. 로마인들 사이에서는 일찍이 아들이 혼인을 한 다음에도 그대로 부친의 가(家)에 머물러 살던 관습이 있었고 따라서 아버지 쪽의 종형제자매가 형제자매처럼 자랐던 것이다. 그 뒤 여러 가족이 공동의 세대로부터 분리하게 되어 금혼범위도 그에 따라 축소되었던 것이다. 콜러 교수(Professor Kohler)는 힌두인 사이에서의 광범위한 혼인금제와 그들의 대세대(大世帶)와의 관계를 지적하여 설명한 바 있다. 고트라(gotra; 씨족)라는 말은 마구간 또는 외양간을 뜻하는 것으로 본래는 소떼처럼 한 장소에서 모여 사는 사람들을 의미하는 것이었으리라고 생각된다. 남부 슬라브인(Southern Slaves)의 대부분은 오늘날까지 10명 내지 16명 또는 그 이상의 사람이 일단으로 되어 있는 가공동체(家共同體)에서 살고 있는데, 이 가공동체의 구성원들은 2 내지 3 친등(親等)의 남계혈족이고, 공동의 주거 또는 집단주거에서 함께 살아가며, 자기들의 토지를 공유하고 공동의 직업에 종사하며 공동의 족장에 의하여 통솔되고 있다. 헨리 메인 경(Sir Henry Maine)은 "한 세대에 그렇게 많은 수의 남녀가 함께 산다는 것은 친족인 남녀의 결합이 모두 근친상교라고 하는 그들의 신념을 통하여서만 가능할 것이다"라고 갈파하고 있다. 옛날 웨일즈(Wales)에서는 족외혼적인 복합가족(複合家族)이 한 울타리 안에 거주하는 친족으로 구성되어 있었다. "가장(家長; head of the family)이 살아 있는 동안은 그의 후손은 누구나 그들의 새로운 집이 가족의 토지 위에 세워지지 않는 한, 가장과 함께 겉으로 보기에는 같은 가옥에서 살았다." 한편 그 족외혼금제가 최근친에만 국한되었던 것으로 생각되는 고대의 튜튼인들은 복합가족제도를 유지하였던 것으로 되어 있지는 않으며, 타키투스(Tacitus)에 의하면 그들은 서로 상당히 떨어진 곳에서 서로 분산된 가족을 이루고 살았다고 한다. 히브리인들 사이에서 형제자매혼이 금지되었음에도 불구하고 종형제자매혼이 허용되었던 까닭을 설명하는 것은 에발트(Ewald)도 말한 바와 같이 그렇게 어렵지 않다. 왜냐하면 종형제자매는 "하나의 결합된 세대를 이루고 살지 않았으며 또한 각 집이 완전히 옛날식 그대로 많이 서 있으면 있을수록 종형제자매간의 촌수는 더 멀다"고 생각하였기 때문이다. 또한 나는 고대의 아라비아인들 사이에서 동거자 간의 혼인이 음탕한 것으로 여겨졌다는 로버트슨 스미스(Robertson Smith)의 보고를 이미 인용한 바 있다.

많은 미개민족에서는 밀접한 동거와 금혼친등 사이에 일정한 상호관계가 있음을 우리는 알게 되었다. 많은 브라질의 인디언(Brazilian Indian)이나 부시멘(Bushmen)과 같이 소가족집단으로 살고 있는 민족에서는 족외혼금제는 최근친족에만 국한되어 있다. 또한 족외혼의 씨족(exogamous clan)은 흔히 친족집단일 뿐만 아니라 지역적 집단이다. 그리고 제임스 프레이저 경(Sir James Frazer)과 마찬가지로 나도 족외혼적인 반족이나 파족 및 씨족이 본래 그 자체의 영역을 가지고 있는 지역적 집단이었다는 설을 지극히 타당한 것으로 생각한다. 그러나 실제에 있어서는 족외혼적인 씨족 또는 파족의 구성원은 흔히 동일한 지역에 살고 있지 않으며, 사실상 족외혼금제는 상이한 부족 또는 국가에 살고 있는 동일한 씨족이나 파족 또는 이와 '동등한'(equivalent) 씨족이나 파족에게만 해당되는 것일 뿐이다. 이것은 어렸을 때부터 밀접하게 동거해 온 사람들 사이에서의 성교에 대한 혐오감이 친족 간의 혼인에 대한 금제로서 표현되어 왔다고 하는 사실의 당연한 귀결이다. 족외혼제규범(族外婚制規範)은 비록 처음에는 근친자가 보통 함께 살기 때문에 그것이 친족관계와 결합되어 있었으나 점차적으로 함께 살지 않는 친족까지도 포함하게 되어 생겨난 것으로 그것은 마치 친족관계에 관한 사회적인 권리의무가 궁극적으로는 밀접한 동거에 의거하는 것이면서도 지역적인 유대가 무너져 버리고 난 다음까지도 지속되는 경향이 짙은 것과 마찬가지다. 이 점에서 씨족외혼제(氏族外婚制)는 예를 들면 씨족의 구성원이 함께 사는지의 여부와 관계없이 전체의 씨족에게 부과되는 의무로서의 피의 보복과 대응되는 것이다.

_ 족외혼제적 규칙이 비동거친족까지 포함하게 되었는가?

이러한 관점에서 공통의 명칭을 사용하는 것이 매우 중요한 영향을 미치게 된다는 것은 의심할 나위도 없다. 친족관계(親族關係)는 명칭제도(名稱制度)에 의하여 짜여져 있고 그 명칭제도는 혈연관계를 드러내는 것으로 되어 있다. 이 제도는 당연히 일방적이다. 명칭은 남계나 여계의 출계기록을 유지하는 것이기는 하나, 그것은 한꺼번에 쌍방을 유지할 수는 없다. 그리고 당해 기록의 수단에 의하여 파악되지 않는 계통은 비록 그것이 친족계통으로서 시인되고 있는 경우에도 다소는 무시되거나 또는 오래 가지 않아서 잊혀져 버리고 만다. 그러므로 금혼친등은 씨족제도와 일반적으로 관련되어 있는 사회의 권리의무와 마찬가지로 두 쪽 가운데 어느 한쪽에서 훨씬 더 확대되기 마련이다. 또한 원시적인 관념에 따르면 명칭 그 자체가 그것을 공통으로 사용하는 사람들 사이에 신비스러운 연계가 된다고 하는 것을 유의하지 않으면 안 된다. 난센 박사(Dr. Nansen)는 "다른 여러 곳과 마찬가지로 그린란드에서도 명칭은 대단히 중요한 것으로 되어 있다. 동일한 명칭을 사용하는 두 사람 사이에는 정신적 친화력이 있다고 생각한다"고 말한다.

_ 혈족 간의 혼인금제, '영적 연고관계'를 근거로 한 금제 및 기타 특정한 금제를 설명하는 방법

그렇지만 근친상교를 꺼려하는 감정에 비추어 생각하면 A가 B의 친족과 성관계를 하고 있거나 또는 이전에 한 적이 있는 경우에는 A와 B 사이의 성교도 반대하게 되는 것이 당연하다. 그리고 일반적으로 말하여 두 사람 사이에 어떠한 형태로든지 긴밀한 관계가 있다고 생각되는 경우에는 여러 관념과 감정의 관계에 비추어 볼 때, 그 두 사람 사이의 혼인 내지 성교는 옳지 못하다든가 또는 근친상교적이라는 생각을 일으키게 될 것이다. 인척 간의 혼인금제, '영적 친족관계'(spiritual relationship)를 이유로 하는 로마교회나 그리스 교회의 금제 및 기타 앞에 설명한 갖가지의 금제는 바로 이러한 상념에서 비롯하는 것이다. 족외혼제규범에 관하여 나름대로의 완전한 설명을 할 수 있다고 하는 모든 가설은 하나 같이 연상법칙(聯想法則; law of association)이라는 방법을 활용한다. 뒤르켐 교수(Professor Durkheim)는 같은 토템씨족의 구성원이 함께 거주하고 있지 않다는 것을 이유로 하여 나의 이론이 씨족외혼제에는 들어맞지 않는다고 주장하면서, 그 자신은 금제가 토템씨족의 외부에 확장되는 것을 설명함에 있어서 바로 이것을 유추하려고 한다. 즉 그는 씨족외혼제규범이 다른 씨족에 속하는 이웃의 친족에게까지 확장되는 것임을 말하면서 그 이유로서 이들 이웃의 친족들이 동일한 씨족의 구성원인 것보다도 더 밀접하게 접촉하고 지내는 것을 들고 있다.

나는 여기에서 주창되고 있는 가설(假說)이 앞에서 든 여러 가지 사실과 모순되는 것이 아니라고 생각한다. 이 가설은 근친상교에 대한 혐오감이 경험이나 교육의 어느 것과도 무관한 경우가 있을 수 있음을 설명하는 것으로 짐작된다. 즉 그것은 어째서 족외혼제규범이 혈연관계에 한하지 않고 아주 많은 경우에 그러한 관계가 전혀 없는 사람들 사이에도 들어맞는지를, 어째서 혈족혼인의 금제가 금혼친등에서는 상당히 다양하지만 서로 밀접하게 살아가는 사람들에게는 거의 보편적으로 적용되고 있는가를, 그리고 어째서 이들 금제가 통상적으로 부계 또는 모계의 어느 한쪽에 다른 쪽보다 더 광범하게 확장되어 적용되는지를 설명하는 것이다. 그러나 이 밖에도 답변을 필요로 하는 중요한 문제가 아직도 남아 있다. 즉 어렸을 때부터 밀접하게 동거해 온 사람들 사이에서의 성교에 대한 성향의 결여, 그러한 성교에 대한 적극적인 혐오감을 어떻게 설명할 것인가 하는 문제가 바로 그것이다. 이 문제에 대한 답변을 한 다음에야 비로소 족외혼제의 기원에 관한 나의 이론은 불완전함을 벗어나게 될 것으로 생각한다.

_ 족외혼제에 관한 정신적 원인 및 생물학적 기초

성적 본능은 종(species)의 존재를 위하여 중요한 의의를 갖는 것이므로 그 통상적인 특징에 관한 만족스러운 설명은 모두 종의 특수한 효용 속에서 찾아야 한다. 내가 족외혼제의 기원을 찾아내고자 하는 바의 바탕을 이루는 심리적 요인이 심원한 생물학적 기초를 가지고 있다는 것은 동물 및 식물에 모두 관계되어 있는 여러 사실에 의하여 드러나고 있다. 즉 이들 사실은 식물의 경우에는 자화수정(自花受精; self-fertilisation)이, 동물의 경우에는 동종교배(同種交配; inbreeding)가 대체적으로 종에 해롭다는 것을 거의 의심할 바 없는 것으로 만들어 주었다.

_ 식물에서의 이화수정 및 자화수정의 효과

다윈(Darwin)은 많은 서로 다른 종에 속하는 천여 가지의 식물을 발아에서부터 성숙에 이르기까지 관찰하였는데, 그 가운데의 어떤 것은 이화수정에 의하여 그리고 다른 것은 자화수정에 의하여 싹틔워 자라게 한 것이었다. 이러한 관찰을 해 나가면서 그는 이화수정의 꽃으로부터 얻어진 씨앗에서 자라난 묘목과 자화수정의 꽃으로부터 얻어진 씨앗에서 자라난 묘목 사이에는 그 높이, 무게, 체질적인 성장력 및 그 번식력에서 또한 그 성장목(parent-plant)에서 산출되는 종자의 수에서 현저하게 차이가 나는 것을 알아냈다. 그리하여 자화수정으로 얻어진 씨앗에서 자라난 식물과 이화수정으로 얻어진 씨앗에서 자라난 식물이 생존경쟁에서 부딪치게 되는 때에는 언제나 후자가 유리한 입장을 차지하게 될 수밖에 없다. 이러한 것이 이화수정을 통하여 종자를 받게 되는 대부분의 채소에 대하여 그대로 들어맞는다는 것은 오늘날 일반적으로 받아들여지고 있는 사실이다.

_ 동물에서의 동종교배의 효과

동물계와 관련해서도 동물을 길러 보고 이 문제에 관하여 기술한 바 있는 사람의 대부분은 동종교배가 유해한 결과를 가져온다는 확신을 피력하고 있다. 돼지는 동종교배의 해로운 영향에 특히 예민하고, 양은 돼지에 비하여 비교적 덜하다고 한다. 네 뿔 염소를 가지고 한 실험은 동종교배가 되풀이되면 골격이나 근육을 약하게 하고, 동물로서의 생명력을 떨어뜨리며, 젖빨이 본능을 저하시키는 요인을 유발하는 것을 판명해 주었다. 로우(Low)는 한 배의 새끼를 되풀이하여 교미시켜서 낳은 개는 얼마 후에는 허약해지고 퇴화의 양상을 드러내는바, "털은 적어지거나 빠지고, 몸집은 작아지며, 사지가 가늘어지고 눈은 움푹 들어가며, 강아지 때의 모든 특성이 나타난다"고 한다. 누구나 알고 있는 바와 같이 동종교배에 의하여 번식되어 온 순종의 말(thoroughbred horse)에 관하여 왕실경마사육위원회(Royal Commission on Horsebreeding)의 옛날 보고서 중 하나에는 영국의 순종의 암말 가운데의 40% 이상이 매년 새끼를 밸 수 없게 되어 버렸는데, 이와 같이 많은 수의 불임증은 그 전부는 아니더라도 동종교배에서 비롯하는 것 같다고 기술되어 있다. 셀던 교수(Professor Sheldon)는 "'동종교배'(in-breeding)는 이 말이 뜻하는 바와 같이 —즉 근친자 사이에서의 일정 기간에 걸친 생식을 뜻한다— 일반적으로 생체기관이나 생식능력에 해로운 결과를 가져온다. 혈연적으로 순종을 만들어 낸다고 하는 점에서는 어느 정도 가치가 있을지 모르지만 지나치게 진행시키게 되면 대단히 나쁘다. 너무 좁은 범위에서 동종교배를 하게 되면 무엇보다도 소의 부류에서는 번식불능과 전반적인 쇠약현상이 흔히 나타나기 마련이다. 최초의 어미에 있어서는 경미한 일시적인 허약체질에 지나지 않았던 것이 다음 세대에서는 고정적이고 심한 허약 체질로 된다. 실제로 처음에는 다만 약한 체격이었던 것이 질병형태로까지 진전할지도 모른다"고 기술하고 있다. 이와 마찬가지로 에워트 교수(Professor Ewart)에 따르면 "자연은 동종교배가 우성유전력(優性遺傳力)을 촉발함으로써 유용한 형질(形質)을 보존하는 데 이바지하는 동안은 어느 정도까지는 그것을 허용하지만 그렇게 해오면서 때로는 생명력을 잃게 되기도 한다.—마찬가지로 번식력을 잃게 되는 경우도 있다. 동종교배가 종의 소멸에 중요한 역할을 해 온 것은 충분히 생각할 수 있는 일이다. 그것은 인위적으로 산출된 종속이나 변종의 대부분을 실제로 멸종시키지는 않았다 하더라도 퇴화시키는 수법이 되어 온 것은 의심할 나위가 없다"고 한다. 물론 적절한 주의를 기울이게 되면 동종교배는 아무런 해도 없을 뿐만 아니라 유익하다는 것도 사실이다. 그러나 그러한 경우에는 윌리스(Wallace)가 말한 것처럼 "엄격한 도태에 의하여 약자 또는 불번식자가 제거되어 버리고 그러한 도태가 있음으로써 동종교배의 나쁜 결과가 오랫동안 방지된다는 것은 의심할 바 없지만 그렇다고 하여 이것이 나쁜 결과가 생기지 않는 것을 입증하여 주는 것은 결코 아니다." 탁월한 사육자들의 이 견해는 생물학자가 쥐, 생쥐, 토끼, 실험용 쥐(guinea-pig), 나비 및 나방 등을 가지고 한 많은 실험에 의하여 지지된 바 있으며, 모파스(Maupas)는 원생동물류(Protozoa)에서는 분열된 객체는 다른 객체와 짝을 이루지 못하게 되면 죽어 버리고 만다는 것을 밝혀 주었다. 동종교배가 적어도 오랜 기간이 경과하게 되면 일반적으로 일정한 종류의 나쁜 결과를 낳는다는 것은 거의 의심할 바 없는 사실이다.

_ 동종교배를 방지하려고 애쓰는 동물계에서의 조치

야생동물은 계속적으로 근친상교를 해 오고 있음에 비추어, 만일 동종교배가 그렇게 해롭다면, 야생동물은 멸종해 버렸을 것이라는 주장이 지금까지 있어 왔다. 그렇지만 오늘날의 야생동물에 관하여 우리가 알고 있는 바에 의하면 이 주장은 결코 정당한 것이라고 할 수 없다. 군족(群族)을 이루어 살고 있는 종에서의 어린 새끼는 그것이 혼자서 옮겨 다닐 수 있게 되면 당해 군족을 떠나거나 또는 서로 교배하는 것을 회피한다고 한다. 군거동물에서는 우리의 가축이 그렇게 하는 것으로 알려져 있는 바와 같이 당해 동물이 외부의 동물과 즐겨서 교배한다는 것은 얼마든지 있을 수 있는 일이다. 개미와 벌의 '교접비행'(交接飛行; marriage flight)도 동종교배를 방지하는 데 이바지해 오고 있는 것임은 명백하다. 그렇지만 동물계에는 당해 목적을 위하여 이바지하는 별도의 방책이 있다. 예를 들면 양성동물(兩性動物)에서는 동일한 동물의 난자와 정자가 서로 다른 시기에 성숙하게 됨으로써 자가수정(self-fertilisation)이 방지되는 경우가 대단히 많다. 또한 발정기 수컷이 흥분하게 되면 그로 말미암아 암컷을 찾아서 이리저리 돌아다니게 된다는 것이 지적되어 왔으며, 대단히 강렬한 수컷의 정열을 피의 혼합을 가능하게 해 주는 필요불가결한 방편이라고 풀이하기도 했다. 색채, 향기 및 소리를 내는 것으로 이루어지는 제2차 성감특징은 양성이 서로 상대방을 쉽게 찾아낼 수 있도록 해 줌으로써 번식을 촉진하게 할 뿐만 아니라 먼 곳에서 상대방을 매혹시켜 이끌어 옴으로써 동종교배를 방지하는 데 이바지하기 때문에 종을 위하여 유익하다는 주장도 있다.

_ 근친자 간의 혼인의 효과

인류에 관하여는 최근친족 간의 혼인이 일반적으로 거행되지 않고 있기 때문에 동종교배의 영향에 관한 연구는 그렇게 많이 이루어지고 있지 못한 실정이다. 고대 이집트인이나 페르시아인처럼 근친혼을 행하였던 민족이 육체적으로 퇴화하였다고 하는 증거는 아무것도 없다고들 한다. 그러나 아무리 이들 민족에서 근친혼이 우리가 가정할 수 있는 이상으로 성행하였더라도 그것이 유일한 혼인이었던 것은 결코 아니었다. 그리고 가축의 사육자들은 혈연적으로 관계가 없는 혈액이 몇 방울만이라도 뒤섞이게 되면 그것은 오랜 동안 계속되어 온 동종교배의 해로운 영향을 거의 중화시키기에 충분하리라는 것을 우리들에게 밝혀 주고 있다. 또한 후스 씨(Mr. Huth)는 프톨레미왕조(Ptolemies)의 제왕이 상습적으로 자매, 조카딸 및 종자매와 혼인을 하였음에도 불구하고 그들은 단종되거나 단명하지도 않았다고 주장한다. 그러나 골턴 씨(Mr. Galton)는 이와 반대로 프톨레미왕조의 사실 가운데서 근친혼이 번식력의 감소를 가져 온다는 증거를 찾아내고 있으며, 위팔비(Ujfalvy)는 이 문제에 관한 정교한 논문에서 프톨레미 왕조의 동종교배는 육체적 · 정신적 퇴화를 발생시켰다는 것을 증명하려고 시도한 바 있다.

_ 재종 및 기타 근친족 간의 혼인의 효과; 여러 작은 공동체에서의 동종교배의 효과

지금까지 실제로 연구해 온 최근친족 간의 혼인은 종형제자매 간의 혼인이고 이 주제에 관하여는 상당한 수의 문헌까지 집적되어 있다. 그러나 각 필자의 견해는 크게 다르다. 어떤 사람들은 양친이 동일한 유전적인 병의 경향을 지니고 있지 않다면 종형제자매혼은 전혀 해롭지 않다고 생각하고 있는 데 반하여 다른 사람들은 이 문제에 관하여 아주 놀랄 만한 견해를 표명하기도 하였다. 아무튼 혈족혼인이 백치, 농아 및 색소성망막염(retinitis pigmentosa)이라는 눈병을 걸리게 한다는 뚜렷한 경향을 띠는 것은 입증되고 있는 셈이다. 왜냐하면 이러한 병에 걸려 있는 사람들의 약 4분의 1, 심지어는 3분의 1이 혈족혼인의 부부한테서 태어난 자녀이기 때문이다. 이와 관련하여 나는 믿을 만한 방법과 풍부한 관찰사례를 갖추고 있는 덴마크(Denmark)의 의학자인 밋게 박사(Dr. Migge)의 저서 「혈족혼인」(Marriage between Blood-relations)의 의견에 주의를 돌려 보고 싶다. 그는 자기가 관찰했던 덴마크의 어느 교구(敎區)에서 서로 친족인 부부의 자녀들 가운데는 다른 어린애들보다 비교적 많은 수의 백치, 미치광이, 간질환자 및 농아자가 많다는 것을 알아냈다. 그리고 그는 그러한 어린애들은 사망률이 높고 일정한 질병에 걸리기 쉽다는 것이 입증되지는 않았지만 충분히 그러하리라고 생각한다. 나도 셰틀랜드군도(Shetland Islands)의 가장 외딴섬인 파울라섬(Foula)에 머물러 있을 동안에 수집한 몇몇 사실을 예로 들어 이야기할 수 있다. 전부해야 200명 내지 250명에 지나지 않았던 주민은 거의 모두 혈연으로 연결되어 있었고, 그들이 종형제자매혼이 아주 해로울 수도 있다고 생각하고 있었음에도 불구하고 그들 사이에서는 당해 혼인이 대단히 성행하고 있었다. 일반적으로 가족의 수가 적었고, 7세부터 14세까지의 어린아이가 전 인구의 14%밖에 되지 않았다. 반면에 같은 군도의 다른 섬인 부라(Burra)에서는 혈족혼인이 거의 행해지지 않았다고 하는데, 같은 연령에 속하는 어린이가 인구의 22%에 달했었다. 파울라섬의 사람들은 다른 섬의 사람들에 비하여 키가 작아 보였다. 그리고 이 섬에서 10년을 살았던 모리슨 씨(Mr. Morrison)는 그들은 질병이 그다지 잦지 않으면서 체질이 다소 약했던 것으로 기억하고 있다. 백치의 경우도 몇 사람 있었고 그리고 나는 부부가 종형제자매인 어떤 가정에서는 3명이나 되는 어린애들이 농아자였다는 말을 들었다. 유럽지역 이외의 사회에서의 상습적인 동종교배에 관하여는 어떠한 형태로든지 그 유해성이 증명된 대단히 많은 보고가 있다. 그리고 당해 보고가 그다지 권위 있는 것이 아님에도 불구하고, 어쨌든 그것으로부터 다음과 같은 말은 할 수 있을 것 같다. 즉 좁은 지역 내에서 내혼적 습속(內婚的 習俗)이 아무리 널리 행해지더라도 그것에 의하여 당해 습속의 무해성이 증명되는 것은 아니라고 할 수 있다.

다른 한편 유럽 및 기타 지역의 몇몇 고립되어 있는 사회에서는 오랜 동안에 걸쳐서 동종교배가 계속되어 왔음에도 불구하고 별로 눈에 띌 만한 결함이 뒤따르지 않았다고도 한다. 아무튼 이 지역적 내혼제(地域的 內婚制)는 일반적으로 근친혼(近親婚)과는 다소 다른 것이라고 할 수 있다. 미첼 박사(Dr. Mitchell)는 동종교배의 사례로서 거론되어 온 스코틀랜드의 해안을 따라 산재해 있는 거의 모든 고립된 공동체에는 근친혼이 비교적 드물다는 것을 알아냈다. 밋게 박사(Dr. Mygge)에 의하면 덴마크의 리에(Lyø)나 스트리네(Stryø)에서도 마찬가지라고 한다. 또한 앤드류 우드 박사(Dr. Andrew Wood)는 뉴해븐(Newhaven)의 어민에 관하여, 그들은 대단히 고립된 상태로 살아가고 있지만 근친혼에 관하여는 많은 주의를 기울이며 친족과의 혼인을 도덕률(道德律)에 위배되는 것으로 여긴다고 말하고 있다.

_ 자화수정 및 가까운 이종교배의 나쁜 결과는 사정에 따라서는 거의 나타나지 않을 수도 있다

이렇게까지 설명이 되었음에도 불구하고 근친혼은 그것이 아무리 오랜 기간 동안 계속하여 행하게 되더라도 특수한 경우에는 해가 없거나 거의 무해한 것으로 되어 온 경우도 있다. 덴마크의 다른 교구에서는 혈족혼인의 나쁜 결과가 현저하였음에도 불구하고, 다른 교구에서는 당해 혼인의 나쁜 결과가 전혀 없음을 밋게 박사는 알아냈다. 그리고 다윈의 연구에서도 대부분의 식물이 자화수정에 의하여 해를 입게 됨에도 불구하고 소수의 식물은 수천 세대 동안에 한 번의 이화수정도 하지 않았으면서도 본래의 상태 그대로 번식하여 왔음이 거의 확실하게 밝혀져 있다. 좋은 생활상태 아래에서는 자화수정이나 동종교배의 나쁜 결과가 거의 나타나지 않는다는 증거가 있다. 즉 자화수정의 식물에서도 만일 충분한 공간 및 기름진 토양이 마련되기만 하면 퇴화가 거의 없거나 전혀 없는 것으로 흔히 나타난다. 그러나 반면에 만일 다른 식물과 경쟁적으로 심어 놓을 경우에는 말라서 죽거나 크게 성장의 저해를 받는다. 갈색쥐를 가지고 한 크램프(Crampe)의 실험은 동종의 어미에서 태어난 쥐새끼라도 먹이를 잘 공급해 주고 잘 보살펴 주면 그렇지 않은 경우에 비하여 동종교배의 해(害)가 두드러지게 적다는 것을 입증해 주었다. 그리고 이것은 스코틀랜드에서의 혈족혼인에 관한 미첼 박사(Dr. Mitchell)의 관찰과 놀라울 만큼 일치하는 것이다. 그렇다면 우리는 아마도 생존경쟁이 때때로 지나치게 치열한 야만지역에서는 특히 부유계층에서 혈족혼인이 아주 빈번하게 행해지는 문명사회에서 나타나는 것 이상으로 혈족혼인의 피해가 많다고 상정할 수 있을 것이다. 영국에서는 다윈(G. H. Darwin)에 의하면 종자매혼인이 귀족계층에서는 대략 4.5%이고, 중류계층 및 중류상계층 또는 지주신사계층에서는 3.5%인 데 비하여, 여러 계층이 뒤섞여 있는 런던(London)에서는 당해 혼인이 대략 1.5%밖에 되지 않는다고 한다. 그는 종형제자매혼에서 생겨나는 폐해가 그다지 대수롭지 않음을 알아냈는데, 그는 이것이 대다수의 영국인이 대체로 매우 양호한 여건 속에 살고 있다는 사실 때문인 것으로 생각한다.

_ 동종교배의 해로운 영향은 근친자의 상호관계를 특징짓는 긴밀한 정애(情愛) 속에서 어려서부터 함께 살아온 사람 사이의 성교에 대한 동경의 결핍 및 적극적인 혐오감에 관한 충분한 설명 근거가 된다

이제 이 문제에 관련하여 밝혀진 갖가지 사실을 생각하여 보면 나는 동종교배가 일반적으로 어떠한 식으로든지 종에 대하여 다소나마 해롭다고 생각하지 않을 수 없다. 그리고 여기에서 나는 어렸을 때부터 최근친족이 상호관계를 특징짓는 아주 가까운 친교상태(親交狀態)에서 동거해 온 사람들 사이에서는 성교에 대한 성향의 결여 및 적극적인 혐오감에 관한 충분한 설명을 찾아낼 수 있었다. 즉 다른 경우와 마찬가지로 이 경우에도 자연도태가 작용하고, 파괴적인 성향을 없애버리고 유익한 변종을 보존함으로써 그것이 종의 요구에 상응할 수 있도록 성본능은 창출적 기능을 해 왔다고 우리는 상정할 수 있을 것이다. 종형제자매의 혼인에 심한 해가 없었다고 하여, 그러한 도태가 생겨나지 않는 것으로 입증되었다고 말해서는 안 된다. 왜냐하면 내가 주장하는 것처럼 만일 양친과 자녀로 구성되어 있는 가족이 초기의 인간 또는 원숭이와 유사한 조상들 사이에 사회적 단위로서 널리 존재하고 있었다고 한다면, 내가 지금 말하고 있는 성본능의 특수성은 그것이 한층 오래된 포유동물의 종으로부터 물려받은 것이 아닌 이상은 최근 친족 간의 결연(結緣)의 유해성이라는 결과로서 발전하였을 것이기 때문이다. 그렇지만 일단 그 특수성이 획득되고 난 다음에는 그것은 어렸을 때부터 밀접하게 동거해 온 다소 먼 촌수의 친족 또는 전혀 혈연관계가 없는 사람들 사이에서도 그 혼인의 유해성 여부에도 불구하고 언젠가는 당연히 나타날 것이다. 그리고 갖가지 관념과 감정이 결합되어서 그다지 어렵지 않게 전혀 동거하지도 않은 개인들 사이의 성교를 금지하게까지 되었을 것이다.

_ 동종교배가 왜 종에 해로운지의 문제는 족외혼제의 기원에 관한 필자의 이론에 아무런 영향도 미치지 못한다

족외혼제(族外婚制)의 기원에 관한 이러한 설명은 내가 알 수 있는 한에서는 어째서 동종교배(同種交配)가 종에 대하여 유해한가라는 문제와는 그다지 관계가 없다. 이 문제에 관하여 많은 저자들은 동종교배로부터 발생하는 모든 해는 양친이 모두 가지고 있는 병적 속성의 결합과 이 결합의 결과로 생겨나는 병적 속성의 증대에서 연유하는 것이고, 그러므로 그러한 속성의 존부가 바로 혈족혼인의 폐해의 유무를 결정하는 것이라고 생각한다. 다른 사람들은 동종교배 또는 식물에 있어서의 자화수정의 폐해가 어느 정도 혈족관계 또는 자화수정 그 자체에서 연유하는 것이라고 주장한다. 예를 들면 다윈은 서로 다른 종이 처음 이화수정되었을 때의 불결실 또는 잡종의 묘(苗)가 제대로 자라지 않는 것은 종(種) 간의 성적 요소가 크게 다른 것에서 비롯하는 것인데, 그렇다 하더라도 다소의 요소 차이는 두 유기체의 수정 또는 결합을 위하여 필요하고 경우에 따라서 유익하다는 견해를 가지고 있다. 그러나 이미 앞에서 말한 바와 같이, 족외혼제의 기원에 관한 나의 이론은 동종교배의 유해성에 관한 어떤 특수한 설명과도 그 입장을 같이 하는 것이 아니다.

_ 필자의 이론을 뒷받침하기 위하여 강조되어야 할 몇 가지의 일반적인 사실

나의 이론을 옹호하기 위하여 나는 몇 가지 사실을 더 강조해 두고자 한다. 족외혼제가 성본능의 특수성에 근거하고 있다고 하는 나의 가설은 족외혼의 금제가 단지 혼인에만 적용되는 것이 아니라 성교일반에 적용된다고 하는 일반원칙과 완전히 일치한다. 이 원칙에 대한 예외는 먼 촌수의 친족에나 몇 가지 있을 뿐이다. 나의 가설은 세계적 규모의 제도를 전 인종에 공통되는 것이라고 추정할 수 있는 심리적 특질에 의거하는 것이다. 나의 가설은 이 심리적 특질의 기원을 종(種)의 요구에까지 추급한다. 그리고 나의 가설은 본질적으로는 서로 같은 종류라고 생각되는 세 가지의 대등한 요소들, 즉 족외혼제규범, 어렸을 때부터 함께 자란 사람들 사이의 성교에 대한 혐오감 및 동종교배의 유해한 결과의 상호관계를 조화시키고 있다. 그리하여 나의 가설은 유기물세계의 두 가지 커다란 영역에 있어서의 유사한 현상, 즉 식물의 이화수정(異花受精), 동물에 있어서의 동종교배를 방지하기 위한 여러 가지 방책 및 인류에 있어서의 족외혼제를 지배하는 일반법칙을 찾아내고자 하는 것이다.

제5장

약탈혼

_저급한 족속에서의 약탈혼사례

이제 혼인체결의 여러 가지 방식에 관하여 살펴보기로 하자. 그 하나는 여자 자신의 동의나 그녀의 친족의 동의를 얻지 아니하고 폭력적으로 여자를 취하는 예, 즉 약탈혼(掠奪婚; marriage by capture)이다.

처를 얻는 이러한 방법은 세계의 여러 지방에서 찾아볼 수 있다. 그 몇몇 사례를 인용해 보기로 한다. 우선 티에라 델 푸에고 섬(Tierra del Fuego)에서는 야가족(Yahgans) 및 오나족(Onas)에서 약탈혼이 이따금씩 발생한다. 그런데 오나족에서는 당해 부족(部族)이 인접하고 있는 부족과 전쟁을 하는 때에는 남자를 죽여 버리고 그 부인을 처로 삼고, 반면에 평화시에 자기 부족 내에서 처를 얻는 때에는 혼인은 양 당사자의 평화적인 교섭에 의하여 체결된다고 한다. 또한 브라질의 많은 부족에서도 남자들이 다른 부족에서 부인을 약탈해 와서 혼인을 하며, 남아메리카의 몇몇 인디언에서는 전쟁이 오로지 이상에서 말한 것과 같은 혼인을 하기 위한 부인약탈을 목적으로 발발되기도 하는 것 같다. 캘리포니아 연안의 루이제노(Luiseño) 인디언 사이에서의 혼인의 한 방법은 "어느 남자나 그 몇몇 친구들이 그 남자가 취하고자 하는 여자를 심지어 그녀의 부친의 집에서까지 억지로라도 데려 왔었다"고 한다.

아시아 동북부에 살고 있는 추크치족(Chukchee)에 관한 이야기로 "옛날에 일단의 젊은 남자들이 집 밖에서 젊은 처녀를 붙잡아 손발을 꽁꽁 묶어서 그녀를 처로 삼고 싶어하는 남자의 집으로 데리고 갔었다. 다른 가문의 남자뿐만 아니라 친족이나 종형제까지도 일단 어느 여자의 부친으로부터 혼인을 거절당한 다음에는 이렇게 하였다. 그렇다고 하여 그러한 습격이나 납치가 용서받을 수 없는 증오나 숙원의 동기로는 여겨지지 않았다. 나중에 양친이 와서 몸값(ransom)을 청구하기도 하였는데, 이 몸값은 순록에 의해서가 아니라 한 사람의 부인에 대하여 다른 부인을 보내는 것이었다. …… 오늘날에도 납치가 때때로 빚어지곤 한다"라는 말이 전해지고 있다. 사모예드족(Samoyeds), 보탸크족(Votyaks), 오스탸크족(Ostyaks) 및 기타 이전의 러시아제국(Russian Empire)에 속하는 여러 민족에서는 신랑이 대상액(代償額)을 지불할 수 없는 경우에 신부납치(bride-stealing)가 지금도 행해지거나 또는 최근까지 행해져 왔다. 칼무크족(Kalmucks)에서는 소녀나 그녀의 양친이 청혼자의 소망을 들어주지 않으려고 하는 때에는 청혼자가 당해 소녀를 납치하는 일이 종종 벌어지는데, 이 경우 납치된 소녀가 청혼자의 거처에서 잠을 자고 나면 그녀의 양친은 소녀가 그 청혼자와 혼인하는 것을 마음에 내키지 않더라도 허락하게 된다. 약탈혼은 인도의 여러 부족에서도 이따금씩 행해졌다. 오리사주(Orissa State)의 비야족(Bhuiyas)에서는 "만일 어느 젊은 남자가 어느 소녀를 사랑하는데 그 소녀나 그 남자의 양친이 혼인에 동의하지 않으려고 하면, 그 남자는 친구들을 모아서 기회를 포착하여 그 소녀를 데리고 가버리는데, 이때 그 동료는 그가 도망가는 데 망을 봐 준다. 이러한 신부취득방법은 소녀의 친구들이 납치를 저지하고 그녀를 구출하려고 하기 때문에 때때로 유혈충돌을 빚기도 한다." 벵골(Bengal)의 호족(Hos)도 "약탈혼을 행하는데, 젊은 남자는 소녀가 진실로 또는 거짓으로 일정한 저항을 함에도 불구하고 그녀를 무도회 또는 시장에서 데려 온다. 이 경우 신부대가는 나중에 결정된다." 레빈(Lewin)은 치타공(Chittagong)구릉의 부족 일반에 관하여 설명하면서 "여성의 숫자가 얼마 되지 않는 공동체의 사람들은 손에 무기를 가지고 가서 약한 공동체로부터 그들이 원하는 것을 가져온다"고 한다.

약탈혼의 사례는 말레이군도(Malay Archipelago) 및 멜라네시아(Melanesia)에서도 찾아볼 수 있으며 또한 오스트레일리아 대륙의 전역에서도 보고되고 있다. "간혹 기습부대가 조직되어 공동막사를 습격하고, 남자를 죽여 버리고 여자를 납치하고 훔쳐 온다. 이 대규모의 납치와 비슷한 것으로 개별적인 폭력적 납치가 있는데 이 경우 여자가 저항을 하게 되면 혹독하게 구타를 당하게 된다." 그러나 초기의 몇몇 관찰자들이 한 보고와는 반대로 오스트레일리아에서는 보통 약탈혼을 혼인을 체결하는 예외적 또는 우발적 양식에 지나지 않는 것이라고들 한다. 왜냐하면 약탈혼은 보복 또는 분쟁을 일으키므로 여러 부족이 대부분이 관행에 반대하기 때문이다. 또한 우리는 아프리카의 여러 지방에서도 폭력에 의하여 처를 확보하는 경우가 있다는 말을 듣고 있다.

_ 셈족 및 아리아계 민족에서의 약탈혼 사례

처로 삼기 위하여 여자를 약탈하는 것은 고대 셈족에서도 널리 행해졌다. 아라비아에서도 무함마드(Muhammad) 이전에는 여자의 약탈이 흔히 있었던 일이다. 히브리인들 사이에서는 군인계급의 사람들은 이교도(異教徒)와 혼인해서는 안 된다는 법이 있었지만, 전쟁에서 나포한 외래의 여자와 혼인하는 일은 허용되어 있었다. 약탈혼은 인도 · 유럽의 여러 민족에서도 찾아볼 수 있다. 힌두의 신화적인 입법자인 마누의 법전(Laws of Manu)에 의하면 여덟 가지의 합법적인 혼인체결의 양식 중 하나가 라크샤사(rākshasa)의 방법이었는데, 그것은 바로 "소녀의 친족을 살상하고 그 집을 부숴 버린 다음에 울부짖는 그녀를 그 집으로부터 강제적으로 납치하는 것"이다. 이 방식은 신성한 전통에 의하여 크샤트리야(Kshatriya) 즉 전사계급에 허용되었다. 할리카르낫수스(Halicarnassus)의 디오니시우스(Dionysius)에 따르면 약탈혼은 옛날 그리스 전역에 존재하였다고 하며, 또한 사켈라리오스(Sakellarios)에 의하면 그것은 아주 최근까지도 때때로 그리스에서 행해졌다고 한다. 또한 약탈혼을 연상하게 하는 이야기들이 고대 로마의 전설 중에도 있다. 그리고 고대 튜튼인(Teutons)도 처로 삼기 위하여 여자를 납치했었다. 스칸디나비아인(Scandinavian)에 관하여 올라우스 마그누스(Olaus Magnus)

는 그들은 '소녀의 납치 또는 강탈을 위하여'(propter raptas virgines aut arripiendas) 언제나 서로 투쟁하곤 하였다고 하고 있다. 가장 오래된 튜튼인의 법에는 '강탈혼'(rape-marriage)이 처벌되는 범죄로 되어 있기는 하였지만, 그렇다 하더라도 그것은 그대로 혼인으로 여겼다. 아일랜드의 넨니우스(Nennius)를 보더라도 우리는 픽트족(Picts)이 게엘족(Gael)으로부터 처를 강탈해 갔던 것을 알 수 있다. 또한 약탈혼은 옛날 슬라브민족(Slavs)에서도 행해졌었다. 소러시아(Little Russia)나 우크라이나(Ukraina)의 코사크인(Cossacks)은 17세기까지도, 그리고 많은 남부 슬라브인(Southern Slavs)은 19세기 초기 또는 그 이후에도 약탈혼을 했던 것으로 되어 있다. 알바니아고지(High Albania)에서는 오늘날까지도 간혹 약탈혼이 행해지고 있다. 지금까지 약탈혼을 하고 있는 사정은 코카서스의 산악부족에서도 마찬가지인데, 이들은 소녀를 납치한 남자가 소녀의 처녀성을 빼앗음으로써 그녀는 그의 처가 된다고 생각한다.

_어느 민족에서도 혼인체결의 통상적인 방법으로는 되어 있지 않았던 약탈혼; 약탈혼은 주로 전쟁의 부수적인 사건 또는 정상적인 방법으로 처를 얻기 어렵거나 여의치 못한 때에 처를 확보하기 위한 수단으로서 생겨난다

약탈혼을 찾아볼 수 있는 민족의 예는 어렵지 않게 더 찾아볼 수 있다. 그러나 어느 민족에서도 이 약탈혼이 일반적이고 정상적인 혼인체결방식으로 되어 있지는 않다. 앞에서 인용한 몇몇 보고로부터 알 수 있는 바와 같이 약탈혼은 주로 전쟁에 수반하는 것이었거나 또는 정상적인 방법으로는 처를 구하기 어렵거나 곤란할 때에 행해졌다. 그러므로 약탈혼이 행해진 것은 푸에고인(Fuegians), 브라질의 여러 부족이나 부시멘(Bushmen)과 같이 조그만 가족집단을 이루고 살아가는 야만인들 사이, 많은 젊은 사람들이 여러 가지 이유에서 혼인하기가 대단히 곤란한 오스트레일리아의 여러 부족들 사이, 그리고 남자들이 이렇게 함으로써 신부대금을 깎으려고 하거나 전혀 지급하지 않으려는, 즉 매매혼의 대체방법으로서 행해지는 다소 수준이 높은 민족들 사이에서 행하여졌음을 알게 된다. 그리고 약탈을 하고 난 다음에는 관습상 그 여자의 양친과 사건을 해결하도록 되어 있는 경우가 많은데, 이러한 경우 약탈은 혼인체결방식이라기보다 일종의 혼인의 예비행위로 보아야 할 것이다. 그러나 그로세 박사(Dr. Grosse)가 이와 같은 약탈혼을 우발적이고 처벌할 수 있는 폭력행위에 지나지 않는 것이고, 그것이 관습이나 법으로 시인된 혼인형태는 아니었다고 하는 것은 명백히 잘못된 주장이라고 하지 않을 수 없다.

_ 약탈혼이 옛날 문명화되지 못했던 민족에서 혼인을 체결하는 통상적인 방식이었다고 할 수 없는 점

다른 한편 약탈혼의 일반화라고 하여 일부의 다른 필자들이 지나치게 과장시켜 온 측면도 있다. 즉 약탈혼은 문명화되지 못한 민족에서 한때는 정상적인 혼인체결양식이었다고 설명하는 것이 그것이다. 그러나 이에 관하여는 아무런 증거도 없다. 우리는 남자가 처로 삼기 위하여 보통의 상황 하에서 폭력적으로 자기의 친족으로부터 약탈행위를 하였으리라고 상정할 만한 아무런 근거도 갖고 있지 못하다. 야만인이라고 하여 자기 주위의 사람들과 늘 싸움을 하면서 살았던 것이 아니고, 전쟁을 하게 되는 것은 극히 예외적인 일이었으며, 몇몇 야만인들은 전혀 전쟁을 하지 않고 살았던 것으로 되어 있다. 옛날이라고 하여 혼인을 할 수 있었던 가족 사이에 우의적 관계(友誼的 關係)가 존재하지 않았던 때가 있으리라고 생각할 이유는 없는 일이다.

_ 옛날 약탈혼의 잔재라고 여겨 온 관습 및 그것을 이해하는 방법

약탈혼의 초기 단계에 관한 이론은 과거에 있었던 약탈의 잔재로서 해석되어 온 매우 널리 퍼져 있던 관습에 근거하고 있다. 그러나 이들 관습 자체가 충분히 입증된 것이라고는 할 수 없다. 왜냐하면 당해 관습은 경우에 따라서 아주 쉽게 달리 풀이될 수 있는 것이기 때문이다. 그 중에서도 신랑 또는 그의 친구와 신부의 가족과의 장난싸움(sham fighting)이라든가 혹은 신부의 가족이 하는 다른 종류의 저항은 혼인의식의 일부를 이루고 있는 경우가 너무나 많다. 이에 약탈혼의 잔재라고 생각되는 이러한 종류의 사례를 몇 가지 들어 보고자 한다.

_ **신랑이나 그 일행과 신부의 가족 사이에서 벌이는 거짓투쟁 또는 기타 신부의 가족들이 하는 저항은 결혼의식의 일부일 따름이다; 결혼행렬을 방해하는 관습**

영국령 동아프리카(British East Africa)의 아캄바족(Akamba)에서는 "혼인하기 며칠 전에 신랑은 대여섯 명의 형제 및 친구와 함께 마을 가까이로 나가서 신부감을 납치한다. 그렇게 하면 그녀는 큰 소리로 외치고 그녀의 오빠와 남동생들이 모여들어 신랑의 패거리를 공격하곤 하였다. 이때 그들은 막대기를 가지고 싸우고 심지어는 칼을 가지고 싸우기도 하였으며 여자의 오빠와 남동생들이 이기면 그들은 그녀를 자기 마을로 돌려보냈다. 그리고는 양가 사이에 교섭이 벌어지는데, 처녀의 아버지는 많은 액수의 지참금을 요구하였으며, 이때 청혼자 쪽에서는 당해 선물 이상으로 10마리의 염소를 지급하곤 하였다. 그 다음에는 신랑은 혼자서 장인의 마을로 가서 아무런 말썽을 일으키지 않고 소녀를 맞아서 자기 부친의 마을로 데리고 온다." 셀리그만 교수(Professor Seligman)에 의하면 영국령 뉴기니(British New Guinea)의 로로족(Roro)에서는 혼인을 치르는 날 신랑을 포함하지 않고 그의 지역집단에 속하는 일단의 남자들이 처녀의 아버지의 집을 에워싸고 거짓으로 하는 습격, 심한 격분 및 고함으로 싸움을 건다고 한다. "신부는 황급히 집을 뛰어 나와서 가능한 한 재빨리 달아난다. 비록 그녀는 얼마 안 가서 곧 잡히게 되기는 하지만, 그녀는 자기의 손, 발 및 이빨을 사용하여 자기 힘껏 자기 자신을 방어한다. 이러는 동안에 거짓싸움이 신부 편과 신랑 사이에 벌어진다. 이 소란 중에 신부의 어머니는 곤봉이나 땅 파는 꼬챙이로 무장을 하고 손에 닿는 대로 아무것이나 두드리면서 자기의 딸을 납치해 간 녀석들을 큰 소리로 꾸짖는다. 이때 마을의 다른 여자들도 함께 고함을 지른다." 몽골인(Mongols) 사이에서는 신랑—자기가 메고 가는 활과 화살통을 어깨로부터 늘어뜨리고 감으로써 알게 된다—과 그의 일행이 신부의 천막에 도착하게 되면, 신부의 오빠와 남동생들은 문 앞에 기대서서 그 외래객들에게 무엇하러 여기까지 왔는지를 묻는다. 그러면 "우리는 당신들의 천막으로 들어가려고 한다"고 대답한다. "그렇다면 당신들은 들어가기 위해서는 싸워야 한다"고 응답한다. 외래객과 상대편은 서로 멱살을 잡기 시작하여 상당히 심할 정도로 서로 끌고 당기고 한다. 몇 분 동안 거짓싸움이 계속된 다음 방어자가 굴복하는 식으로 하여 공격자를 천막 안으로 불러들인다. 또한 모로코(Morocco)의 어느 지방에서는 신랑의 일행이 신부를 데려가기 위하여 오게 되면 그 일행에 대하여 돌을 던지거나, 신랑 자신과 신랑처럼 의장을 갖춰 입은 두 명의 다른 남자가 신부가 살고 있는 마을의 남녀한테서 구타를 당하거나, 또는 신랑이 신부를 혼례식장으로 데리고 들어가기 전에 그녀의 오빠나 삼촌들이 그와 거짓싸움을 벌인다. 버마(Burma)의 시골마을에서는 신랑이 자기의 친구들과 함께 자기의 집을 짓는 데 필요한 자재를 가지고 올 때 그가 그곳을 통과해야만 장래의 처가 될 집으로 가는 길을 가로질러 줄을 매어 놓는 관습이 있다. 이 줄을 매어 놓은 사람들은 보통 흥겹게 즐기려고 하는 젊은이들인데, 이들은 행복에 겨워하는 남자를 막아 세우고 만일 얼마간의 돈을 내 놓지 않으면 신혼부부를 저주하여 이 줄을 끊겠다고 으름장을 놓는다.

튜튼인, 슬라브인, 라틴계 및 기타의 유럽민족에서는 혼례행렬(婚禮行列)을 그 도중에서 막거나 중지시키는 것이 일반적인 혼인관습으로 되어 있었는데, 이 관습도 여러 필자들에 의하여 약탈혼의 잔재라고 여겨 왔다. 통행차단(barricading)은 때때로 통나무 또는 심지어 무기를 신부가 탄 수레 앞에 팽개쳐 놓기까지도 하였는데, 흔히는 꽃을 단 밧줄 또는 끈을 길을 가로질러 매어 놓음으로써 길을 막는 것이었다. 그리고 신랑은 자기가 탄 수레를 통과할 수 있도록 하기 위해서는 일정액의 사례금(ransom)을 내지 않으면 안 되었다. 결혼행렬을 밧줄로 방해하는 모습은 글로스터셔(Gloucestershire) 및 웨일즈(Wales)에서도 찾아볼 수 있다. 그러나 18세기에는, 아니 실제로 최근까지만 해도 웨일즈에서는 신랑은 아주 심한 저항을 받곤 했었다. 즉 결혼식날 아침에 신랑은 자기의 친구들과 함께 가서 신부를 데려 가겠다고 요구하는데, 이때 신부의 친구들은 단호히 거절한다. 이렇게 되면 이들 사이에 장난으로 하는 난투가 벌어진다. 신부는 그녀의 가까운 친족의 남자가 뒤에서 말에 싣고서 이리저리로 옮겨 다니고, 신랑과 그 친구들은 큰 소리를 지르며 따라다닌다. 이들 여러 사람과 말이 지칠 때, 신랑은 자기의 신부를 덮치고 의기양양하게 그녀를 데리고 간다. 신부약탈과 유사한 일은 1세기 전까지만 하더라도 스코틀랜드 및 아일랜드의 일부 지방에서도 행해지고 있었다.

이와 같은 종류의 몇 가지 관습은 의심할 나위 없이 순수한 신부약탈을 생각할 수 있게 해 주는 것이라고 할 수 있을 것이다. 그렇다고 하여 약탈이 곧 옛날의 일반적인 혼인체결방식이었음을 의미하는 것은 아니다. 어느 호전적인 부족에서는 다른 부족의 여자를 약탈하여 처로 삼는 것이 일종의 용맹스러운 행위로 칭송되었던 일이었음을 생각하면, 보통 사람들도 그들 각자가 혼인할 때 장난삼아서 그것을 모방하였으리라고 볼 수도 있는 일이다. 실제로 어느 나라에서는 신랑과 신부는 왕과 왕비로 여겨지기도 하는데, 그렇다고 하여 어느 누가 이러한 것을 왕가의 사람들만이 혼인하였던 시대로부터 전해내려 오는 유습(遺習)이라고 보겠는가? 그렇지 않을 것이기 때문에 대부분의 경우 여자의 친족들이 하는 의식적인 저항은 그녀를 넘겨주기 싫어하는 것의 상징적인 표현 또는 가장 가까운 관계라는 점에서 특별히 느끼게 되는 성적인 수줍음의 상징적인 표현이라고 보아야 할 것이다. 펜테코스트섬(Pentecost Island)에서의 결혼식 때의 거짓싸움에 관하여 코드링턴 박사(Dr. Codrington)는 그것은 의심할 나위도 없이 신부의 친족이 그녀의 노동력을 잃게 되는 데 대하여 느끼는 감정을 표시하는 것이며, "그녀에게는 친족 중의 어느 누구도 성적으로 가까이할 수 없었기 때문에 그것이 성교의 권리를 잃는 것이 될 리는 없다"고 한다. 더구나 여자의 양친 및 그 친족은 그녀의 노동력을 잃게 되는 것을 서운하게 생각하게 되고, 그렇지 않으면 단순히 정감적인 이유만으로 그녀와의 이별을 안타까워할 수도 있다. 또한 어머니의 눈물이라는 것은 우리 사회에서와 마찬가지로 순수한 슬픈 마음의 표현일 수도 있다. 자기의 딸을 보내기 싫어하는 양친의 양태(樣態)는 그것이 진실이건 거짓이건 간에 여러 가지 방식으로 나타날 수 있다. 요헬슨 박사(Dr. Jochelson)는 중매인이 매우 위장된 방식으로 여자의 양친에게 제의를 하면, 그녀의 아버지는 자기 집안의 모든 위엄을 보이고자 하여, 처음에는 거절하는 대답을 하는 것이 보통이라고 말한다. 모로코의 어느 베르베르족(Berber)에서도 이와 똑같은 관행이 행해지고 있다. 노예해안(Slave Coast)의 에베어를 사용하는 민족(Ewhe-speaking people)에서는 혼례식을 하는 날 신랑은 날이 밝자마자 심부름꾼에게 럼주(rum)를 신부의 양친에게로 보내 드리면서 자기의 처를 보내 줄 것을 여쭙게 한다. 신부의 양친은 그럴 수 없는 체하며 갖가지 구실을 붙여서 대략 정오까지 심부름꾼을 머물러 있게 한다. 이때쯤 되어서 신랑은 같은 심부름으로 다른 사람을 또 보낸다. 이번의 심부름꾼도 실패를 하게 되는데, 양친은 대략 해질녘에 오게 되는 세 번째의 심부름꾼이 도착하고 나서야 지금까지 거절하던 것을 굽힌다. 물론 이렇게 너무 일찍이 확답을 내리지 않는 데는, 마치 사례금을 받고 나서야 치워주는 장애물을 신랑

일행이 가는 길에 설치해 놓는 것과 마찬가지로, 일정한 금전적인 동기가 깃들어 있을 수도 있다. 샘터 박사(Dr. Samter)는 혼례행렬을 중지시키는 것은 악령을 쫓으려는 수단으로서의 뜻을 가지는 것이라는 생각을 확실하게 피력한 바 있다. 나 자신도 모로코에서 혼인식 때 행하는 거짓싸움은 다른 여러 경우의 비슷한 그것과 마찬가지로 부분적으로는 재계(齋戒)의 의미를 가지는 것임을 밝힌 바 있으며, 또한 칼스텐 박사(Dr. Karsten)는 남아메리카 인디언(South American Indians)의 문명에 관한 저서에서 젊은 부인이 강제적으로 납치될 때 당하는 폭력은 그녀의 몸을 깨끗이 하고 그 여자에게서 초자연적인 위해(危害)를 없애려는 뜻에서 행해지는 것이고, 다른 한편 그 기민한 동작은 그녀로 하여금 당해 위해를 모면하는 것을 도와주는 것이라는 소신을 표명한 바 있다. 독일의 농부가 결혼식을 하려고 교회로 가거나 올 때 대단히 신속하게 오가는 것은 명백하게 초자연적인 위해에 대한 방위라는 의미를 가지는 것이다.

_ 주로 신부가 벌이는 저항 또는 그녀가 나타내는 슬픔

신부가 주로 또는 전적으로 저항을 하거나 또는 슬픔을 표시하는 일이 대단히 많이 있다. 그리고 이것도 이전의 약탈혼의 잔재로 설명되어 왔다.

예를 들면 칠레(Chile)의 아라우칸족(Araucanians)에 관하여 우리는 그들의 혼인식이 허위의 폭력에 의한 신부의 납치만으로 거행되고, 이 폭력에 의한 신부의 납치는 혼인식에 반드시 있어야 하는 것으로 여겨진다고 듣고 있다. "신랑은 그 부친과의 합의 아래 몇 명의 친구와 함께 신부가 통과하리라고 예상되는 장소 가까이에 숨는다. 신부가 도착하게 되면 그녀는 곧 납치되어 신랑 뒤쪽 말 등에 실리게 된다. 이때 신부가 거짓의 저항을 하기도 하지만 그것은 결코 중대한 일이 아니다. 이러한 식으로 신부는 대단히 시끄러운 혼잡 속에서 자기 남편의 집까지 호송되고, 신부의 친척은 이미 신랑의 집에 와서 모여 있으며, 혼인의 피로연에 참석한 다음에 약속되어 있는 선물을 받는다." 난센 박사(Dr. Nansen)에 의하면 그린란드의 동해안에서는 혼인을 체결하는 유일한 방법은 오늘날까지도 남자가 여자의 천막에 가서 그녀의 머리채 또는 휘어잡을 수 있는 데를 잡고서 아무런 일도 없는 듯이 자기의 집으로 끌고 오는 것이라고 한다. 이렇게 하는 도중에 때로는 폭력적인 장면이 벌어지기도 하는데, 그것은 독신의 여자가 그 얌전한 평판을 잃지 않으려고 언제나 혼인의 제의에 대하여 새침한 수줍음을 나타내거나 또는 그에 대한 혐오감을 지니고 있기 때문에 생겨나는 일이다. 그러는 중에도 "그 여자의 친척들은 아무렇지도 않다는 듯 잠자코 지켜보기만 할 따름이다. 왜냐하면 그러한 다툼은 전적으로 개인적인 일에 지나지 않는다고 생각하며, 이웃사람들과 친교를 유지하고 싶어하는 그린란드 사람들의 특유한 욕구가 그들로 하여금 다른 사람의 일에 간섭하지 않고 그대로 있게 하기 때문이다." 투루크멘인(Turkoman)들 사이에서는 "신부복장을 한 젊은 소녀가 순수 혈종의 준마에 타고 무릎에 양 새끼 또는 염소의 시체를 안고 전속력으로 달려나가면 신랑 및 그 일행의 다른 젊은이들은 말을 타고 쫓아간다. 그러나 그녀는 언제나 따라오는 사람 중의 어느 누구도 자기의 무릎 위에 있는 물건을 잡아채 가지 못하도록 교묘한 회전 등의 방법으로 그들을 회피하려고 애쓴다." 이 놀이는 중앙아시아의 거의 모든 유목민들 사이에서 행해져 왔다고 한다. 시나이(Sinai)의 베두인족(Bedouins)에서는 소녀가 자기의 약혼을 어렴풋하게나마 알게 되면 "산으로 도망가는 시늉을 하는 것이 그녀가 할 예의로 생각한다." 그리고 어느 부족에서는 소녀가 사흘씩이나 산 속으로 들어가서 숨어 지내고 근처에 있는 자기 아버지의 천막에서는 자지 않는다. 모로코 사람들은 신부가 떠날 준비를 하는 동안 울어야 하는 것으로 생각한다.

신부의 의례적인 저항 또는 울음은 인도 · 유럽족(Indo-European peoples)에서는 어디서나 찾아볼 수 있다. '고대 인도의 민속지'(the Folk-Lore Journals of ancient India)인 그리햐수트라(Grihyasūtras)에는 신부의 울음을 위하여 일정한 기도를 하도록 되어 있는데, 이것은 신부의 울음이 오늘날까지도 인도에서 그러한 것과 마찬가지로 고대 힌두의 혼인에서는 본질적인 의식이었음을 입증해 주는 것이다. 로마에서는 신부가 자기 어머니의 무릎 앞으로 달아났다가 신랑 및 그의 친구들에 의하여 억지로 옮겨지는 것처럼 했었다. 스파르타에서는 신랑이 거짓으로 폭력을 써 가면서 신부를 데려 갔었다. 근대의 그리스에서는 혼례행렬이 교회를 향해서 떠나려 할 때 신부는 울음을 터뜨리고 따라가기를 거절하는데, 신랑 들러리가 "우는 대로 그냥 내버려 두시오"라고 하면, 그녀는 "나를 함께 데려가고 우는 대로 내버려 두시오"라고 응답하고 넘어간다. 독일에서는 신부의 울음은 상서(祥瑞)로운 것이고, 만일 혼인식을 거행하는 동안에 신부가 그치지 않고 울게 되면 그녀의 혼인생활이 행복해지리라는 것을 아주 일반적으로 믿고 있다. 그 한 예로서 오버팔츠(Upper Palatinate; Over Pfalz)에서는 "먼저 울지 않는 여자는 나중에 울게 된다" 또는 "웃는 신부는 우는 처가 되고, 우는 신부는 행복한 처가 된다"라고들 한다. 슬라브계 민족에서는 신부의 울음이 아주 긴요한 것으로 되어 있다. 그리하여 러시아에서는 "우는 소리를 잘 내는" 신부를 아주 귀하게 여기며, 신부가 많이 울면 울수록 그녀는 자기의 친구들로부터 더 많은 칭송을 듣는다. 세르비아(Serbia)에서는 연장자들이 젊은 남녀 사이의 혼인을 합의하고 나면 신랑이 억지로 신부를 붙잡아서 데리고 가는 것이 오래된 관습으로 되어 있었으며, 여자가 혼인의 결정에 있어서 동의당사자가 되는 것은 아주 상서롭지 못한 것으로 여겨지곤 하였다. 여러 필자들이 근대의 유럽에서도 신부들이 의례적으로 우는 것은 약탈혼의 잔재라고 주장한다.

그렇지만 신부의 반항과 울음은 그녀의 친족이 저지르는 방해행동과 마찬가지로 약탈혼의 잔재로서 인정될 수는 없다. 신부의 친족이 당연히 그녀와 헤어지는 것을 싫어하거나 서운해하는 것처럼 그녀도 자기의 친족과 헤어지는 것을 못내 아쉬워하기 마련이다. 그리고 어느 쪽이거나 슬프고 서운한 감정이 혼인식에서 의례적으로 표현되거나 강조된다. 그러나 앞에 인용한 몇몇 보고를 통하여 보더라도 잘 알 수 있는 바와 같이 당해 행동은 또한 진실이건 거짓이건 간에 수치심 또는 성적인 수줍음에서 비롯하는 것이라는 느낌이 강하게 든다. 이것은 스펜서(Spencer)가 약탈의례(掠奪儀禮)의 한 근원으로 지적한 것이며, 이보다 먼저 뮐러(C.O. Müller)는 스파르타의 의식을 "젊은 여자는 자기보다 강력한 성의 폭력에 의하여 강제되지 않게 되면, 자기의 자유와 처녀성을 포기할 수 없다"고 하는 관념에 근거한 고대의 관습이라고 설명한 바 있다. 성적인 수줍음은 혼인에 앞선 예비단계에서나 혼인을 체결함에 있어서나 여자 쪽에서뿐만 아니라 남자 쪽에서도 여러 모습으로 나타나고 실제로 신랑이 약탈되기도 했었다. 아삼의 가로족(Garos)에서는 혼인축제일로 정해진 날 "신부의 친족 몇 명이 신랑을 데려오려는 생각으로 그의 처소(處所; machan)로 간다. 이들이 오는 것을 보자마자 또는 이들이 온다는 통고를 듣고 나서는 신랑은 도망해서 떨어져 있는 방으로 가거나 숲 속으로 들어가 버린다. 신부 쪽의 사람들은 열심히 뒤져서 그를 찾아내게 되면 억지로 데려가려고 하며, 이와 함께 갖가지의 유혹물을 제시하여 그로 하여금 혼인에 대한 동의를 하도록 한다. 그리고 이러한 방법으로 소기의 효과를 거두지 못하게 되면 그들은 신랑을 연못에 밀어 넣는다. 두세 차례 물속에 쳐 박았다 꺼냈다 하고 난 다음 그가 동의를 하면 신부의 친족들은 그를 물속에서 꺼내어 포로로 삼아 의기양양하게 신부의 집으로 돌아온다. 신부 쪽에서도 외딴 방으로 도망치는 것은 마찬가지인데, 다만 신부의 경우에 신랑과 다른 것은 그녀는 결코 숲 속으로 달아나지는 않는다는 점이다.” 남부 마케도니아의 그리스인들 사이에서도 ‘들어 올려지는’(lifted) 것은 신부가 아니고 신랑이다. 1주일이나 넘게 걸리는 잔치의 마지막 날 신부 쪽에서 한 사자가 와서 신랑을 끈으로 묶어서 들어 올리려고 하는데 이때 신랑은 자기의 있는 힘을 다하여 저항한다.

_ 결혼식에서 특히 신부의 여자친구 또는 일반 여자와 신랑이 벌이는 사회적인 적개심을 나타내는 기타의 거짓투쟁

이 밖에도 혼인식 때 행해지는 갖가지 이색적인 양상의 거짓싸움이 있는데, 그것은 약탈혼의 잔존물이 아닌 것이 명백하며, 다른 사회집단 사이의 적대심과 각 집단의 구성원 간의 연대성을 고취하는 것들이다. 도망치려고 애쓰는 신부에게는 그녀의 친구들이 가세하는 것이 보통이고, 대부분의 경우 난투도 주로 신부의 친구들과 신랑 사이에서 벌어진다. 모로코에서는 때때로 신랑이 집 밖에 모여든 모든 여자들로부터 공격을 받고, 경우에 따라서 이들은 마치 그 혼인이 자기들의 성(性)에 대한 모욕인 것처럼 신랑의 부친과 신부의 부친을 저주한다. 이 밖에도 성적인 적대심은 독신남자와 미혼의 여자나 여자 일반이 벌이는 싸움으로든지, 다른 여자와 신부 들러리들이 비호하는 신부로부터 어떤 것을 가져가려고 하는 젊은 남자의 감행으로든지, 아니면 혼례행렬의 남자들이 신부에 대해서 뿐만 아니라 신랑의 모친이나 자매에 대하여 저지르는 강도짓 등에서 눈에 띄게 나타난다. 모애브(Moab)의 아라비아인들 사이에서도 신랑이 속해 있는 부족의 여자들은 혼례행렬이 부족의 마을로 가까이 올 때 신부를 습격한다. 이들은 외래인을 받아들이려 하지 않으며, 외래인을 맞이하는 것은 자기들의 미모와 매력에 대한 모욕이라고 여긴다.

_ 약탈혼의 흔적이라고 생각할 만한 것으로 여자들이 쓰는 언어에 남아 있는 것

여자들이 사용하는 언어에도 약탈혼의 흔적을 찾아볼 수 있다는 견해도 있다. 전해들은 바에 의하면, 카리브인(Caribs)은 이웃에 있는 부족으로부터 여자를 약탈해 온 결과, 남녀가 사용하는 말이 다르거나 또는 그 종류가 적어도 두세 가지나 된다고 하는데, 이 중의 하나는 남자가 사용하고 또 여자가 남자와 이야기를 할 때 사용하며, 다른 하나는 여자들이 자기들끼리만 사용한다고 한다. 그렇지만 이 주장은 이미 비판을 받은 바 있고, 그러한 비판은 옳다고 할 수 있다. 남녀가 사용하는 언어의 차이는 아메리카의 전 지역 및 세계의 여러 지역에서도 찾아볼 수 있는데, 어느 곳에서도—카리브인들 사이에서도 그러하지만— 이들 차이라는 것이 엄밀한 뜻에서는 두 가지의 서로 다른 언어를 이룰 만큼 큰 것은 아니다. 이러한 차이는 여러 가지 원인에서 비롯하는 것이다. 사퍼(Sapper)와 래쉬(Lasch)는 직업과 노동의 분화라는 사회 · 경제적인 요인을 강조한 바 있다. 특수한 언어는 예를 들어 동일한 지역의 주민이라든가 동일한 사회계급의 구성원처럼 서로 밀접하게 관련을 맺고 있는 사람들 사이에서 생겨나는 것이 보통이고 양성의 격리도 당연히 유사한 결과를 가져오기 마련이다. 크롤리 씨(Mr. Crawley)가 지적하는 바와 같이 "근대 유럽에서도 성(性)의 분리는 어느 정도 민중의 언어에 영향을 미치며, 그 결과 여자와 남자는 각각 자기의 성에 따라 특유한 말을 조금이나마 사용한다." 몇몇 남아메리카 인디언(South American Indians)에서 사용하는 여자의 사투리와 관련하여 이 사투리는 그 억양을 충분히 살리게 되면 여자들에 의하여 간직되어 온 옛날 형태의 부족언어를 보여 주는 것이라는 견해의 표명이 있었는데, 크라우제(Krause)는 "특수한 언어가 다른 곳의 부족에서 잡혀 온 여자 포로의 수용에 의하여 발생하는지의 여부는 여기에서 문제로 삼을 여지가 없다"고 반박한 바 있다. 여자가 외부의 세계로부터 비교적 고립되어 있다고 하는 것은 내가 그레이트 아틀라스(Great Atlas)의 베르베르인들 사이에서 알아낸 사실, 즉 남자들이 언제나 아라비아의 외래어를 사용하는데도 여자들은 옛날 베르베르의 숫자를 사용하고 있는 것을 잘 설명해 준다. 마지막으로, 아무리 여자들이 사용하는 언어의 일정한 특수성이 족외혼적인 습속에서 비롯하는 것이라고 하더라도 약탈혼을 수반하지 아니하는 족외혼이 있을 수 있음을 주의하지 않으면 안 된다.

_기타 약탈혼의 잔재라고 생각되는 여러 사례

이 밖에 많은 관행이 상상력에 의존하는 필자들에 의하여 약탈혼의 잔재로 다루어져 왔다. 예를 들면 신부를 문지방에 들어 올려놓는 것, 신부에게 가리개를 씌우는 것, 혼인식 때 반지를 끼워 주는 것, 신랑신부를 떠나 보낸 다음에 신발을 집어 던지는 것, 사위가 장인장모를 피하는 것, 그리고 심지어 "신랑이 신부를 그녀의 친족 및 친구들로부터 멀리 데리고가는" 밀월여행 등이 그것이다. 이들 중의 몇몇 관습은 다음의 혼인의례를 다루는 곳에서 논하기로 한다. 그 어느 것도 약탈혼과 관련되는 것이라고 주장할 만한 근거를 지니고 있는 것은 아니다.

제6장

혼인의 조건으로서의 동의

_ 저급한 족속에서 당사자의 아버지, 양친 또는 기타의 친족이 주선하는 혼인

혼인은 혼약(婚約)하려는 당사자뿐만 아니라 그 이외의 사람들에게도 관계가 있는 것이다. 그렇기 때문에 혼인의 체결에는 당사자 이외의 사람들의 동의를 필요로 하는 경우도 있는가 하면 심지어는 이들에 의하여 정혼(定婚)이 되기까지 한다. 그렇다 보니 신부의 동의나 신랑의 동의 또는 양자의 동의 모두가 불필요한 것으로 되는 경우도 있다.

우리는 이미 많은 저급한 족속(族屬)에서 유아약혼(幼兒約婚) 또는 소아약혼(小兒約婚)이 일반적으로 행해지고 있음을 살펴보았는데, 이러한 경우에는 당사자의 동의는 전혀 문제가 되지 않는 것이다. 그러나 일반적으로 보아 혼인이 완전하게 성립되었다고 생각하는 경우에도, 약혼이 당사자의 어느 일방에 대하여 구속력을 지니는 것으로 생각되지 않든가 또는 여성에 대하여서만 구속적이라고 여겨지는 때가 대단히 많다. 여러 야만민족에서는 당사자가 성년에 달한 때에도 혼인계약(婚姻契約)은 그들의 양친에 의하여 체결된다. 그러한 예로 문명화되지 못한 많은 인도의 여러 부족에서는 혼인을 계획하고 결정하는 것은 일반적으로 당사자인 젊은이들의 양친이다. 아프리카의 두서너 부족에서도 양친, 그중에서도 부친이 아들의 혼인을 정한다. 크소사 카피르족(Xosa Kafirs)에서는 젊은 사람의 부친이 아들의 첫 번째 처, 때로는 두 번째 처까지도 선택하는 것이 일반적이다. 리버스 박사(Dr. Rivers)에 의하면 산타 크루즈군도(Santa Cruz Islands)의 한 섬인 티코피아섬(Tikopia) 및 뱅크스군도(Banks Islands)에서는 남자가 혼인을 할 수 있을 만큼 나이가 들게 되면 그의 부친의 자매가 그의 처를 선정해 주고, 경우에 따라서 남자 스스로 자기의 처를 선택하더라도 그 선택은 부친의 자매에 의하여 추인(追認)을 받아야 한다. 그러므로 결국 어떠한 경우에도 "남자는 자기 부친의 자매의 의사에 반하여 혼인하지 못하게 되는 셈이다." 또한 몇몇 민족에서는 혼인을 하는 경우 근친자의 동의뿐

만 아니라 당사자가 소속되어 있는 공동체의 동의도 필요한 것으로 되어 있다. 예를 들어 오스트레일리아의 부족에서는 혼인이 때때로 촌락회의(camp council) 또는 공동체의 지도자들에 의하여 결정된다. 혼인이 타가(他家)의 구성원이나 상당한 친족집단을 서로 연결시키거나, 친분 있는 가(家) 사이에 새로운 유대를 맺는다는 점을 고려한다면, 당사자의 부친이나 양친 또는 다른 친족이 혼인에 관하여 발언권을 갖고 싶어 하더라도 그것은 전혀 놀라운 일이 아니다. 물론 그 개입권은 가(家)나 가장이 가족구성원에 대하여 가지는 권위에 따라서 각각 다르다. 예를 들어 크소사 카피르족에서는 가부(家父)가 그의 일생 내내 기혼의 아들을 포함하여 자기의 가족구성원 전부에 대한 지배권을 가진다.

_ 혼인체결을 위하여 필요했던 당사자 소속공동체의 동의; 대부분의 저급한 족속에서 소녀는 혼인하기까지 자기 아버지의 권력 아래 놓여 있게 된다; 여러 민족에서 소녀의 혼인에 반드시 필요하게 여겼던 어머니, 오빠 또는 숙부의 동의

그러한 가운데서도 젊은 여자는 배우자의 선택에 있어서 젊은 남자에 비하여 다른 사람의 의사에 따르는 경우가 훨씬 더 많다. 비교적 발달하지 못한 민족에서의 가(家)의 권위라는 문제에 관하여 좀 더 많은 자세한 연구가 있어야 하겠지만, 나는 대부분의 그러한 민족에서는 딸은 그녀가 혼인할 때까지 부(父)의 권리 아래에 있었고 경우에 따라서는 딸에 대한 부의 권위가 혼인한 다음에까지도 계속된다고 할 수 있을 정도라고 생각한다. 그런가 하면 몇몇 다른 민족에서는 여자의 혼인에 특별히 모친, 오빠 또는 모측의 숙부의 동의가 반드시 있어야 하는데, 이러한 경우에는 여자의 부친은 그녀의 혼인에 관하여 발언권을 거의 가지지 못하거나 전혀 가지지 못하게까지 된다. 그러나 부(父)나 기타의 사람들의 동의를 필요로 하더라도 그것이 여자가 자기의 의사에 반하여 혼인하게 되거나 그녀를 혼인시킬 수 있음을 의미하는 것은 결코 아니다. 세계의 여러 지방에 살고 있는 야만인에 관한 수많은 보고를 통하여 살펴보면, 여자가 혼인에서 본인의 동의가 사실문제로서 요구되는 경우뿐만 아니라 관습에 의하여 요구되는 경우도 대단히 많다. 물론 이와 반대되는 경우가 꽤 많다는 것도 의심할 나위가 없다. 그러나 나는 내가 수집한 자료에서 후자의 사례는 여자의 의견을 묻게 되거나 물어야 한다는 전자의 사례보다 훨씬 적다는 결론을 내렸다. 그리고 이와 유사한 추론은 홉하우스 씨(Mr. Hobhouse), 휠러 씨(Mr. Wheeler) 및 긴즈버그 씨(Mr. Ginsberg) 등이 작성한 표에서도 이끌어 낼 수 있다.

_ 저급한 족속에서 남편을 선택하는 여성의 자유; 오스트레일리아의 원주민을 제외한다면 여자의 선택의 자유는 다소 진보한 야만인들 사이에서보다 아주 저급한 야만인들 사이에서 더 많았던 것이 확실하다; 구매혼과 여자의 의사를 무시하는 것과의 밀접한 관계

이 문제에 영향을 미치는 사정과 관련하여 우리는 조금도 주저하지 않고 여자의 선택의 자유가 문화의 진보에 비례하여 확대된 것이 아니라는 부정적인 논지를 피력할 수 있을 것이다. 반면에 오스트레일리아의 원주민만을 제외한다면 다소 진보한 야만인들 사이에서보다도 가장 저급한 야만인들 사이에서 여자가 가지는 선택의 자유가 더 많다는 것이 확정적으로 입증되고 있다. 즉 다소 수준이 높은 수렵민에서보다 저급한 수렵민에서 더 많고, 순수한 농경민이나 가축을 사육하는 농경민에서보다 초기의 농경민에서 더 많으며, 다소 수준이 높은 유목부족에서보다 저급한 유목부족에서 더 많고, 그리고 대체로 유목민족에서보다 수렵민 및 농경민에서 더 많다. 이와 같이 저급한 족속에서의 경제적 문화의 진보가 자기의 남편을 선택하는 여자의 자유에 불리하게 작용하도록 만든 주된 이유는 그것이 매매혼을 가져왔고, 이 혼인은 당연히 여자의 당해 권리를 제한하기 마련이라는 데 있다. 매매혼은 저급한 수렵민들 사이에서는 거의 행하여지지 않고 초기의 농경민들 사이에서는 아주 드문 데 비하여, 다소 수준이 높은 수렵민과 특히 순수한 농경민이나 가축을 사육하는 농경민에서 자주 눈에 띈다. 또한 당해 혼인은 저급한 유목부족에서보다도 다소 수준이 높은 유목부족에서 널리 행해지며, 그리고 다소 수준이 높은 농경민에서 빈번하게 행해진다 하더라도 대체로 농경민에서보다 유목민족에서 훨씬 더 빈번하게 행하여지고 있다. 이와 같이 매매혼의 발달은 여자가 가지는 선택의 자유의 제한과 그 궤적을 같이하는 것이고, 이러한 범위 내에서는 이들 양자 사이에 인과관계가 있다는 것은 거의 의심할 바 없다. 그러나 경제적 문화의 발달이 여자가 가지는 선택의 자유에 미치는 불리한 영향에 관하여는 또 다른 이유가 있는 것 같다. 즉 경제적 문화의 발달은 재산의 축적과 빈부의 차를 발생시키기 때문에 그것은 당연히 가족이 그 구성원의 혼인에 대하여 가지는 관심도를 증대시키고, 가장(家長)은 자기 마음대로 활동하려고 하는 개인의 성향을 그대로 두려고 하지 않게 되기 때문이다.

_ 왜 오스트레일리아 토착민 사이에서는 여자의 의사가 전적으로 무시되었는가?

지금까지 자기의 남편을 선택할 수 있는 야만인 여자의 자유를 감쇄시키는 사정에 관하여 논의하면서도 우리는 오스트레일리아의 원주민에 관하여 살펴보지 않았는데, 이들은 세계의 다른 지방에 살고 있는 저급한 수렵민과는 달리 일반적으로 여자들에게 당해 문제에 관한 발언권을 전혀 부여하지 않는 것 같다. 남자가 신부의 친족에게 수렵물이나 무기 같은 것으로 다소의 선물을 해야 하였지만 이들 사회에는 통상적인 매매혼은 존재하지 않는다. 그러므로 우리는 이들이 여자들을 복종시키는 강제에 관하여 별도의 설명을 하지 않으면 안 된다. 이 강제의 주된 이유는 의심할 나위도 없이 예외적이지만 광범위한 유아약혼이 매우 넓게 보급되어 있는 것, 나이 많은 가장 아름다운 여자를 전유(專有)하는 관습, 그리고 자매 또는 여성친족을 교환하여 처를 얻는 관습 등이 있었기 때문에 자매나 여성친족을 교환하여 처를 얻는 경우 당해 교환이 여자가 어렸을 때 행해지든지 좀 더 나이가 들어서 행해지든지 여자들에게는 남편의 선택에 관한 발언권이 인정되지 않는다. 이러한 관습은 나이 많은 사람들이 행사하는 이례적인 전횡과 유아약혼 또는 친족여성의 교환에 의하지 않는 어떤 다른 평화적인 방법으로 처 특히 젊은 처를 얻으려고 할 때 젊은 남자들이 겪는 크나큰 어려움과 관계를 갖고 있다. 그러므로 오스트레일리아 원주민들 사이에서 여자의 의사를 철저하게 무시하는 것은 본질적으로 지방적인 성격을 띠는 특수한 사정에서 비롯한 것이고, 그래서 다른 수렵종족—이 사회조직의 형태는 보다 널리 알려져 있는 오스트레일리아 종족의 그것보다 확실히 덜 발달되어 있다 —에 의하여 대표되는 한층 원시적인 단계로부터의 잔존물이라고 결코 인정될 수 없다. 사실상 전체의 오스트레일리아인이 저급한 수렵종족의 부류에 포함되는지의 여부도 대단히 의심스럽다. 이러한 여러 사실에 비추어 보아 아주 오랜 기간 동안 여자는 자기의 의사가 완전히 도외시된 채 혼인을 하였다는 르투르노 씨(M. Letourneau)의 개략적인 설명에는 동의하기 어렵다. 그렇기는커녕 원시시대의 여자는 오히려 배우자의 선택에 있어서 오늘날의 오스트레일리아 종족에서의 여자나 다소 높은 문화수준에서 살고 있는 다른 많은 야만인에서의 여자보다도 훨씬 자유로웠다고 믿을 만한 여러 근거가 있다.

_ 오늘날의 오스트레일리아의 부족 및 기타의 많은 야만인에서보다 원시시대의 여자들이 자기 남편의 선택에 있어서 훨씬 자유로웠다고 할 만한 여러 이유; 여자가 자기의 마음에 들지 않는 혼인을 거절하거나 파기시켜 버릴 수 있는 여러 수단

엄밀하게 말하여 관습상 혼인문제에 관하여 여자에게 아무런 발언권도 부여하지 않은 곳에서까지 여자는 자기가 싫어하는 혼인을 저지하거나 자기의 의사에 반하여 강요되는 혼인을 파기할 수 있는 수단을 가지고 있었다는 것을 부언하지 않을 수 없다. 여자는 자기의 어머니나 기타의 여성친족의 안타까운 동정을 얻을 수도 있는데, 이들의 중재로 그 아버지를 설득하여 그의 마음을 바꾸게 하는 경우도 있을 것이고, 그녀 자신이 마음에 내키지 않는 청혼을 반대하는 무기로서 미신을 사용할 수도 있을 것이다. 페즈(Fez)의 근처에 있는 애이스 새든(Aith Saddĕn)의 베르베르인들 사이에서는 젊은 남자의 어머니가 몇 명의 다른 여자들을 동반하고 여자의 양친의 집이나 천막에 와서 자기의 남편이 아들을 대신하여 귀댁의 딸에게 청혼하려고 한다는 것을 알리는 경우, 여자는 혼인문제에 관하여 전혀 상의를 하지는 못한다 하더라도 그 성부를 좌우하는 것은 당해 여자의 처분에 맡겨지게 된다. 만일 그녀가 이야기된 그 젊은 남자를 좋아한다면 그녀는 멋있는 옷을 입고 찾아온 여자들과 함께 앉아서 가능한 한 매혹적으로 보이려고 노력할 것이다. 그렇지 않고 만일 그녀가 그 젊은 남자를 싫어한다면 이런 경우에는 사용해서는 안 될 천하고 상스러운 말을 해대거나 또는 얼굴을 찌푸리고 쇠똥을 묻히고서 장례식에서처럼 행동하기도 한다. 이렇게 행동하게 되면 당해 혼사는 더 이상 진행되지 않을 것이다. 왜냐하면 그러한 상황 아래에서 정해지는 혼인은 불행하게 되기 마련이라고 생각하기 때문이다. 더구나 같은 부족에서는 여자가 그러한 때 또는 예정된 결혼날짜에 도망침으로써 혼인의 진행을 방해하는 일이 종종 발생하곤 하였다. 우리는 여러 민족에 관하여 여자가 그 양친에 의하여 자기에게 강요된 남자를 버리고 도망치는 것이 일반적인 관습이라는 것을 들어서 알고 있다. 그리고 나는 중앙 모로코(Central Morocco)의 산악지대에 살고 있는 베르베르인들 사이에서 다음과 같은 이상한 제도를 발견하였다. 자기의 남편과 그대로 살고 싶지 않은 여자는 다른 남자의 집이나 천막으로 도망쳐서 지붕을 떠받치고 있는 기둥이나 수직으로 세워진 천막기둥의 하나를 껴안고, 그러한 기둥이 없는 경우에는 손절구를 잡고서 자기가 무엇을 빻기라도 하는 것처럼 그것을 빙빙 돈다. 그러면 그 집 또는 천막의 주인은 독신자이거나 기혼자이거나를 따지지 않고 그의 처가 몇 명이든지 간에 그녀와 혼인을 해야 한다. 이렇게 하고 나서는 그는 버림받은 남편에게 관습상 정해져 있는 보상금을 지급해야 하는데, 이 보상금은 부족에 따라서 그리고 동일한 부족의 각 지역마다 크게 차이가 있다. 애이스 새든(Aith Sadděn)에서는 그 금액이 5백 달러에 달한다. 이 기이한 관습은 상기의 방법으로 자기에게 피난해 온 여자를 처로 삼지 않게 되면 무엇인지는 모르겠지만 가혹한 재앙이 닥쳐오리라는 관념에 근거하는 것이다. 그것도 그럴 것이 그녀는 남자의 집 기둥을 잡거나 또는 손절구를 빙빙 돎으로써 그에게 아르('ār)를 보내고 다시 말하여 그에게 조건부 저주를 퍼붓기 때문이다.

_ 저급한 족속에서의 가출혼

여자가 양친의 동의를 얻지 않거나 또는 그들의 의사에 거역해서라도 자기가 바라는 남편을 얻을 수 있는 아주 일반적인 방법은 그 남자와 함께 도망치는 것이다. 이 관행은 혼인을 체결하기 위하여 양 당사자의 상호 합의만으로는 충분하지 못하다는 것을 보여 주는 것임과 동시에 다른 한편 그것은 당해 불충분함을 치유해 주는 구제책이 되기도 하는 것이다. 그것은 젊은 남자가 너무나도 가난하여 어느 여자와 혼인하는 데 필요한 대금을 지급할 수 없거나 여자에게 아무런 잘못도 없음에도 불구하고 통상적인 방법으로는 혼인할 수 없는 경우에 활용되는 수단이다. 애인과의 줄행랑은 많은 민족에서 혼인체결의 방법으로서 또는 적어도 그 예비행위로서 관습에 의하여 인정되는 하나의 소박한 제도이다. 흔히 연인은 나중에 자기의 신부를 위하여 일정한 대금을 지불하기도 하고 다소의 선물을 함으로써 신부 쪽의 사람들과 화해를 하게 된다. 그러나 줄행랑은 그 자체로서 줄행랑친 한 쌍을 부부가 되게 하는 데 충분한 것이기도 하다. 그런데 오스트레일리아의 많은 부족에서만큼 가출혼(家出婚; marriage by elopement)이 많고 사실상 절실하게 필요한 경우는 그다지 많지 않다. 호윗(Howitt)에 의하면, 깁스랜드(Gippsland)의 쿠르나이족(Kurnai)에서는 아주 드문 예외만을 제외하면 남자는 "오로지 한 가지 방법으로만 즉 비밀리에 여자와 함께 도망가서 그 여자의 동의를 얻음으로써만 처를 얻을 수 있었다." 젊은 남녀의 줄행랑을 돕는 것은 치료주술사(medicine-man)의 일이었다. 그리고 주술사의 도움은 처를 발견하는 어려움에서 생긴 이 관행에 도움을 주었다. 만일 당사자들이 서로 연결되어 있는 친족관계로 말미암아 통혼이 금지되어 있는 경우에는 그 줄행랑은 대단히 준엄한 처벌을 받게 되며, 그렇지 않은 경우라면 연인은 일정한 사정을 겪어내면서라도 함께 도피했던 여자를 차지할 수 있게 된다. 많은 경우에 줄행랑을 친 남자는 함께 달아난 여자가 약혼을 하고 있었으면 그 약혼당사자인 남자와, 그녀가 이미 혼인을 하였으면 그녀의 남편과 싸움을 하지 않으면 안 되며, 그 친족들이 관계되는 다소 평범한 싸움이 뒤이어 벌어진다. 그리고 어느 경우에나 싸움의 결말에 따라서 그가 당해 여자를 차지하게 될 것인지 아닌지가 결정된다. 그러나 몇몇 오스트레일리아의 부족에서는 만일 자녀가 태어날 때까지 또는 여자가 임신할 때까지 도망가 있는 경우에는 남자가 그 여자를 차지할 수 있으며 심지어는 "행복한 한 쌍이 곧장 달아나서 여자가 속해 있는 부족의 거짓된 수색을 피하기 위하여 이틀 밤과 하루 낮을 숲 속에서 함께 머물러 있는" 경우까지도 남자가 그 여자를 차지할 수 있게 되어 있다.

_ 고대 문화민족에서의 자녀의 혼인에 관한 아버지의 특권 또는 여자의 특권

야만스럽고 미개한 인종에서 문명의 발달상 이들 바로 위에 속하는 인종으로 눈을 돌이켜 보면, 우리는 부(父) 또는 부모의 권위와 이에 대한 자(子)의 복종을 아주 강조하고 있는 것을 발견하게 된다. 고대 멕시코(Mexico)에서는 가난한 부모는 자기들의 곤궁을 면하기 위하여 자녀 중 한 명을 처분할 수 있었으며 젊은이는 스스로 처를 선택할 수 없고 오로지 자기의 부모가 선택한 대로 따르게 되어 있었다. 고대 페루에서는 아들은 25세가 될 때까지 아버지에게 복종하여야 하고 그를 위하여 일을 해야 하며, 어떠한 아들이나 딸도 그 부모의 동의 없이는 혼인을 하지 못하고, 그러한 동의를 얻지 않고 한 혼인은 무효로 되며 그 자녀는 혼외자가 된다는 법률이 있었다. 그러나 당사자가 좋아하는지의 여부를 물어보기는 하였다는 말을 들은 바 있다.

자식의 효행(孝行)이 기본적인 인륜이라는 관념은 최근까지도 중국의 가족법제(家族法制)를 지배해 왔다. 가부(家父)는 자기의 세대에서 거의 절대적으로 군림하고 아들은 혼인을 하더라도 자기 아버지의 지배로부터 벗어나지 못하기까지 한다. 어떠한 사람도 나이가 아무리 많더라도 자기의 부모나 연장의 근친자가 생존하고 있는 동안 또는 이들이 이웃에 살고 있는 한, 혼인문제를 자기 마음대로 결정할 수가 없다. 이들 보호자들의 권력은 아주 막대하여 집을 떠나 있는 젊은 사람을 대신하여 혼인을 정할 수 있으며, 이 경우 그 젊은 사람은 자기가 그들의 동의를 얻지 않고 다른 곳에서 약혼을 하였더라도 이들이 정해 놓은 약혼을 따라야 했다. 이러한 제도의 결과, 약혼을 한 남녀가 혼인 전에는 서로를 거의 알지 못하고, 따라서 혼인식 날에야 남자가 여자의 얼굴을 어렴풋하게나마 볼 수 있는 첫 번째 기회가 되는 경우가 대단히 많다. 옛날에는 일본에서도 가부의 권위가 중국만큼이나 강했었다. 가(家)의 구성원이 자기의 혼인에 관하여 가장(家長)의 동의를 얻어야 하는 것은 일본관습법상 확고한 원칙이었다. 그리고 때로는 당사자들의 동의는 불필요한 것으로 되어 있기까지 했다. 그런데 일본의 신민법(新民法)의 규정에 의하면 '동일한 가(家)에 있는' 부모 이외에도 혼인하는 당사자의 자발적인 의사가 필요한 것으로 되어 있다. 그리고 남자가 30세, 여자가 25세에 달하는 때는 부모의 동의를 필요로 하지 않는다. 그러나 사실상 아직도 혼인은 당사자의 부모에 의하여 결정되고 있다.

고대 칼대아(Chaldæa)에서도 마찬가지로 아버지가 그 자녀에 대하여 막강한 권력을 가지고 있었다. 딸은 아버지가 시집보내게 되는데 아버지가 선택해 놓은 자리에 아무런 반대도 할 수 없으며, 또한 아들도 자기 아버지의 동의를 얻지 않고서는 유효한 혼인을 체결할 수 없었다. 그러나 아들의 혼인문제에 관여하는 아버지의 권력이 그 아버지가 사망할 때까지 존속하는지의 여부는 알 수 없다. 자기의 아들에 대한 아버지의 권력이 강대하였다는 것은 순종하지 않는 자식을 노예로 매매하였다는 사실로부터도 잘 알 수 있다.

고대 히브리인이 양친에 대한 자녀의 의무를 얼마나 중요시했는지는 십계명(十誡命; Ten Commandments)에 이 문제에 관한 법을 두고 있는 점, 그 위치가 신에 대한 사람의 의무에 관한 계율(戒律) 바로 다음이라는 점에서도 그대로 알 수 있다. 아버지는 자기의 궁박(窮迫)을 면하기 위하여 자기의 어린애를 팔거나 채권자에게 담보로 제공할 수도 있었다. 그는 자기의 딸을 외국인에게는 팔지 않았지만 혼인시킬 수 있는 절대적인 권력을 가지고 있었을 뿐만 아니라 시녀(侍女)로 팔거나 남의 첩(妾)이 되게 할 수 있는 권력까지도 가지고 있었다. 또한 아버지는 자기의 아들의 처를 선택하였다. 다만 이 경우의 선택은 때로는 어머니가 하기도 했다. 아들의 복종이 일정한 연령을 지나게 되면 끝나는 것임을 보여 주는 조치는 아무것도 없다. 후대의 유태법에 의하면 혼인당사자가 성년에 달하는 때에는 부모의 동의가 법률상 필요하지 않는 것으로 되어 있다. 그러나 밀지너(Mielziner)는 이스라엘에서 일찍이 부모가 높은 존경과 숭배를 받고 있었던 결과 “양친의 동의 없이 혼인을 체결하는 사례는 본래 아주 드문 예외의 경우에 속한다”고 하고 있다.

이슬람교법에 의하면 여자가 아버지의 권력 아래에 있는 한에서는 그녀의 동의는 필요하지 않는 것으로 되어 있다. 이슬람교도의 하나피학파(Hanafīs)와 시아파(Shī'ahs)에서 본인의 동의 없이 딸을 시집보내는 아버지의 권리는 그녀가 성숙기에 달하게 되면 소멸하게 되는데, 마레카이이파(Mālikī)에서는 그렇지 않다. 즉 이들에게 있어서 딸이 아버지의 권력으로부터 벗어나는 것은 오로지 아버지가 사망한 경우, 아버지의 생존 중에 그에 의하여 특별히 해방된 경우, 혼인한 경우, 또는 몇몇 율법학자에 따르면 그녀가 적어도 30세에 달한 때뿐이다. 다른 한편 아버지의 권력으로부터 벗어난 여자를 대신하여 혼인이 체결되는 경우에는 그녀는 명시적으로 또는 그녀가 아직 처녀이면 적어도 묵시적으로 그 혼인에 동의할 것을 필요로 한다. 그리고 후자의 경우에는 그녀의 침묵이나 미소 같은 것도 동의를 의미하는 것으로 해석된다. 모로코(Morocco), 알제리(Algeria), 튀니스(Tunis) 및 팔레스타인(Palestine)의 여러 지방에서는 양친이 딸의 의사를 물어볼 필요 없이 그녀를 시집보내는 것이 일반적 의례로 되어 있다. 그러나 사막의 베두인족(Bedouins)은 여자들로 하여금 청혼을 승낙하거나 거절할 수 있도록 인정하고 있는 점에서 팔레스타인의 다른 이슬람교도 토착민과는 다르다. 그리고 메카(Mecca)에서는 여자는 그 아버지에게 복종하여야 한다는 이유에서만 자기 아버지의 의사에 좇아서 행동하는 것이 옳다고 생각하지만 여자를 강제적으로 혼인시키는 일은 아주 드물다. 어느 이슬람교학파에 의하든지 아들이 성년에 달하게 되면 자유로이 혼인을 체결할 수 있는 것으로 되어 있는데, 그 성년에 달하는 것은 대부분의 경우 15세로 보고 있다. 그러나 아버지가 자녀들이 아들이거나 딸이거나 미성년인 동안에는 혼인에 관한 결정 여부를 강요할 수 있는 권리를 가지고 있었던 것은 틀림없는 사실이지만, 법은 이 권리를 미성년자에게 해가 되지 않도록 일정한 조치를 강구하고 있었던 것이다. 예컨대 미성년자의 이익을 저해할 염려가 있는 아버지의 행위는 언제나 위법으로 다루어지며, 그러한 행위가 행해지는 것을 막을 수 있도록 또는 이미 행해진 다음에는 그 행위를 취소할 수 있도록 관여할 수 있는 권한을 재판관에게 부여하고 있었다. 그러나 실제에 있어서 모로코 및 기타 지방에서는 비록 아들이 성년이 되었다 하더라도 부모가 그의 혼인을 자기의 취향에 따라서 정하는 일이 적지 않으며, 관습상 아들은 부모의 의사에 따라야 하는 것으로 되어 있는 경우도 있다. 이슬람교도의 세계에서 흔히 볼 수 있는 것처럼 양성 간의 격리가 대단히 엄격한 곳에서는 아들의 혼인문제에 관한 부모의 관여는 아들이 좋아하지 않는 아내와 쉽게 이혼할 수 있을 만큼이나 젊은이들이 그다지 부담으로 여기지 않았다. 그리고 여자 쪽에서 생각해 보더라도 자기가 전혀 모르는 청혼자들 가운데서 어느 한 사람을 자기의 남편으로 선택하는 것은 그다지 쉬운 일이 아닐지도 모른다.

고대 로마인들 사이에서는 가부(家父)에 대하여 세대 내의 어느 사람도 법률상의 권리를 가지지 못하였다—처와 자녀는 소나 노예와 다를 바 없었다. 가부는 자기의 자녀에 대하여 재판관과 같은 권위를 가지고 있었을 뿐만 아니라 —정당한 이유 없이 그렇게 하지는 않았지만 자녀들에게 사형을 부과할 수 있는 권리도 포함되어 있었다 —마음대로 자녀를 매각할 수 있었다. 성장한 아들 및 그 자녀들까지도 가부의 권위에 복종해야 했으며 부권계약(夫權契約; conventio in manum)을 수반하지 않는 혼인에서는 딸은 혼인한 후에도 자기의 아버지 또는 후견인의 권력하에 그대로 남게 되어 있었다. 가부(paterfamilias)의 동의는 아들이든지 딸이든지를 불문하고 자녀의 혼인에 없어서는 안 될 것이었으며, 더구나 이 규칙은 대단히 엄격하게 지켜졌기 때문에 마르쿠스 아우렐리우스(Marcus Aurelius)의 통치시기까지는 정신박약자(mente captus)의 자녀들은 아버지의 동의를 얻을 수 없었기 때문에, 아버지의 권력 아래에 있는 한, 합법적인 혼인을 체결할 수 없었다.

로마인의 가부권(家父權; patria potestas)이 원시시대의 아리아인(Aryans) 사이에 존재하였던 부권의 잔존물이라고 하는 점은 헨리 메인 경(Sir Henry Maine) 및 기타의 여러 학자들이 규명한 바 있다. 그러나 이러한 무제한적 권위가 아리아계와 같은 다른 민족에서도 일반적으로 인정되어 있었다는 데 관한 명백한 증거는 전혀 제시되고 있지 않다. 고대의 법학자들은 "우리들이 각자의 자녀에 대하여 가지는 권력은 로마 시민에게만 고유한 것이다. 왜냐하면 다른 민족은 우리가 자녀에 대하여 가지고 있는 것과 같은 권력을 갖고 있는 예가 없기 때문이다"라고 하였다. 그리스인이나 튜튼인들 사이에서도 아버지는 자기의 자녀를 어렸을 때 유기할 수 있는 권리, 자녀들이 자기의 권력 아래에 있는 한 긴급한 경우 그들을 매각할 수 있는 권리, 그리고 그 의사를 물어보지 않고 딸을 시집보낼 수 있는 권리를 가지고 있었다. 그렇더라도 이것은 로마의 가부가 몇 살이나 먹었는지에 관계없이 자기의 자손에 관하여 행사하였던 것과 같은 지배권의 보유를 뜻하는 것은 아니다. 자기가 전혀 알지도 못하는 남자에게 시집가야 하는 것은 대부분의 경우 그리스 여자들이 그렇게 하게 되었던 운명과 같은 것이었다. 그리스와 튜튼계의 민족에서는 어디서나 아들에 대한 아버지의 권위는 아들이 자라서 아버지의 집을 떠나게 되면 끝나게 되고, 성장한 아들은 자기의 처를 선택할 수도 있었다. 다만 튜튼인들 사이에서 남자가 자기의 처를 선택할 때에는 관습상 자기의 친족과 상의를 하도록 되어 있었던 것 같다.

힌두인들 사이에서는 아버지 또는 부모(父母)의 권위(權威)가 대단히 강력했고 오늘날에도 그렇지만 옛날에 로마형의 가부권(家父權)이 인도에 전반적으로 유포되어 있었다는 증거는 전혀 없다. 베다시대에는 아버지는 그가 가(家)의 보호자이자 부양자인 동안에만 가장이었던 것 같다. 왜냐하면 노쇠한 부모는 굶어 죽기까지 하였기 때문이다. 맥도널(Macdonell)과 키스(Keith)는 비록 부모가 때로는 자녀를 위하여 적당한 혼인(婚姻)을 정하는 일이 있었던 것은 틀림없지만, 처나 남편의 선택에 있어서 상당한 자유가 남녀 쌍방에 부여되어 있었을 것이라고 주장한다. 후대의 몇몇 성전(聖典)에 의하면 "모태(母胎)의 피와 남자의 정액으로 만들어지는 사람은 마치 결과가 그 원인에서 생겨나듯이 그의 부모로부터 태어나는 것이기 때문에 부모는 그 아들을 양도, 매매 및 유기할 수 있는 권력을 가지는 것"이라고 되어 있다. 반면에 다른 성전에는 "자녀의 증여나 인수 및 자녀를 팔거나 사는 권리는 인정되지 않는다"고 되어 있다. 마누법전(Laws of Manu)에 의하면 딸은 자기의 의사대로 남편을 선택할 수 있도록 되어 있었는데, 입법자는 그와 같은 "애욕에서 발단되고 성의 결합을 목적으로 하는 여자와 그 연인과의 자의적인 결연"을 비난하고 있다. 부모가 가지는 법적인 권리가 아무리 엄격한 것이더라도 부모에 대한 효행(孝行)이 자녀에 있어서 가장 엄격한 것이었음에 틀림없다. 인간은 세 지성자(至聖者; Atigurus), 즉 아버지, 어머니 및 정신적인 스승을 가지고 있는데, 이들에 대하여는 누구나 항상 복종하고 그들의 뜻에 맞는 것과 그들에게 할 수 있는 일을 해야 하며, 그들의 허락 없이는 어떠한 일이든지 하지 말아야 한다. 더구나 딸의 의무는 혼인한 날로부터 자기의 남편 및 남편의 부모에게로 전부 옮겨진다. 힌두인의 현행의 관습에 의하면 양친의 동의는 여자 편에서는 반드시 있어야 하고, 남자 편에서는 초혼에서만 필요한 것으로 생각되며 그리고 그것은 언제나 권유적인 것이다. 이에 토착주민인 저술가는 "힌두인의 젊은이는 자기의 혼인에 관련된 청혼에 관하여 전혀 무관심한 태도를 취해야 하며, 더구나 자기의 양친, 조부모, 숙부 또는 형이 혼인에 관하여 어떠한 결정을 한 때에는 그들의 결정에 따르고 그것을 고맙게 여긴다는 의무감에서 혼인식을 치르지 않으면 안 된다"고 기술하고 있다.

고대 러시아법에 의하면 아버지는 자녀에 대하여 막강한 권력을 가지고 있었지만 아들을 노예로 팔았던 것 같지는 않다. 폰 학스트하우젠 남작(Baron von Haxthausen)은 1861년의 농노해방 이전에 쓴 책자 가운데서, "가부장적인 통치, 감정 및 조직은 대러시아인의 생활, 풍속, 관습 속에 생생하게 잔존해 있다. 아버지가 자녀에 대하여 행사하는 것과 똑같이 무제한적 권위를 어머니는 딸에 대하여 가진다"고 적시하고 있다. 성인인 아들까지도 그 자녀들이 분별할 수 있는 나이에 달할 때까지 또는 자기 자신이 가장으로 되기까지는 아버지의 권위에 복종하여야 했다. 아버지가 부가적인 여성의 노동력을 확보하기 위하여 나이 어린 아들을 성장한 여자와 혼인하게 하는 것이 일반적인 관습이었으며, 더구나 그 아버지는 아들이 미성년인 동안에는 그의 아내와 함께 살기까지 하였다. 보기직 교수(Professor Bogišić)에 의하면 남부 슬라브인(Southern Slavs)에서는 러시아인들 사이에서만큼 부권(父權)이 강력하지는 않았다고 한다. 그러나 아들은 부모의 의사에 반하여 자발적으로 어느 여자에게 청혼할 수는 없었으며, 크로아티아인(Croatians)과 세르비아인(Serbians)의 경우 젊은 남자가 자기의 처가 될 여자를 찾을 수 있는 것은 아주 예외적인 일로 되어 있었다. 물론 자기 자신의 혼인을 결정할 수 있는 자유가 딸에게 주어지는 예는 한층 더 적었다.

고대 아일랜드(Ireland)에서는 아들은 그가 정식으로 해방되기까지는 아버지의 통솔 하에 있었다. 하지만 몇 살에 그러한 해방의식(解放儀式)이 거행되었는지는 알려져 있지 않다. 웨일즈(Welsh)의 법에는 어느 사람의 딸이 그 아버지에 의해서뿐만이 아니라 특정한 친족에 의해서 시집보내져야 한다는 사실이 규정되어 있다. 이 경우 딸은 전적으로 그 아버지의 처분에 따르도록 되어 있었던 것 같지는 않고 이론상 완전무결하게 자유였던 것 같지도 않다.

_기독교를 믿는 유럽에서의 자녀의 혼인에 관한 아버지의 권위 또는 부모의 권위

유럽에서는 고대적 형태의 부권(父權)은 점차로 다음과 같은 제도, 즉 아버지가 이전에 자기의 자녀에 대하여 가지고 있던 가장 본질적인 권리를 빼앗겨 버리게 된 제도—그 핵심적인 경향이 프랑스의 백과사전편집자(Encyclopedist)의 말을 빌리면 "부권은 권리(pouvoir)라기보다는 오히려 의무(devoir)이다"라고 표현되는—로 바뀌게 되었다.

그런데 이교도시대까지만 하더라도 로마의 가부권(家父權)은 중대한 제한을 받고 있었다. 즉 기독교가 로마의 종교로 되기 오래전에는 실제로 어린애의 생명은 부모의 그것과 똑같이 신성시되었다. 알렉산데르 세베루스(Alexander Severus) 황제는 자녀에 대한 아버지의 징계권을 단순한 교정에 국한하는 것으로 제한하였는가 하면, 디오클레티아누스(Diocletianus) 황제와 막시미아누스(Maximianus) 황제는 자유민으로서 태어난 자녀를 노예로 매매할 수 있는 권력을 없애버렸다. 유스티니아누스(Justinianus) 황제의 법학에서는 아버지는 자기의 아들이나 딸을 강제로 혼인시킬 수 없었다. 그러나 동시에 자녀의 혼인에 관한 발언권은 확고부동하게 견지되고 있었다. 즉 가장의 동의는 나이에 관계없이 그의 권력하에 있는 모든 사람의 혼인을 유효하게 하기 위해서 없어서는 안 될 것이었다.

교회법(敎會法; canon law)은 어떠한 혼인도 혼인당사자의 동의 없이 성립하지 않는다는 원칙을 채용하였다. 그러나 교회법은 유스티니아누스의 법과는 달리 혼인이라는 것이 일종의 신성한 성사(聖事; sacrament)라고 하는 교리의 결과로서 신랑과 신부가 아무리 어리더라도 그 부모 또는 후견인의 동의가 혼인을 유효하게 하기 위해서 반드시 필요한 것은 아니라고 규정하였다. 교회는 그러한 동의를 얻지 않고 체결된 혼인을 시인하지 않았지만, 동의의 결여는 그 혼인을 위법하게 만드는 '금지장애'(impedimentum impediens)이고 혼인을 무효로 만드는 '무효장애'(impedimentum dirimens)는 아니었다. 교회법의 조항은 세속의 입법에 영향을 주었다. 560년의 클로타르 1세(Clothaire I)의 칙령은 자기의 의사에 반하여 여자를 억지로 혼인하게 하는 것을 금지하였다. 크누트(Cnut)의 법에 의하면 여성이나 소녀는 자기들이 싫어하는 남자와 강요에 의해서 혼인하지 않을 수 있도록 되어 있었다. 10세기 이후의 앵글로색슨인의 혼약서(婚約書)에는 무조건 여자의 동의가 기재되어야 했다. 그리고 대륙에 있는 각국에서의 초기의 튜튼인의 여러 법서에도 여자를 그녀의 의사에 반하여 혼인시키는 것을 금하였다. 부모 또는 후견인의 동의를 얻지 않더라도 혼인이 유효하다는 교회법의 규정에 비추어 보면, 영국의 세속법은 '후견료 및 혼인'(wardship and marriage)에 대한 주선료를 재산권의 중요한 일부로 다루기는 하지만 어느 정도 교회법의 규정에 따르고 있었던 것 같다. 또한 중세 후기의 독일에서는 상속권박탈의 위험이 있기는 했지만 여자가 부모의 동의 없이 혼인할 수 있었다. 그렇다 하더라도 대중의 감정은 그러한 혼인에 반대였던 것 같았다. 그리하여 마침내 교회에 이 문제에 관한 법의 개정을 촉구하였으나 끝내 성공을 거두지는 못하였다. 이 문제는 활발한 논의를 거친 다음에 트리엔트공의회(Council of Trent)에서 명확한 해결을 보았다.

루터(Luther) 및 그 밖의 종교개혁자들은 다른 견해를 가지고 있었다. 즉 이들은 부모의 동의를 얻지 않고 체결된 혼인은 사후에라도 동의를 얻지 못하면 무효로 보아야 한다고 주장하였다. 이 원칙은 프로테스탄트 국가의 많은 입법들에 의하여 점차적으로 받아들여졌다. 그러나 부모는 상당한 이유가 있는 경우에만 동의를 거절할 수 있고 필요한 경우에는 정부의 인가(認可)로써 갈음할 수 있는 것으로 수정되었다. 로마가톨릭 국가에서도 교회법의 교리는 반대에 부딪치게 되었는데, 입법자들은 혼인이 유효하기 위해서는 부모의 동의가 필요하다고 선언하고, 부모의 동의를 거절한 경우에도 아무런 제소를 할 수 없었다. 프랑스의 앙리 2세(Henry II)는 1556년에 존속의 동의 없이 미성년자가 체결한 혼인은 무효라고 선언하였다. 후대의 입법 역시 이와 동일한 방향으로 진행되었다. 즉 25세 미만인 자가 그러한 동의를 얻지 않고 혼인을 하게 되면 그 혼인은 무효이고, 25세 이상 30세 미만인 자가 혼인을 체결하면 그 혼인은 유효하기는 하지만 상속권박탈이 발생할 수 있으며, 그리고 30세 이상인 자가 혼인을 체결하더라도 그 혼인은 '세 가지의 공손한 행위'(three respectful acts)를 갖추어 미리 존속에게 통고되어야 했었다. 사실상 프랑스 「민법전」(民法典; Code Civil)에 의하더라도 25세 미만의 아들과 21세 미만의 딸은 1907년까지 부모의 동의 없이는 혼인할 수 없었다.

일반적으로 말하여 프랑스 및 기타의 라틴계의 여러 나라에서는 부권과 자식으로서의 의무에 관한 로마시대식의 관념이 중세 및 그 이후 오랜 동안 여러 사람들의 마음속에 상당 부분 남아 있었다. 11세기의 문헌 속에서 베르나르(Bernard)는 "아버지의 지위는 어느 곳에서나 존중되고 있으며, 효행(孝行)도 어디서나 예찬되고 표창된다. 기사에 관한 소설에서는 아버지는 결코 우스운 존재로 되어 있지 않으며 아들도 결코 오만하거나 조롱하는 식으로 묘사되어 있지 않다. …… 봉건귀족의 위엄보다도 부권의 위엄은 한층 더 신성불가침한 것으로 여겨졌다. 아들이 아무리 강건하다 하더라도 그는 감히 자기 아버지에게 난폭한 행위를 하지 못하였다. 이런 만큼 아들의 눈에는 아버지의 권위가 언제든지 명령권을 가진 주권자와 같이 되어 있었다" 고 기술하고 있다. 또한 보댕(Bodin)은 16세기 후반에 군주가 신하에게, 스승이 제자에게, 부대장이 병사에게 각각 명령을 하지만 천부의 명령권을 가지고 있는 사람은 아버지밖에 없으며, "그는 만물의 공통의 아버지격인 지상신(至上神)의 참된 영상을 하고 있다"고 기술한 바 있다. 뒤 베르(Du Vair)는 우리는 아버지를 지상신으로 여겨야만 한다고 역설한 바 있다. 슐리 공작(Duke of Sully)의 회상록에는 그가 살았던 당시 프랑스의 어린애들이 그 아버지의 허락 없이는 면전에 앉아 있지도 못하였다고 한다. 18세기의 프랑스의 귀족 및 상류계급의 여자에 관하여 설명하면서 드 공쿠르 형제(Messrs. de Goncourt)는 "일반적으로 젊은 딸은 그녀가 수도원을 나와서 어느 정도 지나게 되면 가족이 승인하고 동의한 남편과 혼인하게 된다. 왜냐하면 혼인은 무엇보다도 가족의 문제이고 부모의 의사에 근거하여 결정되어야 하기 때문이다. 부모는 지위나 금전에 관한 고려, 결국 신분이나 재산을 적절히 고려하여 결정하는 것이다. 선택은 딸에 갈음하여 부모가 하게 되며 딸과 나눈 얘기의 결과를 받아들이는 것은 아니었다"라고 지적하였다.

프랑스의 현행법에 의하면 21세 미만의 아들이나 딸이 혼인하는 경우에는 부모의 동의가 필요하고, 만일 부모가 의견을 달리하는 때에는 아버지만의 동의가 필요하며 또한 부모의 어느 한쪽이 사망한 때에는 잔존자의 동의가 필요한 것으로 되어 있다. 부모가 모두 사망한 경우나 부모가 동의를 할 수 없는 상황에 처해 있는 경우에는 조부모가 부모에 갈음하여 동의를 한다. 21세 이상 30세까지의 당사자도 마찬가지로 부모의 동의를 얻어야 한다. 다만 동의를 얻지 못하고 거절당한 때에는 공증인 앞에서 일정한 조치에 맞춰서 조정할 수 있도록 되어 있는데, 이렇게 하여서도 30일 이내에 동의를 얻지 못하는 때에는 동의 없이 혼인을 거행할 수 있다. 이탈리아에서는 25세 미만의 아들이나 21세 미만의 딸에 대해서는, 부모 또는 부(父)의, 또한 부모의 어느 한쪽이 사망한 때에는 잔존자의 동의가 필요하며, 다만 동의가 거절된 때에는 법원에 청구할 수 있다는 규정을 두고 있다. 오스트리아에서는 미성년자 즉 24세 미만의 자는 그 부모의 동의가 없이는 유효한 혼인을 체결하지 못한다. 독일에서는 21세 미만의 적자(嫡子)가 혼인을 체결함에는 아버지의 승인을 필요로 하고, 한편 동 연령 미만의 혼외자(婚外子)는 어머니의 승인을 필요로 한다. 만일 아버지가 사망하였으면 어머니가 그에 갈음한다. 스웨덴에서는 21세 미만의 자에 대하여, 스위스에서는 20세 미만의 자에 대하여 각각 부모의 동의를 받아야 하는 것으로 되어 있다.

영국에서는 보통법에 의하여 남자 14세, 여자 12세로 되어 있는 혼인적령(婚姻適齡; age of consent)에 달한 미성년자의 혼인은 1753년까지는 동의가 없더라도 유효한 것으로 되어 있었는데, 동년에 「하드윅 경 혼인법」(Lord Hardwicke's Marriage Act; 26 Geo. II., c. 33, §11)은 그러한 혼인이 무효라고 선언하였다. 영국의 현행법에 의하면 "21세 미만으로 홀아비 또는 과부가 아닌 자에 관하여 아버지의 생존 중에는 아버지가, 아버지가 사망한 때에는 1인이나 수인의 후견인 또는 여러 후견인 중의 1인이, 또는 합법적으로 지정된 후견인이 없고 어머니가 재혼을 하지 않았으면 어머니가 각각 자녀의 혼인에 대한 동의권을 가진다. 그리고 이러한 동의는 동의권자가 없는 경우를 제외하고는 언제나 있어야 한다"고 규정되어 있다. 그러나 필요로 하는 동의를 얻지 아니한 미성년자의 혼인은 그것이 혼인예고나 혼인허가증 또는 감독등록공무원의 혼인증명서에 의해서든지 무효로 되는 것이 아니고, 혼인의 강행에 의하여 어떠한 재산상 권리나 이익이 위반당사자에게 발생하는 경우 그것을 몰수할 수 있는 것으로 남게 된다. 한편 스코틀랜드에서는 성숙기에 달한 미성년자에 대하여 부모 또는 후견인의 동의가 필요하지 않은 것으로 되어 있다. 그리고 「하드윅 경 혼인법」의 영향을 받지 아니한 미국의 보통법에서도 부모의 동의를 얻지 않고 한 혼인이더라도 그대로 유효하다. 그런데 "부모 또는 후견인의 허가를 받지 아니한 미성년자의 혼인식을 금지하는 법률도 있다. 그러나 대부분의 법률에 포함되어 있지 않은 것이 보통이며, 무효조항이 없는 경우에는 법률위반의 혼인은 그대로 유효하고, 다만 그 당사자는 일정한 제재 또는 처벌을 받게 된다." 유럽의 여러 국가에서는 소정의 부모의 동의를 얻지 않고 체결된 혼인은 동의권자인 부모가 청구하면 무효로 되게 하고 있으며, 기타의 국가에서는 그러한 혼인이 무효로 되는 것이 아니고 상속권박탈(相續權剝奪)의 원인이 되는 것으로 하고 있다.

_ 자기 자녀의 혼인에 관여할 수 있는 부모의 권리의 기원

여기서 우리는 이 문제를 끝맺음에 앞서 경우에 따라서는 자녀 자신의 이익을 보호하기 위한 것만으로 볼 수 없는 경우까지도 자녀들의 혼인에 관여할 수 있는 권리를 부모에게 부여하고 있기 때문에 그 권리의 기원을 살펴보아야 한다.

우선 부모의 권위는 자녀가 어렸을 때의 자녀에 대한 부모의 우월성 및 자녀의 무력함에 의거하는 것이 확실하다. 그리고 유사한 이유에서 딸은 성장한 다음에도 자기 아버지의 권력 하에 그대로 남는 것이다. 더구나 부모는 그 자녀에 대하여 그들을 낳아 주고 길러 주었기 때문에 어느 정도의 재산권을 가지는 것으로 생각되고 있다. 그리고 아버지는 자녀를 낳는 어머니의 소유자이기 때문에 자녀들의 소유자로 여겨지는 경우도 대단히 많은 것 같다. 부모에 대한 자녀의 의무(義務)와 친권(親權)은 어느 정도 부모, 그 중에서도 특히 어머니에 대한 자녀의 자연적인 애정, 그리고 자기를 태어나게 해 주고 길러 준 사람에 대하여 지고 있다는 은혜의 보답에서 생겨난다. 부모의 권위는 단순한 애정과는 구별되는 자녀의 숭상(崇尙)의 감정에서 훨씬 고양되고 확대된다. 자녀는 어렸을 때부터 자기의 부모 특히 아버지를 자기보다 우월한 사람으로서 우러러 보는데, 그 스스로 지속되는 성향을 띠고 있는 이 감정은 부모가 연로해진 때까지도 그대로 계속될 가능성이 많다. 왜냐하면 이 감정은 단순히 빼어난 힘이나 신체적인 기술에 기초를 두고 있을 뿐만 아니라 육체적인 힘이 쇠약해지더라도 그대로 이어지는 우수한 지식과 지혜에 기초를 두고 있기 때문이다. 르우아볼리외(Leroy-Beaulieu)는 "러시아민족에서는 부모의 권력은 연장자(年長者)에 대한 종교적 감정(宗敎的 感情)과 숭상에 의하여 뒷받침되고 있다. …… '머리가 하얗게 되면 분별 있게 되고 바르게 행동하게 된다'라는 것은 다소의 변형이 있기는 하여도 많은 민간속담의 요지로 되어 있다"고 말한다. 이로쿼이족(Iroquois)은 "오래 산 것과 슬기는 언제나 서로 연결된다"고 하며, 서아프리카 전역에서의 노인은 '사물을 잘 아는 사람'(the knowing ones)으로 되어 있다. 어떠한 문헌도 가지고 있지 못하였던 민족에서는 노인이 관습 및 종교에 관한 유일한 권위자이다. 오스트레일리아에서 노인에 대하여 표시하는 크나큰 존경은 부분적으로는 그들만이 알고 있는 특정한 신비적 의식에 관한 미신적인 경외감과 젊은 사람들이 오래 걸려서 점차적으로밖에 습득할 수 없는 지식에서 비롯된 것이다. 리버스 박사(Dr. Rivers)는 노인의 불가사의한 힘이 멜라네시아(Melanesia)에서 노인들이 지배하는 근원이라고 생각한다. 동아프리카의 엠베족(Embe)에서는 "노인이 혈기찬 젊은이를 계속적으로 지배할 수 있는 것은 오로지 지나칠 정도의 미신 때문이다." 즉 노인들은 전사들에게 일정한 주술적인 징후를 보여줌으로써 그들로 하여금 싸움터에서 싸우고 있는 사람들의 운명이 모두 현명한 사람의 수중에 달려 있다고 믿게 한다. 또한 노부인이 초자연적인 힘을 보유하고 있다고 믿어지는 경우도 흔히 있는데, 이러한 경우에는 그녀의 세력은 여성 일반의 종속적인 지위에도 불구하고 거의 의료주술사의 능력과 마찬가지로 취급된다. 고령(高齡)이라고 하는 그 자체가 신비스러운 경외심을 자아낸다. 무어인(Moors)은 사람이 늙게 되면 남자는 성인이 되고 여자는 진니야(jinnîya) 즉 악령이 된다고 말하는데, 이 어느 쪽이나 초자연적인 힘을 지니는 것이다.

_ 주술적 관념 또는 종교적 관념의 영향

또한 죽은 사람에 대하여 갖게 되는 신앙심(信仰心)도 죽을 때가 얼마 남지 아니한 노인들의 대접에 영향을 준다. 중앙아프리카의 어느 부족에서는 노인에게 대단한 친절을 베푸는데 그것은 노인의 사망 후에 그들의 호의를 얻으려는 목적에서라고 보고되고 있다. 어느 선교사는 동아프리카에서 어느 흑인이 노인에 관하여 "노인은 얼마 안 되어 돌아가실 것이므로 우리는 그가 말씀하시는 것을 그대로 한다"라고 말하는 것을 들었다고 한다. 중국에서는 망령(亡靈)이 끊임없이 인간의 제반사와 운명에 대하여 좋게나 나쁘게나 영향을 미치게 될지도 모른다는 교의가 "인간의 목숨을 귀하게 여기게 하며, 허약자, 노인, 환자 특히 이들의 목숨이 경각에 달려 있는 경우에는 해당자를 친절하게 보살펴 주게끔 한다." 노인에 대한 존경과 죽은 사람에 대한 숭배는 이들 양자 사이에 본질적인 관계가 있음을 보여준다는 식으로 함께 설명하는 경우도 많다. 그렇지만 이렇게 설명하는 경우에는 그 원인과 결과를 명확하게 구별할 수가 없으며, 애매함이 뒤따른다. 무엇보다도 죽은 사람에 대한 숭배가 죽음의 신비성에서 비롯하는 것이라고 한다면, 어느 사람이 그 생존 중에 받는 존경도 그가 죽고 난 다음 그의 혼(魂)에 대한 존경에 영향을 끼치게 될 것임은 너무나도 명백하다.

특히 고대의 문화를 지니고 있는 민족에서는 자식으로서의 순종과 신앙 사이에 밀접한 관계가 있다. 중국이나 일본에서는 부모에 대한 숭앙은 거의 조상숭배의 일부를 이룬다. 이스라엘인에 관하여 필로 유다에우스(Philo Judæus)는 부모에 대한 복종을 명하는 계율은 신(神)에 대한 인간의 의무를 규정하고 있는 계율 바로 다음에 놓여 있는데, 이것은 부모가 신(神)의 성격과 인간적 성격의 중간적 존재, 즉 부모도 태어났다가 죽는 것은 명백하기 때문에 인간적이고, 그들은 다른 사람을 만들어내므로, 다시 말하여 이전에는 존재하지 않았던 것을 존재하게 하기 때문에 신적(神的)이라고 하는 양면성(兩面性)을 지닌 존재라고 역설하고 있다. 신이 세계에 대하여 신인 것과 마찬가지로 부모는 그 자녀에 대하여 부모이고 바꾸어 말하여 부모는 '가시적인 신'(the visible god)인 것이다. 자식으로서의 의무가 지니는 종교적 성질은 이슬람교(Muhammadanism) 및 힌두교(Hinduism)에 각각 매우 두드러진다. 이슬람교도는 부모에 대한 불순종을 가장 큰 죄의 하나로 생각하고, 극악한 면에서 보아 그것을 우상숭배, 살해 및 이교도 토벌 중의 도망과 동일시한다. 또한 고대 힌두인의 관념에 따르면 아버지, 어머니 및 정신상의 스승은 세 권의 베다(Veda)에 해당하고, 3위의 신, 즉 브라만(Brahman), 비슈누(Vishnu) 및 시바(Siva)와 동렬로 삼고 있다. 이들에게 존경을 표시하지 않는 자는 어떠한 종교적 관례를 지킨다 하더라도 아무런 공덕(功德)을 쌓지 못한다. 이에 반하여 "사람은 자기의 어머니를 존경함으로써 현세를 얻고, 자기의 아버지를 존경함으로써 신의 세계를 얻고, 자기의 스승에게 복종함으로써 영적 세계(靈的 世界)를 얻는다." 그리스의 작품 속에는 자식으로서의 효행을 신에 대한 의무와 같은 것으로 묘사하고 있는 구절이 대단히 많다. 그리고 고대 로마인에 있어서 부모는 신에 뒤떨어지지 않는 거의 신성한 존재로 되어 있었다. 러시아에서 아버지는 황제(Tsar)와 마찬가지로 "하늘로부터 일종의 신성한 권리(right divine)를 부여받고 있으며 이 권리에 대한 거역은 신성모독(神聖冒瀆)으로 생각하였다." 슬라브인의 격언에 따르면 "아버지는 그 아들에게 현세의 신과 같은 것이다"라고 한다.

고대의 문화적인 민족들 사이에서는 아버지에게 제사(祭祀)를 지내는 직무가 부여되어 있었다. 퀴스텔 드 쿨랑주(Fustel de Coulanges)는 원시고대에서 "아버지는 실권자 즉 복종을 명하는 권력을 가지고 있는 보호자이었던 것만은 아니고, 사제이고 가정의 상속인이며, 조상의 계승자이고 자손의 근원이며, 숭배에 관한 신비적인 의식과 기도에 관한 성구(聖句)의 보관자이다. 결국 종교에 관한 모든 것이 그에게 달려 있었다"고 한다.

_ 부모의 저주 및 축복이 지니는 중요성

부모에 대한 자녀의 종속과 종교적인 신앙의 결합에 관한 또 하나의 실제적 이유가 부모의 저주와 축복에 대하여 부여되고 있던 지고(至高)의 중요성에 있었던 것은 의심할 바 없다. 이스라엘인은 부모 특히 그 아버지는 축복이나 저주에 의하여 자기 자녀들의 운명을 결정할 수 있다고 믿었다. 사실상 우리는 다섯 번째의 계율에서 공손한 자녀에게 돌아가도록 되어 있는 보답은 본래 부모의 축복의 결과라고 생각해도 괜찮을 것이다. 우리는 구약성서 외경 중 한 책인 '에클레시아스티쿠스'(Ecclesiasticus)에서도 고대적인 관념과 만나게 되는데, 이 책에는 "아버지로부터 너희에게 축복이 내릴 것이니 언행(言行)에서 그를 존경하라, 왜냐하면 아버지의 축복은 자녀의 가(家)를 확고하게 하지만 어머니의 저주는 토대를 송두리째 뽑아버리기 때문이다"라고 한다. 무어인은 "만일 성자가 너를 저주한다면 부모는 너를 구원해 줄 것이지만 부모가 너를 저주하게 되면 성자도 너를 구원해 주지 못할 것이다"라고 하며, 다시 말하여 부모의 저주가 성자의 저주보다 강하다는 속담을 가지고 있다.

부모의 축복은 번영을 가져오고, 그 저주는 파멸을 가져온다는 생각은 고대 그리스에도 널리 유포되어 있었다. 플라톤(Plato)은 그의 저서

“법률편”(Laws) 속에서 “신 또는 분별 있는 사람은 결코 어느 사람에게 부모를 소홀히 하라고 권하지 않을 것이다. …… 부모의 저주는 당연히 그래야 하는 것이긴 하지만 다른 어떠한 것보다도 그 자녀에 대하여 강력한 힘을 가진다. 그렇다면 우리는 자기의 자녀로부터 심하게 멸시당한 아버지 또는 어머니의 기도는 신이 그대로 듣게 된다는 것, 만일 자녀로부터 존경받는 부모가 진심으로 기뻐하면서 그들을 잘 되게 해 달라고 기도로써 신에게 열렬히 간청하면 그의 기도는 저주의 때와 꼭 마찬가지로 들려지지 않는다는 것, 그리고 신이 부모의 소원을 그대로 들어 주지 않는다는 것 등을 떠올려 보면 어떨까? …… 그 결과 어느 사람이 자기의 아버지, 할아버지 및 기타 나이 많은 친족을 잘 받들어 가까이 하게 되면, 그는 무엇보다도 먼저 자기에게 신의 은총을 가져다주게 될 형상인(形象人)을 가지게 되는 셈이다”라고 한다. 부모의 저주나 축복의 효과는 본래 사용된 말 자체에 내재하는 주술적인 힘에서 나오는 것이고, 그에 따른 복수의 여신(Erinyes)은 손님·애원자 및 거지, 그와 마찬가지로 푸대접을 받았거나 경시되었을 경우에 내뱉는 저주의 화신에 지나지 않는다고 생각할 수 있을 것이다. 그렇지만 다른 유사한 경우와 마찬가지로 이 경우에도, 저주나 축복의 실현은 결국에는 신의 정의에 따른 행위로 여겨지게 된다. 플라톤에 의하면 ‘정의의 사자인 네메시스’(Nemesis)는 부모에 대하여 함부로 내뱉는 온당치 못한 말을 감시하며, 그리고 헤시오도스(Hesiod)는 만일 어떤 사람이 늙은 아버지나 어머니의 체면을 손상시키면 “제우스(Zeus) 자신이 격분하여 마침내는 악행에 대한 보답으로, 그에게 가혹한 벌을 내린다”고 한다. 또한 로마인의 부모의 신(divi parentum)이라는 것도 그들의 손님의 신(dii hospitales)과 마찬가지로 저주(詛呪)의 화신에 지나지 않는 것으로 생각된다. 왜냐하면 “만일 아들이 자기의 부모를 때려서 부모가 소리내어 울면 그 아들은 부모의 신한테 잡혀가 죽게 된다”고 할 정도이기 때문이다.

러시아의 귀족가문에서의 어린애들은 자기 아버지의 저주로 인한 죽음의 공포를 느끼면서 살고 있으며, 시골 사람들은 아직까지도 부모의 승낙을 얻지 않고 혼인하게 되면 그 젊은 한 쌍의 머리 위에 하늘의 분노가 내리게 된다고 믿고 있다. 몇몇 남부 슬라브인들은 만일 아들이 아버지의 유언(遺言)대로 하지 않으면 아버지의 영혼이 묘소에서 그를 저주할 것이라고 한다. 세르비아인은 "노인을 공경하지 않으면 아무런 공덕도 쌓지 못한다"고 말하고 있다.

문명화되지 못한 여러 민족에서도 부모의 저주나 축복에 지대한 효과를 부여한다. 서아프리카의 음퐁웨족(Mpongwe)에서는 "젊은이들이 가장 피하고자 하는 것이 노인의 저주이고 그중에서도 특히 받들어 모셔야 하는 아버지의 그것이다"라고 한다. 영국령 동아프리카의 난디족(Nandi)에서는 "만일 아들이 어느 중대한 일에서 아버지에게 순종하지 않을 때에는 아버지는 자기의 모피외투로 아들을 심하게 때린다. 이것은 가장 중대한 저주에 해당하는 것으로 만일 아들이 아버지의 용서를 받지 못한다면 그 아들에게는 아주 치명적인 것이 되리라 생각하며, 이 경우에 용서는 아들이 아버지 앞에 염소를 바침으로써만 받을 수 있다."고 한다. 동북 아프리카의 바레아족(Barea)과 쿠나마족(Kunáma)은 노인의 축복을 받지 못하는 일은 모두가 실패하게 되고, 노인들이 발설하는 모든 저주는 파멸적이라고 확신하고 있다. 또한 같은 지방의 보고족(Bogos)에서는 어느 누구도 자기 아버지나 주인의 축복을 받기까지는 취업을 하거나 이직을 하지 않으며 사업을 시작하거나 혼인을 체결하지도 않는다.

어째서 부모의 축복과 저주가 그와 같이 기괴한 힘을 가지는 것으로 생각될까? 그 이유의 하나는 틀림없이 고령의 신비성과 죽음에의 가까움에 있다. 부모뿐만이 아니라 어느 정도까지는 노인이 일반적으로 그들의 선의 및 악의에 상응하는 효과를 빚어낼 수 있는 것으로 여겨지는데, 사람들은 이 능력이 임종에 가까워질수록 증대하는 것으로 믿는다. 뷔트너(Büttner)에 의하면 헤레로족(Herero)은 실제로 자기의 아버지가 임종의 자리에서 한 축복을 제외하고는 아무런 축복도 모르고 지낸다고 한다. 튜튼인의 관념에 따르면 죽음에 처해 있는 사람의 저주는 모든 저주 가운데서 가장 강력한 것으로 되어 있다. 그리고 이와 유사한 생각이 고대의 아라비아인들 사이에 퍼져 있었으며, 이스라엘인들 사이에서는 자녀의 축복을 결정하는 아버지의 신비스러운 특권은 아버지의 임종이 극히 얼마 남지 않았을 때 특히 두드러진다. 그러나 동시에 부모의 축복과 저주가 그 자체의 효능을 가지는 것은 가(家)에서의 부모의 우월한 지위 및 그가 당연히 받게 되는 존경 때문이기도 하다. 이러한 우월성이 저주의 효능 위에 미치는 영향은 몇 가지의 사실에 의하여 명백하게 밝혀진다. 즉 그리스인의 관념에 의하면 복수의 여신(Erinyes)은 가(家)의 젊은 구성원이 연장자 및 형제자매에 대하여 행한 악행에 대해서는 보복을 하였지만 그 반대의 경우는 그렇지 않았다. 무어인(Moors)은 남편의 저주도 아버지의 저주만큼이나 영향력이 있다고 생각한다. 그리고 통가섬(Tonga) 사람들은 "저주하는 쪽이 저주받는 쪽보다 상당히 낮은 신분일 경우에는" 그 저주는 아무런 효과도 발휘하지 못한다고 믿고 있다. 더구나 아버지가 가(家)의 제사자로 되어 있는 경우에는 그의 축복과 저주는 제사(祭司)라는 이유만으로도 특별한 정도의 효과가 있었을 것이다.

그렇지만 우리가 지금까지 고찰해 본 사실만으로는 고대 국가에서 아버지의 권위가 무엇 때문에 그토록 이례적으로 발달하였는지가 충분히 설명되지는 못한다. 주술적이고 종교적 확신이 아버지의 권위에 아무리 지대한 영향을 주더라도 그것은 반응적 성질이 있는 것이다. 만일 아버지가 가(家)에서 그다지 중요한 인물이 아니라고 한다면 사람들은 그의 축복을 그렇게 열심히 원하지도 않을 것이며, 그의 저주도 그렇게 심히 두려워하지 않을 것이다. 따라서 역시 헨리 메인 경(Sir Henry Maine)이 적절하게 주장한 바와 같이, 아버지의 권력은 아버지를 숭배하는 관행보다도 더 오래된 것이다. "만일 아버지가 그 생존 중 세대 내에서 가장 중요한 —또는 가장 무서운 사람이라고 할 수도 있을 것이다 —인물이 아니었다면, 어째서 돌아가신 아버지가 세대의 다른 구성원 이상으로 숭배되는 것일까?" 여기서 우리는 가족조직과 사회의 정치체제 사이에 어떠한 관련성이 있다고 추정하지 않을 수 없다. 어느 정도 낮은 문명단계—가장 낮은 단계라고는 할 수 없겠지만—에서는 우리는 흔히 씨족이 압도적인 중요성을 차지하고 있기 때문에 개별적인 가(家)의 수장(首長)은 아주 제한적인 권위만을 주장할 수 있음을 발견한다. 그러나 씨족(氏族)과 부족(部族)이 국가(國歌)로 통합되었을 때 이 사정은 달라졌다. 즉 새로이 형성된 국가는 씨족조직을 약화시키고 파괴시키려는 경향을 띠게 되었고 반면에 이와 함께 가족의 유대는 강화되었던 것이다. 초기사회에서는 가족과 씨족 사이에 대립이 있었던 것 같다. 씨족의 결속이 대단히 강한 곳에서는 가족의 감정을 잠식하고 그 결속이 느슨한 곳에서는 가족이 늘어나게 마련이다. 따라서 그로세 박사(Dr. Grosse)가 아버지는 이전에 씨족에 속하던 권위의 승계자라는 말뜻 그대로의 가장이 된 것이라는 생각은 타당한 설명이라고 할 수 있을 것이다.

_ 부권(父權)의 몰락

그러나 국가는 그 초기에는 씨족을 약화시킴으로써 가족을 강화시켰는데, 그 이후의 발달은 다소 다른 경향을 띠게 되었다. 즉 국민으로서의 생활이 한층 밀도를 더하게 되고 별개의 가족의 구성원이 공통의 목표를 추구하면서 서로 가까워지며 또한 산업발전에 발맞추어 가(家)의 젊은 구성원이 경제적으로 점차 그 부모로부터 독립하게 되자, 가족은 다시 그 중요성을 잃게 되었다. 또한 발전해 가는 문명에 깃들어 있는 다른 여러 요인도 부권의 몰락에 한몫을 했다. 즉 조상숭배의 종식, 일정한 종류의 미신적 신앙의 쇠퇴, 종교의 영향력 저하, 그리고 마지막으로 이에 못지 않은 요인인 전국에 걸친 열렬한 상호동정(相互同情)의 확대 등이 그것인데, 이러한 요인은 결국 자녀의 자유가 그 아버지의 전제적 지배의 제물이 되도록 내버려두지 않는 사회현실을 몰고 오게 되었던 것이다.

제7장

대가부혼인과 예물교환혼, 신랑 신부에 대한 선물

_ 신부대금의 교부

저급한 민족들 사이에서는 혼인체결에 대한 동의가 보통 무상으로 행하여지는 것만은 아니었다. 대부분의 경우 신부의 아버지 또는 기타의 친족에 대하여 일정한 대가(對價; consideration)가 지급되지 않으면 안 되었다. 그 대가의 형태는 어느 한 신부를 보내거나 다른 신부를 데려오는 일종의 교환일 수도 있고, 노역(勞役)의 제공일 수도 있으며, 경우에 따라서는 일정한 재산의 증여(贈與)일 수도 있다.

오스트레일리아의 토착민에 관하여 호윗 박사(Dr. Howitt)는 "이들 야만인 사이에서는 승계(承繼; levirate) · 도주 또는 약탈(掠奪)의 어느 한 가지 방법으로 처를 얻을 수 있음과 아울러 여자친족의 교환에 의하여 처를 얻기도 하였는데, 이러한 방식을 보편적이고 일반적인 방식이라고 하여도 괜찮을 것이다. …… 내가 생각하기에는 부모가 자기의 딸을 상대방의 아들의 처로서 교환하거나 몇몇 부족에서는 젊은 남자 자신이 자매나 그 밖의 여자친족과의 교환으로 혼인하였던 것이 가장 보편적인 관습인 것 같다"고 하고 있다. 어느 여자를 신부로 데려오고 다른 여자를 신부로 보내는 신부교환관습이 오스트레일리아의 전 지역에서 행해졌던 것은 기타의 여러 필자들에 의하여서도 입증되어 왔다. 오스트레일리아 원주민들 사이에서는 심한 빈곤으로 인하여 처는 가장 고귀한 소유물이며, 또한 처를 얻기 위하여 제공할 재산상 등가물(等價物)을 가지고 있지 못하면 토착민은 일반적으로 처를 얻기 위하여 여자친족을 교환이라는 방식으로 제공해야 되는 것으로 설명되어 왔다. 그러나 오스트레일리아 원주민과 같은 정도나 그보다 더욱 가난하면서도 딸이나 자매를 교환하여 처를 얻는 방법을 모르고 있었던 민족도 얼마든지 있다. 오스트레일리아에서 이 관행이 두드러지게 널리 행해졌던 중요한 이유는 처를 얻기가 남달리 어려웠던 점에 있는 것 같다. 이 곤란성은 어느 정도 사람들의 통혼범위(通婚範圍)를 크게 제한하고 있던 부류(部類; class)와 씨족(氏族; clan)의 엄격한 규칙에서 비롯되는 것임에 틀림없다. 그러나 처를 얻는 데 교환적으로 제공할 수 있는 자매가 있었던 남자에게는 이러한 어려움은 따르지 않는다. 왜냐하면 그는 자매를 교환하는 방법으로 혼인이 허용되어 있는 유족이나 씨족에서 여자를 얻을 수 있기 때문이다. 예를 들면 뉴사우스 웨일스(New South Wales)의 캐멀러로이족(Kamilaroi) 사이에서는 쿰보(Kumbo)의 남자가 무리(Muri)의 여자를 처로 삼을 수 있다면, 후자의 형제(무리의 남자)나 전자의 자매(쿰보의 여자)를 처로 맞을 수 있게 하고 있다. 신부와 신부를 교환하는 관행은 세계의 다른 여러 곳에서도 찾아볼 수 있는데, 대부분의 경우 그것은 신부대금을 절약하려는 경제적 수단으로서 일반적인 구매혼(購買婚)과 병행하여 행해진다. 특히 멜라네시아(Melanesia)의 솔로몬군도(Solomon Group)에서의 교환조직(交換組織)에 관하여 투른발트 박사(Dr. Thurnwald)는 "여자의 상호교환(相互交換)은 아마도 두 공동체 사이에 우의적 관계(友誼的 關係)를 확립하려는 친선의 표시로서 발생했을 것이다"라는 견해를 표명하고 있다. 그리고 그는 이 혼인형태가 기본적 형태이고 여기에서부터 가치 있는 물건에 의한 여자의 구매가 파생한 것이라고 믿는다.

_노역혼

교환혼인보다 더 광범위하게 유포되어 있는 혼인방식은 처의 아버지에게 노역을 제공하고 처를 얻는 관습이다. 히브리의 전설(傳說)에 의하여 우리에게도 잘 알려져 있는 이러한 관행은 특히 남북아메리카의 많은 인디언, 시베리아의 여러 민족, 중국 · 인도차이나 및 인도의 많은 원주민 부족, 말레이군도의 많은 섬 그리고 아프리카의 여러 민족에서 발견된다. 남자는 일반적으로 장래 배우자가 될 사람의 집으로 가서 그 가족들과 함께 일정한 기간 동안 살아야 하는데, 이 기간 동안 그는 머슴으로서 일을 한다. 노역(勞役)을 하는 기간은 민족에 따라 크게 다르다. 1년 이내인 것은 거의 없고 심지어는 10년 내지 15년이나 지속되기도 한다. 이 기간 동안 노역을 하는 남자는 소녀를 만날 수도 있고 만나지 못할 수도 있다. 혼인을 한 다음에도 자녀가 태어날 때까지 또는 그보다 더 오래도록 마찬가지로 노역을 해야 하는 경우도 있으며, 또한 영원히 자기 처의 가족과 함께 머물러 살아야 하는 경우도 있다. 그러나 이미 적절하게 지적한 바와 같이 남자가 처의 가족과 함께 영속적으로 옮겨 살아야 하는 혼인형태는 남자가 처를 얻기 위하여 일정한 기간 동안 장인에게 노역을 해 주고 그 다음에는 처를 자기의 집으로 함께 데리고 가는 혼인형태와는 구별되어야 한다. 그리고 처를 얻기 위하여 노역을 하는 관습이 남자가 장인의 집에 가서 영구적으로 사는 한층 오래된 관습의 잔재라는 추정(推定)에 관한 충분한 근거가 밝혀진 것도 아니다. 우리는 여러 민족에 관하여 첫 번째의 처를 얻는 경우에만 노역을 제공하고 얻는다는 말을 들어 알고 있다.

여러 부족에서 행하였던 노역제공이 처를 얻는 유일한 방법은 아니지만, 정규적인 방법으로 되어 있다. 또한 다른 경우에는 노역혼(勞役婚)이 정규의 혼인형태가 아니고 구매혼의 대체물(代替物)로서 행해지고 있다. 즉 청혼자(請婚者)가 너무 가난하여 일반적인 신부대금(新婦代金)을 지급할 수 없는 때에 행해진다. 그리고 적지 않은 민족에서 남자는 노역만으로 처를 얻을 수 없으면 노역을 제공하는 이외에 처를 얻기 위한 대금을 지급해야만 했다. 처를 얻기 위하여 노역을 제공하는 관행은 틀림없이 어느 정도는 자기의 딸을 무상으로 출가시키고 싶어 하지 않는 아버지의 마음에서 비롯되는 것으로서 이것은 노역이 통례적인 구매의 대체물로 되어 있는 많은 사례에 의하여 입증된다. 그러나 여러 보고를 종합하여 보면 또 다른 의미를 지니고 있는 것 같다. 즉 노역기간은 젊은 남자의 노동능력을 시험해 보고 그를 맞아들여도 괜찮을 남편감이고 사윗감인지를 알아보려는 것인지도 모른다. 이것은 요헬슨 박사(Dr. Jochelson)에 의하여 특히 강조된 것인데, 그는 시베리아의 코략족(Koryaks)에 관하여 "노역을 하고 있는 신랑은 보통의 일꾼이 아니다. 그 주된 목적은 그를 이용하려는 데 있는 것이 아니라 그가 견뎌야 하는 어렵고도 굴욕적인 시련에 있는 것이다. 신랑은 보잘것없는 잠자리에서 자야 하고, 제대로 먹지도 못하며, 밤늦도록 잠을 잘 수도 없고, 이것저것 몸이 지치도록 심부름도 다닌다. 그는 목동으로 가축의 주인과 신부의 오빠나 남동생은 잠을 자는데도 밤을 지새기도 한다. 한마디로 말하여 노역을 하는 동안 그의 지구력, 인내심, 유순성(柔順性), 사냥꾼으로서의 기민성 및 목동으로서의 열성과 절약근성 등이 시험된다. 신부의 아버지는 신랑이 이 시험을 잘 견뎌낸 다음에야 혼인에 대한 동의를 한다. 신랑은 자기의 생명에 위험스러운 시련도 견뎌내야 하고 경쟁에서 이겨야 한다는 신랑의 시험방법은 코략족의 설화(說話)에서도 찾아볼 수 있다"고 한다. 캄보디아(Cambodia)에서도 노역기간은 마찬가지로 일종의 시험기간인데, 이 기간 동안에 젊은이가 해야 하는 일은 젊은 여자 및 그녀의 부모로부터 호감을 얻는 것이다. 북아메리카의 오대호지역에 살고 있는 노도웨시족(Naudowessies)에서의 신랑의 노역에 관하여 카버(Carver)는 이러한 방법으로 "아버지는 신랑이 정말로 자기 딸과 그들이 결합하게 되면 태어날 자녀를 먹여 살릴 수 있을는지의 여부를 눈여겨볼 수 있는 기회를 가지는 것이다"라고 밝히고 있다. 남아메리카의 인디언에서는 남자가 자기의 장인이 될 사람에게 제공하여야 하는 노역은 대부분 그의 능력의 시험을 의미하는 것이 분명하다.

_ 처를 얻기 위해서 제공되는 것 중 일정한 재산으로 넘겨주는 대금

스펜서(Spencer)는 재물의 지급에 갈음하여 노역의 제공에 의하여 처를 얻는 것은 한층 높은 수준의 혼인형태이고, 산업형사회(産業型社會)의 진전에 따라 발달해 왔다고 믿고 있었다. 그러나 이 견해는 사실상의 증거에 의하여 뒷받침되는 것이 아니다. 노역혼(勞役婚)은 수렵민족(狩獵民族)에서 찾아볼 수 있으며, 더 나아가 그보다 성행하고 있다. 그리고 그 밖의 경우에 청혼자에게 요구되는 노역은 경제적 문화발달을 전제로 하는 것이 아니다. 한편 구매혼(購買婚)을 하려면 어느 정도의 재산의 축적이 있지 않으면 안 된다. 그러므로 정상적인 구매의 형식에 갈음하는 것으로서의 노역은 다소 진보한 야만인 등에서도 발견된다고 할 수 있을 것이다.

처를 얻기 위한 대가는 일정한 종류의 재산으로 되어 있는 경우가 대단히 많다. 그 액수는 민족에 따라 상당히 다르다. 아주 저급한 부족에서는 그것이 극히 하찮고, 보다 진보한 형태의 많은 민족에서도 대가는 마찬가지로 소액이다. 대가가 선물로서의 의미만 지니고 그 제공과 수령이 아무런 구매행위(購買行爲)도 이루지 않는 경우가 있는 반면에, 다른 어떤 경우에는 대가가 상당한 액수에 달하며 혼인체결(婚姻締結)을 순수한 거래행위(去來行爲)로 만들기도 한다. 북아메리카의 인디언에서는 신부대금을 종종 말로 지급하고 아프리카의 여러 민족에서는 소나 양으로 지급한다. 몇몇 부족에서의 신부대금은 관습에 의하여 일정액으로 정해져 있지만 경우에 따라 그 액수가 변경되는 경우가 훨씬 더 많다. 즉 그것은 당사자의 가(家)의 신분과 재산이나 소녀의 개인적 품격—미모, 장점 또는 능력—에 의하여 크게 좌우되고, 처녀나 소녀는 일반적으로 과부나 이혼한 여자보다 비싼 값으로 팔린다. 대부분의 경우 신부에 대한 대가는 그녀의 아버지에게 지급되고 그 아버지는 이것을 가족의 다른 구성원 또는 그 신부의 친족과 나누어 가져야 하지만, 경우에 따라서는 특수한 예물(禮物)이 증정되기도 하는데 특히 소녀의 어머니가 수령자가 되는 예가 많다. 때로는 대가의 전부 또는 그 대부분이 신부의 어머니 쪽의 숙부(叔父)에게 지급되기도 하고, 또한 그녀의 오빠나 남동생이 거래에서 중요한 몫을 해내기도 한다. 몇몇 북아메리카 및 아프리카의 부족(部族)에서는 신부대금만으로는 태어난 자녀에 대한 아무런 청구권(請求權)도 남편에게 주어지지 않고 자녀에 관하여는 별도의 지급을 하지 않으면 안 된다. 그러나 아프리카의 다른 민족에서는 처가 어린애를 낳기 전에 사망한 경우 남편은 신부대금의 반환을 청구할 수 있으며, 때로는 다른 여자, 일반적으로는 사망한 처의 자매를 대신 요구할 수 있게 되어 있다.

_ 대금을 받지 못하고 하는 혼인에 따르는 불명예

신부대금의 지급이 일반적인 관습으로 되어 있는 곳에서는 만일 소녀가 아무것도 받지 못하고 혼인하면, 그것은 그녀 및 그녀의 가족에 대단히 수치스러운 일로 생각되곤 하였다. 야쿠트족(Yakut)의 관념에 의하면 "그것은 그녀가 아무런 가치도 없다는 것, 그것은 그녀가 아무런 가치도 나가지 않는다는 것, 남자친구가 없다는 것, 그리고 부랑자라는 것을 의미하는 것이었다. 그러므로 야쿠트족의 여자가 러시아의 여자를 경멸하는 것도 이해할 만하다. 그들의 말에 의하면 러시아의 여자는 자기를 데려갈 사람에게 대금(代金)을 지급한다." 카피르족(Kafir)의 여자는 소를 받고 정당하게 팔려가지 아니한 여자에게 조소와 경멸을 퍼붓고, 그러한 여자를 암고양이라고 부른다. 왜냐하면 고양이는 토착민이 팔 만한 가치가 없는 것이라고 생각하는 유일한 동물이기 때문이다. 그러므로 보통보다 많은 금액을 받은 여자는 영광으로 여긴다.

_ 신부를 위하여 물질을 제공하는 관습과 '구매혼'의 의미에 관한 설명

대가를 수반하는 다른 형태의 혼인과 마찬가지로 신부를 얻기 위하여 물질을 제공하는 것은 무엇보다도 어떤 소녀를 처분할 수 있는 권리(權利)를 가지고 있는 자가 무상으로 그녀를 떠나보내기 싫어하는 마음이라든가 남자가 처를 얻기 위하여 일정한 대가를 제공하는 것이 그다지 어렵지 않음을 보여준다는 의미에서 비롯된 것이다. 이러한 형태의 혼인은 일반적으로 '구매혼'(購買婚)이라고 불러 왔다. 그러나 이 용어에 완전히 일치하지 않는 경우가 많이 있고, 그 밖에 소녀가 그 친족에 의하여 소처럼 팔리지 않는다고 생각되는 경우에만 그것이 사용되기도 한다. 선물은 신랑 쪽에서의 호의(好意) 또는 존경(尊敬)의 표현일 수도 있으며, 신랑이 처를 먹여 살릴 수 있는 능력을 증명하는 것일 수도 있다. 또한 그것은 학대(虐待)로부터 처를 보호해 주는가 하면, 처 쪽의 부정행위(不貞行爲)에 대하여 남편을 보호해 주는 역할을 해내기도 한다. 많은 경우 신부대금은 소녀를 보냄으로써 입게 되는 손실에 대한 보상이나 또는 혼인하기까지 그녀를 키우는 데 들어간 비용에 대한 보상이라고들 한다. 그리고 여자의 어머니에게 주는 선물은 그녀의 양육에 대한 보답 즉 '모유(母乳)의 대금(代金)'으로 여겨지고 있으며, 때로는 그것이 그녀의 처녀성을 지켜준 데 대한 보답, 즉 '처녀대금'(處女代金)으로 여겨지는 것 같기도 하다. 금전적인 동기가 두드러지게 나타나는 경우도 있다. 즉 딸이 가장 높은 가격을 부른 입찰자에게 팔려가기도 하고 높은 가격을 받을 목적으로 키우기도 한다. 그러나 신부에 대한 대가를 청구하는 이유가 무엇이든지 간에, 그리고 그 대가가 많든지 적든지 간에, 그것이 남편에게 그의 마음내키는 대로 처를 처치할 수 있는 권리를 부여하는 것은 아니다. 그가 '사들일'(buy) 수 있는 것은 관습상 남편에게 허용되는 권리에 지나지 않는다. 그리고 그 권리가 아무리 크다 하더라도 그것이 그렇게 절대적이었던 것 같지는 않으며, 또한 기혼부인(旣婚婦人)을 완전히 남편의 처분에 맡기는 민족은 하나도 없다고 하는 것이 옳을 것이다. 많은 아프리카의 민족에서의 부모는 일정한 경우 신부대금을 되돌려 주고 자기의 딸을 도로 데려올 수 있다.

그런데 구매혼(購買婚)이 약탈혼(掠奪婚)에서 발생하였다고 하는 주장이 제기된 바 있었다. 즉 부모를 무시하고 그 딸을 유괴하는 것이 최초의 형태이고, 다음에 복수를 모면하기 위하여 보상(補償)이 제공되기에 이르렀으며, 최종적으로 이것이 사전에 예물(禮物)을 제공하는 것으로 바뀌게 되었다고 한다. 이 견해를 뒷받침하기 위하여 여러 민족으로부터 여러 사례가 인용된 바 있는데, 당해 민족에서는 어느 여자를 데려갔거나 또는 함께 도망한 남자는 나중에 그녀가 자기의 처가 되면 보상을 하지 않으면 안 된다. 그러나 이와 같은 사례는 비록 폭력적인 유괴나 도주가 혼인까지 하게 되는 준비로서의 수단이었다 하더라도 대가를 수반하는 혼인이 인정되고 있었던 혼인형태라는 것을 보여 주는데 지나지 않는다. 그러한 사례가 결코 신부대금이 본래 배상금(賠償金)이었다는 것을 의미하는 것은 아니다. 대가를 수반하는 혼인은 처를 얻기 위하여 여자를 약탈하는 습속(習俗)을 전혀 모르고 있던 수많은 민족에서도 널리 행해지고 있다. 그리고 내가 앞의 장(章)에서 말한 바와 같이 약탈혼이 어느 민족에서도 정상적인 혼인형태였다는 것은 입증될 수가 없다.

_ 문명화되지 못한 세계의 각 계층에서 혼인을 성취시키기 위한 통상적인 방식이었던 일정한 신부대가의 교부는 경제적 · 문화적 진보와 함께 점증적인 중요성을 지니게 되었다

신부를 얻기 위하여 일정한 대가를 제공하는 것이 틀림없이 문명화되지 못한 세계의 모든 단계에서 혼인을 성취하는 일반적인 방법이었다는 점은 의심할 바 없지만 일반적으로 그것은 경제적 · 문화적 진전과 함께 그 중요성을 더해 왔다. 홉하우스 씨(Mr. Hobhouse), 휠러 씨(Mr. Wheeler) 및 긴스버그 씨(Mr. Ginsberg) 등은 그러한 중요성의 증대는 농경단계(農耕段階)에 비하여 목축단계(牧畜段階)에서 한층 더 뚜렷하고, "바로 이 관계는 구매 그 자체를 대가의 다른 형태로부터 구별해 볼 때, 한층 두드러지게 드러나기까지 한다"고 한다. 유목민족(遊牧民族)에서는 대가를 수반하는 혼인이 사실상 보편적이었던 것 같다. 문명화되지 못한 몇몇 민족과 관련하여 우리는 상업적인 혼인관(婚姻觀)이란 것이 비교적 근세에 생성된 관념이라는 것을 알 수 있다.

_ 저급한 족속에서의 선물교환에 의한 혼인

신부에 대한 대가의 제공이 통상적인 구매행위가 아니라는 것은 신부 쪽의 사람들이 신랑 자신에게나 신랑 쪽의 사람들에게 답례선물(答禮膳物; return gift)을 하여야 하는 경우에 더욱 명백하다. 혼인할 때 예물을 교환하는 것은 실제로 매우 널리 유포되어 있는 관행이고, 답례선물의 액수가 관습에 의하여 정해지는 경우도 흔히 있다. 처에게 제공된 대가는 동액(同額)의 선물로써 돌려보내는 것이 원칙으로 되어 있는 부족도 많고, 또한 경우에 따라서는 답례선물이 본래의 선물보다 더 많은 경우도 있다. 시베리아의 툰드라지대의 유카기르족(Yukaghir)의 혼인관습에 관하여 요헬슨 박사(Dr. Jochelson)는 선물 교환은 "양가(兩家)의 구성원(構成員)들을 가까이 접촉시키기 위하여 생각해낸 것이다"라고 하며, 홉하우스 교수는 이 관행이 일반적으로 "두 가족의 결합을 공고히 하는 방법"일 것이라고 적절하게 지적하고 있다. 몇몇 경우에는 이 교환이 딸을 거래상품으로 삼는 데 대한 수치감과 연결되어 있는 것이 한층 더 명백하다. 솔로몬군도의 플로리다(Florida)에서는 신랑 쪽에서 토착민의 화폐 50고리를 제공하는 경우에는, 신부 쪽은 답례로 돼지 다섯 마리를 보내고, 그리고 100고리를 제공하는 경우에는 열 마리의 돼지를 보낸다. "그리고 이들은 돈으로 사는 것은 돼지이지 처녀가 아니라고 말한다." 또한 해든 박사(Dr. haddon)에 의하면 토레스해협(Torres Straits)의 서부도민(西部島民; Western Islanders) 사이에서는 "시아버지 쪽에서의 답례선물은 처의 가치가 대단히 많이 나가고 남편은 가난하게 살아서도 안 된다는 감정의 표현인 것 같다." 그러나 때로는 답례선물이 남편의 품행에 달려 있기도 하므로 그것은 처를 보호하는 것으로서 사게 되는 것인지도 모른다.

_ 저급한 족속에서의 딸에 대한 지참금 지급관행; 지참금으로 신부의 아버지가 신부에게 지급하였던 신부대금이나 그 일부 또는 처에 대한 재산설정이나 재산공여로 여겨졌던 신부대금이나 그 일부

답례선물이 지참금(持參金)의 형태를 취하는 경우도 있다. 지참금은 신부의 아버지, 부모 또는 기타의 친족이 그녀에게 주는 것인데, 이것은 직접·간접으로 남편의 이익도 되는 것이다. 딸에게 지참금을 주는 관행은 민족에 따라 이러한 것을 전혀 찾아볼 수 없는 예도 있기는 하지만 발달하지 못한 많은 민족 사이에 널리 유포되어 있다. 지참금은 이따금 일정한 음식물, 의복, 장식품, 가재도구나 기타의 물품으로 되어 있지만, 몇 마리의 가축을 포함하거나 이것만으로 이루어지는 경우도 있다. 신부의 아버지가 그녀에게 주는 지참금이 때로는 그녀의 남편에 대한 답례선물로 풀이되기도 하며, 동북아프리카의 마레아족(Marea)에서처럼 그것이 남편의 독점재산(獨占財產)이 되는 경우에는 그것은 사실상 남편에 대한 선물로 된다. 그런데 이와는 달리 혼인존속 중에는 남편이 지참금의 용익권(用益權)을 갖지만, 별거하거나 이혼하는 경우에는 처가 자기의 지참금을 되돌려 받는 경우도 있다. 여러 민족에서는 신부대금의 전부 또는 일부가 신부의 아버지에 의하여 그녀에게 지참금으로 제공되거나 처에 대한 재산수여(財產授與)나 생계비(生計費)로 여겨지기도 하는데, 이러한 한도에서는 신부대금과 지참금과의 사이에 교착관계가 있게 되는 셈이다. 많은 부족에서는 청혼자가 자기의 장래의 처에 대하여 선물을 하고, 신랑은 혼인 전이나 바로 다음에 신부에게 선물을 한다.

_ 청혼자가 장래의 처에게 공여하였던 예물 또는 신랑이 신부에게 공여하였던 예물; 진보된 문화민족에서의 대가지급에 의한 혼인

대가를 수반하는 혼인은 문명화되지 못한 대부분의 족속에서뿐만 아니라 보다 높은 문화수준에 달해 있는 민족들 사이에서도 찾아볼

수 있다. 중국에서는 청혼자의 아버지가 예물을 주는데, '예물'(禮物; present)이라는 말이 시사하는 것처럼 그 액수가 당사자의 호의에 맡겨지는 것이 아니라 혼인중매인(婚姻中媒人)에 의하여 꼼꼼히 확인하여 챙겨진다. 사람들이 혼인예물을 소녀에 대한 '대금'(代金; price)이라고 하는 말은 들어 볼 수가 없다. 그러나 재미슨 씨(Mr. Jamieson)는 그 예물은 그것을 주고받는 것이 통상적인 매매행위의 하나였던 때로부터의 잔재라고 생각한다. 실제로 가난한 사람들 사이에서의 부모는 어린 소녀를 사서 그녀가 혼기에 달할 때까지 딸처럼 기르는 수도 있으며, 이렇게 함으로써 그녀로 하여금 세대 내에서 노역을 하도록 하고 혼인비용을 절약하기도 한다. 일본에서는 매매혼(賣買婚; marriage by sale)이나 약탈혼(掠奪婚)이 오랜 옛날에는 일반적이었다고 하는데, 다이호료(大寶令; Taiho-ryo)의 시대(701-1192)로부터는 관습이 점차적으로 보다 정교하게 개선되었다고 한다.

대가를 수반하는 혼인은 셈족의 모든 지방에서 행해졌었다. 바빌로니아(Babylonia)에서의 청혼자는 그가 처로 예정하고 있는 여자의 아버지에게 신부대금이나 예물을 하지 않으면 안 되었는데 그 액수는 당사자의 신분에 따라서 달랐다. 그리고 만일 젊은 사람 자신이 필요한 돈을 가지고 있지 못하면 그의 부모가 그에게 그 돈을 대줄 것으로 생각했었다. 그러나 함무라비법전(Law of Hammurabi)을 통해 보면 남자가 장인에게 신부대금을 지급하는 것이 일반적인 관습으로 되어 있기는 하였지만, 그것을 지급하는 것이 보편적인 것은 아니었으며, 만일 처가 자녀를 낳지 못하고 사망하게 되면 신부대금이 남편에게 반환되기까지 하였음을 알 수 있다. 창세기(創世記)에는 야곱(Jacob)이 그 종자매(從姉妹)인 레아(Leah)와 라헬(Rachel)을 처로 얻기 위하여 각각 7년 동안씩 자기 어머니의 오빠인 라반(Laban)에게 노역을 제공하였다고 되어 있다. 그러나 고대 이스라엘에서 처를 얻는 통상적인 방법은 모하르

(mohar) 또는 마르(mahr)라고 지칭되는 신부대금을 지급함에 의해서였다. 탈무드법에 의하면 서로 혼인을 하려는 양당사자의 합의는 혼인계약을 유효하게 해 주는 특수한 형식에 의하여 법적으로 표명되지 않으면 안 되었다. 이 경우 통상적인 형식은 카세프(kaseph) 즉 '금전'(金錢; money)이라고 불렸던 것이다. 남자는 2명의 증인 앞에서 자기가 선택한 신부에게 한 잎의 화폐(貨幣)—팔레스타인에서 사용되는 가장 적은 액수의 동전인 페루타(peruta)까지도 이 목적으로 사용되기에 충분했었다 —또는 그것과 동액(同額)의 물건을 주는데, 이때 "당신은 나에게 바쳐졌소"라고 한다. 그러나 중세에는 카세프에 의한 약혼행위(約婚行爲)가 화폐에 갈음하여 간소한 반지를 사용함으로써 거행되는 것이 관습으로 되어 있었으며, 이 관습은 그 이후로 오늘날까지 행해져 오고 있다. 카세프에 의한 약혼은 옛날 구매혼(購買婚)의 잔재일 수도 있지만 그것은 또한 로마의 매매혼(賣買婚; coëmtio)의 모방이라고 생각되기도 하였다.

고대 아라비아인들 사이에서의 신부대금인 마르(mahr)는 신랑에 의하여 신부의 아버지나 후견인에게 주어졌다. 그리고 이 신부대금은 이슬람교법에 아직도 남아 있는데, 여기에서는 그것은 신랑이 신부에게 제공하는 선물인 사다크(sadāq)와 혼합되었다. 비록 코란법(Koranic law)이 마르 또는 사다크를 신부의 재산이라고 정하고 있기는 하지만, 이 규칙은 반드시 실제로 그렇게 지켜지고 있는 것은 아니다. 예를 들어 팔레스타인의 시골지방에서는 혼인계약은 명백히 구매행위(購買行爲)이고, 대부분 —적어도 절반—의 사다크는 소녀의 아버지에게로 들어간다. 모로코의 어느 지방에서는 소녀의 아버지는 그가 받은 돈의 전부를 딸의 혼수용 장신구를 사는 데 쓰지만 한편 다른 지방에서는 그가 그렇게 쓰는 돈은 사다크의 일부에 지나지 않고, 나머지는 자기 자신을 위하여 남겨두는 것이 보통이다. 이렇게 되면 시디 하릴(Sīdī

Ḫalīl)이 적시한 바와 같이 사다크는 거의 매매대금에 '유사한 것'에 지나지 않을 뿐이다. 그러나 여자가 사다크의 모든 이득을 갖는 경우라 하더라도 혼인이 그대로 구매행위인 경우가 있다. 많은 부족에서 사다크 이외에 종종 그보다 훨씬 더 많은 액수의 금액이 소녀의 아버지에게 제공되고 그것은 그 아버지가 보유하는 것으로 친다. 이 관습은 베르베르어를 말하는 부족이나 아라비아어를 말하는 이웃 부족에서 특히 많이 발견되는데, 따라서 옛날 베르베르인의 구매혼과 같은 것임에 틀림없다. 더구나 많은 부족에서는 소녀의 아버지 이외의 가족구성원에게도 일정한 금액이 지급되었다. 특히 그녀의 큰오빠에게 지급되었는데 그는 그녀의 아버지가 사망하게 되면 그녀의 공인된 후견인이 된다. 이러한 지급이 때로는 '뇌물'(bribe)이라고 표현되기도 하는데 그 지급의 목적물은 소녀의 다른 친족으로 하여금 아버지에게 영향을 미치게끔 하기 마련이다.

처의 구매는 민족의 분리가 일어나기 이전의 아리아인의 혼인의 기초였다고 종래 생각해 왔다. 베다시대에는 비록 딸의 매매에 어느 정도의 불명예가 따라붙기는 하였지만 신부는 자기 아버지에게 많은 예물을 안겨 주었다. 마누(Manu)가 말하는 여덟 가지의 혼인형태 가운데 하나인 아수라(āsura) 형식은 구매혼이었다. 그리고 그는 어느 사람인가가 두 저급한 계급—바이샤(Vaiśyas)와 수드라(Śūdra)—으로 하여금 혼인할 수 있도록 허락해 주었다고 인정하고 있다. 그렇지만 마누 자신은 그것을 철저하게 금지하였다. 그는 "아버지로서 법을 아는 사람이라면 누구나 자기의 딸로 말미암아 아무리 적은 예증물(禮贈物)이라도 받아서는 안 된다. 왜냐하면 재물을 탐내어 그것을 받은 사람은 자기 자손의 매각자이기 때문이다"라고 했다. 그러나 신랑이 신부의 아버지에게 암소와 황소를 한 마리씩 또는 두 쌍의 소를 보내는 것을 의미하였던 이른바 아르샤(ārsha)형식은 마누 및 기타의 입법자에 의하여 합법적인 혼인형식의 하나로 인정되었다. 이 선물이 기증물이라는 것은 명백히 부정되지만 그러나 아르샤형식이 구매라고 불러도 괜찮을 거래의 잔재라는 것은 거의 의심할 바 없다. 마누 법전상의 금지에도 불구하고 구매혼은 오늘날에도 높은 계급에서까지 찾아볼 수 있으며 수드라(Śūdra)에서는 자주 행해진다.

아리스토텔레스는 원시시대의 그리스에서는 남자들이 자기의 처를 샀었다고 한다. 영웅시대에는 청혼자가 가축으로 이루어지는 기증물(寄贈物; ἕδνα)을 선정된 신부의 아버지에게 주었다. 그리고 소녀는 아르페시보니아(ἀλφεσίβοια) 즉 자기의 부모에게 청혼자로부터 받은 기증물로서 여러 마리의 황소를 가져다주는 사람으로 불리기도 하고, 또한 당시의 재물통화(財物通貨)였던 황소를 가리키는 그리스어와 합성된 그 밖의 다른 이름으로 불리기도 하였다. 후루자(Hruza)는 다른 필자들과는 달리 헤드나(ἕδνα)가 신부대금이 아니라 아버지를 설득하려고 제공되는 뇌물(douceur)에 지나지 않는다고 주장한다. 그러나 그는 보다 더 오래 전에 그리스에 구매혼이 존재하였다는 것을 인정하고 있다. 어쨌든 후루자가 옳게 지적하고 하는 바와 같이 당해 거래는 어떠한 동산의 구매가 아니라 남편으로서 가지게 되는 권리의 구매였을 따름이었다.

그런데 구매혼이 로마에서의 혼인형태였다는 것은 앞에서 살펴본 것처럼 그렇게 확실한 증거에 의거하여 주장되고 있지 못하다. 그렇지만 구매혼이 존재했었으리라고 추측할 수 있게 해 주는 것은 귀족이거나 평민임을 막론하고 로마시민이 혼인을 체결하는 통상적인 형식이었던 공매(共買; coëmtio)라는 의례적인 절차 속에 깃들어 있었다고 생각된다. 그것은 신부의 구매를 나타내 주는 전통적인 의식이었다. 남편이 되려는 자는 당시 합법적인 관계로서의 혼인으로 인정받기 위해서 반드시 필요한 것으로 되어 있었던 남편으로서의 권력을 취득한다는 일념 하에 종래 신부를 자기의 권력 아래 두고 있는 자로부터 그녀를 '샀던'(purchasing) 것이다. 한편 공매를 옛날의 신부매매의 잔재 유물로 보는 것을 부인하는 필자도 있다. 마카르트(Marquardt)는 특별한 귀족들의 혼인형태인 콘파르레아티오(confarreatio)에 대하여 구매관념이 전혀 포함되지 않은, 로마에서 가장 오래된 혼인형태였으며, 공매는 인위적인 것으로 비교적 후기의 혼인형태였다고 주장하고 있다. 칼로와(Karlowa)는 만일 구매혼이 고대 로마나 로마인의 조상들 사이에 널리 퍼져 있었다면, 그 잔재는 공매에 남아 있는 것이 아니라 역사시대에 들어와 신부에게 건네주었던 약혼보증금(約婚保證金; arrha sponsalitia) 가운데 남아 있는 것으로 생각한다.

대가를 수반하는 혼인은 튜튼계의 모든 민족의 관습이었다. 에이르계곡 주민의 전설(Eyrbyggja Saga)에는 노역혼의 자취가 남아 있다. 즉 비그스티르(Vîgstyr)가 자기의 딸 아스디(Âsdî)에게 청혼을 해 온 난폭한 할리(Halli)에게 "너는 가난한 사람이므로 나는 옛날 사람들이 했던 것처럼 하겠다. 그리하여 나는 너로 하여금 어려운 일을 시켜 보고 혼인의 자격을 인정하겠다"고 말한다. 그러나 신부를 얻기 위하여 제공되는 통상적인 대가는 신랑이 지급하는 금전이었다. 그 액수는 본래 협의에 의하여 정해졌던 것이지만 법전시대(法典時代; period of the lawbooks)에 들어오면서부터는 영국이나 대륙에서 모두 그 액수는 일반적으로 관습(慣習)이나 성문법(成文法)에 의하여 정해졌을 것으로 추정할 수 있다. 켄트의 에텔버트왕(Aethelbirht)의 법은 소녀에게 가축을 사주는 사람에 관하여 기술하고 있는데, 그 거래를 '매매거래'(賣買去來; bargain)라고 부르고 있다. 독일에서는 중세 말기까지 '처를 산다'는 표현이 그대로 사용되어 왔고, 노르웨이의 1604년의 크리스챤 4세(Christian IV)의 법에서도 똑같은 용어를 찾아볼 수 있다. 네덜란드(Holland)에서는 신부가 일반 대중의 언어로서는 '팔리는 것'(verkocht)으로 표현되고 있다. 그러나 여기에서도 우리가 주의하지 않으면 안 되는 것은 구매혼은 재산의 일종으로서의 여자의 구매를 의미하는 것이 아니었다는 점이다. 옛날 튜튼인이 샀던 것도 문트(mund) 즉 여자를 보호해 주는 권리 및 혼인을 함으로써 남편이 가지게 되는 기타의 권리였다.

구매혼(購買婚)은 고대 슬라브인들 사이에도 유포되어 있었다. 옛날의 러시아어로는 혼기에 달한 소녀가 '담비'(marten)를 뜻하는 쿠나(kuna)라는 말에서 파생되어 나온 쿤카(kunka)라고 불렸다. 왜냐하면 소녀의 아버지는 그녀를 고대 러시아에서의 통상적인 지불수단인 담비 가죽과 교환하였기 때문이다. 슈라더(Schrader)는 "오늘날까지도 러시아의 농민들 사이에서는 혼인의 최초의 행위가 청혼(請婚) 즉 청약(請約)이고, 그것은 순수한 상업적인 거래(去來)이다. 청혼자의 아버지는 보통 친족을 데리고 소녀의 부모를 만나서, '우리는 살 사람이 있고 당신들은 상품을 가지고 있습니다. 그러니 파시지 않으시겠습니까?' 라고 한다. 그리고 나서 매매거래가 뒤따르게 되는데, 이것은 우리에게 보고한 사람들이 말하는 것처럼 어느 면에서는 암소의 매매에 관한 흥정과 다른 바 없다"고 한다. 남부 슬라브인(Southern Slavs) 사이에서는 구매혼이 부분적으로 아직까지도 행해지고 있거나 최근까지만 하여도 행해졌었다. 세르비아(Serbia)에서는 19세기 초기에 소녀의 가격이 너무 비싸져서 블랙 죠지(Black George)는 그것을 1더컷(ducat)으로 제한하였다. 알바니아의 고지대(High Albania)에서는 "혼인은 간혹 벌어지는 소녀의 폭력적인 약탈의 경우를 제외하고는 거의 구매에 의하여" 이루어졌다.

고대 켈트인은 신부를 얻기 위하여 대금을 지급하였다. 아일랜드에서는 신부대금은 금 · 은 및 동제품, 의복이나 말굴레, 소나 돼지, 토지나 가옥과 같은 여러 가지의 물품으로 지급되었다. 신랑이 혼인 후에 해마다 지급하는 형태도 간혹 있었는데, 「브레혼법」(Brehon law)에 의해 여자의 아버지가 첫해에 지급되는 신부대금의 전부를 가질 수 있도록 규정되어 있는 것을 찾아볼 수 있다.

그렇지만 이들 어느 민족에서나 대가를 수반하는 혼인은 대체로 시간의 경과와 함께 변화를 겪지 않을 수 없었다. 이 변화는 문명화되지 못한 몇몇 민족에 관하여 이미 언급한 다른 몇 가지의 관습과 대단히 유사하다. 그리하여 대가를 수반하는 것으로 되어 혼인은 본래의 관행과는 거의 다른 제도로까지 되어 버리고 말았다. 이 과정의 일반적 추세는 여자의 부모가 그녀의 혼인으로부터 받아 오던 경제적 이익이 다소나마 줄어들고 당사자의 이해관계에 보다 많은 관심을 갖게 되었다는 점이다.

_ 진보된 문화민족에서의 답례선물을 제공하는 관습

이쯤 살펴보고 나니, 우리는 답례선물을 제공하는 관행에 접하게 된다. 그런데 이 관행은 이미 우리가 살펴본 바와 같이 특별한 목적에 맞춰서 지켜졌던 것이지만 적어도 몇몇 경우에는 그것은 구매혼을 완화시킨 것같이 생각된다. 중국에서는 신부의 아버지 또는 후견인은 증정된 예물의 일부만을 받고 나머지를 돌려보내는데, 이때 그들은 신랑의 아버지를 위한 일정한 물품을 함께 보낸다. 사실상 예물교환은 고대의 형법전에서 긴 한 절(節)을 차지하는 주제(主題)로 되어 있다. 왜냐하면 "일단 혼약서(婚約書; marriage articles)와 약혼예물이 교환되어야만 당사자들은 최종적으로 약혼을 하였다고 생각하기" 때문이다. 인도에서는 아르샤(ārsha)형식의 혼인 이외에도 매매의 실체를 제외시키기만 하면 그 표상을 그대로 지니고 있는 다른 양식이 있었던 것 같다. 그것은 마차나 다수의 암소와 같은 값비싼 선물을 받는 것이었는데, 당해 물품은 받은 후 즉시 증여자에게 돌려 보내주게 되어 있었다. 아파스탐바(Āpastamba)는 이러한 조치가 베다(Veda)에 의하여 "법률적 절차를 완전히 갖추기 위하여" 규정되었었다고 말하고 있다. 결국 고대법(古代法)에서는 구속력 있는 혼인의 형식이 매매였다는 것이 명백하다. 고대 그리스에서는 혼인을 체결할 때 헤드나(ἕδνα)가 신부에게 제공되었을 뿐만 아니라 네이리아(μεἰλια)라고 하는 예물을 신부의 아버지가 신랑에게 주었다. 타키투스(Tacitus)는 게르만인이 자기의 처를 얻기 위하여 증정하는 선물에 관하여 언급한 다음에 "처의 쪽에서도 남편에게 일정한 무기를 선물한다. 이것은 혼인의 약정, 신비적인 축하 및 모든 혼인의 신을 표현하는 것이다"라고 하였다. 웨일즈어의 아그웨디(agweddi)라는 말은 때로는 신부의 혼인지참금도 포함하는 것으로 사용되었던 것 같지만, 엄밀하게 말하면 신부의 양계친족(kindred)이나 부모가 신랑에게 지급하였던 상환액(償還額)이었다. 신부가 가지고 가는 지참금(持參金)도 부분적으로는 남편에 대한 답례선물로 볼 수 있다.

_ 진보된 문화민족에서 신랑이 신부에게 제공한 선물 및 신부에게 지불한 대금의 전부 또는 그 일부는 신부 자신의 재산이 되었다

다음의 여러 민족에서도 우리는 또한 신랑이 신부에게 제공하는 선물이 있음을 알게 된다. 그리고 비록 이들 선물은 틀림없이 독자적인 기원을 가지고 있다고 할 수 있지만, 그것이 옛날 신부대금의 잔재유물일 수도 있다. 더구나 우리는 신부에게 지급된 대금이 그 부모나 후견인의 소유로 돌아가지 않고, 그 전부 또는 일부가 신부 자신의 재산으로 되는 경우가 많다는 것을 알고 있다.

중국에서는 신부에게 특수한 예물을 주고 그 부모에게 제공된 금전은 일반적으로 그녀의 결혼준비에 사용된다. 일본에서는 청혼한 남편감이 장래의 신부에게 일정한 예물을 보내는데, 이 선물제공이 혼인의례 중 가장 중요한 부분의 하나로 되어 있다. 사실상 일단 예물을 주고 받고 나면 계약이 완전히 성립되고 어느 쪽도 취소할 수 없다. 그런데 구매혼이 옛날부터 일본에 유포되어 있었던 것을 생각한다면 예물을 제공하는 것이 당해 관습의 잔재라고 생각하여도 그다지 잘못된 것은 아닐 것이다. 그렇지만 선물교환에 있어서 신부도 일정한 종류의 전통적인 선물을 자기의 남편이 될 사람 및 그의 부모와 친족에게 주었으며, 당해 선물의 가액은 언제든지 신랑이 가져온 선물의 그것에 맞추어 결정되었다.

함무라비법전에는 신부대금뿐만 아니라 신랑이 신부에게 주는 예물에 관하여 기술되어 있다. 이와 유사한 선물은 고대 이스라엘에서도 신부에게 제공되었다. 아브라함(Abraham)의 하인은 "은으로 만들어진 장신구, 금으로 만들어진 장신구 및 의복을 가지고 와서 리브카(Rebekah)에게 주었다. 그리고 그녀의 오빠 및 어머니에게도 값비싼 물건을 주었다." 고대 아라비아에서는 신랑이 혼인식 때 사다크(sadāq)라고 불리는 선물을 신부에게 건네주었다. 그러나 이들 선물과 함께 신부대금의 전부나 일부가 시간이 경과함에 따라 셈족의 신부가 소유하는 것으로 되었다. 헤로도토스(Herodotus)가 바빌로니아에서는 "혼인지참금은 아름다운 처녀를 위하여 금전으로 제공되었다"라고 하고 있는데, 그는 아마도 그것에 관하여 잘 알고 있던 것이 아닌가 생각된다. 코사커 박사(Dr. Koschaker)는 수메르인의 법에는 옛날 신랑이 신부에게 주었던 신부대금이 니그 무사(nig-mussa)라고 불리는 예물로서 남아 있었다고 한다. 이스라엘인들 사이에서 모하르(mohar)는 얼마 안 있어 그 전부 또는 일부를 신부에게 돌려주었다. 라반의 딸들은 자기들의 아버지가 자기들을 노예로서 팔고 자기들의 모하르를 낭비한다고 불평하였다. 아라비아에서는 마르(mahr)가 심지어 이슬람교 이전의 시대에도 경우에 따라서는 처의 재산으로서 그녀에게 주어졌다. 그리고 이슬람교에서는 마르와 사다크의 구별이 완전히 사라졌다.

남편이 처에게 지참금을 제공하였던 관습은 오늘날까지도 유태인 및 이슬람교도들 사이에서 발견된다. 유태교 율법에서는 처가 과부가 되거나 이혼할 경우에 그녀를 보호하기 위하여 남편은 혼인 전에 서면으로 처는 남편의 재산에서 일정한 금액을 수취할 수 있는 권리를 가진다고 하는 계약증서를 작성하여야 한다는 것을 규정하고 있었다. 이 계약증서(契約證書)는 케투브하(kethūbhāh; 혼인증서〈婚姻證書〉)라고 불렸다. 이 채무의 최저금액은 처가 혼인하는 경우에는 은화 200데나리우스(denarius), 과부가 혼인하는 경우에는 100데나리우스의 금액으로 정해져 있었다. 케투브하에 정해져 있는 금액에 대한 처의 청구권을 담보하기 위하여 부동산이거나 동산이거나 모든 남편의 재산을 저당물로 하는 것이 보통이다. 케투브하는 비록 많은 나라에서 법적인 중요성을 가지지는 못하였지만 대부분의 유태인의 혼인에 아직도 따라붙기도 한다. 이 제도는 기원전 100년경에 시몬 벤 샤타시(Simon ben Shatach)에 의하여 창설되었거나 제정되었을 것이라고들 한다. 어쨌든 그것은 아마도 대가를 수반하는 혼인이 옛날 관습과 다소나마 관계되어 있는 것처럼 보인다.

이것은 이슬람교도의 마르 또는 사다크에도 일치하는 것임에 틀림없다. 그것은 비록 신부의 아버지에게 교부되기는 하였지만 코란법에 의하여 신부 자신의 재산으로 추정되었다. 이슬람교에서는 유효한 혼인을 체결하기 위하여는 사다크(sadāq)의 제공이 필요하다. 즉 남자는 사다크를 제공하여야 되는 것으로 하고 있다. 그렇더라도 남자는 사다크와 무관하게 여자와 합법적으로 혼인할 수 있었던 것이 사실이고, 이러한 경우 법은 계약 자체에 의거하여 여자에게 유리한 대가를 정할 수 있게 하고 있다. 모로코의 어느 지방에서는 동일한 부족 안에서도 사다크의 액수가 크게 다르기는 하였지만 관습에 의하여 정해져 있다. 그렇지만 그 액수는 경우에 따라 각각 다르다. 페즈(Fez)에서는 잘 살지 못한다고 여겨지는 사람들은 처녀에 대하여 70달러 내지 100달러를 지급하였으며, 과부 또는 이혼한 부인에 대하여는 30달러 내지 40달러를 지급하였으며, 만일 당사자의 부모가 부자라면 사다크는 600달러나 되기도 한다. 메카(Mecca)에서는 마르(mahr)가 200달러에서 수백 달러까지 차이가 있다. 만일 여자가 과부이거나 이혼한 여자이면 이보다 적은 것이 보통이다. 그러나 적어도 모로코에서만은 반드시 그렇지는 않았다. 코란이나 전설(傳說)에는 혼인의 완료 전에 사다크의 금액을 지급하여야 한다는 것을 나타내는 구절은 전혀 없다. 그리하여 후기의 법조인들은 그 일부만이라도 혼인과 동시에, 아니면 요구를 받자마자 지급하여야 하고, 나머지는 그 후의 일정 기간 이내에, 또는 이혼이나 일방 당사자의 사망에 의한 혼인계약의 해소시까지 지급하면 된다고 생각하였던 것이다.

인도·유럽계의 여러 민족에서는 신부대금이 변화하였음이 그들의 언어에서 그것을 나타내기 위하여 사용되었던 말이 나중에 지참금(持參金)의 뜻을 포함하게 되었다는 사실로서 나타나 있다. 인도에서는 당해 대금은 신부를 신랑에게 넘겨주는 그녀의 부모 또는 후견인에게 주어졌었는데, 후세에는 결혼예물(結婚禮物)로 되었고, 그것을 신부는 신랑으로부터 직접 또는 자기의 아버지를 통하여 받았다. 영웅시대의 그리스인들 사이에서는 아버지가 반드시 자기 자신을 위하여 헤드나(ἕδνα)를 사용하지 않고 그 전부 또는 일부를 딸에게 주었었다. 그리고 우리는 신랑이 신부가 머리덮개를 벗는 것을 처음으로 보았을 때이든지 또는 '신비스러운 밤'을 지낸 다음에 직접 그녀에게 예물을 주었다는 말도 전해들은 적이 있다. 로마에서는 신랑은 허혼착수금(許婚着手金; arrha sponsalitia)이라고 하는 약혼예물을 신부에게 주었는데, 이것은 옛날의 신부대금의 잔재유물일 수도 있지만, 그렇지 않을 수도 있다.

튜튼민족에서도 유사한 발전과정이 전개되어 왔다. 6세기부터 9세기까지의 민족법시대(民族法時代; time of the folklaws)에는 신부대금은 바야흐로 신부의 아버지나 후견인(後見人)에게 지급되지 않고 신부 자신에게 지급되었다. 후견인의 권리는 실제로는 착수금(着手金; Handgeld)의 수령 즉 살릭법 소리두스(solidus) 및 데리나우스(denarius)라고 되어 있는 오로지 형식적 이행에 한정되어 있었다. 그렇지만 이러한 신부대금이 실제로 혼인체결시에 신부에게 지급되었다는 것을 의미하는 것은 아니다. 처의 재산은 남편이 살아 있는 동안은 남편의 관리 하에 두게 되므로 신부대금은 사실상 남편의 사망 후에야 비로소 그의 재산으로부터 지급되는 과부의 생계비로 변하였다. 신부대금에 관해 폴록(Pollock)과 메이틀란드(Maitland)는 "앵글로색슨인의 약혼이 널리 유포되기 시작하고부터는 신부의 남자친족이 자기들의 여자친족에 대한 권리에 갈음하여 대금을 수취하는 현금거래는 아니었다. 오히려 신랑이 장래의 처에 대하여 재산분여(財產分與)를 한다는 것을 그들과 약정하는 것이라고 하는 것이 정확할지 모른다. 만일 그녀가 '자기의 의사를 따라주면' 신랑은 그녀에게 첫아침 선물(morning-gift)을 줄 것이고, 또한 만일 그녀가 자신보다 오래 산다면 신랑은 그녀에게 과부산(寡婦產; dower)을 주겠다는 선언을 하며 심지어 그것을 위한 담보물을 제공하기까지 한다. 비록 의심할 나위도 없이 그녀의 남자친족이 마치 아버지 및 봉건영주(封建領主)가 아주 후세까지 그렇게 해 온 것처럼 당해 거래로부터 이득을 얻는 경우가 있을 수도 있지만 더욱 본질적인 문제는 그들이 신부를 위하여 처를 과부로서 삼아 명예로운 처우를 해주는 계약조건(契約條件)으로 하였다는 것이다"라고 한다. 첫아침선물—이것은 유럽에서는 매우 오랜 동안 존속해 내려 왔으며 실제로 독일과 스위스에서는 오늘날까지 남아 있다 —에 관하여 많은 필자들이 그것은 신부대금으로부터 발생하였다거나 또는 신부대금의 일부를 이루는 것이었다는 견해를 피력해 왔다. 더욱이 첫아침선물을 처녀의 대가로 여기기까지 하였지만, 이 견해에 반대하여 이것은 경우에 따라서는 과부에게도 주어졌다고 하는 논거가 인증되기도 하였다. 어떻든 간에 이 선물의 이름 자체는 그것이 혼인의 완성과 일정한 관계가 있다는 것을 보여주는 것임에 틀림없다. 그러나 단순히 보상이라는 관념 이외의 다른 관념이 이와 관련되었을 가능성도 있다. 모로코 및 기타의 이슬람교국가에서는 혼인의 완성 바로 전이나 때로는 바로 후에 신랑이 신부에 대하여 금전의 예물을 준다. 나는 그 예물의 본래 목적이 불길한 힘으로부터의 보호에 있었다고 믿을 만한 근거를 발견하였다.

코발레우스키 교수(Professor Kobalewsky)에 의하면 대러시아인(Great Russians) 사이에서의 아버지는 일반적으로 신랑으로부터 받은 돈을 자기의 딸을 위하여 사용한다. 즉 아버지는 자기가 받은 금액에 상응하는 지참금을 주거나 그보다 적은 돈을 건네주었다. 「브레혼법」(Brehon law)에서는 여자의 아버지는 비록 첫해의 신부대금의 금액에 대하여 권리를 가지고 있기는 하지만 2년째에는 3분의 2만을, 3년째에는 2분의 1만을 수취하는 것으로 규정되어 있다. 각 경우에 당해 대금 중의 나머지는 처에게로 돌아간다. 고대 웨일즈에서는 남편은 혼인의 완성이 있고 난 다음날 아침에 자기의 처에게 '그녀의 처녀성에 대한' 예물을 주어야 했다. 그 금액은 법으로 정해져 있었는데, 처의 아버지의 신분에 따라서 각각 달랐다.

_ 발달된 문화민족에서의 혼인지참금

이제까지 우리는 대가를 수반하는 혼인으로부터 시작하여 지참금 중 일부를 신부에게 제공하는 관행까지 살펴보았다. 지참금은 종종 서로 분리될 수 없을 만큼 뒤섞여 있는 상이한 목적에 사용된다. 그것은 답례선물(答禮膳物)의 의미를 가지는 경우가 있는가 하면 남편뿐만 아니라 처도 가정의 생활비용(生活費用)으로 지출할 수 있는 것임을 의미하기도 한다. 또한 남편의 사망이나 기타의 사정으로 혼인이 해소되는 경우에 처를 위한 재산설정(財産設定)이라는 목적이 결부된 경우도 대단히 많다. 그러한 경우 혼인이 지속하는 한 남편이 일반적으로 지참금의 용익권(用益權)을 가지고 있으므로 그것은 여자를 위한 재산설정임과 동시에 남자에 대한 답례선물일 수도 있다. 그리고 지참금은 실제로 남편을 사는 방법일지도 모른다.

고대 바빌로니아에서는 신부는 일반적으로 자기 아버지의 집에서 지참금을 가지고 왔다. 그 지참금은 비록 남편이 그 용익권을 가지게 되어 있기는 하였지만 그대로 그녀의 재산으로 되어 있었다. 이슬람교도들 사이에서는 신부의 아버지가 종종 신랑이 제공한 사다크(sadāq)나 마르(mahr) 이외에 그녀에게 일정한 금품을 덧붙여 준다. 이집트에서는 신랑이 내는 지참금뿐만 아니라 신부의 가족이 제공한 부가성금(附加誠金)—이것이 때로는 지참금보다 많다 —까지도 신부의 가구, 의복 및 장식품을 사는데 사용되었다. 그리고 페즈에서는 관습상 신부의 아버지가 지급한 금액이나 적어도 사다크와 같은 금액을 신부의 혼수감 구입에 쓰게 되어 있었다.

베다인들 사이에서는 딸이나 여자형제의 혼인을 확실하게 하기 위하여 아버지나 남자형제가 지참금을 제공하는 예가 드물지 않았다. 이러한 경우에는 남편은 지참금과 만일 여자의 재산이 있다면 그 재산도 자기의 소유로 삼았다고 추정할 수 있을 것이다. 왜냐하면 후일에도 인도에서는 여자의 특유재산(特有財産; strīdhana)을 인정하려는 움직임이 대단히 뒤늦었기 때문이다. 힌두법(Hindu law)은 이러한 종류의 재산에 대한 기혼부인의 소유권을 인정하고 있기는 하지만, 그럼에도 불구하고 남편은 곤궁할 때 그것을 이용하고 소비할 수 있는 권한을 가지고 있었다. 고대 고올(Gaul)에서는 카이사르(Cæsar)에 의하면, 처는 지참금을 가지고 와야 했지만, 남편도 자기 자신의 재산으로부터 같은 금액을 보탰었다. 그리고 어느 일방이 사망하면 생존배우자는 혼인 후에 모은 재산과 함께 양쪽의 몫을 모두 차지하였다. 아일랜드인 사이에서는 남편이 신부대금을 지급하게 되었는데, 그렇다고 하여 그것이 신부로 하여금 일정한 물건이나 귀중품을 갖지 못하게 하는 것은 아니었다. 사실상 신부가 보석이나 가축무리나 토지를 가지고 가는 경우가 대단히 많았고, 이러한 것들은 계속적으로 그녀 자신의 특유재산(特有財產; special property)으로 되었다. 더구나 젊은 부부의 친구들이 부부를 위하여 모금을 하는 경우도 많았는데, 이 모금액(募金額)의 3분의 2는 법에 의하여 남자에게 돌아가게 되고 나머지 3분의 1은 여자에 돌아가는 것으로 되어 있었다. 고대 웨일즈에서는 딸은 아버지나 양계친척들로부터 지참금이나 재산설정(財產設定)을 받을 수 있는 권리를 가지고 있었던 것 같은데, 이들 물건 가운데는 보통 새로운 가정에 필요한 물건뿐만 아니라 그녀 자신이 사용할 물품도 포함되어 있었다. 아테네에서는 여자가 혼인할 때는 지참금을 가지고 가는 것이 일반원칙으로 되어 있었는데, 그 지참금은 보통 금전이었고 때로는 동산이기도 하였으며 경우에 따라 부동산일 수도 있었다. 지참금은 혼인비용에 대한 처의 분담금이면서 동시에 사소한 이유로 인한 혼인해소에 대한 억제역할도 하였다. 지참금의 액수는 처의 아버지의 재량에 달려 있었으며 아버지가 딸에게 조금이나마 지참금을 마련해 주어야 할 법적인 의무가 있었다는 증거는 없다. 그렇지만 지참금은 떳떳한 혼인과 첩관계를 구별하는 일반적인 기준으로 여겨지기도 했다. 이사이오스(Isæus)는 적출의 딸에게 자기 재산의 10분의 1도 주지 않는 사람은 품위 있는 집안의 사람이 아니라고 말하고 있다. 남편은 지참금의 용익권(用益權)을 가지는 것이 보통이었다. 그리하여 에우리피데스(Euripides)는 자기가 살고 있던 당시의 관행을 영웅시대로 옮겨 기술함으로써 메데아(Medea)로 하여금 우리 여성은 어마어마한 돈으로 남편을 사지 않으면 안 된다는 불평을 털어놓게 하고 있다. 그러면서도 지참금은 그대로 어디까지나 처의 재산으로 남아 있었다. 그리고 남편은 언젠가는 그 지참금을 되돌려 주지 않으면 안 될지도 모르기 때문에 그는 일반적으로 담보로서 부동산을 저당잡히게 하기도 하였다. 아리스토텔레스시대에는 스파르타의 전지역의 거의 5분의 2가 부인의 지참금으로서 그녀들에게 귀속되어 있었던 것으로 추정된다.

로마에서는 그리스에서보다 더 지참금이 적처(嫡妻)를 구별짓는 특징으로 되어 있었다. 여자는 자기의 아버지에게 지참금인 도스(dos)를 요구할 수 있는 법적 권리를 가지고 있었다. 그러나 그 지참금이 처의 이익을 위한 대책으로서 마련된 것이면서도 그것은 공동세대의 비용의 지출에 대한 분담으로서 그녀 자신이 아니라 그녀의 남편에게 주어지는 것으로 되어 있었다. 로마 공화정의 고대법(古代法)에 따르면 남편은 양도하거나 저당할 수 있는 권리를 포함하여 소유권 그 자체에 수반하는 모든 권리와 구제절차를 가지고 있었다. 그리고 남편은 혼인계속 중뿐만 아니라 혼인해소 후에도 지참금의 유일한 소유자로 인정되었다. 기원전 18년의 「간통에 관한 율리아법」(Lex Julia de adulteriis)은 남편으로 하여금 지참금에 포함되어 있는 이탈리아의 농지를 양도하거나 저당권설정의 목적물로 삼지 못하도록 금지하였으며, 유스티니아누스(Justinianus)는 지참금 재산인 토지에 이러한 금지를 확대시켰다. 지참금의 사용·수익에 대한 남편의 권리는 혼인이 존속하는 동안만 인정되는 것으로 제한되었다. 유스티나아누스 이전의 법에서는 지참금을 반환하여야 하는 남편의 책임은 이전과 마찬가지로 대단히 한정적이었고, 남편은 혼인해소 후에도 지참금의 진정한 소유자로 계속적으로 인정되었으며, 일정한 한계 내에서만 남편의 소유권과 병행하여 처 또는 지참금을 제공한 사람으로 하여금 의무적인 지참금의 반환 청구를 주장할 수 있게 하였다. 그러나 유스티니아누스법은 혼인해소가 처의 부정행위로 말미암아 야기된 경우를 제외하고는 어떠한 경우에나 남편에게 지참금의 반환의무를 부과하였다. 처의 지참금을 처분할 수 있는 남편의 권리에 대한 이와 같은 제한은 아마도 어느 정도는 혼인유대(婚姻紐帶)가 약화된 것과 관계가 있을 것이다. 지참금과 남편의 세습재산(世襲財産)과의 혼동은 혼인이 일생 동안 존속하는 한에서는 그다지 중요하지 않을지 모르지만, 이혼이 잦아지게 되면 그것은 그대로 넘어가기 어려운 일이 되고 만다. 여기에 지참금에 관한 로마법의 발전은 그리스법에 의하여 많은 영향을 받았던 것 같다. 그리스법에 따르면 처는 지속적으로 자기의 지참금의 소유자였다.

로마의 지참금에 관한 일반적인 전통은 교회에 의하여 계승되어 내려왔다. 지참금의 실질적인 목적은 남편이 그것을 함부로 빼앗지 못하게 하여, 남편의 사망 후에 남아 있게 될 처에게 생계비를 확보시켜 주는 것이었다. 비록 남편이 처의 지참금(持參金)을 관리하고 사용하기는 하였지만, 처의 지참금은 그녀의 재산으로서 남게 된다는 유스티니아누스의 원칙은 각 나라에서 조금씩 개정되기는 하였더라도 이 문제에 관한 후대의 입법의 기초가 되었다. 유스티니아누스는 여러 차례에 걸친 칙령에서 지참금의 지급은 지체가 높은 사람들에게만 의무적인 것임을 선언하기도 하였지만, 옛날 관습은 폐지되지 않았다. 후기의 법률에 의하면 딸은 자기가 혼인을 할 때 지참금을 요구할 수 있는 것으로 되어 있다. 1794년의 프로이센 「분방법」(Prussian 'Landrecht')은 아버지나 때로는 어머니가 혼인식을 주선해 주고 부부의 집을 마련해 주어야 한다는 뜻을 규정하고 있다. 한편 「나폴레옹법전」(Code Napoléon)에 의하면 부모는 딸에게 지참금을 주어야 하는 의무를 지지 않으며, 이와 똑같은 원칙이 근대법제에 일반적으로 답습되었던 것이다. 그러나 이른바 라틴계의 여러 나라에서는 지참금설정(持參金設定)에 대한 호의적인 감정이 아직도 강렬하게 남아 있다. 이 감정은 헨리 메인 경(Sir Henry Maine)이 설파한 것처럼 프랑스국민의 특징을 이루는 절약과 축적이라는 관습의 주요한 원천이고, 아마도 로마법의 의무규정으로부터 오랜 동안의 끈질긴 전승(傳承)에 의하여 이어 온 것으로 생각된다.

_ 남편의 구매

오늘날 지참금을 상당히 중요한 사회제도로서 보존시켜야 할 특별한 한 가지 요인이 존재한다. 즉 일부일처제(一夫一妻制)가 법으로써 규정되고, 성년의 여자의 수가 성숙한 남자의 수보다도 많으며, 다수의 남자가 혼인을 하지 않고 기혼부인이 나태한 생활을 하는 사회에서의 지참금은 옛날에 남자가 처를 그 아버지로부터 구매하였던 것처럼 아버지가 자기의 딸을 위하여 남편을 사주는 대금(代金)처럼 되는 예가 적지 않기 때문이다.

인도에서는 딸에게 남편을 찾아주기가 어렵기 때문에 공공연하게 남편의 구매(購買)가 행해지고 있다. 낮은 계급이 보통 신부를 사기 위하여 일정한 금액을 지급한다. 그리고 몇몇 경우 특히 하이퍼가미(hypergamy; 상승혼〈上昇婚〉)가 행해지고 있는 곳, 즉 소녀가 자기와 동급이나 상급의 계급과 혼인하지 않으면 안 되는 곳, 또는 여자가 대단히 부족한 곳에서는 상당히 많은 금액이 지급된다. 최근에는 신랑 대금은 신랑의 교육적 자질에 의하여 크게 좌우되고 있다. 벵골의 카야스타(Kāyastha)의 학사(學士)는 500루피 내지 1000루피로 거래되고 있으며, 어느 경우에는 그 가격이 10,000루피까지 올라가는 예도 있다.

제8장

혼인의식

_혼인체결과 관계있는 의례순서

혼인을 체결하는 데 필요한 동의를 얻고 앞에 살펴본 몇 가지 조건이 갖추어졌다 하더라도 그 결합을 유효하게 하기 위해서나 법률적인 입장에서 보아 혼인을 제대로 성립시키기 위해서 이 밖에 다른 일정한 조건이 있어야 하는 것으로 할 수 있다. 그중에서 혼인체결에 있어서 필수적인 것이라고까지는 할 수 없겠지만, 일정한 의식이 기존에 확립된 관습에 맞추어 행해져야 하는 경우가 종종 있다.

혼인체결에 관한 의식은 때로는 오랜 동안에 걸친 일련의 행사(行事)와 금기(禁忌)로 이루어지게 되기도 하는데, 경우에 따라서는 맨 처음 혼인하기로 생각하였을 때로부터 혼인이 체결된 다음까지 계속되는 수도 있다. 혼인의식은 특히 약혼식(約婚式)이나 혼인식(婚姻式)으로, 그리고 이들 두 행사 사이에 치러야 하는 부대의식이 대표적이다. 이 기간 즉 약혼식과 혼인식 사이의 간격은 아주 다양해서 수년간, 수개월, 수일 또는 단지 몇 시간일 수 있으며, 경우에 따라서는 그러한 기간이 전혀 없을 수도 있다. 아일랜드의 서부에서는 즐거운 약혼과 혼인식 사이는 불과 하루 이틀밖에 되지 않는다. 유태인들 사이에서는 약혼과 본래의 혼인식을 같은 날 동시에 또는 몇 시간의 간격만을 두고 거행하는 것이 중세 이후 관습으로 되어 왔으며, 그리고 의식(儀式)이 거행되는 동안에는 신랑의 비용으로 신부측이 즐겁고 큰 잔치를 벌렸다. 고대 로마에서는 약혼, 즉 스폰살리아(sponsalia)가 혼인을 위한 본래의 통상적인 예비행위(豫備行爲)이기는 하였지만, 법적으로 반드시 필요한 것은 아니었다. 그리고 대체로 로마의 스폰살리아 및 눕타아이(nuptiæ)로부터 유래하는 크리스천교회(Chriatian Church)의 의식에서는 약혼과 혼인식은 일찍부터 사실상 결합되어 있었다. 그렇게 되다 보니 교회의 의식이 약혼과 혼인식에서 행해지는 의식에 많은 혼란을 초래하였으며, 일반 사람들의 관습에서는 약혼과 혼인식이 아직도 따로따로 행해지는 경우가 적지 않다.

단일민족(單一民族) 또는 서로 관계가 있는 민족집단(民族集團)의 혼인의식에 관한 논문에서는 혼인의식이 행해지는 순서대로 다루는 것이 이치에 맞고, 나도 졸고 「모로코에서의 혼인의식」(Marriage Ceremonies in Morocco)에서 그렇게 기술한 바 있다. 그러나 이 책에서는 나는 다른 방법을 채용하기로 하였다. 즉 유사한 의식이 의식절차의 다른 단계에서 나타나더라도 이것들을 함께 모아보고자 한 점이다. 물론 이렇게 한다고 하여 각 의식의 절차상 순서에 주의를 기울이지 않겠다는 것은 아니다. 의식이 행해지는 시기는 그 의식을 이해하는 데 가장 중요한 점이다. 그러나 동일한 의식이 다른 사례에서는 똑같은 순서대로 거행되지 않기도 한다. 예를 들어 어느 경우에 약혼을 할 때에 행해지는 의식이 다른 경우에는 혼인식에서 행해지며, 때로는 같은 민족에서조차 어느 의식이 약혼과 혼인식에 모두 행해지기도 한다. 내가 다루고자 하는 핵심적인 사항은 의식이 지니는 의미를 검토하려는 것이다.

_혼인의 가장 일반적인 사회적 작용으로서의 결합의 공표

혼인의식의 가장 일반적인 사회적 목적은 결합 자체를 공표하는 것이다. 번 양(Miss Burne)은 '공표'(公表; publicity)라는 것은 "어느 곳에서나 공인된 혼인을 위법한 정교(情交)와 구별짓는 요소이다"라고 한다. 어느 결합이 유효한 것으로 승인받기 위해서는 공적인가(公的認可)를 얻어야 하는 것으로 할 수 있다. 이것은 비단 근대문명국가에서만 그랬던 것은 아니다. 추장(酋長)이 당사자의 혼인을 공식적으로 선언하는 야만부족도 있다. 공표는 그 밖의 방법으로 행해질 수도 있다. 수니파(Sunnī)의 이슬람교도에서는 혼인계약의 체결을 입증하기 위하여 적어도 2인 이상의 증인이 출석하여야 하는 것으로 되어 있다. 로마의 귀족적인 혼인방식인 콘파르레아티오(confarreatio)는 최고제사장(最高祭司

長; Pontifex Maximus), 부제사(副祭司; Flamen Dialis) 및 기타 10인의 증인의 출석을 필요로 하였다. 튜튼계의 여러 나라에서는 약혼이 근대에 이르기까지 증인이 참석한 가운데 행하여졌다.

_ 혼인의 성적 결합을 알리는 공표

혼인의 완전한 성적 결합(性的 結合; sexual consummation)을 위하여 공표를 하도록 하는 경우도 있다. 동아프리카의 반투 카비론도(Bantu Kavirondo)에서는 신랑은 대단히 많은 소녀와 부인의 앞에서 신부와 함께 신방(新房)으로 들어간다. 부부가 한 담요에 함께 있는 것이 증명되는 경우에만 혼인이 법적으로 유효한 것이라고 공식적으로 인정되는 튜튼족 여러 나라에서는 신랑과 신부가 증인이 보는 가운데 침대로 들어갔다. 그리고 이러한 관습은 아주 최근까지도 남아 있었다. 또한 이러한 관습은 슬라브민족에서도 찾아볼 수 있다.

_ 잔치로 혼인을 치름으로써 결합을 알리는 공표

결합을 공표하기 위하여 가장 널리 보급되어 있는 방법은 잔치를 베풀어 축하하는 것인데, 이 경우 손님은 어떤 의미에서 증인으로 여겨지는 셈이다. 어느 경우에는 혼인식이 신부의 부모의 집에서 거행되고, 어느 경우에는 신랑의 집에서 거행되기도 한다. 때로는 잔치가 양쪽에서 모두 개최되기도 한다. 혼인식은 혼인을 널리 알리는 것만을 목적으로 하는 것이 아니라 이와 동시에 신랑 · 신부의 양가를 합치고, 친분의 유대를 강화시켜 준다. 이러한 점에서 공동의 식사가 거의 동맹행위(同盟行爲)로까지 여겨지는 나라에서는 그 사회적 중요성이 더 크다고 하지 않을 수 없다.

_ 분리의례와 집합의례

여러 가지의 혼인의식은 갖가지의 목적을 위하여 짜여지고 행해진다. 그 가운데의 어떤 것은 친정으로부터의 신부의 이별과 직접 관련되어 있다. 반게넵 교수(Professor van Gennep)가 말하는 이와 같은 분리의례(分離儀禮; rites de séparation)에 속하는 것으로는 예를 들면 신부의 친족이나 신부 자신이 행하는 의례적인 저항 및 신부의 공연한 외침이 있는데, 이에 관해서는 전 장(章)에서 논한 바 있다. 다른 의식은 '집합의례'(集合儀禮; rites d'agrégation)라고 지칭되어 왔다. 그러나 혼인의식으로서 이들 항목 중의 어느 것에도 속하지 않는 것들도 대단히 많이 있다.

_ **당사자 간의 결합을 상징하거나 혼인유대를 강화하려는 혼인의식; 손의 결집**

아주 흔히 찾아볼 수 있는 혼인의식 중 몇 가지는 당사자 간의 결합을 상징하는 것이거나 아니면 이와 달리 본원적으로 혼인유대를 강화하려는 것이기도 하다. 우선 손을 잡는 것이 있는데, 이것은 많은 야만부족에서 찾아볼 수 있는 것으로 옛날에는 모든 인도·유럽족들 사이에서 가장 중요한 혼인의식의 하나였다. 의심할 바 없이 그것은 여러 가지 다른 관념의 표현일 것이다. 로마인의 오른손 결수(結手; dextrarum junctio)에 의하면 신부는 남편의 수권(手權; manus) 아래로 들어가는 것으로 되어 있어서, 다시 말하여 남편에게 '인도되었던' 것을 뜻한다. 또한 손을 잡는 것은 옛날부터 두 사람이 상대방에게 맹세하는 신의의 외적 표현이고, 악수(握手; Handschlag)나 악수하여 서약하다(Hand in Hand geloben) 및 악수계약(Handgelübde)은 독일에서의 상례적인 법률관습이다. 그러나 바로 이 의식이 적어도 대단히 많은 경우에 결합의 상징적 행위라는 것은 너무나도 명백하다. 폴란드(Poland) 및 불가리아(Bulgaria), 포르투갈(Portugal)과 같은 유럽국가와 인도의 여러 지방에서는 신혼부부의 손을 서로 잡기만 하는 것이 아니라 꽁꽁 동여매기까지 한다.

_ 일정한 물건을 신랑과 신부의 몸에 잡아매기; 약혼과 결혼반지

신랑과 신부의 결합은 이들 각자에게 일정한 물건을 잡아맴으로써 표현하기도 한다. 영국령 동아프리카의 난디족(Nandi)에서는 신랑과 신부는 서로 상대방의 팔목에 일정한 풀의 잔가지를 매어 주고, 베추아나(Bechuana) 부족의 일족인 바수토족(Basuto)에서는 도살된 황소의 목에 늘어진 가죽살의 한 조각을 소녀의 팔목에, 그리고 다른 한 조각을 신랑의 팔목에 매는데, 이것은 그들이 이제 서로 맺어졌다는 것을 뜻한다. 약혼반지와 결혼반지도 적으나마 부분적으로는 이와 유사한 목적으로 주고 받았던 것으로 생각된다. 고대 힌두인들 사이에서는 결혼반지가 사용되었고 고대 로마에서는 약혼반지가 사용되었는데, 로마의 경우에는 남자가 반지를 자기의 혼약자에게 선사하는 것으로 되어 있었다. 이와 똑같은 관습이 중세와 그 이후까지도 기독교(基督敎)를 믿는 유럽에 널리 유포되어 왔으며 나중에는 일반적으로 반지의 교환의 형태로 전승(傳承)되었다. 그렇지만 반지는 매우 뒤늦게 북부의 여러 나라에도 소개되어, 예로부터 내려오던 튜튼민족의 관습인 매듭을 매거나 금화나 은화를 쪼개서 그 한쪽 절반은 여자가 지니고 나머지 절반은 남자가 가지던 관습과 대체되었다. 이와 관련하여 17세기 말까지 스칸디나비아에서는 반지의 교환이 있었다는 것이 알려져 있지 않았다. 혼인반지에 관한 갖가지의 미신은 그것이 부부 사이의 상징적인 유대로 여겨지는 것을 의미한다. 혼인반지를 분실하거나 파괴시키는 것은 사망, 결합의 해소나 기타의 불행을 의미하는 것이다. 스코틀랜드의 동북부에서는 흔히 여자가 자기의 혼인반지를 분실하면 "자기의 남편을 잃게 된다"고 한다.

_ 신랑과 신부의 공동식사의식

야만민족에서나 문명민족에서 모두 행해지는 아주 흔하고 일반적인 혼인의식은 신랑과 신부가 함께 식사하는 것이다. 어느 신분이거나 단계임을 막론하고 힌두인들 사이에서는 신랑과 신부가 같은 나뭇잎이나 접시로 함께 식사를 하는 것이 관습으로 되어 있다. 고대 그리스에서는 신랑신부가 참깨과자를 먹었으며, 로마에서는 파르(far)라고 하는 고대 이탈리아의 곡물로 만든 과자 —이것 때문에 귀족의 혼인을 콘파르레아티오(confarreatio)라고 하였다— 를 곡물신인 주피터(Jupiter Farreus)에게 바쳤으며, 신랑신부는 증인이 보는 앞에서 그 과자를 함께 먹었다. 그리고 오늘날 약혼 시 또는 이보다 더욱 자주 혼례 시에 신랑신부가 함께 식사하는 관습—같은 그릇으로 식사하거나, 한 쪽의 빵을 먹거나 같은 숟가락으로 먹는 것이 보통이다 —은 유럽의 많은 지방에서 찾아볼 수 있다. 이러한 의미에서 본다면 이 의식이 본래 단순한 상징 이상의 것이었음은 거의 의심할 바 없다. 스웨덴에서는 소녀와 젊은이가 한 조각의 음식물을 나누어 먹으면 그 두 사람은 서로 사랑을 하게 된다는 일반적인 믿음이 있었다. 독일에서는 만일 부부가 같은 숟가락으로 '아침 스프'(morning soup)를 먹이면 그들은 화목한 혼인생활을 해나가게 된다고 생각한다. 모로코의 아라비아어를 사용하는 산악부족 중 한 부족에서는 신랑이 헤나(henna)염료로 맨 처음 색칠을 하는 동안에 신랑신부는 도살된 양의 간장을 함께 먹는 것이 관습으로 되어 있었는데, 그렇게 하는 목적은 "서로 사랑하도록 하기 위해서"라고 한다. 그러나 남편과 아내가 식사를 함께 하는 공동식사의식(共同食事儀式)은 혼인생활의 가장 두드러진 특징 중의 하나이고, 서약행위의 의미까지 지니는 것이므로 이에 의하여 부부의 생활상의 결합이 더욱 공고히 되는가 하면 부부 각자에게 일정한 강제가 가해지는 수도 있게 된다.

_ 공동음주의식

공동의식과 별도로 행하거나 경우에 따라서는 동시에 행하는 의식으로 공동음주의식(共同飮酒儀式)이 있다. 이 의식도 공동식사의식과 마찬가지로 부부의 결합을 상징하는 것 또는 그것을 강화하는 수단이다. 남아메리카의 몇몇 인디언에서의 부부는 같은 술잔으로 마시기도 하고 과실주(brandy)를 함께 마시기도 한다. 중국에서의 부부는 혼인의 완성 전에 술이나 술과 꿀의 혼합물을, 때로는 붉은 끈으로 동여매기도 하는 두 개의 술잔으로 교대하며 마시는데, 신랑은 자기의 술잔으로 마시고 신부에게 넘겨주면, 신부는 뒤이어 자기의 술잔을 신랑에게 넘겨주는 것을 여러 번 되풀이한다. 일본에서도 부부는 술을 함께 마시는데 술잔을 아홉 번이나 교환하고 이것이 의식의 거의 전부를 이룬다. 유럽에서의 공동음주의식은 이탈리아로부터 노르웨이에 이르는 지역이나 브르타뉴(Brittany)로부터 러시아에 이르는 지역에서 찾아볼 수 있으며, 스코틀랜드에도 그 유습이 남아 있다. 공동음주는 모든 국가에 살고 있는 유태인들 사이에서도 혼인식의 일부를 차지하고 있다.

_ 혼인의 완료를 보호하거나 확실하게 하기 위한 의식

혼인의 완성을 확실히 하거나 또는 원활히 하려는 여러 가지 의식이 있다. 유럽이나 모로코 및 그 밖의 지역에서는 달걀, 토기나 유리제품을 혼인식에서 의례적으로 깨뜨린다. 아가일셔(Argyllshire)에서는 "신랑신부를 위한 축배를 들었을 때, 누군가가 그들의 어깨 위로 술잔의 술을 붓고, '행운을 축하한다'(for luck)는 뜻으로 그 술잔을 깨뜨려야 하는 것으로 되어 있다." 뉴버그(Newburgh)에서는 혼인식이 끝난 다음 신혼부부가 신부의 집을 떠나려고 할 때에 소금을 담은 접시를 몰래 신랑의 머리 위에서 깨뜨리는 의식이 드물게나마 행해지고 있다. 클리블랜드(Cleverland)의 기스버러(Guisborough)에서는 신랑이 신부의 집문 앞에 도착했을 때, 적은 양의 과자를 담아 신부에게 주었던 접시를 받아서 자기의 왼쪽 어깨 위로 던져 버린다. 이 경우 "이들이 염원하는 장래의 행복은 그 접시가 땅에 떨어져 갈라지는 것에 따라 결정된다." 잘펠트(Saalfeld) 지방에서는 혼인식이 끝난 다음에 신부의 들러리 중 한 사람이 먼저 급하게 집에 가서 맥주나 과실주를 가지고 와서 신랑에게 한 잔을 따라 준다. 신랑은 그 잔을 비우고 자기 뒤쪽으로 던져 버린다. 만일 그 유리컵이 깨지면 좋고 그렇지 못하면 좋지 않은 것이다. 혼인 전날 밤에 베풀어지는 독일의 폴터아벤트(Polterabend) 때에는 모든 종류의 도기(陶器)를 신부의 집 밖으로 내던져 깨뜨리고, 북부의 독일인은 "깨어진 유리조각이 많으면 많을수록 행운이 더 많이 돌아온다"고 생각한다. 오버팔츠(Upper Palatinate; Oberpfalz)에서는 혼인 전날 밤에 신부의 집에서 유리창이 깨어지는데, 많은 유리조각은 부(富)를 의미하는 것이라고 한다. 오늘날까지도 유리컵을 깨뜨리는 것은 유태인 혼인식의 가장 두드러진 특징 중 하나로 남아 있으며, 신랑이 발로 깨뜨리거나 아니면 율법박사가 발로 깨뜨린다. 이러한 의식에 관하여는 갖가지 공상적인 설명이 제시되고 있기는 하지만, 나는 그 진정한 의미를 도저히 납득할 수가 없다. 많은 사실은 깨어지기 쉬운 일정한 물건을 깨뜨림으로써 거행되는 많은 의례가 유사치료적(類似治療的) 주술의 원리에 의해 혼인의 완성을 확실하게 하려는 것이었음을 강력하게 시사해 준다. 혼인의 완성은 유럽 및 기타 지역에서는 연적(戀敵)의 사술(詐術)이나 불길한 힘에 의하여 그 진행이 방해받는 것으로 생각되어 왔다. 이러한 의도가 일반적으로 어느 정도 위장되었더라도 이 문제의 본질을 생각한다면 그다지 의심스러운 것이 아니다. 그리고 몇몇 남부 슬라브인 사이에서는 조금도 의심스럽지 않을 정도로 명백하게 이 의도가 깃들어 있는 것으로 이야기되고 있다. 시르미아(Syrmia)의 세르비아인들(Serbs) 사이에서 가장(家長)은 한밤중쯤 되어 신부를 신랑의 방에 밀쳐 들어가게 하고 문을 닫는다. "그리고나서 그는 술이 들어 있는 유리컵을 들고 젊은 부부의 행운을 빌면서 술을 마시고 그 다음에는 유리컵이 박살나도록 문에 던져 버린다. 이것은 이제 막 처녀가 없어지는 순간임을 가리키는 상징으로 여겨진다." 신랑과 신부가 함께 있는 동안 손님들은 소동을 벌이고 컵이나 병을 깨뜨리고, '혼인이 완성되었다는 표시'로서 자루에 담겨 있는 달걀을 깨뜨리려 하기도 한다.

_처녀능욕을 확실하게 하려는 수단으로 여겨지는 것 같은 붉은 색

여러 민족에서는 막대나 나뭇가지나 나무를 부러뜨리는데, 이것도 유사한 목적에서 행해지는 것 같다. 중부 모로코의 에이스 유시족(Aith Yusi)에서는 신부가 말을 타고 그녀의 새로운 집으로 옮겨 갈 때, 그녀는 자기의 앞 편에 등나무가지를 잡고 간다. 이 등나무가지에는 깃발이 달려 있기도 하고 달려 있지 않기도 한데, 신부행렬(新婦行列)의 남자들에 의하여 그 가지에는 불이 붙여진다. 그리고 내가 들은 바로는, 그들은 신랑이 그 날 밤 신부의 처녀막을 터뜨릴 수 있도록 그 나뭇가지에 바람을 불어서 갈래갈래 찢어지게 한다는 것이다. 또한 혼인의식에서 대단히 많은 경우에 사용되는 붉은 색도 흔히 그렇게 말하는 것처럼 다만 처녀성의 표시일 뿐만 아니라 처녀성 상실을 확실하게 해주는 수단으로 여겨지는 것으로 생각된다. 광동(廣東; Canton)의 중국인은 신혼부부가 자는 침상의 꼭대기에 '백자천손(百子千孫)을 두기를!'과 같은 기원문구가 적혀 있는 길고 붉은 색의 종이 세 가닥을 달아맨다. 그리스와 로마에서는 신혼의 침상을 붉은 색 천으로 덮어씌우며, 핀란드의 에케내스(Ekenäs)에서는 '신부를 행복하게 해주기 위하여' 신부의 담요를 붉은 색으로 해야 하는 것으로 되어 있다.

_처로 하여금 다산케 하거나 남자아이의 어머니가 되도록 하기 위해서 하거나 또는 그러한 것으로 여겨지는 의식; 이러한 목적을 위해서 이용되는 어린 남자아이

또한 처로 하여금 자녀를 많이 낳게 하거나 남자아이의 어머니가 될 수 있도록 하기 위하여 거행되는 많은 의식이 있다. 모로코에서는 신랑의 어머니가 대바구니나 아들의 옛날 옷 한 뭉치를 마치 그것이 어린애인 것처럼 등에 업고 다니거나, 독신남자들이 신부의 어머니를 그물 속에 넣고 어린애를 흔들어 잠재우는 것처럼 좌우로 흔든다. 신부가 신랑의 집으로 옮겨갈 때는 그녀가 타는 동물이 때로는 암말이어야 하는데, 이것은 암말이어야 새끼를 낳을 수 있기 때문이고, 어느 경우에는 그 동물이 종마(種馬)여야 하는 경우도 있는데, 이는 신부로 하여금 남자아이를 낳게 하려는 생각에서 그렇게 하는 것이다. 그리고 얼마 안 되는 몇몇 경우이긴 하지만 조그만 남자아이가 암말 위의 신부 뒤에 타고 가는 것도 똑같은 목적을 위하여 그렇게 하는 것이다. 이와 대단히 유사한 관습은 다른 나라에서도 찾아볼 수 있다. 스웨덴의 어느 지방 시골사람들 사이에서는 신부는 그 첫애가 아들이 되도록 하기 위하여 혼인 전날 밤에 남자 어린애와 함께 자야만 한다는 믿음이 있다. 그리고 슬라브민족의 거의 전부에서는 신부에게 남자아이를 안겨주거나 그녀의 무릎 위에 앉힌다. 이 관습은 원시 인도·유럽족의 혼인의식에 속하는 것이라고 할 수 있을 것이다. 왜냐하면 우리는 그리햐수트라(Grihyasūtras)로부터 고대 인도에서는 신부가 자기의 새로운 집에 태어날 남자자손의 징조(徵兆)로 삼아 조그만 남자아이를 그녀의 무릎에 앉혔던 관습이 있었음을 알 수 있기 때문이다.

_ 일정한 종류의 곡식이나 과일의 투척

이 문제와 관련하여 언급되어야 하는 것으로, 그 연원(淵源)을 따져본다면 원시 인도·유럽족까지 거슬러 올라가는 다른 하나의 혼인양식이 있는데, 그것은 일정한 종류의 곡물이나 과일을 신부에게 던지는 관습이다. 신혼부부나 신랑에게만 심지어는 혼인식에 온 손님에게까지 곡식이나 과일을 던지는 관습은 동쪽으로는 인도, 인도차이나, 말레이군도로부터, 서쪽으로는 대서양에 이르기까지 유포되어 있는 관행으로 확인되고 있다. 인도에서는 이러한 관행을 그것을 그리햐수트라로부터 산스크리트어(Sanskrit)로 되어 있는 고전적인 문헌을 통하여 오늘에 이르기까지 찾아볼 수 있다. 고대 그리스에서는 신부가 신랑의 집에 들어서면 신랑이 그녀를 부뚜막까지 데리고 가는데, 거기에서 그녀는 대추야자 열매, 무화과 열매, 견과, 조그만 동전 등으로 빗발 같은 세례를 받았다. 로마에서는 신랑이 모여 있는 남자아이들에게 껍질이 딱딱한 과일을 던져 주었다. 슬라브민족의 여러 나라에서는 곡물 낟알과 홉(hop)을 신랑과 신부나 혼례행렬(婚禮行列)에 던졌다. 프랑스의 어느 지방에서는 삼씨라든가 밀을 신랑신부에게 마구 뒤집어 씌웠고, 경우에 따라서는 신부는 세 개의 빵 조각과 함께 맞게 되기도 하였다. 영국에서는 최근에 많이 쓰는 색종이 조각(confetti)과 별도로 옛날에는 쌀 이외의 다른 곡물을 신부에게 던졌으며 어느 지방에서는 오늘날까지도 그렇게 한다. 17세기에는 신부가 교회에서 나올 때 그녀에게 밀을 던졌다는 것을 전해 내려오는 이야기를 통하여 알고 있다. 영국의 북부지방에서는 이웃에 사는 가장 나이가 많은 한 사람이 신부의 새로운 집의 입구에 기다리고 서 있다가 한 접시의 말아서 구운 쿠키(short-bread)를 그녀의 머리 너머로 던지는데, 그렇게 하면 그것은 바깥쪽으로 떨어진다. 이때 그 조각을 주우려는 쟁탈전이 벌어지는데 그것은 그 말아서 구운 쿠키의 조각을 줍는 것이 대단한 행운으로 여겨지기 때문이다. 18세기 초 글로스터셔(Gloucestershire)의 시스톤(Siston)에서는 부부의 머리 위에서 커다란 케이크를 부숴 떨어뜨렸다. 또한 애버딘셔(Aberdeenshire)의 로즈하티(Rosehearty)에서는 신혼부부가 연회장에 들어올 때 그들 위에 보리를 뿌렸다. 그리고 아일랜드의 서부지방에서는 신랑의 어머니가 젊은 신부가 앞으로 살게 될 집의 문을 통과할 때 신부의 머리 위에 메귀리로 만든 케이크를 깨뜨리곤 하였다.

_ 번성을 확실하게 하는 것으로 생각되는 의식

만하르트(Mannhardt)는 낟알이나 씨앗 또는 말린 과일을 신부에게 던졌던 것은 "인간과 열매를 맺는 풀과의 동정적인 관계 및 사람의 소생과 곡물의 산물과의 유사성에 관한 감정으로부터 발생하는 것임을 시사하고", 그 이후의 몇몇 필자들도 그와 마찬가지로 이러한 관습이 다산(多産)을 촉진하려는 것이었다고 본다. 어떤 경우에는 이러한 관습이나 이와 유사한 관습을 행하는 사람들에 의하여 그렇게 여겨졌던 것은 틀림없는 사실이다. 그러나 우리는 이러한 의식에 다른 관념도 포함되어 있다는 것을 알 수 있다. 즉 이러한 의식은 때때로 자손뿐만 아니라 번영을 확보하려는 수단이라고 하고, 경우에 따라서는 번영이나 부유함을 확보하려는 수단이라고 하는데, 나는 모로코에서 결코 다산을 확보하려는 것이라고는 할 수 없는 별도의 신앙심이 이들 관습과 관련되어 있다는 것을 발견하였다. 신부에게 던지는 건포도, 무화과 열매 또는 대추야자 열매는 모든 일을 순탄하게 해 주기도 하고 신부로 하여금 신랑의 가족에게 잘 보이게 해 주기도 하며 경우에 따라서는 신부로부터 사악한 눈을 돌리게 해 주기도 한다고 한다. 그리고 신부의 머리 위로 던지는 밀, 밀가루나 그 밖의 것들은 신부로 하여금 불길한 힘에서 벗어나게 해 주는 수단이라고 한다. 다른 나라에서도 이러한 관습이 예방법(豫防法)이나 정화수단(淨化手段)으로 여겨지는 경우가 적지 않다. 그런데 심지어 같은 나라에서까지도 이러한 관습을 지키고 있는 사람들이 그 관습에 대하여 여러 가지 다른 설명을 하고 있는 것을 생각해 보면, 적어도 어떠한 경우에는 그 본래의 기원이 잊혀지고 새로운 내용이 그것을 발생시킨 관념에 갈음하였으리라는 것도 의심할 바가 없다. 그러나 우리는 유사한 의식이 설령 다른 민족에서 행해지고 있더라도 그것은 유사한 관념에 기초를 두고 있다는 인류학에서는 너무나도 일반화되어 있는 가설에 대하여 주의를 기울이지 않으면 안 된다. 곡식이나 말린 과일과 같은 물건은 다양한 목적을 위하여 사용될 수 있는 것은 틀림없는 사실이다. 그리고 만일 유사한 의식이 서로 다른 경우에 별개의 동기에서 발생할 수 있는 것이라고 한다면, 특정한 경우의 동일한 의식은 하나만이 아니라 그 이상의 목적에 이바지하도록 할 수 있는 것도 명백하다. 그뿐만 아니라 처음부터 혼합된 동기에서였을 가능성도 부인할 이유가 전혀 없다. 그렇다면 곡식, 씨앗이나 말린 과일을 혼인식 때 던지는 관습은 그것이 어디서 발견되든지 간에 다산을 촉진시키려는 것을 유일한 목적으로 하는 의식으로부터 발생한 것이라고 하는 것과 가설에 대한 충분한 근거가 되지 못한다. 번영이나 부유함을 확보하려고 하는 것과 해악(害惡)을 모면하려고 하는 것도 마찬가지로 그 원시적인 동기가 될 수 있는 것이다.

_ 어류의 이용

물고기는 생식목적(生殖目的)을 위하여 자주 사용되는데, 이러한 의미에서 적어도 일부 지역에서는 물고기가 혼인양식에서 생식목적을 위하여 사용된다. 동방의 유태인들 사이에서 신혼부부는 종교적 의식을 마친 직후에 싱싱한 물고기가 담겨 있는 큰 그릇이나 살아 있는 물고기가 들어 있는 접시 위를 세 번 뛰어넘거나 물고기 위를 일곱 번 앞뒤로 넘어 다니는데, 이 의식은 자녀를 출산하려고 하는 소원의 상징이라고 풀이하고 있다. 또한 독일의 유태인들은 일반적으로 혼인식을 하는 주일의 두 번째 날 물고기를 먹는데, 이것도 다산의 상징으로 설명한다. 그러나 페즈에서는 혼인식을 한 날로부터 9일째 되는 날 남편이 몇 마리의 물고기를 사 가지고 와서 번영을 확실하게 하는 수단으로서 처에게 주고 요리를 시킨다. 물고기의 알은 다산뿐만 아니라 부를 의미하는 것 같다. 부부를 번영하게 하는 것은 모로코나 그 밖의 여러 나라에서 모두 갖가지 혼인양식이 모두 그 목적으로 삼고 있는 핵심이기도 하다.

_ 달걀의 이용; 순산의식

달걀이 다산(多産)을 촉진하는 수단으로서 사용되는 경우도 종종 있고, 어떤 혼인의식에서는 자손을 가리키는 것으로 사용되기도 한다. 그러나 어느 다른 지역에 못지않게 달걀이 혼인식에서 이채를 띠는 모로코에서 달걀이 혼인식에서 다산의 부적(符籍)으로 사용되는 예가 있다는 말은 결코 들어 본 적이 없다. 다른 흰색의 물건과 마찬가지로 달걀은 일반적으로 부부나 신랑의 장래를 밝고 행복하게 만들어 주는 것이라고 하며, 때로는 혼인식을 하는 동안 날씨를 화창하게 하거나 공동체에 길년(吉年)을 가져다주는 것이라고들 한다. 또한 옛날의 저서에 의하면 모로코의 유태인들 사이에서는 혼인날 신랑은 "날달걀을 들고 와서 그것을 신부에게 집어던진다. 그렇게 함으로써 신랑은 신부가 편안하고 유쾌한 출산을 하였으면 좋겠다는 자기의 소망을 간접적으로 나타낸다"고 한다. 그리고 몇몇 서부 러시아의 유태인들 사이에서는 신부 앞에 달걀을 놓는 관습이 있는데, 이는 다산과 암탉이 달걀을 낳듯이 신부도 쉽게 출산할 수 있게 해 달라는 기원의 상징이다. 이와 마찬가지로 젊은 처의 분만을 용이하게 해 주려는 것을 의미하는 별도의 의식이 있다. 스웨덴의 어느 지방에서는 신부는 '자기가 구두를 벗는 것과 같이 쉽게 자녀를 낳을 수 있도록' 구두끈을 풀어 놓아야 하고, 그리고 교회에서 돌아오자마자 말에서 내리고 고삐를 잡아채서 말의 코를 후려갈기며 편안한 분만을 할 수 있도록 한다는 의미에서 배대끈을 풀어 준다.

_ 배우자의 일방이 타방 배우자에 대한 지배권을 획득하기 위하여 행하는 의식

배우자의 일방이 타방에 대하여 지배권(支配權)을 확보하려고 하는 혼인의식도 많이 있다. 모로코에서는 신랑은 지배자가 되기 위하여 신부의 머리나 어깨를 자기의 칼로 세 번 내지 일곱 번쯤 가볍게 두드리거나 자기 단검의 줄로 두 어깨 사이를 세 번 치기도 하며, 그녀를 부드럽게 찰싹찰싹 때리거나 발로 차고 경우에 따라서는 자기가 먼저 술을 마시고 나서 그 잔을 신부에게 전해주며 마시게 하기도 한다. 크로아티아(Croatia)에서는 신랑이 신부의 따귀를 때리는데, 이는 이제부터 자기가 그녀의 주인이라는 것을 보여 주기 위한 것이다. 러시아에서는 혼인의식의 일부로서 아버지가 새로운 회초리를 가지고 와서 자기의 딸을 부드럽게 때리고 자기의 딸에게 자기는 마지막으로 때렸다고 말한 다음 그 회초리를 신랑에게 넘겨주었다. 많은 슬라브계 민족에서의 신랑은 신부를 가볍게 세 번 때리는데, 그것은 '신부가 신랑에게 복종하여야 한다는 표시'이고, 경우에 따라서는 그녀로 하여금 애인을 잊어버리게 하고 자기의 남편을 두려워하게 하기 위함이다. 또한 신부가 신랑의 장화를 벗기는 관습도 있으며, 러시아에서는 신랑이 장화를 신은 발로 신부의 머리를 차는 관습이 있었는데, 이것은 이제부터 그녀가 자기의 권력 하에 있고 자기에게 복종해야 한다는 것을 보여 주기 위한 것이다. 그러나 최근 슬로베니아인(Slovenes) 사이에서는 신부가 장화를 신은 발로 신랑을 걷어차는데, 이것은 신랑으로 하여금 그녀가 반드시 그의 장화를 벗기지 않을 것이라는 것을 보여주기 위한 것이라고 한다.

한편 남편으로 하여금 처에 대하여 신중한 태도를 가지도록 하거나 처에게 복종하도록 하려는 의식도 있다. 동부 벵골(Eastern Bengal)의 브라만족(Brahmans)에서는 신부가 신랑의 입술에 맹꽁이자물쇠를 걸고 열쇠를 잠그는데, 이것은 "불쾌한 말문이 잠겼음을 보여 주는 것이다"라고 한다. 독일의 여러 지방에서의 성직자는 부부의 손을 포개줄 때, 신부나 신랑이 문자 그대로 자기의 손을 위에 놓으려 해서 때로는 손싸움이 벌어지기도 하는데, 어떤 경우에는 이 싸움이 성직자가 남편의 손을 위에 올려 놓음으로써 무마되기도 한다. 그리고 동일한 목적에서 부부의 일방이 그중에서도 일반적으로는 신부가 자기의 발을 상대방의 발끝 위에 올려놓으려고도 한다. 스웨덴의 배름란드주(Wärmland)에서는 지배권(支配權)을 가지기 위하여 신부는 신랑이 자기를 보기 전에 그를 보려고 애쓰기도 하고, 혼례의자에 먼저 앉으려고 노력한다. 대러시아인(Great Russians)들 사이에서는 과실주가 들어 있는 유리컵이 신랑에게, 그리고 다른 컵이 신부에게 권해지고 나면 이들은 각각 소량의 브랜디를 상대방의 컵에 따르려고 한다. 이 경우 먼저 브랜디를 따르는 사람이 혼인생활에서 보다 크나큰 많은 영향력(影響力)과 권력(權力)을 가지게 될 것이라고 생각한다. 웨일즈에서의 신부는 혼인하자마자 바로 신랑이 물건을 사들이기 전에 반드시 아무 물건이나 사들여야만 한다. "만일 그렇게 하면 신부는 평생토록 주인 노릇을 할 것이다"라고 늙은 부인들이 말한다. 모로코에서도 신부는 여러 가지 방법으로 자기가 지배자가 되려고 한다. 신부는 그녀가 헤나염료로 색칠을 하는 동안에 도살하게 되어 있는 숫양에 걸터앉아 타고서 따귀를 때리는데, 이 경우 숫양은 남편을 가리키는 것이다. 그녀는 이 양에게 목걸이를 걸어 졸라매는데, 이것은 남편을 부인처럼 연약하고 천진난만한 사람으로 만들기 위한 것이다. 그리고 양의 복부가 벗겨지게 되면 신부는 자기의 오른 발을 그 위에 올려놓는다. 신부는 신혼침실에 있다가 신랑의 발자국 소리가 밖에서 들리면 방문을 향하여 자기의 오른쪽 실내화를 일곱 번 휘젓거나 신랑이 방안으로 들어올 때 자기의 한쪽 실내화를 집어 던진다. 그리고 경우에 따라서는 신부가 자기의 실내화로 신랑의 몸을 세 번 때리는데, 다만 이때는 그가 소리내어 울어야만 신부가 그 가(家)의 지배자가 되고 그렇지 않으면 신랑이 그녀를 지배한다고 한다. 그렇지만 이러한 의식 및 이와 유사한 의식이 모두 지배권을 획득하려는 목적에서 치러지는 것이지만, 오로지 그 목적만을 위하여 거행된다고 생각해서는 안 된다. 그리고 설사 오늘날 그렇게 거행되고 있다 하더라도 그것은 얼마든지 다른 관념에서 시작되었을 수도 있는 것이다. 우리는 신랑신부가 정화목적을 위해서도 맞는 것을 보게 되는데, 이러한 경우 신부가 신랑한테서 맞을 수도 있고 신랑이 신부한테서 맞을 수도 있다. 모로코의 하이아이나(Hiáina)에서는 신랑이 신부와 단 둘이 있을 때, 자기의 칼의 평평한 면으로 신부의 이마와 어깨를 가볍게 찰싹찰싹 때리는데, 이것은 '악령(惡靈)을 쫓아내기 위한' 것이다. 그레이트 아틀라스(Great Atlas)의 뎀나트(Demnat)에서는 신부가 때로는 악령이 대단히 두려워하는 한 조각의 소금덩어리로 신랑을 때리거나 때로는 자기의 실내화로 신랑을 때린다. 이러한 것을 통해서 보면 배우자의 일방에 대하여 지배권을 획득하려는 수단으로서의 앞에 설명한 실내화의식은 동시에 정화방법이거나 또는 그러한 방법이었던 것이 확실하다.

_ 신랑 또는 신부의 어느 일방에 의한 상대방의 구타; 신랑과 신부는 위험성이 있으며 신부는 특히 다른 사람에 대하여 위험의 원천이 된다고 하여 예방의식 또는 정화의식을 거행하게 하는 관념

신랑이나 신부 또는 그 쌍방에게 적극적인 이로움을 가져다 주는 것으로 생각되는 혼인양식 이외에 그들을 불길한 힘으로부터 지켜 주거나 또는 그들에게서 그러한 힘을 없애주려는 다른 의식이 있는데, 예방의식(豫防儀式)이라든가 정제의식(浄濟儀式)이 그것이다. 신랑이나 신부는 특히 타인의 주술적 사술이나 사악한 표정, 악령의 공격 또는 비인간적인 신비적 화근에 직면하게 되어 위험한 상태에 처하게 되고, 따라서 보호나 정화가 절실히 필요하다는 아주 일반적인 감정 또는 관념이 누구에게나 있게 마련이다. 더구나 신부는 자신이 위험에 처하게 될 뿐만 아니라 다른 사람에 대한 화인(禍因)이 된다고 생각되기도 한다. 그러므로 신부와 직접적인 관계가 있는 관습이 동시에 신랑을 위협하는 재앙에 대한 보호수단으로 여겨지기도 하며—혼인의 완성 직전에 행해지는 의식이 명백히 이러한 경우이다 —또한 신부와 그다지 친하지 않은 사람에 대한 방어수단으로 여겨지기도 한다. 따라서 정화의식은 신부가 신랑이 집에 도착하였을 때 행해지는 경우가 많다.

_ 악령의 축출; 발포와 소요

때로는 혼인식이 거행되는 장소로부터 불길한 힘을 몰아내기 위한 조치를 취하는 경우도 있다. 예를 들면 러시아에서는 심술궂은 마귀가 날라 들어와 신부나 신랑에게 위해(危害)를 저지르는 것을 막기 위하여 혼인식을 할 때 모든 문과 유리창을 닫고 심지어는 굴뚝까지도 틀어막는다. 혼인식에서 총을 발사하는 경우도 대단히 많다. 그리고 적지 않은 경우에 이러한 의식의 목적은 악령(惡靈) 또는 불길한 힘을 몰아내기 위한 것이거나 그렇게 하기 위한 것이었다. 그리고 대단히 빈번하게 혼인절차의 일부를 이루는 소름끼치는 소음이나 시끄러운 음악도 마찬가지라고 할 수 있다. 신부가 그녀의 새로운 집으로 옮겨갈 때, 흔히 그녀가 타고 있는 동물 앞에서 총이 발사되고 커다란 소리로 음악을 하든가, 부인들이 즈가리트(zghârīt)라고 하는 기이한 떠는 소리를 내며, 신부가 도착하였을 때도 똑같이 한다. 후자의 경우 총이 신부에게 아주 가까운 곳에서 발사되어 그녀가 연기를 뒤집어쓰게 되거나 또는 신부의 거실이 될 방안에서 한 발을 쏘는 것을 보면, 총의 발사가 지니는 정화(淨化)나 방호(防護)의 성격은 특히 현저하다. 유럽에서는 발포가 시골의 혼인식에서 자주 행해지는 관행인데, 흔히 그것은 악령을 몰아내는 것이라고 터놓고 말한다. 더럼(Durham) 주의 시골지방에서는 신부의 일행이 총으로 무장한 남자들에 의하여 호위되어 가는데, 그 남자들은 신부와 신부들러리의 귀 가까이에서 계속하여 총을 쏜다. 그리고 클리블랜드의 기스버러에서는 교회로부터 돌아오는 도중 계속적으로 신혼부부의 머리 위에서 총을 발사한다. 독일에서는 혼인식 전날밤(Polterabend) 및 교회로 가는 도중 여러 차례의 발포와 시끄러운 법석을 벌인다. 슬라브민족에서는 혼인식이 치러지는 동안 혼인식에 온 손님들은 신혼부부의 침실 밖에서 굉장한 소음을 낸다.

_ 주술로서 이용되는 무기

편자브(Punjab)이라는 높은 계급의 힌두인들 사이에서는 "신랑은 자기에게 붙어 다니는 악령을 쫓아버리기 위하여 언제든지 철제무기를 휴대하고 다니는데, 혼인의식에서는 특히 그렇다"고 한다. 모로코에서는 신랑이 칼, 비수 또는 권총을 지니고 다니는 것이 관습으로 되어 있으며, 그가 헤나염료로 색칠을 할 때는 그의 머리 위나 얼굴 앞을 가로질러 둔다. 이것은 철 또는 특히 철로 만든 무기를 악령이 두려워하기 때문이다. 그리하여 때로는 신부의 헤나염료의식을 치를 때 그 머리 위에 칼을 가로질러 두기로 하며, 그리고 신부 자신도 단검을 지니기도 한다. 또한 악령이나 그 밖의 불길한 힘을 몰아내기 위하여 신랑은 자기의 칼을 미리 보내서 그것을 신혼 침상 위에 올려놓기도 하고 그 자신이 그곳에 칼을 올려놓기도 하며 칼을 벽에 걸어 두기도 하고, 경우에 따라서는 베개 아래에 권총을 놓아두기도 한다. 다른 이슬람교 국가에서는 혼례행렬에서 칼을 빼든 두 사람의 남자가 신부를 호위한다. 그리고 아가(雅歌; Song of Solomon)를 보면 히브리인의 혼인식에서의 혼례행렬에도 '밤에 두렵기 때문에' 자기들의 넓적다리에 칼을 차고 무장용사를 거느렸던 것 같다. 독일의 여러 지방에서는 칼을 든 신랑들러리들이 신부를 경호하였으며, 17세기의 프랑스에서는 부부는 혼인식날 앙드레의 십자(Andraw's cross)의 형상을 이루는 두 자루의 칼 아래로 지나가게 되어 있다. 노르망디(Normandy)에서는 신랑이 신혼부부의 침실에서 신부와 결합할 때, 신랑의 친구 한 사람이 악령을 몰아내기 위하여 회초리를 휘둘러 획획 소리를 냈었다. 그렇게 하지 않으면 악령이 그 부부를 괴롭게 할지도 모르기 때문이다.

_ 헤나염료를 사용한 신랑과 신부의 분장

무어인(Moor)의 혼인식에서의 예방이나 정제를 위한 모든 의식 가운데 가장 중요한 것은 신랑과 신부를 이집트의 쥐똥나무인 로소니아 이너미스(Lawsonia inermis) 잎에서 생산되는 염료인 헤나염료로 색칠하는 관습이다. 이 헤나염료는 바라카(baraka), 즉 영적 치유(靈的 治癒)의 효험(效驗)이 있다고 생각하여 사람들이 초자연적인 위험에 처하게 되리라고 염려하는 때는 정화나 예방수단으로 이용하기도 한다. 헤나염료는 신부의 손발, 경우에 따라서는 그녀의 무릎 밑 종아리 · 겨드랑이 · 얼굴 또는 머리카락에 바르거나, 신랑은 그것을 어느 때는 손바닥 · 손가락 또는 오른손의 새끼손가락에, 때로는 양손 모두에, 그리고 어느 때는 자기 발에까지 헤나염료를 발랐다. 이러한 의식 특히 신부를 색칠하는 관습은 이슬람교세계에 대단히 널리 유포되어 있다.

_ 목욕과 기타 물을 사용하는 의식

신랑이 신부를 만나기 전에 목욕을 하는 것도 이슬람교도들 사이에 널리 퍼져 있는 관습이다. 그리고 신부도 목욕을 하거나 물을 끼얹어서 자기의 몸을 깨끗하게 한다. 고대 및 근대의 힌두인이나 기타의 인도 · 유럽민족 사이에서는 신부가, 때로는 신랑도 목욕을 하여야 하는 것을 혼인식의 거행에 필수적인 준비 중 하나로 여겨 왔다. 고대 그리스에서는 신랑과 신부는 물이 솟아오르는 특수한 우물에서 길어 온 물로 목욕을 하였는데, 아테네의 그러한 우물은 칼리로에(Callirrhoë)의 우물이라고 하였다. 그리고 근대 그리스에서도 신랑이 목욕을 하는 것은 혼인식의 일부를 이루고 있다. 크로머티(Cromarty)에서는 신부가 혼인식 전날 자기의 발을 닦고 동전을 물에 던졌다. 그리고 그녀가 대야나 목욕통에 발을 담그고 앉아 있을 때, 그녀의 여자친구들이 서로 다투어 그 동전을 빼앗아 챙겼다. 스코틀랜드의 동북부지방에서도 혼인 전날 저녁에 '발씻기(feet-washing)'의 의식이 있었다. 신랑의 가장 친한 친구 중 몇 사람이 그의 집에 와서 커다란 목욕통을 내놓고 거기에 물을 거의 가득 채운다. 그리고 나서 신랑은 구두와 양말을 벗고 발과 다리를 물에 담갔다. 이와 똑같은 관습이 노섬벌랜드(Northumberland)에도 유포되어 있었는데, 여기에서는 비록 자기 마음대로이긴 하였지만 신부도 발을 닦았다. 신랑이나 신부가 목욕을 하거나 닦는 데도 미신적인 것이 아닌 다른 이유도 있을 것이다. 그러나 그 행위의 의식적인 성격은 정화(淨化)의 목적을 암시하는 것임에 틀림없다. 그리고 흔히 혼인식과 관련되어 있는 물에 의한 그 밖의 의식도 마찬가지이다. 모로코에서는 신부가 신랑의 거처에 도착하면 우유, 물 및 헤나염료와 같은 정화할 수 있는 물질이 그녀에게 제공되거나 뿌려지는 것이 일반적인 관습이다. 시아파(Shi'ahs)의 전설에 의하면 예언자(Prophet)는 자기의 딸을 알리('Alī)에게 출가시키기 전에 그녀에게 물을 가져오게 하고, 그 물을 가지고 그녀와 알리에게 함께 뿌려 주면서 신에게 이들과 그 자손을 악마로부터 보호하여 줄 것을 기원하였다고 한다. 고대 로마에서는 신부를 '물과 불과 함께' 맞아들이는 것(aqua et igni accipere)이 관습으로 되어 있었다. 그리고 일정한 종류의 물을 가지고 하는 의식은 고대 · 근대의 인도 및 여러 야만부족에서와 마찬가지로 많은 유럽 국가에서 행해 왔으며 곳에 따라서는 아직도 행해지고 있다.

_ 불을 사용하는 의식

물 이외에 불이 혼인식 때 불길한 힘을 몰아내는 수단으로 사용되는 경우가 흔히 있다. 모로코에서는 양초에 불을 붙이는 것이 그러한 경우에 중요한 역할을 하는 것으로 되어 있는데, 이것은 어느 측면에서는 틀림없이 미신적인 이유에서 비롯된 것이다. 왜냐하면 정령(精靈)은 어둠을 좋아하고 밝은 것은 두려워하기 때문이다. 고대 그리스나 로마에서는 신부가 새로운 집으로 옮겨 갈 때는 항상 횃불을 들고 갔다. 그리고 로마에서는 이들 횃불 중 하나는 불길한 힘을 막아 준다고 믿어지는 산사나무로 만들었다. 혼례행렬에서 횃불을 가지고 갔었다는 관습이 일찍이 영국에도 있었다는 징표가 있기는 하지만 그것이 널리 유포되었는지는 의심스럽다고 브랜드(Brand)는 술회한다. 그러나 스칸디나비아의 여러 민족 사이에서는 최근까지 혼인식에서 횃불이 자주 사용되어 왔으며, 트뢸스 룬트(Troels-Lund)가 주장하는 바와 같이 그 목적이 암흑의 힘을 막아내려는 것이었음은 의심할 바 없다. 힌두의 혼인식에서는 악령에 대한 보호로서 등불과 기타의 물건을 신랑과 신부의 머리 주위에서 빙빙 돌린다. 하지만 혼인식에서 불길한 힘을 몰아내는 수단으로 불이 사용되는 것은 그 밝음에서도 그러할 뿐만 아니라 그것이 타는 것이기 때문이다. 중국의 산두(汕頭; Swantow)에서는 신부가 신랑의 집에 도착하면 땅 위에 몇 묶음의 건초를 태워서 피워 놓은 모닥불을 뛰어 넘는데, 이것은 '그녀가 도중에서 우연히 만나게 되었을지도 모르는 악마나 기타의 위험의 오염'을 정화시키기 위한 것이다. 백러시아인(White Russians) 사이에서는 혼인식 전에 악령을 쫓아내기 위하여 신랑 및 신부의 각 집 안에서 짚을 태운다. 신랑은 신부를 그녀의 집에서 데려올 때, 타오르는 불 위를 말이나 수레를 타고 뛰어넘어야 하고, 또한 신부도 자기의 시부모의 집에 도착하자마자 불을 지나가고 그 속에 동전을 던져야 한다. 북부 독일에서의 관습은 신혼부부가 교회로 가려고 할 때, 집을 떠나기 전에 문지방 위에 불붙은 나무토막을 집어 던지고 그 위를 통과하여야 한다.

유럽의 여러 지방이나 인도에서는 신부가 자기의 새로운 집에 도착하면, 벽난로의 불 둘레를 세 번 도는 관습이 아직도 남아 있다. 고대 로마에서는 악수의식 다음에 희생물을 바치는데, 신랑과 신부는 공희(供犧)의 제단 둘레를 걸어 다닌다. 독일에서는 신부가 신랑이나 그 어머니에게 인도되어 불 둘레를 세 번 돈다. 이들 의식은 가맹의식(加盟儀式; aggregation rite)이라고 설명하는데, 나는 이 설명이 그 본래의 의미를 최소한도로나마 충분히 나타내는 것인지 의심스럽다. 이러한 의식은 명백히 정화를 위한 목적으로 행해지는 기타의 불에 의한 의식과 너무나도 유사하여 이를 분리하여 생각할 수 없을 것 같다. 독일의 어느 지방에서는 신부가 벽난로의 둘레를 걷고 있는 동안에 그녀의 뒤에 불을 던지기도 하고, 신부가 앉아 있는 의자 아래쪽으로 불이 붙어 있는 석탄을 삽으로 밀어 넣기도 한다. 그리고 어떤 경우에는 벽난로의 순행(巡行)이 신부의 친정에서 먼저 행해지기도 한다. 이러한 경우에 어떻게 당해 의식을 가맹의식으로 볼 수 있겠는가?

_ 순행(巡行)

순행은 반드시 벽난로 주위에서만 행해지는 것이 아니다. 몇몇 남부 슬라브인(Southern Slavs) 사이에서는 신부는 교회를 세 바퀴 돌고 난 다음에야 교회로 들어가도 괜찮다는 허락을 받게 된다. 월드론(Waldron)이 1726년에 기술한 바에 따르면, 맨섬(Isle of Man)에서는 신부일행이 교회경내에 도착하면 그들은 교회로 들어가기에 앞서서 교회주변을 세 번 걸어서 돌았다. 그리고 신클레어(Sinclair)가 18세기 말에 기술한 바에 따르면, 퍼스셔(Perthshire)에서는 신부일행은 교회를 나와서 교회벽에 대고 오른손을 대고 교회를 돌았다고 한다. 빈테르니츠 박사(Dr. Winternitz)는 교회의 순행이 신부로 하여금 공희(供犧)의 불을 돌게 하던 옛날 관습의 잔재유물이라는 것을 조금도 의심하지 않고 있다. 그리고 이 의식이 대단히 오래전부터 있었다는 것은 그것이 아주 많은 인도·유럽민족들 사이에서 널리 유포되어 있다는 것과 함께 그의 추정을 유리하게 해 주는 것임에 틀림없다. 어느 경우이든지 교회나 이와 관계가 있는 성스러운 장소의 순행은 결정적으로 정제(淨濟)나 예방(豫防)을 위한 의식의 양상을 띠고 있다.

_ 정화의식으로서의 치기

순행(巡行)은 그 순행의 중심인 장소나 목적물을 정화시키는 성격을 떠나서도 그 자체가 불길한 힘에 대한 방어책으로 여겨질 수 있다. 그것은 어느 장소에 들어오려고 하는 위험한 사람으로부터 불길한 힘을 제거시킴으로써 그 장소에 살고 있는 거주자를 보호하는 데 이바지할 수 있으며, 또한 생소한 장소에 들어오는 위험을 중화시킴으로써 그곳에 들어오는 사람들을 지키는 안전판이 될 수도 있다. 모로코에서는 신부가 신랑이 사는 마을에 도착하면 일반적으로 그곳의 이슬람교사원의 주위를 세 번 내지 일곱 번 돌게 되는데, 경우에 따라서는 마을 전체를 도는 경우도 있고 대개는 신랑의 집이나 천막 주위를 돌고 만다. 이 의식과 관계가 있는 몇몇 사실을 보면, 이 의식은 신부가 몸에 지니고 왔을지도 모르는 불길한 힘을 그녀에게서 없애려는 효과를 갖는 것이라는 생각이 든다. 그리고 순행이 기타의 정화의식과 결합되어 있다는 사실도 똑같은 것을 시사해 준다. 즉 어느 지방에서는 신부는 신랑이 사는 천막이나 마을 또는 이 마을의 이슬람교사원을 걸어서 돈 다음에 등나무지팡이로 천막을 세 번 때리는데, 이것은 내가 들은 바에 의하면 천막으로부터 화를 몰아내기 위해서이거나 신랑의 가족 내에 깃들어 있을지도 모르는 모든 화(禍)를 없애버리고 가축이 죽는 것을 구제하기 위한 것이라고 한다. 만일 젊은 부인이 혼인한 다음 얼마 되지 않아 어린애나 가축이 죽게 되면 그녀는 대단히 언짢을 것이다. 왜냐하면 그 죽음은 당연히 그녀가 시집와서 사는 것과 결부시켜질 것이기 때문이다. 그런가 하면 모로코에서는 신랑과 신부가 정화목적을 위하여 스스로를 때리거나 툭툭 친다. 그레이트 애틀라스의 암즈미즈(Amzmiz)에서는 신부의 오빠는 자기 여동생의 실내화 하나에 은화를 넣고 그것을 그녀의 발 위에 올려놓은 다음 자기의 실내화로 그녀를 세 번 톡톡 치는데, 이것은 아마도 불길한 힘을 몰아내기 위해서 하는 의례(儀禮)일 것이다. 고대 인도에서는 신랑이 야유를 받거나 매를 맞았다. 독일의 몇몇 지방에서는 신랑이 혼인식의 손님 특히 미혼의 손님들한테서 매를 맞는다. 옛날 프랑스에서는 신랑과 신부가 모두 혼인식이 끝난 다음 교회에서 의례적으로 손이나 지팡이로 매를 맞았는데, 이렇게 하는 것이 두 사람에게 좋은 결과를 가져다주는 것으로 생각되었다. 만하르트(Mannhardt)는 신랑이나 신부를 때리던 관습의 예를 많이 인용하고, 이러한 관습의 목적은 만일 몰아내지 않으면 다산(多産)을 훼방할지도 모르는 악령(惡靈)을 쫓아내기 위한 것이라고 지적하고 있다. 그러나 이러한 의식이 불길한 힘을 쫓아내려고 하였던 것을 오로지 부부의 결합에서 자녀를 많이 낳도록 하려는 목적을 위해서였다고 생각할 만한 충분한 근거는 없다.

_ 혼인에서의 변장

악령이나 불길한 힘을 쫓아내기 위하여 고안된 혼인의식(婚姻儀式) 이외에 속임수에 의하여 신랑이나 신부를 보호하려고 하는 의식도 있다. 혼인에서의 변장은 널리 유포되어 있는 바인데, 많은 저자들은 그러한 변장의 목적은 젊은 부부를 기다리고 있는 악령의 눈을 속이려는 것이라고 기술해 왔다.

이런 식으로 남인도의 바라문족(Brahmans)의 몇몇 분족 특히 타밀(Tamil)분족의 신부는 4일째 되는 날 소년처럼 복장을 갖추어 입고서 신랑인 척하면서 다른 소녀가 신부처럼 복식을 갖추어 입고 지낸다. 플루타르크(Plutarch)에 의하면 고대의 코스(Cos)에서는 신랑은 신부를 맞아들일 때 여자의 복식을 갖추어 입었으며, 한편 스파르타(Sparta)에서는 신부가 신랑에 의하여 호송되어 옮겨진 다음에 "신부의 들러리가 그녀를 맞아들여 그녀의 머리를 목에 닿도록 짧게 자르고 남자의 망토와 구두를 신기고 어두운 방의 침대에 앉혀 놓았다. 그곳에서 신부는 신랑이 들어오기를 기다려야만 했었다"고 한다. 중세 이집트의 유태인 사이에서의 신랑은 여자의 복장을 하였으며 신부는 투구를 쓰고 손에는 칼을 들고 행렬의 맨 앞에 서서 춤을 지휘하였다. 페즈에서는 젊은 남자의 약혼을 축하하는 잔치가 그의 부모의 집에서 베풀어질 때, 그 잔치에서 여자를 돕는 일을 맡아서 하는 흑인여자 몇 사람이 자기들이 가지고 온 옷으로 신랑을 신부처럼 갈아입힌다. 그리고 나서 신랑은 문의 맞은편에 있는 깔개 위의 방석 위에 앉고 거기에서 자기가 신부인 것처럼 눈을 감고 앉는다. 한편 모로코의 어느 시골지방에서는 신부가 구레나룻과 흡사한 모양을 자기의 얼굴에 그리거나 자기의 어깨 목도리를 왼쪽 어깨 위로 걸어 올리고 단검(短劍)을 오른쪽으로 매달거나 남자의 망토를 걸치고 자기의 친정을 나섬으로써 남자의 겉모양을 지니게 된다. 덴마크의 클로브보르크(Klovborg)에서는 혼인식 첫날 신랑과 신부는 옛날 복장으로 차려 입는데 신랑이 신부의 옷차림으로 신부는 신랑의 옷차림으로 갈아입고 그들은 제각기 숨는다. 또한 신랑의 모자나 테 없는 모자를 신부에게 씌우는 것도 덴마크의 관습이고, 이것은 에스토니아(Esthonia)와 러시아에서도 마찬가지이다. 남셀레베스(Southern Celebes)의 민족에서는 예식 첫 단계에서 신랑은 신부가 바로 전에 벗었던 의상을 다시 갖추어 입는다.

그렇지만 이들 모든 관행이 악령을 속이기 위한 시도로 설명될 수 있을지는 다소 의심스럽다. 약혼 중인 남자나 신랑이 페즈에서 행하는 것처럼 신부의 복식을 갖추어 입거나 신부가 입었던 옷을 걸친다고 하여도 악령으로부터 보호되기는 어렵다. 왜냐하면 신부는 신랑과 같거나 신랑보다 훨씬 더 많은 악령이 달라붙는 것으로 생각되기 때문이다. 또한 남인도에서 행해지고 있는 것처럼 신부도 신랑인 척하거나 신랑의 모자나 테 없는 모자를 쓴다고 하여 특별히 잘 보호될 것 같지도 않다. 이와 같은 사실은 크롤리 씨(Mr. Crawley)의 '접종'(接種; inoculation) 이론과 일치하는 것으로 생각되는데, 이 이론에 따르면 신랑이나 신부가 이성의 옷을 입는 것은 '사랑하면서도 두려운 사람'과 똑같은 옷을 입음으로써 성적인 위험을 줄이기 위한 것이고, 이들이 가능한 한 최대로 동화(同化)하는 것이 그 위험을 해소시키려는 목적에 가장 잘 부합할 것이기 때문이다. 에스토니아의 어느 지방에서는 혼인식날 신부는 남자의 허리띠를 매고 신랑은 여자의 허리띠를 모자에 동여맨다. 유사한 관습이라 하더라도 이미 적시한 바와 같이 다른 동기에서 생겨날 수 있으며, 경우에 따라서는 동일한 관습에 관하여 복합적인 동기가 포함되어 있을 수도 있다. 여기에 한 가지 덧붙이고 싶은 것이 있는데, 신부가 남자의 겉모양을 모방하는 경우, 그것은 악령에 대하여서 뿐만 아니라 사악한 눈에 대하여서도 보호받기 위해서라는 점이다.

신랑이나 신부 이외의 다른 사람 또는 사람들이 신랑이나 신부의 의상을 모방하거나 또는 여러 방법으로 이들 중 한 사람으로 가장하는 경우가 많이 있다. 그러나 이렇게 변장한 사람은 벙어리 노릇을 하여 악마의 주의를 돌리거나 사악한 눈을 자기들에게로 돌림으로써 진짜 신랑이나 신부는 아무런 해도 입지 않고 모면하게 될 수 있다고 한다. 슬라브민족, 튜튼민족 및 로만스어를 사용하는 민족에서는 신랑이나 그 대행자(代行者)가 신부를 친정으로부터 데리고 올 때 가짜 신부가 진짜 신부와 교체되는 것이 일반적인 관습으로 되어 있으며, 가짜 신부로는 다른 여자, 흔히는 보기 흉한 늙은 노파나 어린 소녀 심지어는 남자까지 속여서 나서게 한다. 브르타뉴에서는 그 대용자가 처음에는 어린 소녀이고 다음에는 가정 주부이며 마지막에는 할머니였다. 바이에른주(Bavaria)의 자머베르크(Samerberg) 지방에서는 수염을 기른 남자가 여자의 복장을 하여 신부 역할을 하며, 에스토니아에서는 신부의 오빠나 남동생 또는 그 밖의 다른 젊은 남자가 신부역할을 한다. 약혼을 할 때 간혹 대용(代用)이 등장하는 예가 많은데 때로는 결혼잔치에서 그렇게 하기도 한다. 이 관습의 의미에 관하여는 한 가지 이상의 설명을 할 수 있는 측면이 있다. 신랑을 속여서 그에게 가짜 신부를 내놓으려는 목적은 이미 약탈혼과 관련하여 언급한 의식, 즉 소녀나 그 친족이 그녀의 혼인에 저항하면서 끝까지 신랑이 하는 일을 훼방하는 의식의 변형일 수도 있다.

_ 물건이나 수목 또는 동물과의 거짓혼인

인도에서는 물건이나 수목 또는 동물과의 거짓혼인이 신랑이나 신부 또는 이들 두 사람이 큰 화를 모면하도록 하기 위하여 행해지는 경우가 종종 있다. 특히 수목(樹木)과의 혼인(tree-marriage)이 북부 인도에서 널리 행하여지는데, 크룩 박사(Dr. Crooke)가 지적하고 있는 바와 같이 나무 자체가 의식을 마친 후 얼마 안 있어 죽게 되리라는 관념은 "만일 그 혼인이 행해지지 않았더라면 신혼부부에게 달라붙었을지도 모르는 어떤 불길한 힘을 모면하게 하려는 것이라는 사실을 가리키는 것 같다"고 한다. 펀자브(Punjab)에서는 불행에 대한 두려움으로 말미암아 홀아비가 세 번째의 처를 얻으려고 하는 경우나 소녀의 성점(星占)이 어느 별의 작용에 의하여 일찍 과부가 되기 쉽다는 것으로 나타나는 경우와 같은 두 경우에는 거짓혼인을 거행한다. 전자와 같은 경우에는 때로는 일정한 수목이나 관목과 치러지거나, 그리고 어떤 경우에는 양과 거짓혼인을 하는데, 양은 신부와 같은 복장을 하고 신랑이 모는 대로 공희(供犧)의 불 주위를 돌게 된다. 이러는 동안 진짜 신부는 곁에 앉는다. 그리고 불행에 대한 이러한 공포는 부분적으로 두 명의 전처의 사망에 의하여 생겨나는 의구심, 즉 그 남자의 처는 운명적으로 죽게 되어 있고, 모든 면에서 상서롭지 않게 생각되는 세 번째의 혼인에 의하여 얻게 된 처는 특히 그럴 것이리라는 의구심에서 비롯한다. 그러나 부분적으로는 그것은 첫 번째 처의 영혼의 질투심이 나중에 얻는 처의 사망을 가져오게 하는 요인이 된다고 하는 믿음에서 비롯하는 것이기도 하다. 그렇지만 네 번째 혼인의 경우에는 첫 번째의 처의 불길한 힘은 이미 소멸되었다고 생각하여 거짓혼인도 필요하지 않는 것으로 여기는 것이 보통이다. 후자 즉 소녀가 일찍 혼자될지 모르기 때문에 하게 되는 거짓혼인에서는 물을 가득 채운 주전자에 소년처럼 옷이 입혀지고 혼인의식을 하는 동안 신부는 이 가짜신랑과 함께 동작을 취한다. 그리고 나서 비공식적으로 실제의 신랑과의 혼인의식이 되풀이된다. 이렇게 하면 불길한 별의 힘이 신랑이 아닌 물주전자에 떨어져 젊어서 과부가 되는 재앙을 방지하게 된다고 생각한다.

또한 신랑이나 신부가 타인의 겉모양을 차리거나 대용자를 내세우는 대신 신랑이나 신부처럼 분장한 몇몇 사람들에 의하여 비호되는 경우가 있다. 이렇게 하면 겉으로 보기에는 두 명 이상의 신랑이나 신부가 있게 된다. 예를 들면 페즈(Fez)에서는 신부가 앞으로 그녀가 살 집으로 옮겨 갈 때에는, 그녀와 함께 가려고 왔던 신랑 쪽의 사람과, 그녀의 친정(親庭)의 남자 몇 사람 및 많은 소녀들뿐만 아니라 여러 명—대략 6명 내지 8명—의 여자친족도 따라가는데, 이때 이 여자친족들은 신부와 완전히 똑같은 복장을 입고 있어서 아무도 이들과 신부를 구별할 수 없을 정도이다. 이것은 주술이나 또는 사악한 눈으로부터 신부를 지켜 준다고 한다. 또한 이집트에서는 신랑이 신부를 만나기 전에 이슬람교사원에 들르는데, 이때 그는 그와 같은 복장을 입은 2명 사이에서 걸어간다. 리보니아족(Livonians)에서는 2명의 신부들러리가 신부와 똑같은 복장을 한다. 벨퍼드(Belford)에서도 마찬가지로 '신부와 그녀의 들러리는 똑같이 옷을 입는데' 나는 이렇게 하는 것이 잉글랜드의 다른 지방에서도 관습으로 되어 있다는 말을 들었다. 신랑들러리와 신부들러리의 역할은 이들이 신랑이나 신부의 복식을 모방하는 것밖에 아무 일도 하지 않더라도 그들을 수행하는 것뿐만 아니라 신랑이나 신부를 불길한 힘으로부터 보호하는 것이다. 왜냐하면 사람들은 언제나 여러 명과 함께 있을 때 보다 안전한 기분이 들기 때문이다. 셰틀랜드(Shetland)에서는 신랑들러리가 혼인식 전날밤 신랑과 함께 자지 않으면 안 된다. 백러시아인에게 있어서의 신랑들러리는 신랑과 신부가 자기 전에 신혼의 침상에 누워 본다. 다른 민족에서도 신랑들러리는 혼인이 완성될 때 참석하고 경우에 따라서는 신랑들러리와 신부들러리가 혼인이 빨리 완성하는 것을 막아야 하는 것으로 되어 있기까지 하다.

_신부를 상자에 가두기; 신부를 가리거나 덮기

외부로부터의 힘 특히 사악한 눈으로부터 신부를 효과적으로 보호하는 방법은 그녀가 새로운 가정으로 옮겨 갈 때 그녀를 상자에 가둬서 데리고 가는 것이다. 이러한 관습은 모로코 북부지방에서 행해지고 있는데, 여기서는 신부가 노새나 말의 등에 실린 암마리야('ammarîya)라고 부르는 상자 속에 넣어져 신랑의 집에 옮겨진다. 그리고 한 부족에서는 이 상자가 사악한 눈으로부터 특별하고 충분한 보호막이 될 수 있는 것으로 생각되는 유도화 나뭇가지로 만들어진다. 이 나라의 다른 지방과 이슬람교세계에서는 일반적으로 신부는 얼굴을 보이지 않게 가리고 신랑의 집으로 가게 되며 다른 곳에서도 이와 마찬가지이고, 또한 문명화되지 못한 많은 부족에서도 마찬가지이다. 신부의 얼굴 가리기는 창세기(創世記)에도 서술되어 있다. 이러한 방식은 유럽에서는 일반적인 것이었다. 그리고 고대 로마인이 이러한 관습을 얼마나 중요시하였는가 하는 것은 여자의 혼인을 나타내는 누베레(nubere) 또는 오브누베레(obnubere)라는 말을 일상적으로 사용되고 있는 것을 보아서도 알 수 있다. 그 본래의 목적이 무엇이든 어떻게 하든지 신부를 특히 사악한 눈으로부터 보호하려는 것이었다. 예를 들어 에스토니아인의 신부의 얼굴 가리기는 이러한 목적을 위하여 행해지는 것이 뚜렷하다. 그러나 나는 모로코에서 다른 관념이 신부의 얼굴 가리기나 덮어씌우기와 관계되어 있음을 발견하였다. 즉 모로코에서는 신부 자신이 힐끗 쳐다보는 것이 다른 사람에게 해롭다고 생각한다. 예를 들어 신부가 남편의 집에 도착하여 남편과 대면하기 전에 쳐다본 사람이나 동물에게는 불행이 닥쳐온다거나 신부가 신랑의 집으로 가는 도중에 어느 사람을 쳐다보면 혼인식 날에 싸움과 살인이 벌어진다는 것이다. 고대 인도에서는 신랑은 신부의 사악한 눈으로부터 자기 자신을 보호하지 않으면 안 되었다.

_ 위쪽에서의 위험으로부터 보호되는 신랑과 신부

위쪽으로부터의 위험에 대하여 신부나 신랑을 보호하려는 특별한 보살핌이 베풀어지는 경우가 종종 있다. 중국에서는 "신부가 가마를 타고 갈 때 종이로 만든 모자를 쓰며, 아들과 손자를 둔 늙은 여자가 그녀의 위에 덮개를 씌워 준다"고 한다. 유태인의 혼인은 오늘날에도 하늘가리개인 추파(chuppah) 아래에서 거행되는데, 이 하늘가리개는 옛날 신혼행렬(新婚行列) 시에 신부가 타고 다녔던 덮개 있는 가마에서 유래한 것 같다. 스칸디나비아의 여러 나라, 영국 및 프랑스에서는 네모난 천(이것을 프랑스에서는 사각포〈carré〉라고 부르고, 영국에서는 보호휘장〈care cloth〉이라고 부른다)을 축복 시에 신랑과 신부의 위에 씌워 주었다. 독일의 어느 지방에서 신랑은 혼인식 날에 기다란 모자를 쓰는데, 그는 이 모자를 교회 안을 제외하고는 벗지 않는다. 여러 슬라브계 민족에서는 신랑이 식사를 하는 동안 모자를 그대로 쓰고 먹는다. 보헤미아나 그리고 몇몇 피노우그리아어를 사용하는 민족(Ugro-Finnic peoples)에서의 신랑은 혼인이 여름에 거행되는 경우에는 털모자를 쓴다. 시리에누족(Syryenian)의 신부는 혼인식까지 양가죽으로 만든 모자를 쓰고 밤에도 이것을 벗지 않는다.

_ 아래쪽에서의 위험으로부터 보호되는 신랑과 신부

신랑과 신부는 위쪽으로부터의 위험뿐만 아니라 아래쪽으로부터의 위험에 대해서도 보호되어야 하는 것으로 되어 있다. 모로코에서는 신랑은 불길한 힘으로부터 영향을 받지 않도록 하기 위하여 맨땅 위에 앉는 것을 피해야 한다. 어느 경우에는 신랑은 자기의 들러리 또는 기타의 미혼친구들에 의하여 옮겨지고 또한 혼인식을 하는 동안 자기의 실내화가 벗겨지지 않도록 실내화의 안쪽 받침을 걷어 올렸다. 이와 유사하거나 이보다 좀더 많은 주의를 신부에 대하여도 기울이게 되고, 만일 신부의 발이 땅에 닿게 되면 그녀는 불행하게 될 것이라고 한다.

신랑과 신부는 영적 힘(baraka) 즉 '신성성'(神聖性; holiness)을 지니고 있는데, 이 미묘한 속성을 지니고 있는 사람이나 물건은 땅에 닿지 못하도록 되어 있는 경우가 많이 있다. 더구나 정령(精靈)의 실제의 본거지가 땅 밑이므로 그것은 언제든지 지표에 출몰하기 쉬운 것이다. 이와 아주 유사한 혼인관습(婚姻慣習)은 다른 나라에서도 발견된다. 신부는 흔히 동물이나 가마를 타거나 사람의 등에 업혀서 또는 기타의 방법으로 자기가 앞으로 살게 될 집으로 옮겨진다. 물론 이것이 편의를 위하여 행해지는 경우도 있을 수 있고, 아니면 시집보내지는 것을 싫어하는 척하는 신부의 의례적인 저항의 표시일 수도 있다. 그렇지만 땅에 닿아서는 안 된다는 두려움과 일정한 관련이 있다는 것은 의심할 바 없다. 체레미스족(Cheremiss)에서는 신부가 신랑의 집에 도착하자마자 집안으로 들여보내는 관습이 있는데, 이 관습은 신부의 발이 맨땅에 닿아서는 안 된다는 관념과 관련되어 있다고 흔히들 말한다.

또한 중국 푸저우(福州; Foochow)에서는 신랑 집의 응접실 마루는 가마가 멈추는 데서부터 신부 방문까지 붉은 양탄자를 까는데, 이것은 그녀의 발이 마루에 닿는 것을 막기 위한 것이다. 그리고 아마도 유사한 이유에서라고 생각되는데, 중국에서는 신부가 자기 집을 떠날 때 방에서부터 가마까지 자기 아버지의 구두를 신고 걸어가 가마에 타기 전에 그 신을 벗는다. 브란드(Brand)에 의하면 영국에서는 '혼인을 할 때 약혼자의 집으로부터 교회까지 허브나 꽃 아니면 골풀이라도 까는 관습'이 있었다고 한다. 선덜랜드(Sunderland)에서는 신부가 살고 있는 거리나 그녀가 교회에서 혼인식을 거행하기 위하여 지나가게 되는 거리의 보도(步道)에 톱밥을 뿌린다. 옛날에는 해안의 모래가 사용되었다. 그리고 이러한 관습이 완전한 형태로 행하여지려면, 모래나 톱밥을 신부의 집으로부터 교회의 문까지의 길 전부에 깔아야 했었다. 뉴캐슬 온 타인(Newcastle on Tyne)에서는 신혼부부가 밟고 지나가게 될

길 위에 모래를 깐다. 켄트(Kent)의 크랜브룩(Cranbrook)에서는 신혼부부가 교회를 떠날 때 길에 신랑 댁의 가업(家業)의 상징물을 깐다. 예를 들어 목수는 대팻밥 위를, 백정은 양의 가죽 위를, 구두장이는 가죽을 벗긴 껍질 위를, 그리고 대장장이는 고철의 부스러기 위를 걸어간다. 혼인식 때 붉은 양탄자를 까는 일은 우리 모두가 흔히 보는 관습이다.

이러한 관습이 적어도 일정부분 맨땅에 너무 가까이 닿아서는 안 된다는 미신적인 두려움에서 발생한다는 것은 아래쪽으로부터의 가상적인 위험에 대하여 신랑과 신부를 보호하려고 하는 것이 명백한 기타의 관행이 존재하는 것에 비추어 볼 때 매우 설득력이 있다. 모로코에서는 신부 및 신랑의 오른쪽 실내화 속에 정령이나 기타의 불길한 힘에 대한 부적으로서 바늘이나 약간의 소금을 넣는다. 동전 한 잎 또는 몇 개의 동전을 신랑과 신부의 구두에 넣어 주는 곳도 적지 않다. 그런데 스칸디나비아의 농민들에게 특히 통속화(通俗化)되어 있는 이 관행은 때로는 가난을 막고 부자가 될 수 있게 해 주는 것으로 생각되는 것이지만, 이 관행이 재앙에 대한 안전판으로까지 여겨지는 경우도 적지 않다. 달리엘(Dalyell)에 의하면 스코틀랜드의 어느 지방에서는 "신부가 자기 구두끈을 풀고 자기 발 아래에 동전을 넣고 서 있음으로써 보호를 받으려고 하는데, 이것은 아마도 땅으로부터 차단을 위한 것 같다"고 한다.

_ 문지방의 두려움

문지방을 통과할 때는 신부를 들어서 넘기는 것이 아주 널리 유포되어 있는 관행이다. 예를 들면 그것은 중국, 팔레스타인, 카이로, 모로코, 고대 로마 및 영국을 포함하여 많은 근대 유럽의 여러 나라에서 행해지고 있거나 또는 행해졌었다. 웨일즈에서는 혼인식을 마치고 돌아올 때 신부는 언제나 조심스럽게 안겨서 문지방을 건넜는데, 이것은

'신부의 발을 문지방 위나 그 가까이에 올려놓으면 그녀가 대단히 불행스럽게 된다고 생각되었기' 때문이고, 아니면 '걸어서 집안으로 들어오려고 하는 소녀에게는 재난이 닥쳐오는 것으로 되어 있었기' 때문이었다. 스코틀랜드의 어느 지방에서는 19세기 초에는 혼인식의 행렬이 신랑의 집에 도착하고 나면 "젊은 처는 들려서 문지방을 건너거나 또는 문안으로 첫 발자국을 디딘다. 이것은 마법 또는 사악한 눈(ill ée)이 그녀에게 걸려들거나 영향을 미치지 못하도록 하기 위함이다"라고 한다. 신부를 문지방 위로 옮기거나 들어올려서 건네는 것과 대응하여, 신부로 하여금 문지방 위를 밟는 것만을 피하도록 하는 관습이 있다—이것은 고대 인도에 유포되어 있었다. 그리고 문지방이 신랑에 대하여도 위험스러운 것으로 여겨지는 경우도 있다. 봄베이(Bombay) 가까이에 있는 섬인 살셋(Salsette)에서는 신랑은 어머니 쪽의 숙부에 의하여 집으로 옮겨지며 그 다음에 신랑 자신이 신부를 들어올려서 문지방을 건넨다. 문지방에 대한 두려움에 관하여 나는 감히 그것은 주로 미신을 믿는 사람들이 주거에 처음 들어서서 출입구를 거쳐서 낮과 같이 밝은 곳에서 어둠침침한 곳으로 갈 때 경험하기 쉬운 그러한 기분 나쁜 느낌에서 비롯하는 것이라고 믿고자 한다. 이 감정은 문지방에서 비롯하는 것이라고 생각한다. 이 감정을 갖는 것은 문지방에 죽은 사람의 영혼(靈魂)이든지 신령(神靈; jinn)과 같은 정령(精靈)이든지 신비스러운 것이 붙어 있거나 또는 일반적으로 문지방이 바로 초자연적인 위험의 소재지라는 관념을 쉽사리 자아내기 때문이다.

_ 신랑이나 신부의 뒤편에서 신발던지기

아래쪽으로부터 신랑과 신부를 위협하는 위험성에 관한 두려움은 헌 구두를 그들에게 집어 던진다고 하는 잘 알려져 있는 관습의 기원일지도 모른다. 이 관습은 잉글랜드와 스코틀랜드에서뿐만 아니라 덴마크, 라인강유역 및 트란실바니아(Transylvania)의 집시(gypsy)에서도 찾아볼 수 있으며, 아테네의 박물관에 소장되어 있는 어느 꽃병에 그려져 있는 혼인식의 그림으로부터도 알 수 있는 바와 같이 고대 그리스에서도 행해졌던 것이 명백하다. 구두를 신랑신부에게 던지는 것은 대부분의 경우 그들이 교회를 향하여 떠날 때, 교회에서 돌아올 때 또는 결혼피로연이 끝난 다음이다. 그리고 맨섬(Isle of Man)에서 그렇게 행해졌던 것과 같이 신랑과 신부에게 따로따로 구두를 던지는 수도 있다. 이 관습의 기원에 관하여 갖가지의 설명을 해 왔다. 구두를 던지는 것이 행운을 가져오는 것으로 생각된다고 하는 것만으로는 이 관습을 충분히 설명하는 것이 되지 못한다. 이 관습은 약탈혼의 잔재라고 설명되기도 하는데, 이 경우에는 이 관습이 '여자를 데려가는 자에 대한 거짓습격'이라는 의미를 지니게 된다. 또한 이 관습이 다산(多産)을 확보하려는 수단이라고 설명되거나 불길한 힘을 모면하는 방편이라고 설명되기도 하였다. 왜냐하면 정령은 가죽을 두려워하는 것으로 되어 있기 때문이다. 또한 위험한 정령에 대한 헌납(獻納)으로 설명되기도 하였다. 나는 이들 모든 이론을 여러 가지 이유 때문에 만족스럽게 생각하지 않는다. 여기에서 주의해야 할 것은 다음과 같은 점이다. 즉 구두가 신랑과 신부에게 던져지는 것은 그들이 어디로든지 갈 때가 되었다는 점, 구두를 던지는 것이 아래쪽으로부터의 불길한 힘에 대하여 신랑과 신부를 보호하려고 행하여지는 것이 명백한 관행과 나란히 행해진다는 점, 그리고 잉글랜드, 덴마크, 독일 및 다른 곳에서는 여행을 떠나려 하거나, 일 또는 사냥을 하러 가는 사람에게도 구두나 실내화를 던지는 것이 관습으로 되어 있다는 점 등이다. 브란드(Brand)는 잉글랜드에서는 어느 사람이 무엇인가를 하려고 할 때 그가 그 일에서 성공하기를 바라는 사람들은 그에게 헌 구두를 던지는데, 이 경우 헌 구두를 던지는 것은 평민들에게 행운(幸運)을 의미하는 것으로 생각한다. 이러한 사실은 그 헌 구두가 사람들이 신고 있는 구두나 장화 이외에 그들이 일을 해 나가는 도중에 별도의 주술적인 보호로서 당해자에게 도움을 줄 수 있다는 점을 의미하는 것이다. 이러한 사실은 우리들로 하여금 무어인의 신랑과 신부가 자기들의 실내화가 발에서 벗겨지지 않도록 하기 위하여 각별히 주의를 기울이는 것과 중국인의 신부가 맨땅에 닿지 않을까 하는 염려에서 자기 아버지의 구두를 신는 것을 생각나게 해 준다. 스코틀랜드에서는 신랑과 신부에게 '행복한 발(a happy foot)'을 기원해 주는 것이 관습으로 되어 있었다.

_ 여러 방식의 금욕에 의해서 면하게 되는 해악

적극적인 의식에 의해서뿐만 아니라 여러 가지 종류의 금욕에 의하여도 신랑과 신부가 화(禍)를 모면하게 된다. 자기들이 위험한 상태에 처해 있거나 다른 사람에 대한 위험의 근원이 되기 때문에 신랑과 신부는 자기들이 하는 일 전반에 걸쳐 최대한 조심을 하여야 하며, 가능한 한 적게 하여야 한다. 어느 경우에는 그들은 주위도 돌아보지 말아야 한다. 신랑과 신부가 사람들 면전에서 식사를 하거나 술을 마시는 것, 너무 많이 먹는 것, 일정한 식품을 먹는 것 또는 먹는 것 자체를 금지하는 금기(禁忌; taboo)가 있다. 신부는 침묵을 지켜야 하고 신랑은 큰 소리로 말하는 것을 삼가야 하기도 한다. 몇몇 민족에서는 신랑과 신부가 잠을 자지 않고 지새워야 한다고 생각한다. 그리고 혼인 후 일정한 기간 동안은 절제(節制)를 지켜야 하는 경우도 대단히 많다. 이에 관한 사례는 세계 여러 곳에서 찾아볼 수 있다.

_ 신랑과 신부가 겪어내야 하는 절제

인도·유럽계 여러 민족에 관해서는 혼인 후 일정기간 동안 절제하여야 한다는 관습이 이들 족속(族屬)의 원시시기에까지 거슬러 올라갈지도 모른다는 가설이 주장되어 왔다. 이 관습은 고대 인도법에 편입되었으며 유럽의 여러 국가에 현존하고 있거나 최근까지 존재하여 왔었다. 독일 및 스위스의 여러 지방에서는 혼인 후 사흘 밤 동안 절제를 지켜야 하며, 이 사흘 밤은 흔히 '토비아스의 밤'(Tobias nights)으로 알려져 있다. 그런데 만일 그렇게 하지 못하면 부부의 혼인생활은 불행스럽게 될 것이고 반면에 만일 그들이 성교를 하지 않으면 악마가 어떠한 위해(危害)도 가할 수 없을 것이라고 사람들은 믿는다. 프랑스의 어느 지방에서도 혼인 후 이틀이나 사흘 밤 또는 첫날밤에는 절제를 하고 있으며 최근까지도 그렇게 해 왔다. 그리고 브르타뉴(Brittany)의 여러 곳에서도 신부는 첫날 밤 신랑들러리와 신부들러리의 감시를 받게 된다. 18세기의 후반에 헤일즈 경(Lord Hailes)은 혼인식날 밤의 금욕(禁慾)이 '스코틀랜드의 어느 지방에서는 그대로 평민들에 의하여 지켜지고' 있음을 지적한 바 있다. 그런데 이렇게 많은 유럽국가에서 혼인 후에 지켜지는 절제가 고대 이교도(異敎徒)의 관습의 잔재유물이 아니라 기독교회의 가르침에서 비롯하는 것이라는 주장도 있을 수 있다. 398년에 개최된 제4회 카르타고종교회의(Council of Carthage)의 교령(敎令)은 신랑과 신부가 축복을 받게 되면 그들은 그날밤 그 축복에 대한 경건한 마음에 충만하여 순결한 상태로 있어야 한다는 것을 정하였다. 이 규정은 교회법(敎會法)에 받아들여졌다. 그리고 그 이후의 입법에 의하여 신혼부부가 지켜야 하거나 그렇게 하도록 권고되었던 순결기간(純潔期間)은 특히 토비아스를 본보기로 하여 하룻밤에서 이틀 또는 사흘 밤으로 연장되었다. 토비아스는 (라틴말 번역 성서에 의하면) 라파엘(Raphael) 대천사의 충고에 따라 자기 처인 사라(Sarah)와 사흘 동안이나 성교를 하지 않았었다. 교회로 하여금 여러 가지의 다른 종교적 행위와 관련하여 절제를 규제하게 하였던 것과 똑같은 성적 모독(性的 冒瀆)에 관한 두려움이나 혼인이라는 성사(聖事)와 관련 없이 단지 절제만을 하게 하는 결정을 내리게 할 수도 있음은 충분히 미루어 짐작할 수 있다. 그러나 이 결의와 토비아스에 대한 대천사(大天使)의 충고를 핑계삼아 내려지는 그 후의 결정이 옛날 이교도의 관습에 종교적 재가와 성서교의적인 지지를 주는 것에 지나지 않았다는 지적도 한층 더 그럴

듯한 것 같다. 이러한 이교도의 관습은 교회의 금욕적인 경향과 아주 상통하는 것이었다. 최근 제임스 프레이저 경(Sir James Frazer)은 이와 같은 견해를 아주 상세한 분석을 곁들어 피력한 바 있다. 이 견해는 다음과 같은 사실에 그 근거를 두고 있다. 첫째로는 혼인 후의 절제의 규칙은 전 세계의 이교도민족에서만 발견되는 것이 아니다. 베다의 아리아인 사이에서도 존재하였다는 것, 둘째로는 그것이 교회의 단순한 명령이라기보다는 더 깊은 근본을 나타내주는 유럽의 민간습속(民間習俗) 속에 존속하였다는 것 등이다.

이와 동시에 인정하지 않을 수 없는 것은 혼인의 완성을 일정한 기간 동안 연기하는 관습도 경우에 따라서 다른 기원을 가지고 있을 것이라는 점이다. 어느 경우에는 그러한 관습이 신부 쪽의 저항의 탓으로 돌려지기도 하는데, 여기에도 다소의 진실이 내포되어 있을 수 있다. 그렇지만 이러한 관습이 신랑이나 양 당사자의 성적 수치심(性的 羞恥心)에서 비롯하는 것으로 여겨지는 경우가 훨씬 더 많다. 그래서 성교는 손님이 돌아갈 때까지나 그 밖의 경우가 생길 때까지 연기된다고 하는 것이 매우 자연스러운 설명이 될 수 있는 것처럼 보인다. 그렇더라도 신랑과 신부가 지켜야 하는 절제라는 규칙이 그들에게 부과되는 다른 금기와 마찬가지로 주로 미신적인 두려움의 결과라는 것도 거의 의심할 수 없다. 만일 그들이 말하거나 먹거나 잠자는 것이 위험스럽다고 생각된다면, 그들 사이의 성교에 위험이 따르는 것으로 여겨지더라도 조금도 이상스러울 것이 없다. 대부분의 강제적인 절제의 경우에 우리는 절제에 대한 이유는 전혀 들어본 바 없지만, 때로는 절제를 지키는 것이 행복한 결혼생활을 위하여 필요하다든지 착한 자손을 두게 해 준다든가 악마가 위해(危害)를 저지르는 것을 막아 줄 것이라고들 한다. 한편 토비트서(Book of Tobit)에는 아스모다이우스(Asmodæs)라고 하는 사악한 귀신은 결혼식 날 밤에 7명의 신랑이 부인들에게로 들어가자마자 앙심과 질투에서 그 신랑들을 죽여버리는 것으로 되어 있다.

베다의 관행에 관하여 올덴베르크(Oldenberg)는 아직도 사람들이 그 관행을 명확하게 이해하고 있지는 못하지만, 그 본래의 의미는 성교를 할 적에 여자에게 스며들어와 그녀의 자손을 위태롭게 하거나 또는 심지어 그 자체 여자로 하여금 잉태하게 할지도 모르는 것으로 다만 혼인의 완성을 늦춰야 속여 넘길 수 있다고 생각하는 정령의 두려움에서 찾아야 한다고 말한다. 여자가 성교를 할 때 악령이 그녀의 몸 안으로 들어올지도 모른다는 관념은 오늘날까지도 이슬람교도들에게 친숙한 관념이다. 모로코에서 나는 남편이 처와 성교를 하기 전에 비스밀라(bismillāh), 즉 '신의 이름으로' 라는 말을 반드시 외워야 한다고 들었는데, 이것은 악마가 여자에게 들어와서 그 어린애를 나쁜 사람으로 만들지 않도록 하기 위해서이다. 그리고 이 믿음은 이슬람교의 전통에 의하여 지지되고 있다. 제임스 G. 프레이저 경(Sir James G. Frazer)은 "이 관습의 의도는 아마도 혼인이 완성되지 않은 척함으로써 악마를 속이려는 것이 아니라 오히려 신랑이 없는 동안에 악마가 마음대로 신부를 데리고 놀 수 있도록 하지 못하게 하는 데 있다"고 집어 말하고 있다. 이 추정을 직접 뒷받침해 주는 것으로서 내가 알기로는 오로지 하나의 보고밖에는 없는데, 그것은 에콰도르(Ecuador)의 카네로스 인디언(Canelos Indians)에 관하여 카르스텐 박사(Dr. Karsten)가 최근에 작성한 것이다. 나는 인류학자가 종종 원시적인 관습의 근원에서 너무 많은 추론을 해내려고 한다는 생각을 가지고 있다. 추론의 대부분은 명확한 관념에 근거하는 것이라기 보다는 오히려 막연한 감정에 근거하기 마련이다. 많은 경우에 화(禍)의 신비적인 원인으로 여겨지는 성교는 모든 종류의 불길한 힘에 대하여 무방비여서 매우 다치기 쉬운 신랑과 신부에게는 특히 위험스러운 것으로 생각되기 때문에 그러한 위험이 지속되는 동안에는 성교를 삼가는 것이다. 그러나 위험의 특수한 성질에 관해서든지, 그것을 야기시키는 불길한 힘의 특수한 성질에 관해서든지, 또는 그 위험을 모면시켜 주는 절제방법에 관하여 추론을 내린다는 것은 직접적인 증거가 없는 경우에는 사람들 자신이 그 문제에 관하여 어떤 명확한 이론을 가지고 있는지의 여부가 아주 의심스러운 것만큼이나 대단히 위험스럽기까지 한 것이다.

_ 왜 신랑과 신부는 위험스러운 상태에 있다고 생각되며, 신부는 다른 사람에 대하여 위험성이 있다고 여겨지는가?

세계의 어느 곳에서나 혼인 시에 대단히 중요한 역할을 하는 예방의례행사는 흥미 있는 문제를 제기해 주는데, 그것은 바로 어째서 신랑과 신부는 위험한 상태에 놓여 있다고 생각되는가? 그리고 어째서 신부는 다른 사람에게 위험하다고 여겨질까 하는 문제이다. 이 문제에 답하기 위하여 나는 모로코에서 혼인식 때 행해지는 의식에 관하여 신랑이 총각이고 신부가 처녀인 경우와 신랑과 신부의 어느 일방이 또는 그 쌍방이 이전에 결혼한 적이 있는 경우를 비교해 보았다. 이 비교는 신랑이나 신부가 지켜야 하는 정화의식(淨化儀式)이나 보호의식(保護儀式)과 같은 것은 쌍방이 아니라 신랑이나 신부의 어느 일방이 이전에 혼인하였었는지 아니면 하지 않았었는지의 사실에 달려 있다는 것을 보여 주었다. 신랑이 총각일 때는 그는 신부가 처녀이거나 이혼한 여자이거나에 관계없이 동일한 의식을 치러야 하지만, 이에 반하여 신랑이 다른 처를 데리고 있거나 또는 데리고 있었던 경우에는 신부의 지위에 전혀 관계없이 이들 의식이 생략된다. 그리고 신부가 이전에 혼인한 적이 없는 경우에는 신랑이 총각이거나 홀아비이거나 또는 일부다처제(一夫多妻制)이거나에 관계없이 동일한 의식을 거쳐야 한다. 그렇지만 신부가 과부 또는 이혼한 여자인 경우에는 신랑의 지위와는 전혀 관계없이 이들 의식은 비록 완전히 배제되지는 않았다 하더라도 어쨌든 상당히 감축시켰던 것이다. 이들 모든 사실로부터 나는 다음과 같은 결론을 내린다. 즉 비록 몇몇 정화를 위해서나 보호를 위해서 거행하는 혼인의식이 처녀막의 피에 대한 두려움으로부터 신부가 신랑의 세대에 들어오는 새 사람으로서, 그리고 여자라는 품성(品性)에 근거하여 화(禍)를 지니고 다닐지도 모른다는 관념으로부터 발생하였다 하더라도, 이들 의식의 대부분은 신랑이나 신부가 의식을 처음으로 치러야 하는 사람이라는 사실에서 비롯된다. 신랑이나 신부는 새로운 상태에 들어가고, 혼인식은 반게넵 씨(M. van Gennep)가 만들어낸 문구를 사용한다면 하나의 통과의례(通過儀禮; rite de passage)일 뿐이다. 새로운 상황으로 옮겨가는 것이나 어떤 일을 처음으로 하는 것은 여기에서뿐만 아니라 다른 경우에도 흔히 위험을 수반하는 것으로 여겨진다. 그러나 이와 함께 주의하지 않으면 안 되는 것은 이 사례에서 혼례상 인정되는 행위 자체의 성질이 가정된 위험을 증대시키기 쉽다는 점이다. 나는 이러한 설명이 전반적으로 무어인(Moors)에 관하여뿐만 아니라 다른 민족에 관하여도 마찬가지로 타당하다고 믿고 있다. 첫 번째의 혼인에서 거행되는 예방과 정제를 위한 의식과 두 번째의 혼인에서 거행되는 의식의 상세한 비교에서 얻어진 증거는 불행하게도 아직까지는 없다. 그러나 우리는 종종 과부나 이혼한 여자가 혼인할 때는 소녀가 혼인할 때보다 형식적 의례가 훨씬 간소하게 치러진다는 말을 듣고 있다.

_종교적 또는 유사종교적 성격을 지닌 혼인의식

순전히 주술적인 혼인의식 이외에 간혹 사제(司祭)에 의하여 거행되는 종교적 또는 유사 종교적인 성질의 의식이 있다. 어느 경우에는 이러한 의식은 자손을 확보하려는 것과 같은 특수한 목적을 위하여 베풀어지는 것이 보통이지만, 대부분의 경우 그러한 의식이 목적으로 하는 것은 부부에게 적극적인 이익을 가져다주거나 그들을 화(禍)로부터 보호함으로써 부부의 일반적 복리를 도모하는 것이다. 그리고 이러한 종류의 의식은 야만인 사이에서나 문명화된 민족 사이에서 모두 발견되고 있다. 아프리카의 몇몇 부족에서는 조상의 영혼 또는 물신(物神)에게 희생물을 바친다. 뉴질랜드의 마오리족에서의 귀족적인 혼인에는 큰 잔치를 벌이게 되는데, 이 잔치에서 사제는 부부에 관한 기도문이나 축문을 낭송하였다. 루손(Luzon)의 이고로트족(Igorot)에서는 여자사제가 혼인의식을 거행하는데, 그녀는 이 때 부부의 모든 친족 앞에서 죽은 사람의 영혼에 대한 기도를 한다. 고대 인도에서는 혼인식 때 여러 신(神)의 이름을 지칭하여 예찬하게 되어 있었으며, 근대의 힌두인은 가장 저급한 사람들을 제외하고는 사제역할을 담당하는 브라만(Brahman)이 축제에 참석하는 것이 혼인의 유효성을 위하여 필수적인 것으로 되어 있다. 종교적인 혼인의식은 고대 그리스에서도 치러졌다. 예를 들면 신부는 양성의 결합을 감독하는 여러 신에게 자기가 어릴 때 가지고 놀던 장난감과 기타의 선물 및 좀 더 특별한 것으로 막 잘라버린 그녀의 처녀로서의 머릿단을 바쳤다. 이미 앞에서 살펴본 로마의 콘파르레아티오(confarreatio)에서는 파르(far)라는 과자를 곡물신(穀物神; Jupiter Farreus)에게 바쳤다. 그리고 역사시대에 들어와서 로마에서는 혼인식 때 동물을 희생물로 바쳤다. 그러나 우리는 그것이 어떠한 신에게 바쳐졌는지 또는 실제로 신에게 바쳐졌는지조차 모른다. 일반적으로 고대에서 성행하였던 인도·유럽인의 혼인의식의 종교적 측면은 초기의 필자들이 지나치게 과장시켰던 경향이 있다. 이들은 순전히 주술적인 많은 의식에 대하여 종교적인 해석을 내렸던 것이다.

기독교의 창설자는 혼인에 관하여 아무런 특별의식도 규정하지 않았는데, 기독교도 사이에서의 혼인의식은 처음부터 적절한 종교적 숭배행위(崇拜行爲)가 포함된 것으로 여겨졌다. 3세기 중기 이후의 신부들의 증언은 공식적인 축복을 받지 못하고 체결된 혼인이 실제로 행해졌음을 보여 주는 것이고, 그러한 혼인은 교회에 의하여 승인되지도 않았다. 그렇지만 혼인은 성사라는 교의가 성 바울의 말, 즉 'τὸ μυστήριον τοῦτο μέγα ἐστίν' "비적(秘蹟)은 이때 크다"—라틴어 번역성서(Vulgate)에는 'Sacramentum hoc magnum est'(이 성사가 성대하다)라고 되어 있다—로부터 점차적으로 발전하여 12세기에는 완전히 승인되었지만, 그럼에도 불구하고 축복을 얻지 못한 혼인은 1563년까지도 교회에서 유효한 것으로 인정하곤 하였다. 동년에 트리엔트종교회의는 이제부터는 두세 사람의 증인 앞에서 사제에 의하여 의식이 거행된 것이 아니라면, 어떠한 혼인도 유효한 것으로 인정되지 않는다는 결의를 하였다.

모든 혼인사건은 교회에 속하는 것이 아니라 법조인에 속하는 것이라고 하는 루터(Luther)의 견해는 신교국가(新敎國家)의 입법자에 의하여 받아들여지지 않았다. 당시에 이미 혼인을 성사(聖事)라고 하는 생각은 사라지게 되고 만 셈이지만, 계속적으로 신성한 제도로 여겨졌던 것이다. 그리하여 성직자에 의한 혼인의식은 카톨릭교의 신자에서뿐만 아니라 신교의 신자들에게도 의무적인 것으로 되었다.

_ 민사혼인

이 부분에 관해 최초의 변경을 가져온 것은 프랑스혁명이었다. 1791년 9월 3일의 헌법에서 법률은 혼인을 민사행위(民事行爲)에 의하여 체결하게 하고, 민사계약(民事契約)으로만 인정한다고 선언하였다. 이 권리의무가 발생하는 행위에는—당사자가 적당하다고 생각하는 경우에는—성직자의 축복(祝福)이 더해질 수 있다. 이후로부터 민사혼인은 점차적으로 유럽의 대다수 국가의 입법에서 그 기반을 얻게 되었다. 하지만 이들 국가 중 여러 나라에서는 영국에서처럼 당사자는 종교적 의식과 민사혼인의 의식 가운데서 자기들이 마음에 드는 어느 하나를 선택할 수 있도록 되어 있으며, 어느 쪽이나 똑같이 법률적으로 유효한 혼인으로 인정한다.

기독교국가에서 종교적 의식에 대하여 부여해 온 법적 중요성에 상응하는 것은 유태법이나 이슬람교법에는 포함되어 있지 않다. 가령 유태법이 혼인을 신성한 제도로 보기는 하지만 축복을 생략하였다고 하여 그 혼인이 무효로 되지는 않는다. 성직자의 축복은 성서에나 탈무드에도 언급되어 있지 않다. 그리고 혼인식에 정식으로 율법학자(Rabbi)가 참석하는 것도 4세기 이전까지는 거슬러 올라가지는 않는다. 이슬람교법도 유효한 혼인의 체결을 위하여 종교적 의식을 필요로 하지 않는다. 어느 경우에나 종교적 의식은 전적으로 의식집행자인 카지(qāzī)에게 맡겨졌기 때문에 의식의 통일은 기할 수 없게 되고 말았다.

_ 옛날 혼인체결방식의 잔재로서의 혼인의식

많은 다른 민족에서 널리 행해지고 있는 혼인의식에 관한 이상과 같은 설명에서 알 수 있는 것처럼 혼인의식은 불필요한 형식적 행위가 아니라 아주 실제적인 중요성을 지니는 것으로 자리잡게 되었다. 혼인의식의 어떤 것은 확실히 우발적인 것이거나 상습적인 것이거나 옛날의 혼인체결방식의 잔재유물로 여겨질 수도 있다. 즉 이미 앞에서 살펴본 바와 같이 어떤 의식은 순수한 신부약탈(新婦掠奪)에서 유래한 것으로 연상될 수도 있는 것이고, 다른 경우에는 대가를 수반하는 혼인이 실제로는 더 이상 존재하지 않게 된 다음에도 그것이 혼인의식에 자취를 남긴 것이라고 할 만한 것이다. 그러나 일반적으로 말하여 혼인 또는 양성관계의 옛날 형태를 연구하는 수단으로서의 혼인의식의 중요성은 지나치게 과장되게 설명되어 온 바 있다. 여러 가지의 의식은 부분적으로나 아니면 전적으로 성적 수줍음, 슬픔 또는 노여움과 같은 정서적인 상태의 형식적인 표현이고, 한편 다른 의식의 어떤 것은 기쁨 또는 성애감정의 표현이기도 하다. 이 후자의 부류에는 세계의 많은 지방에서 혼인식 잔치의 통례적인 특징을 이루고 있는 춤 및 손님들이 즐길 수 있도록 때때로 허용되는 성적 난행(性的 亂行)이 이에 속한다. 그러나 혼인의식으로서의 춤도 특별한 경우에는 상징적 또는 주술적인 의미를 가질 수 있으며, 일반적으로 말하여 충정상태(衷情狀態)에 달하는 방법이라고도 할 수 있을 것이다. 그리고 혼인식 손님의 성적 난행은 유사치료적(類似治療的) 주술의 원리에 비추어 볼 때 신랑과 신부가 그 결합의 생식적 목적을 수행함에 있어서 그들을 도와주는 수단의 표현일 것이다.

_ 감정상태의 고정적인 표현; 혼인에서의 춤과 성적 방종; 혼인의식의 유포

대단히 많은 경우에 혼인의식에 대하여 지대한 가치가 부여되고 있음에도 불구하고, 다른 한편으로는 그러한 의식을 전혀 가지고 있지 않은 민족도 적지 않게 있다. 이것은 특히 아메리카 및 오스트레일리아의 부족, 그리고 남양군도인(South Sea Islanders)과 많은 아시아 및 아프리카의 민족에서 그러하다. 그렇지만 그러한 취지의 보고라 하더라도 그것이 반드시 혼인의식이 완전히 없는 것만을 전해주는 것은 아니다. 크로리 씨(Mr. Crawly)가 지적하고 있는 것처럼 다음과 같은 경우가 종종 있다. 즉 "비록 어느 행위가 행해지더라도 그것이 너무나도 간략하고 실제적이어서 관찰자가 그것을 '의식'(儀式; ceremony)이라고 적을 수 없는 경우가 있다. 그러나 그것을 분석해 보면 실질적인 혼인의식인 것이 드러난다." 그리고 심지어 적극적인 의식이 없는 경우에도 일정한 종류의 절제(節制)가 혼인체결과 관계되어 있는 경우가 있다. 혼인의식은 고도의 문화단계에 달한 민족이나 그러한 민족과 아주 가까이 접하고 있는 부족에서는 대단히 성대하다. 혼인의식이 다양한 점에서 인도·유럽계 여러 나라의 농민 및 셈계 민족보다 더 많은 곳은 아무 데도 없다. 그러나 후자 각 민족에서의 혼인의식은 비교적 새로이 발생한 것처럼 보이며, 또한 인도·유럽식의 영향이 작용하였다는 것을 뚜렷이 보여주기도 한다. 다른 한편 근대문명(近代文明)은 옛날의 의식에 대하여 파괴적이라는 것이 입증되고 있으며, 또한 실제로 그것에 새로운 것을 보탠 것이라고는 하나도 없다. 이것은 대다수의 혼인의식이 주술적인 관념에서 생겨난 것인데, 당해 주술적 관념(呪術的 觀念)은 정신문화의 진보와 더불어 사라져 버렸다는 사실의 당연한 귀결이기도 하다.

제9장

일부일처제와 일부다처제

_발달하지 못한 민족의 각종 경제문물단계에서의 일부일처제와 일부다처제의 보급

하등동물에 있어서 어느 종(種)은 본능적으로 일부일처적이고, 다른 종은 일부다처적이다. 그런데 인류에서는 한 명의 남성과 한 명의 여성의 혼인(一夫一妻制; monogamy), 한 명의 남성과 여러 명의 여성의 혼인(一夫多妻制; polygyny), 한 명의 여성과 여러 명의 남성의 혼인(一妻多夫制; polyandry) 그리고 여러 명의 남성과 여러 명의 여성의 혼인(集團婚; group-marriage) 등을 찾아볼 수 있다. 이 장에서는 지금까지 가장 빈번하게 행해져 온 혼인형태인 일부일처제와 일부다처제를 살펴보고자 한다.

우선 내가 수집한 자료를 근거로 하여 판단해 보면, 문명화되지 못한 족속에서의 일부다처제는 몇몇 오스트레일리아의 부족과 부시멘(Bushman)의 부족을 제외하고는 어떠한 저급한 수렵민(狩獵民)이나 식물채집민(植物採集民; food-collector)에서나 어떠한 초지의 농경민, 아주 저급한 형태의 농경민에서조차도 대규모로는 행하여지지 않았다. 오히려 이들 수렵 또는 보잘것없는 농경을 영위하며 살아가는 저급한 부족의 대다수는 엄격하게 일부일처적이다. 이러한 부류에 속하는 부족으로는 남아메리카 인디언의 몇몇 부족, 말레이반도(Malay Peninsula)의 원주민부족, 안다만섬사람(Andaman Islanders), 실론의 베다족, 말레이군도(Malay Archipelago)의 몇몇 부족, 필리핀군도의 일부일처적인 네그리토족(Negritos) 및 중앙아프리카의 피그미족(Central African Pygmies)의 두세 부족이다. 북아메리카에서 그 대부분을 찾아볼 수 있는 다소 수준이 높은 수렵민(狩獵民) 사이에서는 비록 대다수의 부족이 그것을 어쩌다 행하는 것이기는 하지만 일부다처제가 흔히 발견된다. 그리고 배타적인 일부일처제는 알려지지 않아서 그런지는 모르겠으나 대단히 드물다. 유목민족 중에서는 엄격하게 일부일처적이라고 할 만한 민족을 전혀 발견하지 못했다. 그리고 비록 일반적인 일부일처제가 어느 정도 수준이 높은 수렵민 사이에서보다도 비교적 일정한 수준에 달한 농경민 사이에서 훨씬 빈번하게 행해지고 있다고 하더라도, 일부다처제는 수렵이나 초기의 농경민에 비하여 유목민 및 다소 수준이 높은 농경민에서 보다 빈번하게 행해졌던 것은 의심할 나위도 없다. 이것은 이미 홉하우스(Hobhouse), 휠러(Wheeler) 및 긴스버그(Ginsberg) 등에 의하여서도 지적된 바 있는데, "일부다처제는 선량한 풍속으로서 승인되고 있었는지의 여부와 관계없이 유목민에서 좀 더 눈에 띄게 나타난다는 점만을 제외하고는 거의 끊임없이 증가한다"고 한다. 이들이 만들어 놓은 표에 의하면 "일부다처제는 순수농경민에서보다도 가축을 기르는 농경민들 사이에서 더 많이 행해지고, 저급한 유목민에서보다도 (부업으로서 농경에 종사하기도 하는) 다소 수준이 높은 유목민들 사이에서 좀 더 성행하고 있다. 그렇지만 일부다처제가 '일반적인'(general) 것으로 나타나는 사례는 동일한 유목민끼리든지 다소 수준이 높은 농경민(즉 순수농경민과 가축을 기르는 농경민)임에 비견해서든지 아프리카 이외의 지역보다도 아프리카에 훨씬 더 많다"는 점에 주의하지 않으면 안 된다. 이 사실은 비교적 발달하지 못한 민족에서 일부다처제가 다소 수준이 높은 경제적 문화단계에서 성행하고 있다는 것이 오로지 경제적 원인 때문이라고만 생각해서는 안 되겠다는 경각심을 일깨워 주는 것이다.

_ 아프리카에서의 일부일처제와 일부다처제

한편 아프리카의 많은 민족에서 일부일처제가 지배적이고 몇몇 부족에서는 그것이 유일한 혼인형태라고 알려져 있지만 일부다처제가 그 빈도에 있어서나 처의 수에 있어서 절정을 이루고 있는 것도 아프리카이다. 에민 파샤(Emin Pasha)에 의하면 우니요로(Unyoro)에서는 아무리 적은 부족의 추장이더라도 10명 내지 15명 이하의 처만을 데리고 사는 것은 절대적으로 잘못된 것이고, 가난한 남자도 세 명 내지 네 명의 처를 데리고 산다고 한다. 베냉(Benin)의 왕이 데리고 살았던 처의 수는 필자에 따라 차이는 있지만 각각 600명이나 1,000명, 3,000명 이상 심지어 4,000명이라고까지 추산해 놓은 바 있다. 그러나 왕은 자기를 잘 받들어 주는 사람들에게 다소의 돈을 나눠주어 살아가게 하였다. 아샨티(Ashanti)에서의 법은 왕의 처를 3,333명으로 제한하고 있는데, 이 법이 왕으로 하여금 처의 수를 그만큼 채우도록 요구하고 있는지의 여부는 알 수 없다. 또한 우간다(Uganda)의 므테사왕(King Mtēssa)은 7,000명의 처를 거느리고 있었다고 하며, 로앙고(Loango)의 왕도 마찬가지였다고 한다. 내가 알기로는 이것이 일부다처제의 최고기록이다.

_ 일부일처제의 방향으로 수정된 일부다처제

그런데 일부다처제가 행해지고 있는 곳에서도 이 제도는 사회적 및 성적인 입장에서 일부일처제적인 방향으로 수정되어 유지된다. 즉 처들 중 한 사람이 나머지 사람에 비하여 일단 높은 사회적 지위를 차지하거나 본처(本妻; principal wife)라고 여겨지는 것이 일반원칙이며, 많은 경우 그러한 높은 지위를 수여받게 되는 것은 맨 먼저 얻은 처이다. 그리고 이렇게 되는 것은 아마도 일부일처제가 그 민족에서 원칙으로 되어 있거나 또는 이전에 원칙으로 되어 있었으며, 일부다처제가 특이한 것이거나 예외적인 것이었기 때문일 것이다. 그래서 첫 번째의 처의 지위와 그 다음의 처의 지위의 차이가 대단히 컸던 예가 아주 빈번했기 때문에 오늘날의 권위 있는 필자들은 최초의 처를 유일한 정처(正妻; real wife) 또는 적처(嫡妻; legitimate wife)라고 표현하고, 다른 처는 첩(妾; concubine)이라고 나타내는가 하면, 축첩(蓄妾; concubinage)과 결부되어 있는 일부일처제라고 하기도 한다. 그러나 만일 축첩이라는 용어를 성적 방종(性的 放縱)만을 의미하는 관계로 한정하여 사용한다면, 이들 사례의 적지 않은 경우나 대부분의 경우에 우리는 당해 혼인을 일부다처적인 것으로 보고 그 첩을 소실(小室; inferior wife)이라고 하는 것이 타당할 것이다. 그리고 어떤 경우에는 최초의 처의 높은 지위가 일정한 성적 특권(性的 特權)을 의미하기도 하는데, 남편이 자기의 처와 차례대로 동침하는 것으로 되어 있다는 말을 너무나도 자주 들어온 것도 사실이다. 그런데 여기에서 말하는 이론과 실제가 어느 정도 일치하느냐 하는 것이 또 하나의 문제로 남아 있다. 이와 관련하여 일부다처제적인 혼인에서 처 가운데 어느 한 사람이 일정한 기간 동안 총애를 받는 사람이 된다고 생각하여도 괜찮을 근거를 가지고 있다.

일부다처제 또는 순수한 일부다처제와 거의 구별할 수 없을 정도로 축첩제(蓄妾制)가 대부분의 고대 문명민족에 있었던 것을 알 수 있다. 중국에는 법률상 본처(本妻) 이외에 이른바 '관례상' 처 또는 합법적인 첩이 있지만, 반면에 법은 최초의 처가 살아 있는 한, 엄격하게 다른 처를 취하는 것을 금하고 있다. 처는 첩에 대한 어느 정도의 권력을 부여받고 있다. 그리고 처는 자기의 배우자를 오늘날의 '남편'에 상당하는 용어로써 부를 수 있지만 첩은 자기의 배우자를 주인(主人)이라고 부른다. 처를 첩의 지위로 낮출 수는 없으며 처가 살아 있는 동안에는 첩을 처의 지위로 높일 수도 없다. 그렇지만 자녀의 적출성(嫡出性)의 문제는 여자가 처이냐 아니냐의 여부에 달려 있는 것이 아니라 그 여자가 남자의 집에 맞아들여져 살고 있는지의 여부에 따라서 결정된다. 일본에서는 중국식의 첩제도가 1880년의 형법전 공포에 의하여 폐지되기까지 법제도로서 존재하였다. 그렇지만 오랜 동안에 걸쳐서 확립된 관습은 좀처럼 없어지지 않고 어느 정도는 오늘날까지도 남아 있다.

_ 고대 문화민족에서의 일부일처제와 일부다처제

고대 이집트에서는 일부다처제가 허용되어 있기는 하였으나 그렇게 널리 행해졌던 것 같지는 않다. 앨런 가디너 박사(Dr. Alan Gardiner)

는 이집트에서 왕가(王家)를 제외하고는 일부다처제에 관한 증거가 전혀 없는 것은 아니지만 찾아내기 매우 어렵다는 것을 지적해 준 바 있다. 바빌로니아의 함무라비법전에는 혼인은 일부일처제여야 하는 것처럼 되어 있다. 그렇지만 '만일 남자가 처를 얻었는데 그 처가 병에 걸린 때'는 그는 두 번째의 처를 취할 수 있으며, 또한 처가 계속적으로 자녀를 낳지 못하면 남자는 첩을 둘 수 있었다. 그러나 이 경우에도 그 첩은 처와 동등하게 대우받지 못하였다. 노예첩제도(奴隷妾制度; slave- concubinage)가 함무라비왕 시대에 자주 행해졌는데, 주인의 어린애를 낳은 여자 노예는 팔아넘길 수 없었다. 다른 한편 히브리인 사이에서의 남자는 어떠한 경우에도 복수의 처를 얻을 수 있었으며, 처와 노예첩(slave-concubine) 사이에는 차별이 있었지만, 각각의 처 사이에는 법률상 신분에 차등을 두지는 않았다. 시형제혼(媤兄弟婚; levirate marriage)의 경우에 관하여 모세오경(Pentateuch)은 두 번째 혼인을 하게 됨을 규정하고 있는데, 남자는 그가 이미 혼인을 하였거나 하지 않았거나, 자녀를 두지 못하고 사망한 형의 유처(遺妻)를 처로 얻게 되어 있었다. 그렇지만 일부다처제를 행하는 대다수의 민족에서 그러하였던 것과 마찬가지로 고대 이스라엘에서도 대부분의 사람들은 일부일처제로 생활하였으며, 바빌로니아유폐 이후의 시대에는 일부다처제가 아주 드문 예외로 되어 있었던 것 같다. 남자가 얻을 수 있는 처의 수에는 아무런 제한이 없었고, 우리가 솔로몬(Solomon)에 관하여 읽어서 알고 있는 바로는, 그는 "700명의 처, 즉 왕비(王妃)와 300명의 빈궁(嬪宮)을 거느리고 있었다"고 한다. 그러나 탈무드(Talmud)에는 "현인(賢人)이라는 사람은 네 명 이상의 처를 얻어서는 안 된다는 훌륭한 충고를 한 바 있다"고 적혀 있다. 유럽의 유태인들 사이에서는 일부다처제가 중세까지도 그대로 행해졌었으며, 이슬람교국가에 살고 있는 유태인 사이에서는 오늘날에도 그것을 찾아볼 수 있다. 아라비아의 이슬람교도는 남자가 합법적으로 데리고 살 수 있는 처의 수는 네 명을 초과할 수 없다고 규정함으로써 처의 수에 관하여 일정한 제한을 가하고 있었다. 그러나 남자는 자기가 소유하고 있던 일정한 수의 노예는 첩으로 데리고 살 수 있었다. 그러나 이슬람교의 마호메트(Prophet) 자신은 그가 원하는 만큼의 처를 데리고 살 수 있도록 되어 있었다. 한 사람의 남자에게 두 명 이상의 처가 있는 경우에는 맨 먼저 혼인한 처가 가장 높은 서열을 차지하는 것이 보통이고 '대부인'(大夫人; the great lady)이라고 불렀다. 그러나 실제로 이슬람교국가에서의 대다수의 남자는 일부일처제로 살고 있다.

일부다처제는 대부분의 인도·유럽계 민족에서도 허용되어 왔다. 예를 들면 인도의 베다인 사이에서 일부다처제가 행해지고 있었던 것은 명백하게 입증되고 있지만, 아마도 그것은 대개 왕이나 부유한 귀족에 한정되었던 것 같다. 그런데 힌두의 법서(法書)가 남자가 얻을 수 있는 처의 수를 제한하고 있는 것은 아니다. 그러나 일부일처제를 보다 더 좋다고 생각하는 구절이 간혹 발견되고 또한 초혼(初婚)에 관하여는 그것이 의무감에서 체결된 것으로 단지 개인적인 만족감을 위하여 체결된 것이 아니라는 의미에서 언제나 특별한 신성성(神聖性)이 부여되어 있었던 것 같다. 오늘날 힌두법은 일부다처제에 관하여 아무런 제한도 가하고 있지 않지만, 대부분의 계급은 최초의 처가 아들을 낳지 못한다든가 불치병에 걸렸다든가 또는 병약하다든가 등의 특별한 이유가 없는 한, 자기의 구성원이 한 사람 이외의 처를 갖는 것에 반대하고 있다.

일부다처제는 고대 슬라브인 사이에도 허용되어 있었지만 일반적으로는 추장(酋長)이나 귀족(貴族)만이 거기에 탐닉했던 것 같다. 몇몇 남부 슬라브인 사이에서는 처가 임신을 하지 못하거나 정신이상이 된 경우에는 오늘날까지도 중혼(重婚)이 허용되고 있다. 고대의 스칸디나비아의 왕들은 일부다처적인 관행에 따라 여러 명의 처를 둘 수 있었는데, 이러한 현상은 왕에게만 한정되어 있었던 것은 아니다. 남자는 자기가 선택한 만큼의 첩을 거느릴 수 있었을 뿐만 아니라 두 명 이상의 합법적인 처를 둘 수도 있었다. 또한 타키투스(Tacitus)에 의하면 서게르만족(West Germans)에서는 귀족의 신분으로 태어난 소수의 사람들만이 복수의 처를 두고 있었다. 앵글로색슨인에서는 일부다처제가 있었다고 하는 직접적인 증거는 없지만 그들의 몇 가지 법서에 일부다처제(一夫多妻制)가 금지되어 있는 것으로 보아 그들이 일부다처제를 전혀 모르고 있었던 것 같지는 않다. 고대 아일랜드인 사이에서 간혹 그 왕이나 추장이 두 명의 처를 두고 있었음을 발견하게 된다. 호메로스(Homeros)의 시 가운데 순수한 일부다처제는 프리아무스(Priamus)만이 행하였던 것으로 묘사되고 있지만 그는 트로이인이었다. 그리스에서는 일부일처제만이 허용되고 있던 유일한 혼인형식이었던 것은 거의 의심할 바 없다. 그런데 첩제도는 당시 아테네에는 항상 있었고 일반인의 생각도 첩제도를 그다지 비난하지 않을 정도였다. 그러나 첩제도는 혼인과는 확연히 구별되는 제도였다. 즉 첩에게는 아무런 권리도 부여되지 않았으며, 그 어린애는 사생아(私生兒; bastard)로 차별을 받았다. 로마인의 혼인은 엄격하게 일부일처적이었다. 기혼자들에 의하여 체결되는 두 번째의 혼인은 디오클레티아누스(Diocletianus) 황제 시대까지는 형벌의 대상이 되지는 않았더라도 무효였다. 기혼의 남자와 정부(情婦)와의 사통(私通)은 공화정 말기까지 그다지 이상한 것으로 여겨지지 않았지만, 그러한 관계는 후대에 접어들어서는 합법적인 내연관계(內緣關係)로 생각되지 않았다. 법학자인 파울루스(Paulus)에 의하면 처(uxor)가 있는 남자는 동시에 내연의 처(concubina)를 둘 수 없었다고 한다.

_기독교국가에서의 일부다처제 또는 축첩제

그리스와 로마에서 일부일처제가 유일하고 합법적인 혼인형식으로 되어 있었던 것을 생각해 보면, 기독교가 서구세계에 강제적 일부일처제를 도입하였다고는 도저히 말할 수 없다. 사실상 신약성서(新約聖書)가 일부일처제를 정상적인 혼인형태 또는 이상적인 혼인형태로 여기고 있지만, 그것은 주교(主教)와 부제(副祭)의 경우를 제외하고는 결코 일부다처제를 명시적으로 금하고 있지 않았다. 그리고 앞에서도 언급한 바 있지만 포교의 상대방인 민중들 사이에는 일부일처제가 일반원칙으로 되어 있었으므로 최초의 기독교의 전도사가 일부다처제를 일부러 비난할 필요는 없었던 것이다. 그러나 이것이 유태인에 관하여는 반드시 그렇지도 않았다. 왜냐하면 이들은 기독교시대의 초창기에도 그대로 일부다처제를 허용하고 있었을 뿐만 아니라 실행하고 있었기 때문이다. 몇몇 교부들은 유태인의 율법박사를 관능주의적이라고 비난한 바 있지만, 기원 초기에 개최되었던 교회의 종교회의도 어느 하나 일부다처제에 반대를 하지 않았고 또한 이교시대(異教時代)에 일부다처제가 행해지고 있던 국가에서 왕이 이것을 실행하려고 하는 이상 아무런 장애도 거칠 것이 없었다. 6세기 중반에 아일랜드의 디어마이트(Diarmait)왕은 두 명의 왕비와 두 명의 후궁을 거느리고 있었으며, 메로빙거(Merovingian)왕조의 여러 왕도 일반적으로 일부다처제를 행하였다. 카를 1세(Karl I)는 두 명의 처와 많은 후궁을 거느리고 있었으며, 그가 발포한 법률 중 하나를 보면 일부다처제는 심지어 사제들 사이에도 전혀 없지 않았던 것 같다. 후세에는 헷세(Hesse)의 필립(Philip)과 프로이센의 프리드리히 빌헬름 2세(Friedrich Wilhelm II)가 루터파의 재가(裁可)를 얻어서 중혼을 한 적이 있다. 이 중 전자의 중혼은 루터(Luther) 자신이 시인하였고, 멜란히톤(Melanchton)도 그렇게 하였다. 그리고 루터는 기회가 있을 때마다 일부다처제에 관하여 꽤 관용적인 태도를 취하였다. 그것은 결코 신에 의하여 금지된 것이 아니고, 심지어

아브라함까지도 철저한 기독교인이었으면서 그 자신도 두 명의 처를 두고 있었다. 그리고 신은 특수한 사정이 있는 경우에 한하여 구약성서에 나오는 특정한 사람들에게 일부다처제혼(一夫多妻制婚)을 허용하였고, 만일 기독교도가 그들의 선례를 따르려고 하는 때에는 자기의 경우에도 사정이 유사하다는 것을 밝히지 않으면 안 되었지만, 이혼보다는 일부다처제를 보다 바람직한 것으로 여겼던 것은 틀림없는 사실이다. 베스트팔렌조약(the Peace of Westphalia) 바로 다음인 1650년 당시 30년 전쟁(Thiry Years' War)으로 인구가 크게 줄었는데, 뉘른베르크(Nuremberg)에서의 프랑켄지방의회(Frankish Kreistag)는 모든 남자는 두 명의 여자와 혼인하여도 괜찮다는 결의를 통과시켰다. 또한 기독교의 몇몇 종파는 일부다처제를 아주 열렬히 옹호하고 나서기까지 하였다. 즉 1531년 재침례파(Anabaptist)는 뮌스터(Münster)에서 진정한 기독교도가 되고 싶어 하는 자는 여러 명의 처를 거느리지 않으면 안 된다고 공공연하게 설교를 한 바 있다. 그리고 몰몬교(Mormons)가 일부다처제를 하나의 신성한 제도로 여기고 있는 것은 전 세계적으로 잘 알려져 있는 사실이다.

_ 일부일처제 또는 일부다처제의 각 원인인 양성비율

지금까지 여러 사실을 살펴보았는데, 이제 우리는 그들 사실을 어떻게 설명하여야 할 것인지의 문제를 다뤄 보아야 하겠다. 즉 어째서 어느 민족은 일부다처적이고 다른 민족은 엄격하게 일부일처적인가? 그리고 똑같이 일부다처적인 민족이면서 어느 민족에서는 다른 민족에서보다 훨씬 빈번하게 일부다처제가 행해지고 또한 일부다처적인 혼인에서의 처의 수가 많은 것은 도대체 무엇 때문일까? 이러한 문제에 관하여 완벽하게 밝혀낼 수는 없지만, 일부다처제를 발생시키는 일정한 사정과 일부일처제를 발생시키게 되는 일정한 상황이 있다는 것만은 그렇게 어렵지 않게 짐작할 수 있다. 혼인의 형태에 관하여 지대한 영향을 끼치고 있는 한 가지 확실한 요인은 양성(兩性)의 숫자상의 비율이다.

종래 남녀의 수가 거의 비슷하기 때문에 일부일처제가 당연한 혼인 형태라고 주장되어 왔다. 그러나 이것은 잘못된 의론이다. 민족에 따라 남녀의 비율이 다르고 어느 경우에는 크나큰 차이가 나기도 한다. 어떤 경우에는 남녀의 수가 거의 대등하지만, 때로는 남자가 여자보다 많은가 하면 경우에 따라서는 여자가 남자보다 많기도 하다. 이렇듯 일부다처제가 성행하게 되는 원인은 혼기에 달한 여자의 과잉 때문이고, 일부일처제가 빈번하게 행해지는 원인은 혼기에 달한 여자가 비교적 적기 때문이라는 점은 의심할 나위도 없다. 비록 저급한 족속에서의 양성비율에 관하여 우리가 알고 있는 사실이 아주 불완전하다고는 하지만, 나는 야만부족에서 여자가 현저하게 많고 그 많은 상태가 어느 정도 지속적으로 유지될 경우에는 일부다처제가 허용되었다고 하여도 괜찮을 것으로 생각한다. 나는 이에 반대되는 것으로서 믿을 만한 보고를 아직까지 접하지 못하였고, 만일 일부일처제로 말미암아 여자의 상당수가 독신생활을 하지 않을 수 없는데도 불구하고 야만인의 관습이 일부일처제를 강제하였으리라고는 도저히 생각할 수 없다. 다른 한편 양성의 수가 같거나 남자가 많은 경우에도 일부다처제가 얼마든지 행해질 수 있는데, 예를 들면 오스트레일리아의 여러 부족에서는 남자가 과잉임에도 불구하고 일부다처제를 찾아볼 수 있다. 이러한 경우에 상당수의 남자는 적어도 자기들 일생의 일정한 기간을 미혼으로 살 수밖에 없다. 더구나 여자가 남자보다 많은 곳에서도 미혼의 남자를 찾아볼 수 있다. 그렇기 때문에 여자의 과잉이 일부다처제를 발생시키기는 하지만, 그것이 일부다처제의 유일한 원인이거나 전적인 원인은 아니다. 실제로 여자의 과잉은 일부다처제의 간접적인 원인에 지나지 않는다. 처로 삼을 만한 여자가 있다는 것이 일부다처제를 조장하거나 가능하게 하지만 일부다처제의 직접적인 원인은 일반적으로 한 명 이상의 처를 가지고 싶어하는 남자의 욕구이다. 그리고 이러한 욕구에는 여러 가지의 이유가 있다.

_ 남자가 여러 명의 처를 얻으려고 하는 이유; 남자로 하여금 주기적인 절제를 하게 하는 일부일처제

우선 일부일처제는 남자에게 주기적인 절제(節制)를 요구한다. 즉 남자는 매월 일정기간 동안 자기의 처와 떨어져서 지내지 않으면 안 된다. 저급한 문명단계에서는 월경(月經)을 하고 있는 부인은 미신적 두려움의 대상이다. 비교적 발달하지 못한 많은 민족에서는 남편은 처의 임신 중이나 적어도 임신의 후반 동안에는 자기의 처와 떨어져 지내야 한다. 때로는 임신부를 정결(貞潔)하지 못한 사람으로 여기며, 경우에 따라 임신부와의 성교는 아이를 다치게 하거나 죽게 하는 것으로 생각한다. 그런데 임신 중의 부인의 성교에 대한 의무적 절제 이상으로 일부다처제적 관행의 원인을 이루는 것은 어린애를 출산한 다음에도 성교를 하지 말아야 한다는 자제적 요구 때문이다. 아주 많은 미발달의 민족에서는 남편이 어린애가 젖이 떨어질 때까지 자기의 처와 자리를 함께하지 말아야 하는 것으로 되어 있다는 사실을 알고 있다. 그리고 수유기간(授乳期間)이 때로는 1년간, 어느 때는 2년 내지 3년, 그리고 경우에 따라서는 심지어 5년 내지 6년이나 지속되므로 이러한 금제는 너무나도 가혹하다. 수유기간이 이렇게 긴 것은 주로 연한 음식물이나 동물의 젖이 없기 때문이다. 하지만 젖먹이에게 젖을 공급할 수 있는 동물을 기르는 민족에서도 이러한 종류의 음식물을 회피하는 경우가 있다. 예를 들어 중앙인도의 드라비다계 원주민은 우유를 일종의 배설물로 보기도 하고, 중국인에게 있어서 우유는 참을 수 없을 만큼 꺼려하는 것이다. 또한 수유기간 중의 성교가 어린애에게 위해(危害)를 입힐지 모른다는 두려움도 있다.

_ 여자의 젊음과 아름다움의 매력; 다양성에 대한 남자의 취향

일부다처제의 주요한 원인 중 다른 하나는 여자의 젊음과 아름다움이 남자에게 끼치는 매력이다. 첫 번째의 처가 늙게 되면, 생기발랄한 처를 얻게 되는 일이 종종 있다. 아무리 남자가 성인에 달하고 나서 같은 나이 또래의 여자를 얻는 경우에도, 그 처의 젊음을 머금은 아름다움이 완전히 사라져 버린 때에도 남자는 아직 한창 때일 수 있으며, 이러한 현상은 특히 문명의 저급한 단계에서 두드러지는데, 여기에서는 우리 사회에서보다도 여자가 훨씬 빨리 늙게 되는 것 같다. 일부다처제에 관한 또 하나의 이유는 다른 여자와 관계하고 싶어 하는 남자의 호기성향(好嗜性向)이다. 성본능은 오랜 동안의 성교관계에 의하여 무뎌지고 새로움에 의하여 자극되기 마련이다. 언젠가 모로코에서 온 한 통치자가 내가 있는 자리에서 영국의 어느 부인으로부터 어째서 무어인(Moors)은 유럽사람처럼 한 명의 처로 만족하지를 않습니까라고 하는 질문을 받게 된 적이 있다. 그의 답변은 "왜 사람들은 항상 물고기만을 먹지 못할까요"라는 것이었다.

_ 자손이나 많은 후손을 두고 싶어하는 남자의 욕구

그렇지만 남자가 한 명 이상의 처를 데리고 살고 싶어하는 것은 성적인 이유에서만 그러한 것이 아니다. 남자는 후손, 재력 및 권위를 바라는 나머지 한 명 이상의 처를 데리고 살려고 할 수도 있다. 처가 불임이라든가 여자 어린애밖에 낳지 못하여 남편으로 하여금 먼저 얻은 처를 두고도 다른 배우자를 선택하게 하는 경우가 대단히 많다. 동양에서의 일부다처제 원인 중 하나는 후손에 대한 욕구 때문이다. 일본에서 축첩(蓄妾)을 법적으로 인정하는 이유는 조상의 제사(祭祀)를 받들어 나갈 자손을 두어야 한다는 지고(至高)의 중요성에 그 정당성의 근거를 두고 있는 것이다. 고대 힌두인의 일부다처제는 주로 자녀를 두지 못하고 죽게 될지도 모른다는 염려에서 비롯하였던 것 같다. 그리고 이와 유사한 원인은 요즈음의 그들의 자손들 사이에도 그대로 남아 있다. 많은 페르시아인은 첫 번째로 얻은 처가 후손을 낳지 못하는 경우에만 새로운 처를 얻는다. 그리고 레인(Lane)에 의하면 이집트에서는 남자가 불행하게도 임신을 하지 못하는 처를 두고 있는데도 그 자신이 그녀에게 사무친 애정을 간직하고 있어서 도저히 이혼을 하지 못하는 경우에 그는 많은 권유에 못 이겨 두 번째의 처를 얻게 되는데, 이것은 오로지 자손을 두고 싶어 하는 바람에서 그렇게 하는 것이다. 여러 민족에서 일부다처제가 행해지고 그것이 허용되는 것은 첫 번째의 처가 임신을 할 수 없거나 또는 남자 어린애를 낳지 못하는 경우뿐이다.

그렇지만 일부다처제는 단지 후손을 얻으려는 수단으로서뿐만 아니라 많은 수의 자손을 두려는 수단으로서 행해지기도 한다. 우리는 앞에서 어째서 남자가 여럿의 자녀를 두려고 하는지의 이유에 관하여 논한 바 있는데, 남자들이 많은 자녀를 두고 싶어 하는 데는 이유가 있다. 야만적이거나 미개한 사회상태에서는 남자는 대가족을 자랑스럽게 여기고 친족을 제일 많이 거느린 자가 가장 존경을 받으며 그를 사람들이 남달리 두려워하기까지 한다. 아프리카의 일부다처제에 관하여 말하면서 버튼(Burton)은 "혼인유대(婚姻紐帶)의 결성이 야만인이나 미개인들 사이에서는 필요하다. 왜냐하면 여기에서는 유럽에서와 달리 남자의 친척(親戚)과 인척(姻戚)이 그의 유일한 친구이기 때문이다"라고 설파하고 있다. 모로코의 베르베르족 중 일부에서 일부다처제가 많이 행해지는 것은 피의 복수(blood-feud)가 자주 벌어지기 때문이다. 피의 복수를 하게 되면 남자가 많은 아들을 두는 것이 훨씬 든든할 것이기 때문이다. 아들은 혼인할 때까지 자기들의 부모를 위하여 일을 해 주는가 하면, 딸은 이들에게 지급되는 신부대금에 의하여 하나의 수입원이 될 수도 있다. 자녀에 대한 욕구는 가족의 규모가 작은 나라에서 일부다처제를 채택하게 되는 더욱 강력한 원인임에 틀림없다. 야만부족에서는 일반적으로 출생률은 낮고 어린애의 사망률이 대단히 높다. 적도 부근의 아프리카인에 관하여 윈우드 리드(Winwood Reade)는 "번식은 전적인 투쟁이고 일부다처제는 자연법칙으로 되어 있다. 그리고 생식작용에 그렇게도 적절한 제도의 도움을 받으면서까지도 자녀의 수는 처의 수보다도 적은 실정이다"라고 밝히고 있다. 아프리카의 여러 족속에서는 특히 대가족에 대한 욕구가 일부다처제의 중요한 원인인 것 같다.

_ 처의 노동에 의하여 늘어나는 남자의 부(富)

일부다처제는 여러 처의 노동에 의하여 남자의 물질적 안락(物質的安樂)에 이바지하고 그의 재력(財力)을 증가시킨다. "만일 내가 오로지 한 명의 처만을 데리고 산다고 하면 그 처가 병이 났을 때 도대체 누가 나를 위하여 요리를 해 주겠는가"라고 하는 것은 애처가인 줄루족(Zulu)의 남자가 자기들의 애정관습(darling custom)을 변호할 때 종종 써먹는 반론이다. 동부중앙 아프리카인은 처를 많이 가지면 가질수록 그만큼 더욱 부자이고, "남자를 부양하는 것은 그의 여러 명의 처이다. 처는 남자가 해야 하는 쟁기질, 절구질, 요리 등을 모두 한다. 그녀들은 힘들게 일을 하고 돈 한푼 요구하지 못하였던 영국에서의 남녀노복(男女奴僕)이 지니고 있던 온갖 능력을 겸비하고 있는 우수한 하녀라고 생각할 만하다." 위크스 씨(Mr. Weeks)는 "콩고의 부인은 남자가 자기의 남아도는 재원을 투자할 수 있는 가장 좋고 안전하며 확실한 증권이다"라고 설명하고 있다.

_ 일부다처제의 원인이 되는 부의 불평등한 분배

노동자로서의 처의 효용성은 앞에서 살펴본 것처럼 의심할 나위도 없이 경제적 문화가 상당히 높은 단계에서 일부다처제가 점증적으로 행해지는 까닭을 부분적으로나마 설명해 준다. 그러나 처의 효용성이 일부다처제의 점증하는 현상의 유일한 원인도 아닐 뿐만 아니라 더욱이 유일한 경제적 원인이 아닌 것은 두말할 나위도 없다. 경제적 발전은 재산의 보다 불평등한 분배를 가져오고, 이러한 불평등한 분배는 그 액수와 관계없이 경제적 조건에 의하여 영향을 받기 마련인 신부대금을 지급하여야 한다는 필요성과 결부되어 특정한 남자로 하여금 여러 명의 처를 얻을 수 있게 하여 주었는가 하면, 한편으로는 다른 남자로 하여금 한 명의 처도 얻을 수 없게 만들어 버린다. 이로쿼이족(Iroquois)에 관하여 이미 오래전에 콜덴(Colden)은 "모든 사람이 부(富)와 권력(權力)에 있어서 평등하게 되어 있는 나라에서는 다처제(多妻制; plurality of wives)가 제대로 도입될 리가 없다"고 설파하였으며, 또한 모건(Morgan)은 "일부다처제는 최고로 질서 있는 형태에서 상층 · 하층 계급 및 일정한 종류의 부의 발전을 동반하는 상당한 사회진보를 전제로 하고 있다"고 적시한 바 있다.

_ 다수의 처에 의하여 증대되는 남자의 사회적 중요성, 명성 및 권위; 계급구별로서의 일부다처제

그렇지만 처가 여러 명 있다는 것은 남자의 부(富)를 증가시킬 뿐만 아니라 그 자녀의 수의 영향력과는 관계없이 그의 사회적인 중요성, 명성 및 권위를 증대시키는 것이다. 우리는 간혹 그것이 남자로 하여금 도량이 넓어지게 하거나 외래인과 손님에 대하여 문호를 개방하게 한다는 말을 듣는다. 그것은 그로 하여금 다른 가(家)와 결연(結緣)을 맺게 함으로써 그의 영향력을 증대시킨다. 그것은 용기 · 기술 또는 재력의 징표이다. "일부다처제(一夫多妻制)는 남자의 재산과 사회적 지위의 척도로 여겨진다"라든가 "남자가 위대한지 그렇지 못한지의 여부는 언제나 처의 숫자와 비례한다"와 같은 구절을 여행기에서 흔히 찾아볼 수 있는 것도 그러한 사실을 뒷받침해 준다. 콩고의 토착민이 "다른 사람에게 자기들의 추장이나 자기의 가장(家長)의 위대함을 인상 깊게 해 주려고 할 때는 그는 바로 그들이 데리고 사는 처의 수를 말하고, 더구나 그는 아무런 거리낌 없이 그 전체의 숫자에 12명을 보태기까지 한다." 이와 같이 일부다처제는 사람의 위대함과 결합되어 명예나 칭찬거리로 여겨지는 반면에 일부일처제는 빈곤과 연결하여 대수롭지 않은 것으로 생각되기도 했다. 전자는 다소나마 일정한 계급의 특색으로 되어 가는 경향을 보여 왔으며, 몇몇 민족에서는 추장이나 귀족 이외의 사람에게 허용되지는 않았다.

_ 일부다처제의 원인인 사회적 세력 또는 권위

일부다처제적인 민족에서는 다른 민족에서와 마찬가지로 사회적인 영향력이나 권위가 재력과 결합되는 경우가 매우 잦다. 그러나 그렇지 않은 경우에도 그것이 일부다처제의 원인이 되는 수가 있다. 오스트레일리아의 부족이 바로 그러한 예로서 여기에서는 노인들은 이례적인 권력을 가지고 있으며 그 결과 일부다처를 누릴 수 있기도 하지만, 다른 한편으로 수많은 젊은 남자들이 미혼으로 살아가야 한다. 저급한 수렵민이든지 초기의 농경민이든지 문명의 최저단계의 다른 부족에서는 막대한 권위를 지니고 있는 계급은 전혀 없고, 따라서 그러한 부족의 거의 전부에서는 일부다처제가 알려져 있지 않거나 극히 드물다.

_ 일부다처제에 대한 여러 가지 장애요인

이제 일부다처제를 가져 오는 상황으로부터 일부일처제 쪽으로 나아가는 사정으로 우리의 주의를 돌려 보기로 하자. 양성이 숫자적으로 거의 대등하거나 남자가 많아서, 그 결과 여자가 자기의 남편감을 선택할 수 있는 기회를 가지고 있는 곳에서는 여자가 기혼남자의 두 번째의 처가 되기를 좋아할 이유가 없으며, 또한 그녀의 부모도 경제적이든지 사회적이든지 특수한 이득이 없는 경우에는 그녀로 하여금 기혼남자와 혼인하도록 무리하게 강요하지도 않을 것이다. 그러므로 재력이나 사회적 지위에 불균형이 없게 되면 일부일처제가 일반적인 것으로 되는 경향이 있다. 또한 빈부의 차이 또는 그 밖의 상당한 사회적 분화(社會的 分化)가 있는 곳에서는 가난하거나 지위가 낮은 계급의 사람들은 여자가 과잉인 경우이더라도 한 명의 처로써 만족스럽게 여기고 살아가는 수밖에 없다. 신부를 얻는 데 치러야 할 대금(代金)이나 혼인식에 드는 비용의 부담 때문에 남자가 어쩔 수 없이 일부일처제로서 살아간다는 이야기도 우리는 가끔 전해지는 보도를 통해 알고 있다. 여러 처를 부양하기 어려운 점도 일부일처제의 원인이 되는 경우도 많이 있다. 사냥으로 생활을 해 나가든가 여자의 노동량이 얼마 되지 않는 곳이거나 또는 토양의 불모, 원시적인 재배방법 또는 소규모의 토지로 말미암아 농업생산물을 가지고서는 대가족을 먹여 살리기에 충분하지 못한 곳에서는 생계(生計)의 어려움이 툭하면 생겨나곤 한다. 또한 적지 않은 민족에서는 남자가 처를 얻기 위하여 몇 년씩이나 일을 해 주어야 한다는 의무감이나 나머지 한평생을 장인과 함께 살아가야 한다는 사실에 의하여 일부다처제가 어느 정도 억제되기도 한다.

_ 여성의 질투

여러 명의 처를 거느리고 사는 비용은 처에게 제각기 별채의 주거를 마련해 주어야 한다는 필요성—이것은 말다툼과 싸움을 방지하려고 도출된 관례이다—에 의하여 크게 늘어나는 수가 아주 많다. 이에 견주어 말다툼이나 싸움을 방지한다는 목적이 달성된 경우—반드시 그렇지는 않지만—에는 여자의 질투심(嫉妬心)은 일부다처제의 관행에 장애가 된다고 할 수 있을 것이다. 많은 경우 우리는 일부다처제는 바로 분업(分業)을 뜻하는 것이고, 가족의 명성이나 본처의 권위를 높여주는 것이며, 기혼부인에게 더 많은 자유를 주는 것이고 그리고 그 밖의 몇몇 이유에서 일부다처가족의 평화를 어지럽히는 질투심이나 적대감도 생겨나지 않게 하며, 부인들도 일부다처제를 그대로 참고 견디거나 시인한다는 말을 듣게 된다. 영국령 동아프리카 키쿠유족(Kikúyu)의 추장의 주처(主妻)가 루틀리지 여사(Mrs. Routledge)에게 다음과 같은 말을 영국의 부인들에게 전해 달라고 부탁한 적이 있는데, 그것은 자기 나라의 부인들은 남편이 가능하면 많은 처를 얻는 것을 좋아한다는 것이었다. 마콜롤로족(Makololo)의 여자에 관하여 리빙스턴(Livingstone)은 "영국의 남자는 오직 한 명의 처하고만 혼인해야 한다는 말을 듣더니, 여러 부인들이 자기들은 그러한 나라에서 살고 싶지 않으며, 자기들의 생각으로는 지체 높은 남자는 자기가 부자라는 증거로서 많은 처를 거느려야 하는 것인데, 얼마만큼이나 영국의 부인들이 자기들의 관습을 좋게 여길 수 있을 것인지는 상상조차 할 수 없다고 소리쳐 말하였다. 이와 유사한 관념이 잠베지강(Zambesi) 하류일대에 유포되어 있다"고 기술하고 있다. 그렇지만 일부다처제가 말다툼과 가정불화의 원인이 된다는 말을 듣게 되는 경우가 더 많다. 선교사인 윌리엄스(Williams)가 피지섬(Fiji)의 부인에게 어떻게 해서 당신과 적지 않은 다른 부인이 코가 없습니까? 라고 묻자, 그에 대한 답변은 "그것은 다처제 때문입니다. 질투심은 증오심을 불러일으키고, 그렇게 되면 힘센 여자는 자기가 미워하는 여자의 코를 잘라 버리거나 물어 뜯으려고 합니다"라는 것이었다. 일부다처제에 관한 마다가스카르섬사람(Malagasy)의 격언에 '적개심(敵愾心)을 자아내는 것'이라는 의미를 지니는 것이 있다. 히브리에서는 두 번째의 처를 가리키는 속어가 핫사라(hassārāh)였는데, 이것은 '여자 적'(女子 敵; female enemy)을 뜻하는 말이었다. 이슬람교국가에서는 일부다처제가 집안싸움과 불행의 원인으로 되어 있으며, 폴락 박사(Dr. Polak)는 페르시아에서는 자기의 남편이 새로운 처를 얻어 그녀를 더 좋아할 때처럼 기혼부인이 마음 아파하는 일은 없다고 말한 바 있다. 그리고 인도에서는 이슬람교도들 사이에서나 힌두교도들 사이에서나 모두 일부다처제의 가(家)에서는 많은 음모와 크나 큰 불화가 그치지 않는 것으로 되어 있다. 서로 자매인 부인들을 처로 얻는 관행은 아메리카 인디언(American Indians)들 사이에 특히 널리 유포되어 있을 뿐만 아니라 다른 여러 민족에서도 찾아볼 수 있는데, 이 관행은 종종 가족적 평화를 한층 더 확보시켜 주는 목적에 이바지하는 바 크다고 한다. 그러나 이 목적이 당해 관행의 유일한 동기는 아니다.

_ 여성의 감정에 대한 고려

여성의 질투심이 일부다처제에 대한 하나의 장애요인(障碍要因)이 될 수 있다고 하는 것은 남편이 자기 자신을 위하여 질투의 결과를 두려워한다는 것이기는 하지만, 처가 노골적으로 방해하는 것을 꺼려하거나 처의 감정을 나름대로 존중한다는 뜻에서 남편이 스스로 다른 처를 얻지 않는 데서 비롯하는 말에 지나지 않는다. 아무리 야만인의 세계라 하더라도 기혼부인이 존경을 받고 역량 있는 지위를 차지하는 경우가 아주 많으며, 그래야 부부관계도 나름대로 원만하게 되기 마련이다. 많은 일부일처제적 야만인이나 일반적으로 일부일처제적이라고 할 수 있는 야만인들 사이에서도 마찬가지이며, 내가 알기로는 그러한 민족 가운데서 부인을 학대한다고 보고된 사례는 전혀 없다. 일부다처제를 행하고 있는 민족이나 벨기에령 콩고에 살고 있는 대단히 일부다처제적인 와레가족(Warega)과 같이 일부다처제를 한층 짙게 행하고 있는 민족에서도 부인의 지위가 그다지 낮지 않은 것은 사실이다. 그러나 일부다처제를 대규모로 실행하고 있는 다른 많은 민족의 경우에는 사정이 각각 다르다. 그렇기 때문에 나는 부인의 감정에 대한 배려는, 일부일처제를 몰고 올 다른 사정, 예를 들어 여자의 부족이라든지 일부다처제에 적절하지 못한 경제적 조건에서 비롯하는 것일 수도 있지만, 저급한 족속(族屬)에서 일부일처제의 한 원인이 될 수 있는 점이라고 생각한다. 그리고 일부다처제가 금지되어 있는 문명국민들 사이에서도 바로 이 원인이 적지 않게 작용해 왔음은 의심할 바 없다.

_ 한 사람에게 이끌리는 열정

여성의 감정에 대한 일반적인 존중 이외에도 성애(性愛) 자체에 남자로 하여금 적어도 일정한 기간 동안은 한 명의 처에게 한정되어 있고 싶게 만드는 특정한 요소가 잠재되어 있다. 베인(Bain)은 “사교적 관심은 그 본성상 확산적(擴散的)이다. 심지어 모성감정도 복수의 대상을 허용한다. 복수심도 오로지 하나의 희생자만을 그 대상으로 삼으려고만 하는 것은 아니다. 지배욕(支配慾)은 많은 신하를 필요로 한다. 그러나 가장 강렬한 사랑은 그 관계를 하나에 한정시킨다”라고 한다. 또한 이 심리학자는 “특수한 애정의 발단(發端)은 좋아하는 것과의 근소한 차이에서 시작된다. 그러나 이 차이는 어렵지 않게 그 정도를 더하게 되기 때문에, 감정과 평가가 잘 작용하거나 또는 거꾸로 작용하여 마침내는 그 차이가 아주 현저하게 되어 버린다”라고 계속하여 말하고 있다. 이 하나에 대한 격렬한 열정(熱情)은 인류에게만 국한되는 것은 아니다. 헤르만 뮐러(Herman Müller), 브렘(Brehm) 및 기타의 저명한 관찰자들은 애정에 관하여 새를 가지고 실험할 수 있음을 증명하였고, 다윈은 특정한 종류의 가축, 포유동물에서 그것을 밝혀낸 바 있다. 사랑새(love-bird)는 그 짝새가 죽고 나면, 설령 새롭게 어울리는 짝새가 생겼더라도 함께 사는 예가 아주 드물다. 인류에서도 한 사람에 대한 열렬한 애정은 문명인의 남녀에서뿐만 아니라 야만인의 남녀에서도 찾아볼 수 있다. 사랑을 이루지 못하였거나 좌절하여 자살하는 일은 발달하지 못한 민족에서도 찾아보기 어려운 예가 아니다. 그리고 자살이 여자의 경우에 훨씬 많은 것은 사실이지만 남자의 경우에도 적지 않게 벌어진다. 황금해안(Gold Coast)의 토착민에 관하여 크루이크생크(Cruickshank)는 “아프리카 사람들은 용감무쌍한 행동을 할 수 있도록 고취하기 위하여 연인의 이름을 외치면서 돌진하여 싸우러 나아간다.

통나무배의 노젓이(canoe-man)는 자기 연인의 이름을 되뇌면서 노를 젓는데 자기도 모르는 힘을 북돋는다. 지친 요람틀끌이(hammock-bearer)도 동일한 전능의 주문에 의하여 새로운 기운을 드높인다. 그리고 고독한 여행자는 연인찬가로 여행의 지루함을 달랜다"고 적고 있다. 우리는 어느 흑인이 자기의 애인을 노예신분(奴隷身分)으로부터 벗어나게 하려고 하다가 실패로 돌아가자, 그녀와 헤어지지 않고 자기 자신까지도 노예가 되었다는 말을 들어서 알고 있다. 또한 난폭한 오스트레일리아 소녀도 낭만적인 애정이 담긴 가락으로 "나는 결코 내님을 다시는 만나지 못하겠다"라고 노래한다. 그러나 이러한 사랑의 열렬한 성격으로 말미암아 남자가 얼마 동안은 다른 처를 얻지 못하게 되더라도, 그것은 결코 남자가 다른 처를 얻는 것을 오래도록 막지는 못한다. 육감적인 사랑은 변하기 쉬운 것이다. 그것은 변화시키고 싶어하는 욕구에 의하여 영향을 받기 마련이다. 다른 한편 사랑이 정신적 특질로부터 생겨나는 동정이나 애정을 함께 지니고 있는 때는 부부 사이의 결연은 젊음과 아름다움이 사라져 버리고 난 다음에도 계속된다. 이렇게 하여 지속적인 일부일처제가 유지되어 간다고 할 수 있다.

_ 어느 곳에서나 허용되면서 때로는 유일한 혼인형태로 굳혀지는 일부일처제

일부일처제(一夫一妻制)는 어느 민족에서나 허용되는 유일한 혼인형태이다. 우리는 일부다처제, 일처다부제 또는 집단혼을 찾아볼 수 있는 곳에서도 어디에서나 일부일처제가 병존하고 있음을 확인한 바 있다. 더구나 일부일처제는 많은 경우에 관습이나 법에 의하여 뒷받침되는 형태이다. 이것은 단순한 관습의 힘에 의한 경우도 있을 것이고, 경우에 따라서는 아마도 몇몇 남자가 다수의 처를 전유(專有)하게 되면 그 결과로 다른 남자가 전혀 처를 얻을 수 없게 되는 때에는 그렇게 하지 말아야 한다는 관념에서 비롯하기도 할 것이다. 또한 일부다처제가 여성에 대한 범죄라고 하는 감정(感情)이나 색욕(色慾)의 비난에서 연유하는 경우도 있을 것이다. 기독교국가의 강제적인 일부일처제에 관하여 기독교가 처음으로 이식된 유럽사회에서는 일부일처제가 공인된 오직 하나의 혼인형태였을 뿐만 아니라, 일부다처제가 성적 충동의 갖가지 만족을 의혹의 눈으로 보아 절제하지 못하는 것을 아주 중대한 죄악(罪惡)으로 여기는 종교정신과 도저히 양립할 수 없다는 것임을 상기하여야 한다. 교회의 초창기에는 교회 자체가 여자에 대하여 거의 존경을 베풀지 않았지만, 음욕성(淫慾性; sensuality)에 대한 교회의 공포는 이루 헤아릴 수 없는 정도였다.

_ 왜 일정한 기준에 달하기까지의 문명발달은 일부다처제에 적절한 것으로 판명되는데 가장 높은 형태의 문명단계에서는 일부일처제로 나아가게 되는가?

지금까지 일부일처제와 일부다처제의 여러 요인을 분석하여 보았는데, 이로써 우리는 일정한 수준에 미치지 못한 문명단계에서는 일부다처제가 보다 적절한 것으로 되어 있지만 그 최고형태에서는 일부다처제가 일부일처제로 바뀌게 되는지를 설명할 수 있게 되었다. 첫 번째의 경향은 이미 살펴본 바와 같이 경제적 및 사회적 사정, 즉 재산의 축적과 불평등한 분배 및 점증하는 사회적 분화에서 주로 연유한다. 그러나 다소 수준이 높은 많은 야만인 사이에서 전쟁으로 말미암아 생겨나게 되는 여자의 과잉이 문명의 최저단계에서는 찾아볼 수 없다는 것도 주의하지 않으면 안 된다. 문명의 최저단계에서는 전쟁이 양성(兩性)의 비율을 크게 깨뜨리지는 않는다. 문명의 최고단계에서의 일부일처제에 대한 역행적인 경향은 또한 여러 가지의 원인을 거슬러 올라가 밝혀낼 수 있을 것이다. 어떠한 미신적 신앙도 문명인의 남자로 하여금 임신 또는 출산 후 오랜 동안 처로부터 멀리하게 할 수는 없다. 자녀를 두고자 하는 욕구는 그다지 절실하지 않게 되었다. 대가족은 생존경쟁을 해 나가는 데 도움이 되기는커녕, 때로는 견디기 어려운 부담거리가 되기도 한다. 이제는 남자친족이 전과 같이 그의 유일한 후원자도 아니고, 남자의 재산이나 세력이 그의 처나 자녀의 수에 따라서 결정되지도 않는다. 처가 단순한 근로자로만 여길 수 없게 달라졌으며, 사람의 손으로 하던 노동은 가축의 사역이나 기구 · 기계 등의 사용에 의하여 크게 대체되었다. 연애감정은 훨씬 더 정화되었으며, 그와 함께 한결 지속적인 것으로 되고 말았다. 교양 있는 사람들에게 있어서는 젊음과 아름다움이 결코 여자의 유일한 매력이 아닌 것으로 바뀌었으며, 이 밖에 문명이 여성의 아름다움에 새로운 생명을 불어넣어 주었다. 여성의 감정이 높이 존중되고 여자 자신으로 하여금 일부다처제를 원하게 하였던 원인은 더 이상 존재하지 않게 되었다. 여성에게 실시된 우수한 교육이나 근대문명에 있어서의 기타의 요인은 그들로 하여금 남편의 부양을 받지 않고도 생활해 나갈 수 있게 해 주었다.

_ 장래에도 일부일처제가 유일하게 공인되는 혼인형태일까?

그러면 장래에도 일부일처제가 공인된 유일의 혼인형태로 지속될 것인가? 이 문제에 관하여 종래 여러 가지의 해답이 내려졌다. 스펜서(Spencer)에 의하면 "성관계의 일부일처제적(monogamic) 형태는 분명히 최종적인 형태이고 우리가 예측할 수 있는 변화는 그것의 완성과 신장일 것임에 틀림없다"고 한다. 다른 한편 르봉 박사(Dr. Le Bon)는 유럽의 법은 앞으로 언젠가는 일부다처제를 적법화할 것이라고 생각한다. 그리고 폰 에렌펠스 교수(Professor v. Ehrenfels)는 아리아족속의 보존을 위하여는 일부다처제가 필요하다는 생각까지 한다. 그렇지만 나는 우리가 조금도 주저할 것 없이 다음과 같이 단언하여도 괜찮을 것으로 생각한다. 즉 만일 인류가 지금까지와 같은 방향으로 진전해 나가고, 그리고 만일 그 결과 가장 진보적인 사회에서의 일부일처제가 그 기원으로 삼고 있는 여러 원인이 끊임없이 뻗어나는 힘을 가지고 계속적으로 작용하며, 특히 여자의 감정에 대한 존중이나 입법에 관한 여성의 영향력이 높아진다면, 일부일처제의 법은 결코 변하지 않을 것이다. 서양문명이 한 명의 남자와 여러 명의 여자와의 혼인을 일제히 적법화할 것이라고 상정하기는 무엇보다 어려운 일임에 틀림없다.

제10장

일처다부제와 집단혼

일처다부제(一妻多夫制; polyandry)는 일부다처제(一夫多妻制; polygyny)보다 훨씬 드문 혼인형태이다. 이러한 사례는 남아메리카의 특정한 인디언, 북아메리카의 몇몇 에스키모인, 틀링깃족(Tlingit), 알류트족(Aleut) 및 알래스카해안의 카니아뮤트족(Kaniagmiut)에서 찾아볼 수 있다. 1402년 카나리아제도(Canary Islands)에서의 관체족(Guanches)의 정복과 포교에 관한 옛날의 기록에 의하면, 란체로테섬(Lancerote)에서는 대부분의 부인이 3명의 남편을 거느리고 있었다. "남편들을 1개월마다 번갈아 맞게 된다. 다음 달에 처와 함께 살게 되는 남편은 다른 남편이 그녀를 소유하고 있는 동안에는 한 달 내내 그녀와 다른 남편의 생활이 끝나기를 기다리게 되고, 이렇게 하여 남편들은 차례대로 처를 차지한다." 일처다부제의 사례는 마다가스카르섬(Madagascar), 아프리카 대륙의 두세 민족, 말레이군도(Malay Archipelago)의 여러 지방, 그리고 남양군도인(South Sea Islanders)에서도 발견된다. 더구나 마셜제도(Marshall Islands)에서는 일처다부제가 대규모로 행해졌으며 또한 마르키즈섬(Marquesas)에서는 그것은 토착민의 확고한 관습의 하나로 되어 있었으며 경우에 따라서는 최근까지도 행해졌었다. 마르키즈섬의 혼인관습에 관한 타우텐 박사(Dr. Tautain)의 기술에 따르면, 어느 남자가 혼인을 하게 되면 그 순간부터 그의 모든 형제가 그 처의 제2의 남편(secondary husband)이 되고, 또한 그녀의 모든 자매가 당해 남자에 대하여 제2의 처(secondary wife)가 되었다. 이렇게 살아가기는 하지만, 그 자매들이 아직 혼인하지 않았으면 이로 말미암아 혼인을 못하게 되는 것은 아니었다. 더구나 한 부인의 남편들이 반드시 형제들만도 아니었다. 하와이제도(Hawaii Island)에서는 추장의 가(家)에서는 부인이 2명의 남편을 가지는 것이 통례로 되어 있다고 한다.

티베트(Tibet)에서는 일처다부제가 아주 먼 오랜 옛날부터 널리 유포되어 있었다. 남편은 대체로 형제들이다. 처를 선택하는 것은 맏형의 권리이고, 그가 체결한 계약은 다른 형제들이 그에 따르려고 하면 그들 모든 형제와의 혼인계약까지도 포함하는 것으로 이해되었다. 그러나 이 나라의 여러 지방에서는 남편들이 형제 이외의 친족인 경우가 종종 있고, 또한 이따금은 친족이 아닌 자일 수도 있었다. 남편은 누구나 동일한 세대의 구성원으로서 그들의 공동의 처와 함께 산다. 형제형일처다부제(兄弟型一妻多夫制; fraternal polyandry)는 아삼(Assam)으로부터 카슈미르(Kashmir) 보호령에 이르는 히말라야지대의 광대한 지역, 특히 티베트인과 원근의 친족관계에 있는 민족에서 다소 빈번하게 행해지고 있으며 또한 북부인도평원의 여러 공동체에서도 다소 은폐되어 있기는 하지만 찾아볼 수 있다. 흥미 있는 형태의 일처다부제가 오늘날 정치적으로 카슈미르의 속지로 되어 있고 그 주민은 티베트계인 라다크(Ladakh)에서 행해지고 있다. 즉 어느 가(家)의 장남이 혼인을 하게 되면 곧 그는 그 가(家)의 가산(家產; family estate)을 차지하는데, 그리고 나서는 연령상으로 자기 바로 아래인 두 명의 차남을 부양할 의무를 진다. 그리고 이들 두 명의 차남은 독자적인 혼인을 약정하는 것이 부인의 작은 남편(minor husband)이 되는 셈이다. 그러나 세 명의 형제와 혼인하고 나서도 그 처는 만일 자기가 하고 싶으면 다른 가(家)의 남자와 별도로 혼인계약을 맺을 수도 있다.

히말라야지대 이외에도 남부 인도가 일처다부제를 행하는 커다란 중심지를 이룬다. 닐기리구릉(Nilgiri Hills)의 토다족(Todas)에서의 일처다부제의 성행은 특별한 주의를 끌어 왔다. 즉 거기에서는 어느 소년이 한 소녀와 혼인을 하면 그녀는 관례적으로 동시에 그 소년의 형제들의 처가 되고, 만일 나중에 그 소년의 아우가 태어나면 그 동생도 마찬가지로 손위 형제의 권리를 공유(共有)할 수 있는 것으로 여긴다. 그러나 리버스 박사(Dr. Rivers)에 의하면, 남편들이 서로 형제가 아니고 단순히 동일한 씨족에 속하고 같은 세대구성원인 경우도 적게나마 있다고 한다. 만일 남편들이 형제인 경우에는 그들은 모두 한 마을에 살지만, 만일 그렇지 않으면 그들이 다른 마을에 사는 수도 있다. 그리고 남편들이 다른 마을에 사는 경우에는 처가 차례대로 대개는 한번에 한 달씩 각 남편과 살게 되는 것이 상례이다. 이러한 일반적인 혼인 이외에도 토다족에는 독특한 결합양식이 인정되고 있는데, 이에 의하면 부인은 다른 남자의 정식의 연인이 될 수 있다. 부인은 이러한 애인을 한 명 이상도 가질 수 있으며, 남자도 한 명 이상의 애인을 가질 수 있다. 일처다부제는 영국의 총독에 의하여 1860년경에 금지되기까지 실론(Ceylon)의 내륙에 널리 퍼져 있었다. 그리고 그것이 베다족(Veddas)을 제외하고는 옛날에 실론섬의 전역에 유포되어 있었다는 기록이 있다. 한 사람의 부인은 흔히 서너 명의 남편 때로는 그 이상의 남편을 데리고 있었으며, 이 남편은 대부분의 경우 보통 형제들이었고 특히 가장 높은 계급에서 일반적으로 행하였다. 그러나 형제가 반드시 처를 공유하여야 하는 것도 아니고, 남편들이 언제나 형제가 아닌 경우도 있었다.

코친(Cochin), 말라바르(Malabar) 및 트레번코르(Travancore)의 나야르족(Nayars), 즉 네르족(Nairs)에서 우리는 다른 형태의 일처다부제 즉 비형제형(非兄弟型; non-fraternal type)의 일처다부제를 찾아볼 수 있다. 그리고 이러한 형태의 일처다부제가 널리 행해지고 있었다는 것은 15세기 초 이후 대단히 많은 여행자들에 의하여 증언되어 왔다. 나야르족의 관행에 의하면 소녀는 누구나 성숙기에 달하기 전에 일정한 혼인양식을 거치게 된다. 이 의례에서 필수적으로 하게 되는 부수적인 행위는 탈리(tāli)라고 하는 조그만 금판을 명목상의 남편(nominal husband)이 그 소녀의 목둘레에 매어 주는 것이다. 이 명목상 남편은 관습상 정해져 있는 사례금을 받고 자기의 일을 해내는 데 지나지 않고, 그는 그 소녀에 대하여 아무런 혼인에 따른 권리도 가지지 못한다. 이 양식이 끝난 다음에는 소녀는 자기가 선택한 브라만(Brahman)이나 나야르(Nayar)의 어느 사람하고도 동서(同棲)하는 것이 허용되는데, 보통 그녀는 여러 명의 애인을 두고 있었다. 그리고 이 애인들은 자기들 상호간의 합의에 따라서 그녀와 동서한다. 이들 모든 애인은 그 부인을 부양하는 데 힘써야 하지만 그녀는 그들과 함께 살지는 않는다. 각 부인들이 이 남자들을 남편이라고 부르지 않고 애인이라고 부르는 것은 다음과 같은 이유에서이다. 즉 나야르족의 일처다부제적 결합이 대단히 느슨하고 극히 일시적인 성향을 지니고, 남자 애인은 결코 부인과 동거하지 않으며, 또한 어느 보고에 의하면 아버지로서의 의무도 거의 지지 않고 지내는 것으로 되어 있는데, 이러한 사정을 고려한다면 이 일처다부제적 결합은 비록 법률외적인 견지에서 보더라도 혼인이라고도 할 수 없기 때문이다. 이러한 점에서 나야르족과 앞에서 우리가 살펴본 인도의 다른 일처다부제적인 여러 민족 사이에는 커다란 차이가 있다. 그런가 하면 후자의 경우에도 부인에게 가까이 할 수 있는 남자들이 엄밀한 의미에서 고정적인 남편이 아니고, 그녀는 이들 남자 중의 몇 사람 또는 적어도 한 사람과 법률상의 혼인을 해서 남편을 정한다. 그리고 이 밖에도 주목해야 할 차이점이 있다. 즉 동일한 여자와 정규(定規)로 성교를 했던 나야르인들이 서로 형제였다는 것을 나타내주는 점은 아무것도 없다. 비형제형(非兄弟型)의 일처다부제는 나야르족과 밀접한 관계를 가지고 있는 남인도의 몇몇 다른 계급이나 부족에서 연유하는 것이라고 한다.

일반적으로 근대 인도에서의 일처다부제는 비아리아인계—티베트인계 또는 드라비다인계—의 부족 또는 계급에 국한되어 있다. 그런데 그것이 옛날의 아리아인들 사이에도 존재하였다고 생각되는 경우가 종종 있다. 우리는 마하바라타(Mahabharata)에서, 판다바(Pāndava)의 다섯 명의 왕자 중 최연장자(最年長者)가 활쏘기시합에서 승리를 거두고 드라우파디(Draupadī)를 얻고, 그녀가 그들 다섯 명 전부의 처가 되었다는 이야기를 읽게 된다. 그렇지만 이것이 일처다부제가 아리아인의 순수한 관습이었다는 것을 입증하는 것이라고는 할 수 없다. 그것은 베다의 문헌에는 들어 있지 않다. 오퍼트(Oppert)는 판다바의 다섯 명의 왕자의 일처다부제의 일이나 그 밖의 다른 특수한 관습은 아리아인을 인도의 비아리아인계 주민과 밀접하게 연결시켜 준다고 주장한다. 그리고 이들 왕자는 부인과 교제하는 데 있어서 대단한 방종(放縱)이 그대로 허용되었던 전사들이었고 또한 정복자들은 될 수 있으면 거의 부인을 데리고 다니지 않았던 것이 명백하므로, 그들은 자기들이 정복한 원주민들 사이에 존재하는 일처다부제적 관습을 아주 쉽사리 따랐을 것이라는 주장도 있다. 한편 나이 많은 남자 또는 성교불능의 기혼 남자가 적출(嫡出)의 상속인(相續人)을 낳으려는 생각으로 대용자(代用者)를 끌어 들일 수 있었던 것이 고대 아리아인의 관습이었던 것 같다.

스트라보(Strabo)는 일처다부제가 아라비아 펠릭스(Arabia Felix)에서 널리 유포되어 있었다고 역설한다. 그는 "모든 친족은 재산을 공유(共有)하고, 최연장자가 주인이다. 모든 사람이 한 명의 처만을 가지고, 먼저 오는 사람은 먼저 접대를 받게 된다. …… 그러나 그 여자는 밤만은 최연장자와 함께 지낸다"고 한다. 몇 명의 근대의 학자는 사바(Sabian) 및 미내아(Minæan)의 비문 속에서 이 기술의 확증을 찾아냈다고 생각한다. 알부하리(al-Bukhārī)에 의하면 여러 명의 남자가 한 명의 처와 동서하고, 부인이 자기한테서 태어난 어린애의 아버지를 지명하는 것이 비이슬람교도 아라비아인의 관습이었다고 한다. 그러나 뵐데케(Nöldeke)는 이슬람교의 신학자는 거의 모두 아라비아의 이교관습(異敎慣習)에 관하여 믿을 만한 증인이 될 수 없다고 하고, 중부 아라비아에서 발견되는 일처다부제와 흡사한 제도가 일종의 매음(賣淫)에 지나지 않는 것이라고 본다. 로버트슨 스미스(Robertson Smith)에 의하면 일찍이 "말할 나위 없이 조잡한 일처다부제가 셈인의 활동영역 전반에 유포되어 있던 것은 절대적인 방종이 계속적으로 가나안인(Canaanite), 아람인(Aramæans) 및 이교의 히브리인 사이에서 일종의 종교적 의식의 특징으로 되어 있던 사실로써 증명되는 것 같다"고 한다. 그러나 이러한 의식은 옛날의 혼인관습의 잔재유물로 여겨야 할 아무런 이유도 찾아볼 수 없다.

_ 일처다부제의 일반적인 특징

일반적으로 말하여 직접적 증거가 있는 한 일처다부제가 다수의 주민에 의하여 행해지거나 행해졌던 것은 겨우 몇몇 지역에 불과하고, 다른 여러 민족에서 일처다부제는 다소 예외적인 경우에 한정되어 있을 뿐이다. 오로지 한 경우인 투르케스탄(Turkestan)의 맛사게타이족(Massagetæ)의 예에서는 유일하게 일처다부제가 시인되어 있는 혼인형태로 기술되어 있지만, 이 보고는 13세기 어느 중국의 필자가 외국민족에 관하여 작성한 것으로 그대로 믿기 어려운 점이 있다. 일처다부제도 일부다처제와 마찬가지로 일부일처제적인 방향으로 바뀌어 가는 경우가 대단히 많다. 즉 일부다처제가족에서 맨 먼저 혼인한 처가 보통 으뜸가는 처(chief wife)인 것처럼 일처다부제가족(一妻多夫制家族)에서도 제일 먼저 혼인한 어느 한 남편이 때로는, 아니 대부분 으뜸가는 남편이다. 이 으뜸가는 남편과 함께 처를 공유하는 다른 남자는 적지 않은 경우에 제2차적인 남편이라든가 진짜 주인이 없는 동안은 남편이나 가장으로 행세하지만, 진짜 주인이 돌아오면 그의 하인으로 되는 대리자나 보조자라든가 또는 단순히 공인된 정부나 '반배우자'(半配偶子; half-partner)라고 불린다. 원칙적으로 형제형(兄弟型)의 일처다부제를 채택하고 있는 민족에서 남편이나 정부들이 서로 형제가 아닌 친족관계이거나 또는 전혀 친족관계가 없더라도 남편들이 형제로 되는 경우가 대단히 많다. 형제형일처다부제(兄弟型一妻多夫制)가 널리 보급되어 있는 곳에서는 일반적으로 맏형이 주된 남편으로 여겨진다. 맏형이 처를 선택하고 그가 체결한 계약은 비록 각 형제들이 남편으로 인정되기 위해서는 특별한 의식을 거쳐야 하지만 모든 다른 형제들에게도 묵시적으로 혼인상의 권리를 부여할 수도 있다. 때때로 다음과 같은 이야기를 한다. 즉 동생들은 그들이 맏형과 함께 계속적으로 살아가는 동안에만 맏형의 처를 자기들의 처로 주장할 수 있는데, 맏형이 사망하고 나면 처는 최소한 어린애들이 없는 경우에는 간단한 의식만으로 다른 형제들과 헤어질 수 있었으므로, 부차의 남편(minor husband)은 맏형에 대하여 거의 하인에 지나지 않았으며 때로는 맏형 마음대로 집 밖으로 쫓아내기도 할 정도였다고 한다. 여러 보고에서 동생들은 특히 맏형의 부재 중에는 맏형의 처에게 근접할 수 있기는 하였지만, 실제로는 그녀의 남편으로 여겨지지 않았다는 의미를 내포하고 있었던 것 같으며, 경우에 따라서는 명확한 사실로 받아들여도 괜찮을 것 같다. 어느 경우에는 어린애들이 모두 맏형의 자녀로 여겨지고, 맏형은 '아버지'(father)로 불리지만 다른 남편들은 '숙부'(uncle)라고 불리는가 하면 경우에 따라서는 '연장의'(elder) 아버지와 '연소의'(younger) 아버지나 '큰'(great) 아버지와 '작은'(little) 아버지라고 구별하기도 한다. 일처다부제(一妻多夫制)—형제형이든 비형제든지—의 다른 사례에서는 모든 남편이 똑같이 아버지로 여겨지고 또한 어린애들이 나이 순서대로 남편들간에 분배되기도 하며, 경우에 따라서는 어머니가 아버지라고 지정하는 자의 자녀가 되기도 한다. 일처다부제가 행해지고 있는 많은 민족에서는 여러 사람의 남편이 그 공동의 처와 차례대로 동거하거나 자리를 함께한다. 만일 남편들이 형제인 경우에는 맏형이 주도적 지위를 차지한다는 것을 때로는 명백히 밝히기도 하고, 공동(共同)의 처(妻)가 임신을 한 때에는 그녀는 출산할 때까지 맏형과 함께 지낸다.

_ 일처다부제의 원인; 남성의 초과

일처다부제에 관해서는 다른 사실에 견주어 그 원인을 되짚어 밝혀낼 수 있다. 그 중의 하나는 양성의 숫자적인 불균형이다. 일처다부제를 행하는 많은 민족에서는 여자보다 남자가 더 많다고 하며, 적지 않은 경우에는 그들의 일처다부제가 바로 이러한 사실 때문에 생겨난 것이라고 하였다. 그리고 이러한 보고 중의 어떤 것은 통계적인 자료가 없어서 다소 가설적인 것에 지나지 않는다 하더라도, 어떠한 보고는 전혀 의심하지 않아도 괜찮을 만큼 정확한 것도 있다. 예를 들면 티베트에서 여자보다 남자가 많다고 했던 옛날의 보고는 몇몇 최근의 필자들에 의해서도 지지되고 있다. 또한 일처다부제가 행해지고 있는 히말라야일대의 많은 지방에서는 여자가 현저하게 적다고 한다. 죠운사(Jounsar)지역의 일처다부제에 관하여 던롭(Dunlop)은 "일처다부제의 관습이 행해지는 곳은 어디서나 어른뿐만 아니라 어린 아이들도 남녀의 비율에 현저한 차이가 있다는 것은 주목할 만하다. 예를 들어 나는 어느 마을에서 4백 명 이상의 소년이 있음을 확인했는데, 그 마을에는 겨우 120명의 소녀밖에 없었다. …… 더욱이 거휠구릉(Gurhwal Hills)에서는 일부다처제가 널리 보급되어 있는데, 그곳에는 여자 어린애들의 과잉으로 되어 있다"고 한다. 우리들이 가지고 있는 토다족에 관한 상이한 몇 년의 기록은 모두 남자가 여자보다 많다는 것을 보여 준다. 1871년에는 100명의 여자에 대하여 140.6명의 남자가, 또한 1891년에는 135.9명의 남자가 있었고, 1901년의 인구조사에서는 127.4명의 남자가 있었다. 한편 리버스 박사(Dr. Rivers)의 계보의 기록에 나타난 숫자로는 1902년에는 100명의 여자에 대하여 132.2명의 남자가 있었던 것으로 되어 있다. 이와 같이 여자에 대한 남자의 과잉은 점차적으로 감축되어 왔으며 또한 이와 함께 일처다부제도 어느 정도 감퇴되어 온 것으로 생각된다. 이것은 토다족의 일처다부제가 언제나 여자의 부족과 관련되어 있다는 일반적인 견해를 뒷받침해 주는 것이다. 실론에서의 양성 간의 심한 불균형도 통계표에 나타나 있다. 즉 지난 세기의 중기 신할리족(Sinhalese)에서는 그 불균형이 극심했고, 이들 가운데의 남자의 과잉은 평균 12%이었다. 한편 1901년의 인구조사에 의하면 당해 부족 중에는 여자 100명에 대하여 남자는 108.8명이었다. 이와 마찬가지로 태평양의 여러 섬에서도 우리들은 일처다부제와 함께 남자의 과잉을 보게 된다. 또한 여러 주를 옮겨 다니며 살았던 안탄제나(Antangenă)의 마다가스카르섬사람(Malagasy)은 형제형일처다부제(兄弟型一妻多夫制)를 채택하고 있었는데, 그것은 그들이 유랑생활을 할 때, 오로지 소수의 부인들만이 그들과 함께 동반하였기 때문이다. 그러나 양성 간의 불균형은 얼마 되지 않아 회복되었으며, 그와 함께 일처다부제도 사라지게 되었다.

_ 경제적 동기

여러 민족 사이에서 일처다부제는 경제적 동기(經濟的 動機)로부터 연유하는 것으로 따져볼 수도 있다. 예를 들면 티베트에서의 일부다처제는 '필요한 제도로서' 행해지고 있으며, "구릉 내의 대개 경작할 수 있는 모든 토지는 오랜 동안 경작되어 왔다. 인구수는 논밭의 면적에 맞춰지지 않으면 안 된다. 그리고 그 균형은 토지를 소유하는 가족마다 어린애를 낳는 사람을 한 명으로 제한함으로써 유지된다"고 한다. 그런데 일처다부제는 이주가 곤란한 지역의 인구증가를 저지한다는 목적에 부합할 뿐만 아니라, 티베트에서 통례적(通例的)으로 그러한 것처럼 남편들이 형제인 곳에서는 일부다처제가 가산(家産)의 분산(分散)을 막는 역할도 한다. 라다크(Ladakh), 부탄(Bhutan), 남인도(South India) 및 실론(Ceylon)에서의 일처다부제도 그와 유사한 이유에서 비롯된 것이라고 여겨왔다. 비록 경제적 요인이 부유한 사람들 사이에서나 가난한 사람들 사이에서나 모두 일처다부제를 발생시킬 수 있지만, 여러 보고를 종합해 보면 많은 경우에 일처다부제를 행하는 것은 주로 또는 전적으로 가난한 사람들인 것 같다. 이에 반하여 일부다처제를 할 만한 여유가 있는 사람은 자기 자신만을 위하여 처를 얻든가, 아니면 일부다처제에 맞추어 살아가기 일쑤이다. 때때로 일처다부제는 처를 위하여 지급하여야 하는 금액을 갹출(醵出)하기 어렵다는 점에서 비롯된다고도 한다. 즉 이 어려움은 형제나 다른 사람들로 하여금 단결하여 공동의 처를 사게끔 한다. 빈곤과 여자의 부족이 쉽게 일처다부제를 발생하게 하는 복합적인 요인이라는 것은 명백하다. 여자가 드문 곳에서는 자기만의 처를 확보하기 어려운 점은 가난한 사람들에게 더욱 두드러지게 마련이다. 티베트인, 히말라야인 및 인도 남부의 몇몇 민족의 일처다부제는 남편이 가축을 돌보거나 교역, 수렵 또는 군무에 종사하거나 또는 자기의 생계를 유지해 나가기 위하여 이곳저곳으로 돌아다닐 때, 장기간에 걸쳐서 남편 없이 집에 남아 있게 되는 부인의 신변에 대한 위험 또는 곤란에도 부분적으로는 원인이 있다고들 해 왔다. 때로는 일처다부제는 후손에 대한 욕구에서 생겨난다. 즉 자손을 두지 못한 기혼남자는 자기의 처를 다른 남자와 함께하도록 함으로써 그 여자의 어린애를 얻기도 한다.

_ 남자의 장기간 부재; 후손에 대한 욕구; 왜 아주 많은 경우에 남편들이 형제일까?

일처다부제가 양성 간의 불균형, 빈곤이나 남자의 잦은 출타(出他)에 근거를 두고 있는 곳에서는 언제나 그러한 것은 아니지만 일처다부제가 형제형의 성격을 띠기 쉽다는 것은 그다지 어렵지 않게 이해할 수 있다. 그리고 재산이 분산되는 것을 방지하려고 하는 경우에는 남편들이 형제이거나 가까운 친족이어야 할 필요가 있다. 만일 여자가 부족하여 모든 남자가 자기만을 위한 처를 얻을 수가 없는 때에는 형제애가 남자로 하여금 동생에게 자기의 처를 함께 공여하도록 할 수도 있을 것이다. 또한 남자가 너무 가난해서 자기 혼자만의 자력으로는 처를 얻어서 부양할 수 없는 경우에는 그는 공동의 경제적 이해관계를 따져서 자기의 형제를 우선적으로 협동자로 선택할 것이다. 그리고 오랫동안 가정이나 세대에 남자의 부양자(扶養者)나 보호자(保護者)가 없이 지내게 되는 것을 방지하기 위하여 여러 남편을 두는 것이 바람직할 때는 일반적으로 형제가 출타 중인 남편의 대용자로서 가장 적당할 것이다. 형제는 보통 동일한 장소에서 살고 그들 사이에는 단결과 친분의 감정을 지니고 있으며 동일한 부인과 성교를 한다 하더라도 낯선 아이가 생겨나지 않는다. 나야르족의 경우처럼 처가 남편과 별거(別居)하고 어린애들이 어머니의 친족에 속하게 되면, 그러한 상황은 거의 빚어지지 않는다. 그와 같은 상상은 내가 생각하기로는 나야르족의 일처다부제와 인도의 다른 일처다부제나 티베트의 일처다부제 사이의 본질적인 차이를 생겨나게 하는 직접적 원인이다. 후자의 형제형일처다부제의 체계는 바로 나야르족에는 결여되어 있는 조건과 밀접하게 관련되어 있는 것 같다. 만일 남자들이 자기가 그리워하는 부인과 떨어져 살고 그들의 재산이 자기들의 자녀들에 의하여 상속되지 않는다면, 그들 자신의 입장에서는 자기들의 형제이어야 할 아무런 강력한 이유가 없는 것이다. 그리고 만일 여자가 나야르족에서처럼 상당한 독립성을 누린다면 그녀는 아마도 다른 가(家)에 속하는 남자들을 우선적으로 선택하여 남편이나 정부로 삼기 쉬울 것이다.[4] 그런데 도대체 어째서 나야르족의 남자는 그들의 처나 애인 또는 이들이 낳은 자녀들과 함께 살지 않는 것인가?

_ 나야르족의 일처다부제적 결합의 기원

이 문제에 대한 해답은 무엇보다도 나야르족의 군대조직(軍隊組織)에

4_ 나는 어느 영국의 부인에게 일처다부제의 갖가지의 종류에 관하여 말해준 바 있는데, 그녀는 자기로서는 여러 형제와 혼인하고 싶지 않다고 확고하게 말했다.

서 찾아낼 수 있다. 이 군대조직은 부족의 남자가 남편이나 가족의 아버지로서 일상생활을 해나갈 수 없도록 했었다. 그의 나야르족에 관한 보고를 16세기 중반에 간행된 서적에서 찾아볼 수 있는 로페쓰 드 카스타네다(Lopez de Castanheda)는 나야르족의 왕에 의하여 혼인을 금하는 법이 제정되었는데, 그것은 남자들이 사랑이나 애정을 쏟게 될 처나 자녀를 가지지 못하도록 하기 위해서였고, 또한 가족을 보살펴야 된다는 어떠한 부담도 느끼기 않고 그들이 보다 더 열심히 군무에 종사할 수 있도록 하기 위해서였다고 적고 있다. 이와 같은 의견이 여러 사람의 다른 필자에 의해서도 표명되어 왔는데, 다만 최근에는 그다지 인정을 받고 있지 못하다. 카스타네다와 같은 견해를 취하는 몽테스키외는 유럽에서도 군인들의 혼인을 권장하지는 않았다고 언명한 바 있다. 로마에서는 군인들은 비록 내연관계(內緣關係; concubinage)로 사는 것은 허용되었지만, 혼인하는 것은 금지되어 있었다. 그리고 이와 유사한 규칙은 다른 곳에서도 찾아볼 수 있는데, 예를 들면 자포록 코사크족(Zaporog Cossaks)이 그러한 경우로, 이들은 전쟁과 약탈 이외에는 아무것도 하지 않았고, 그 성관계는 일처다부적이라고 설명되어 왔다. 그렇지만 비록 나야르족의 군대조직이 그들이 지켜온 일처다부제적 관습의 이상한 성격을 아주 그럴듯하게 설명해 주는 것이기는 하지만 그것이 당해 관습을 완전히 규명해 주는 것은 아니다. 또한 우리는 드라비다계의 여러 민족에서의 강력한 일처다부제적 지향, 성도덕의 문란 및 여자가 누리는 자유도 고려하여야 한다. 그리고 젊은 바라문족 사이에서의 나야르족 출신 여자에 대한 강한 선호, 그리고 어쩌면 경제적 상황까지도 어느 정도 고려해야 할 것이다. 어느 한 권위자는 나야르족이 당해 관습으로부터 얻게 되는 이점(利點)은 "처를 먹여 살릴 수 있는 수단을 갖추지 못한 사람은 어느 한 처의 3분의 1 몫만을 가질 수 있고, 부양료도 그 비율에 맞춰서 부담한다는 것"이라고 말한 바 있다. 나야르족의 모계승계(母系承繼)의 원칙이 일반적으로 그렇게들 생각하고 있는 것처럼, 비형제형일처다부제의 결과인지의 여부는 딱 잘라서 한마디로 말하기 어렵다. 몇몇 설명에 의하면 남자들과 이들의 정부(情婦)의 자녀들의 관계가 어떠한 다른 규칙도 있을 수 없게 만드는 그러한 특성을 지니는 것이었다. 그러나 다른 한편 동일한 지역에 모계적 출계제도(母系的 出系制度; uterine system of descent)에 따르면서도 한번도 나야르형의 일처다부제를 행할 줄 몰랐던 계급도 있다.

지금까지 내가 나야르족의 일처다부제를 대단히 상세하게 살펴본 것은 그것이 옛날의 혼인관습(婚姻慣習)에 관한 연구에 있어서 중요한 역할을 해 왔기 때문이다. 맥레넌(McLennan)과 그의 이론을 지지하는 사람들은 남편들이 서로 친족이 아닌 '저속한 종류'의 일처다부제를 난교제의 변형 내지 그로부터 진보된 것이라고 보고, 이러한 저속한 형태로부터 형제형일처다부제가 발전해 나왔다고 생각했었다. 그리고 헤르베르트 뮐러 박사(Dr. Herbert Müller)는 남인도의 일처다부제를 다룬 최근의 연구에서 역시 나야르족의 일처다부제는 혼인역사(婚姻歷史) 전체에서 아마도 가장 최초의 형태일지도 모르는 고대적 혼인형태가 최근까지 남겨진 것으로서 최초로 설명될 수 있다고 밝힌 바 있다. 그렇지만 이러한 종류의 이론은 아무것도 설명해 주지 못하는 것일 뿐만 아니라 전혀 가치도 없는 것이다. 일처다부제를 설명하는 것은 그것을 그 원인에까지 거슬러 올라가 밝혀내는 것이다. 이렇게 하고 난 다음에야 남편들이 형제인 경우의 결합을 빚어내는 상황이 어떠한 것이고, 남편들이 형제가 아닌 경우의 결합을 낳게 하는 상황이 어떠한 것인지를 알 수 있게 된다. 그렇지만 나는 전자와 같은 결합이 후자의 상황으로부터 발전해 나왔다고 추단할 만한 아무런 근거도 본 적이 없다. 사실상 만일 나야르족과 같이 개화된 민족이 원시적 형태를 간직해 내려오고 있는 반면에, 가까운 이웃지방에 살고 있는 저급한 계급의 사람들이 당해 제도에서 탈피하여 스스로 일처다부제를 형제형으로 고쳤다면 이것이야말로 쉽게 납득하기 어려운 일일 것이다.

나는 확정적으로 일처다부제를 발생시킨 원인에 관한 나의 논의가 당해 문제에 관하여 완전한 해답을 주리라라고 주장하는 것은 아니다. 남자의 수가 여자의 수를 능가하거나, 빈곤때문이라든가 재산을 분산시키지 않으려는 수단으로서 또는 기타의 이유로 말미암아 일처다부제를 보다 적절하게 여기면서도 일처다부제를 한 번도 행하지 않은 민족도 적지 않게 있다. 예를 들면 혼인할 수 있을 만한 나이가 된 여자의 부족은 일처다부제뿐만 아니라 독신생활·매음 또는 동성애적 관행을 가져 오기 마련이다. 어째서 어느 경우에는 일정한 요인이 일처다부제를 발생시키면서 다른 경우에는 그렇지 않은지를 완전하게 설명하기란, 마치 어느 민족은 일부일처제적인데 다른 민족은 일부다처제인지를 정확하게 설명할 수 없는 것과 마찬가지로 불가능하다. 그러나 일반적으로 일처다부제가 그다지 보편적으로 행해지고 있지 못한 주된 이유는 대부분의 남자들이 자기의 처를 배타적으로 소유하려고 하는 자연적 욕구 때문이라는 것은 거의 의심할 바 없다. 많은 일처다부제적 민족에서는 남자들이 질투에 골몰하는 예가 현저하게 적다고들 공공연하게 이야기한다.

_시형제혼제 및 이것이 옛날 일부다처제의 잔재라는 견해에 대한 비판

일반적인 정규의 관습으로서 일처다부제를 행하거나 행한 적이 있는 것으로 알려진 민족의 수는 그다지 많지 않더라도, 여러 필자들이 옛날에는 일처다부제가 원칙이고, 일부일처제와 일부다처제는 예외였다고 주장해 왔다. 이러한 견해를 지지하여 대단히 널리 유포되어 있는 관습인 시형제혼제(媤兄弟婚制; levirate), 즉 망형의 과부를 처로 삼는 관행은 일처다부제로부터 파생되어 나온 것이라고 믿지 않을 수 없다고 해 왔다. 그러나 시형제혼은 현존하는 사정만으로도 쉽게 설명되는 것이므로, 우리가 도대체 그것을 일부다처제의 잔재로 보는 것은 옳지 못하다. 처는 다른 소유물과 마찬가지로 상속(相續)될 수 있는 대상으로 생각할 수 있다. 그리고 아들이 아버지의 다른 재산을 상속하면서도 어째서 그가 과부를 상속하지 않는 것은 굳이 나이를 고려하지 않더라도 이해하기가 그다지 어렵지 않다. 그녀를 상속하는 것은 일반적으로 말하여 그녀와 혼인하는 것이다. 그러나 아들이 자기의 생모와 혼인할 수 있는 곳은 아무데도 없다. 그러므로 일부일처제가 행해지고 있는 곳에서는 이 경우의 승계권(承繼權)이 형제에게 속하는 것은 너무도 당연하다. 그리고 심지어 계모(繼母)와의 혼인까지도 근친상교적인 것으로 여겼다. 그렇지만 시형제혼제는 사망한 남편의 형제가 가지는 권리로 여겨졌을 뿐만 아니라, 많은 경우에는 그들에게 부과되어 있는 의무로 여겨지기도 하였다. 과부와 그 자녀들은 보호자와 부양자를 필요로 하기 마련이다. 그리고 만일 남자가 자녀를 두지 못하고 사망하면 고대 히브리인들 사이에서처럼 사망한 남편의 '자손을 이어주기' 위하여 그 유처(遺妻)와 혼인을 하여야 하는 것이 나머지 형제들의 의무일 수도 있다.

_ 일부다처제와 일처다부제의 결합형으로서의 일처다부제를 행하는 민족에서의 집단혼

그런데 일처다부제를 행하는 민족에서 집단혼(集團婚)이 발견된 적도 있다. 지난번에 시킴(Sikkim)의 주재원이었던 화이트 씨(Mr. White)는 시킴, 티베트 및 부탄의 일처다부제에 관하여 기술하면서 "세 명의 형제가 세 명의 자매를 얻을 수가 있다. 그리고 모든 처는 공유로 삼는다. 그렇지만 이러한 예는 그다지 자주 발견되지는 않는다. 이 경우 처들이 각각 어린애를 낳게 되면 가장 나이가 많은 소녀의 어린애는 맏형에게, 두 번째로 나이가 많은 소녀의 어린애는 둘째의 형제에게, 그리고 세 번째로 나이가 많은 소녀의 어린애는 셋째의 형제에게 돌아간다. 만일 한두 여자가 어린애를 낳지 못하면, 자녀는 협의(協議)에 의하여 나누어 갖게 된다"고 한 바 있다. 1869년에 쇼트 박사(Dr. Shortt)는 토다족에 관하여 "네다섯명의 형제가 있는데, 그 중의 한 사람이 나이가 차서 혼인을 하면 그의 처는 다른 모든 형제를 남편으로 요구할 수 있고, 그들이 차례로 성숙기에 달하게 되면 그녀는 그들과 어울리게 된다. 또한 만일 그 처에게 한 명 내지 여러 명의 여동생이 있으면 그녀들도 혼기에 달해서는 차례로 언니의 남편 또는 남편들의 처가 된다. …… 그렇지만 이 부족에는 여자가 아주 적기 때문에 한 여자가 여러 명 때로는 6명이나 되는 남편의 아내가 되는 수가 아주 많다"고 하였다. 다소 최근의 보고에서 리버스 박사(Dr. Rivers)는 '일부다처제와 결합하려고 하는 토다족의 일처다부제의 경향'에 관하여 언급하고 있다. 즉 "두 명의 형제는 옛날에는 한 명의 처를 데리고 살았는데, 오늘날에는 두 명의 처를 얻기도 한다. 그러나 일반적으로 이 두 남자는 그 두 처를 공유한다. …… 한 남자 또는 한 집단의 남자가 한 명 이상의 처를 데리고 사는 때에는 두 명의 처가 같은 마을에 함께 사는 것이 보통이고, 드물게는 그녀들이 서로 다른 마을에 살기도 한다. 이것은 남편 또는 남편들이 이 마을 저 마을로 옮겨 다니기 때문이다"라고 한다. 이와 마찬가지로 인도의 다른 여러 일처다부제적 부족에 관하여도, 우리들은 만일 처를 공유하고 있는 형제 중의 한 사람이 새로운 처를 얻게 되면, 그는 그녀를 다른 형제들과 함께 데리고 살지 않으면 안 된다고 알고 있다. 니티 나이안두바(Níti-Nighanduva)—이것은 캔디(Kandy)에서 이름이 있는 신할리족(Sinhalese)의 한 위원회가 1818년에 만든 고유의 관습법에 관한 편찬서이다—에 의하면, 실론에서는 한 남자가 동시에 여러 명의 처를 거느리고 살거나 한 여자가 동시에 여러 명의 남편을 가지는 것이 빈번하게 행하여지는 관습으로 되어 있을 뿐만 아니라, "두세 사람의 남자가 두세 사람의 처를 공유하는 것도 자주 접하는 관습으로 되어 있다"고 한다.

이들 각 경우에 일부다처제와 일처다부제의 결합에 의하여 집단혼(集團婚)이 생겨날 수 있다는 것은 그대로 자명하다. 이것은 여러 명의 권위자에 의하여 시사되어 온 바이고, 심지어는 직접 그렇게 말한 것이기도 하다. 또한 다른 경우에도 이것은 티베트에서나 인도에서 일처다부제가 집단혼보다도 훨씬 널리 보급되어 있다는 사실, 집단혼이 일처다부제와 나란히 발견되는 경우 이외에는 어느 곳에서도 행해지고 있지 않다는 사실, 그리고 일부다처제와 일처다부제의 우연한 결합은 상황이 그대로 들어맞으면 쉽게 설명될 수 있는 반면에, 일처다부제가 이전의 집단혼단계로부터 발전하였다고 하는 몇몇 사회학자들의 의견에 관하여는 그다지 만족할 만한 이유가 되지 못하는 사실로부터 이끌어 낸 것이라고 할 수 밖에 없다.

_ 고대 영국령 제도 거주자들 사이에서의 집단혼 또는 이와 상당히 유사한 상호관계

고대의 브리턴인(Britons)에 관한 카이사르의 유명한 보고도 마찬가지로 일부다처제와 일처다부제의 결합을 말한 것이라고 할 수 있다. 그는 "그들의 가정생활에서 그들은 일종의 처의 공유를 실행하고 있다. 흔히 10명 또는 12명이, 특히 형제는 자기들끼리 그리고 아버지와 아들이 결합하여 한 집단을 이루고 있다. 이 경우 그러한 혼인에서 태어나는 어린애들은 남편 가운데서 당해 어린애의 어머니를 신부로서 제일 먼저 집에 맞이해 온 남편의 구성원에 돌아가는 것으로 생각한다"고 기술하고 있다. 이 견해 중의 후반의 구절은 대체로 처의 공유(community of wives)—만일 그것이 실제로 존재하였던 것으로 한다면—가 일처다부제의 기원이라는 것을 나타내는 것이다. 영국의 켈트계 주민에 관한 한, 카이사르가 한 보고의 정확성은 의문시되어 왔거나 부인되어 왔다. 존 라이스 경(Sir John Rhys)은 "우선 10명 내지 12명의 남자가 아버지이자 가장의 권력 즉 가장권(家長權; patria potestas) 아래서 공동으로 생활한다는 것—이것은 초기 제도의 연구자에게 알려져 있는 복합가족(複合家族; undivided family)의 일종이고, 대부분의 아리아계 여러 민족의 사회적 발달단계에서 특수한 단계를 구분하는 것이다—이 통상이라는 내용으로 되어 있는 브리튼인의 가족에 관한 어느 서술을 카이사르가 듣고 잘못 이해한 것이라고 생각할 수도 있다. 그리고 다음으로 당해 섬의 동남부의 브리턴인이나 대륙의 몇몇 골인(Gauls)이 아리아계 민족들 사이에서 흔히 찾아볼 수 있는 것과는 다른 혼인관을 가지고 있는 영국의 동떨어진 지방의 부족의 그것을 들었는지도 모른다"고 설명하고 있다. 짐머 교수(Professor Zimmer)는 카이사르의 보고는 영국의 비아리아계 주민에 관한 것이라는 점을 조금도 의심하고 있지 않은데, 윌리엄 리지웨이 경(Sir William Ridgeway)은 "영국제도(British Isles)의 비아리아계 주민에 관한 이론은 몇 가지의 무분별한 가설 이외에는 아무런 역사적 · 사회적 또는 언어적인 증거에 의거하고 있지 않다"고 주장한다. 카이사르의 보고와 유사한 보고가 계속 나오는데, 아일랜드인에 관한 스트라보(Strabo)의 보고, 스코틀랜드의 민족에 관한 디오카시우스(Dio Cassius)나 성제롬(St. Jerome)의 보고 및 헤브리디스제도(Hebrides)의 빈민왕이나 셰틀랜드 메인랜드(Shetland Mainland)의 주민에 관하여 아일랜드인인 솔리누스(Solinus)의 주석자(註釋者)가 한 보고 등이 뒤이어 나왔다.

_ 오스트레일리아에서의 집단관계 또는 이른바 '집단혼'

순수한 집단혼은 내가 알기로는 일처다부제와 병행해서만 발견되어 왔다. 그러나 여러 명의 남자가 여러 명의 여자에게 접근할 수 있는 권리를 가지고 있다는 일종의 성적 공동체(性的 共同體; sex communism)를 가지고 있는 민족이 있다. 그렇지만 이 경우 그 여자 중의 어느 한 사람도 한 명 이상의 남자와 정식으로 혼인할 수는 없는 것이다. 오늘날 몇 사람의 권위자가 이러한 종류의 집단적 관계에 '집단혼'(集團婚; group-marriage)이라는 용어를 붙여서 사용하고 있는데, 우리는 이러한 사실에 현혹되어 그들 관계가 지니는 진정한 성격을 잘못 이해해서는 안 되겠다.

오스트레일리아의 어느 부족은 이 실정과 관련하여 특별한 관심거리로 되어 있다. 왜냐하면 당해 부족의 집단혼이 지금까지 많은 논의의 중심이 되어 왔을 뿐만 아니라 그로부터 광범위한 결론이 이끌어 내졌기 때문이다. 이러한 부족으로서 가장 잘 알려져 있는 것은 중부 오스트레일리아의 에어호수(Lake Eyre)의 동쪽 및 동남쪽의 바쿠삼각주(Barcoo delta) 지방에 살고 있는 디에리족(Dieri)이다. 이 부족(部族)의 혼인관습은 호윗 박사(Dr. Howitt)에 의하여 거의 완전하게 파악·기술되었다. 그들은 두 개의 반족(班族; moiety)으로 나뉘어 있고, 이 반족의 구성원은 친족관계에 의거한 제한 이외에는 서로 자유로이 혼인할 수 있다. 우리가 알기로는 그들에게 두 종류의 혼인이 있다고 한다. 즉 개인적 혼인인 티파말쿠(tippa-malku)와 집단혼인 피라우루(pirauru)가 그것이다. 개인적 혼인에 관하여 호윗 박사는 그의 최근의 저서에서 그것은 보통 유아약혼(幼兒約婚)이나 소아약혼(小兒約婚)에 의하여 발생하는 것임을 우리들에게 알려 주고 있다. 이에 반하여 피라우루관계는 "형제들에 의한 처의 교환에 의하여 발생한다. 즉 두 사람의 형제가 두 명의 자매와 혼인을 한 때에는 그들은 통상적으로 네 사람의 집단혼을 이루어 함께 살아간다. 한 남자가 홀아비가 되면 그는 자기의 형제에게 예물을 주고 그의 처를 피라우루로서 차지한다. 또한 어느 남자가 방문객이고 관습상 혼인을 하여도 괜찮을 유족(類族)인 경우에는 주인의 티파말쿠의 처가 일시적인 피라우루로서 그에게 제공된다"고 한다. 더구나 어느 남자가 어느 부인의 마음에 꼭 드는 경우에는 "그 부인은 자기의 남편에게 자기를 그 남자 또는 그와 같은 사람에게 피라우루로 보내 줄 것을 요청할 수도 있었다. 남자가 이것을 거절하면 그 부인은 그대로 참을 수밖에 없지만, 만일 남자가 그렇게 하는 것을 들어 주면 일이 성립된다"고 한다. 피라우루관계를 법적인 것으로 하기 위하여 집단(totem)의 추장 또는 하나 이상의 집단이 관계되어 있는 때에는 여러 명의 추장에 의하여 의식이 거행된다. 남자도 여러 명의 피라우루의 처를 가질 수 있으며, 부인도 몇 명의 피라우루의 남편을 가질 수 있다. 그러나 남자는 한 명 이상의 티파말쿠의 처를 가질 수 있지만 어느 부인도 동시에 한 명 이상의 티파말쿠의 남편을 가질 수 없다. 티파말쿠의 처는 피라우루의 처에 대하여 우선권을 가지며, 또한 파라우루의 남편에 대하여 인정되는 권리는 티파말쿠의 남편이 가지는 권리보다 훨씬 보잘것없는 것이다. 피라우루의 남편이 처에 대하여 가지는 부권(夫權)을 행사할 수 있는 것은 당해 처의 타파말쿠의 남편이 출타 중인 때뿐이다. 티파말쿠의 남편과 그의 처가 실제로 한 세대를 이루고 살고 있는 동안에는 그녀는 오로지 그가 집에 없는 동안만 그녀의 피라우루 중 어느 사람의 보호를 받고 그와 동거할 수 있다. 그리고 게이슨 씨(Mr. Gason)가 보내온 보고를 보면, 티파말쿠의 남편은 자기 처의 자녀 전부를 자기의 아들로 인지하고 그들을 똑같은 친절과 사랑으로 보살펴 준다는 것을 알 수 있다.

스펜서 씨(Mr. Spencer)와 길렌 씨(Mr. Gillen)는 디에리족과 북쪽으로 인접하여 살고 있는 우라분나(Urabunna)의 부족에서 피라우루관계와 아주 유사한 제도를 발견하였다. 남자는 자기와 누파(nupa)의 친족관계에 있는 여자, 즉 자기 어머니의(친남매 또는 친족관계인) 오빠의 아이들 또는 마찬가지지만 자기 아버지의 누나의 아이들을 처로 얻을 수 있다. 이렇게 하여 그는 자기와 같은 막사에 살면서 자기에게 특별히 애정을 표시하는 이들 누파 중의 한 사람 또는 두 사람을 취하면서, 이 여자들 이외에 그는 피라웅가루(piraungaru)의 관계에 있는 다른 누파의 부인도 몇 사람 취할 수 있다. 그가 후자에게 접근할 수 있는 것은 특정한 경우에만 한정되었는데, "첫 번째 남자가 있으면 그의 동의가 있어야 하고, 그러한 남자가 정해져 있지 않아야 아무런 제한도 받지 않았다"고 한다. 여자의 오빠는 어느 한 남자에게 그녀에 대한 우선권을 주고 동일한 집단의 다른 남자에게 다음 차례의 권리를 주는 것으로 되어 있지만, 피라웅가루의 경우에는 당해 조치는 그 집단의 장로(長老)들의 재가(裁可)를 받아야 하고, 이 재가를 받고 나서야 효과를 가질 수 있게 되어 있다. 여자는 많은 남자들에 대하여 피라웅가루가 될 수도 있다. 그리고 일반적으로 피라웅가루인 남자와 여자는 함께 집단을 이루어 사는 것을 흔히 찾아볼 수 있다.

도대체 피라우루나 피라웅가루관계를 혼인이라고 불러야 하는지의 여부는 매우 중대한 문제라고 할 만하다. 이러한 관계는 거의 모두가 성적 방종(性的 放縱)을 의미하는 것이기 때문에 티파말쿠의 관계 또는 오스트레일리아인의 통상적인 혼인과는 본질적으로 다르다. 말리노프스키 박사(Dr. Malinowski)가 주장한 바와 같이 오스트레일리아인의 통상적인 혼인은 가족생활과 분리시킬 수 없는 것으로 되어 있어서 '가족의 경제적 통일문제, 한 집안에서 공동생활을 하면서 자녀의 공동양육 및 자녀에 대한 애정을 통하여 창출되는 유대문제'에 의하여 규정되고 있다. 그러나 우리가 이미 살펴본 바와 같이 순수하게 성적인 입장에서 보더라도 한 사람의 남편이 가지는 권리와 피라우루의 권리와의 사이에는 아무런 유사점이 없다.

피라우루(pirrauru)나 피라웅가루(pirraungaru)의 관계는 오스트레일리아에서의 고대 집단혼에 관한 가설을 뒷받침해 주는 것으로 여겨지고 있기 때문에 특히 관심을 끈다. 이 가설에 의하면 하나의 분속(分屬)이나 유족(類族)의 남자들은 다른 분속이나 유족의 여자들을 처로 삼는 것으로 되어 있다. 오늘날 이러한 종류의 혼인은 오스트레일리아의 어느 곳에도 존재하지 않는다. 디에리족이나 우라분나족의 어느 곳에도 존재하지 않는다. 디에리족(Dieri)이나 우라분나족(Urabunna)의 이른바 집단혼의 경우에 '집단'이라는 용어는 다른 다수의 사람들에 대하여 일정한 관계에 있는 여러 사람을 의미하는 데 지나지 않는다. 이에 반하여 집단혼설에서의 당해 용어는 유족명칭(類族名稱)이나 친족명칭(親族名稱)에 의하여 뚜렷하게 구별되는 일정한 부분의 부족을 가리키는 것으로 사용된다. 이것만이 이 두 종류의 '집단혼' 사이의 차이인 것은 아니다. 어느 사람도 남녀 각각 자기의 지위에 의하여 당연히 피라우루나 피라웅가루로 되지는 못한다. 티파말쿠의 남편과의 사이에서 일정한 합의를 하여야 하고, 피라우루는(홀아비의 경우) 합의를 위하여 상당한 대가를 지급하기까지 하여야만 되기도 한다. 그리고 "한번 피라우루가 되면 한평생 피라우루다"라고 하는 원칙에도 불구하고, 그 관계(방문객의 경우)가 대단히 짧은 기간에 끝나버리게 되기까지 한다. 한편 피라웅가루는 여자의 오빠의 동의를 얻어야 한다. 여기에서 한 걸음 더 나아가 타파말쿠의 부부가 어느 점에 있어서나 피라우루에 대하여 우월성을 가지고 있는 것을 생각하여 티파말쿠의 혼인은 새로운 제도로 보아야 할 것이고, "피라우루의 집단적 권리를 침해하는 것"이라고 하는 호윗 박사의 견해는 수긍할 만한 아무런 이유도 발견하지 못하였다. 이와 반대로 내가 보기로는 피라우루의 관계가 개인적 혼인을 접합(接合)한 것이고, 또한 그것이 세계의 다른 지방에서 다소나마 이와 유사한 관습을 도출시킨 상황과 그렇게 다르지 않은 상황에 그 기원을 두고 있다고 하는 편이 훨씬 더 타당하다고 생각한다.

오스트레일리아의 여러 지방에서 우리는 젊은 토착민이 성년(成年)에 달하고 나서도 처를 얻기가 어렵다는 말을 들은 바 있다. 예를 들어 많은 남자들이 상당히 오랜 동안 독신으로 지내지 않을 수 없게 되거나 자기에게는 별로 마음에 들지 않는 여자와 혼인을 하게 되는가 하면, 부족의 관습상 그들에게 정상적인 혼인관계를 통하지 않더라도 자기의 성욕을 만족시킬 수 있는 몇 가지의 수단이 있기도 하다. 그러한 방법의 하나로 미혼남자에게 소년처(少年妻; boy-wife)를 제공하는 예가 있는데, 이것은 서부 및 중부 오스트레일리아의 몇몇 부족에서 찾아볼 수 있다. 또한 다른 사례로서 젊은이가 독신으로 지낼 수밖에 없거나 늙은 여자를 처로 맞을 수밖에 없는 경우에는 피라우루나 피라웅가루의 관습이 정상적인 혼인의 대체수단(代替手段)으로서 필요를 충족시켜 줄 수도 있다. 하지만 때로는 나이가 많고 권위가 있는 남자가 자기의 이익을 위하여 당해 관습을 이용하는 것도 숨길 수 없는 사실이다. 아일만 박사(Dr. Eylmann)는 디에리족(Dieri)과 기타의 다른 부족의 사람들로부터 들은 바에 의하면, 그것은 주로 노인에게 도움을 준다고 한다. 왜냐하면 그것은 부족의 도덕적 규범을 위반하지 않으면서 젊은 여자와 성교할 수 있는 절호의 기회를 마련해 주기 때문이다. 그렇지만 젊은 남자가 노인들로 하여금 자기의 처에게 접근하도록 한다 하더라도 그것은 어쩔 수 없이 마지못해 하는 일에 지나지 않았다. 또한 성적 만족이 남자가 많은 피라우루를 거느림으로써 얻게 되는 유일한 이득은 아니다. 호윗은 "가능한 한 많은 수의 피라우루를 거느리는 것이 남자에게는 유리하다. 남자가 여러 피라우루를 거니리고 있게 되면 사냥을 하더라도 그렇게 많은 일을 하지 않아도 된다. 왜냐하면 피라우루들이 그와 함께 있는 때에는—그녀들 자신의 티파말쿠(tippa-malku)의 남편이 출타 중에는—그녀들은 자기들이 마련하는 음식물의 일부를 그에게 공급해 주기 때문이다. 또한 그는 때때로 자기의 피라우루를 빌려줌으로써 그리고 한 사람의 피라우루도 가지고 있지 못하거나 아직 한 사람의 피라우루도 할당받지 못한 젊은이들로부터 예물(禮物)을 받아들임으로써 부족 내에서 크나큰 세력도 장악하게 된다"고 한다. 그런데 오스트레일리아의 토착민은 젊은이와 약자에게 손해를 끼치면서까지도 강자와 노인에게 모든 것을 제공하려고 하는 관습에 의하여 지배되고 있음을 주의하지 않으면 안 된다. 만일 노인들이 가장 뛰어나고 제일 건강한 여자들을 자기들이 차지하고 남달리 매력적인 부인과 혼인한다고 하면, 그들에게 성적 향락을 누릴 수 있게 해 줌과 동시에 그들의 영향력도 증대시켜 주는 피라우루(pirrauru)관계와 같은 제도에 그들이 호의(好意)를 보이는 것은 지극히 당연한 일이다. 따라서 나는 피라우루의 관습은 여자가 비교적 적다는 것과 노인들의 이기적인 전제(專制)의 결과라고 믿고 싶다. 그러나 우리는 일처다부제와 관련하여 앞에서 설명한 바 있는 또 다른 사실, 즉 자기의 남편이 일시적으로 출타하게 되는 동안에는 기혼부인은 보호자(保護者)와 후견인(後見人)을 가질 필요가 있다는 것도 생각하여야 한다. 남자가 자기에게 전속적이지 않을지라도 주로 피라우루 또는 피라웅가루인 부인에 대하여 그녀의 남편이 출타중인 동안에 성적 권리를 가지고 그러한 기회에만 그녀는 그와 동거하고 그의 보호까지 받을 수 있다고 하는 것이 중요하다. 보호와 후견의 필요성과 피라우루의 관습이 일정한 관계를 가지고 있다는 것은 프랑크 P. 브라운 씨(Mr. Frank P. "Bulman" Brown)가 어려움을 무릎쓰고 나에게 말해 준 설명에도 시사되고 있다. 그는 다음과 같이 나에게 말한 바 있다. 즉 노던 테리토리(Northern Territory)의 사우스 앨리게이터강(South Alligator River) 연안의 카쿠쟈족(Kacoodja)에서는 만일 남자가 얼마 동안 멀리 떠나게 되면 그는 처를 자기 자신의 유족(類族)의 다른 남자에게 넘겨 주고 가는데, 이 남자는 여자의 남편의 출타 중 그 여자와 성교를 할 수 있게 되어 있다. 그녀가 홀로 남아 있는 경우에는 다른 어떤 사람에 의하여 엄습될지도 모르며 경우에 따라서는 그녀 자신이 다른 사람을 불러 들여 관계를 가질는지도 모르는 일이기 때문이다.

이상과 같은 여러 이유에서 나는 피라우루(pirrauru)나 피라웅가루(pirraungaru)의 관습을 옛날의 집단혼속(集團婚俗)의 증거라고 볼 수 없다고 본다. 그리고 이러한 사정은 집단혼설을 뒷받침해 주는 것으로 생각되는 다른 관습, 즉 처의 대여나 교환, 소녀가 혼인 전에 정규적으로 거쳐야 하는 성교, 정규의 도덕규범이 일시적이나마 정지시키면서까지 집행되는 어느 의식 중에 인정되는 방종, 시형제혼 또는 하나의 명칭을 가지고 많은 다른 촌수나 친족의 종류를 포함시키는 유별적인 친족명칭의 사용에 관하여도 마찬가지다. 나는 졸저 「인류혼인사」(人類婚姻史; The History of Human Marriage)에 이들 가상적인 잔존풍습에 관하여 상세한 비판을 가한 바 있는데, 여기에서는 지면의 부족으로 거기에서 전개했던 논의는 생략하기로 한다. '특별한 처'에 대하여 붙여지는 명칭이 '남자가 어느 한 부인과 합법적으로 혼인할 수 있지만 그 이외의 여자와는 혼인할 수 없는' 그녀의 집단의 다른 모든 여자에게도 붙여진다는 사실이 무엇보다도 강조되어 왔다. 그러나 공통의 명칭을 가지고 집단혼의 흔적으로 여겨야 할 이유는 아무것도 없다. 왜냐하면 남자의 처로 될 수 있는 여자와 그럴 수 없는 여자는 아마도 그 남자에 대하여 크게 다른 관계에 서게 될 것이라는 사실에 의하여 그것은 쉽게 설명되기 때문이다. 또한 나는 집단혼이 최초의 혼인형태로서 그로부터 다른 혼인형태가 점차적으로 발전해 나왔다고 보는 필자들의 의견도 지지할 수 없다.

제11장
혼인의 존속기간과 해소권

_ 발달하지 못한 민족에서의 이혼의 보급 및 그 원인

혼인은 일반적으로 기간을 정하지 않거나 일생 동안 살기로 하여 체결하게 되는 것이 보통이다. 그렇지만 아무리 한평생 살아야 할 것 같지만 갖가지 이유로 배우자가 살아 있는 동안에 그 혼인(婚姻)이 해소(解消)되는 예도 적지 않게 찾아볼 수 있다.

몇몇 소수의 문명화되지 못한 민족에서는 혼인에 대하여 해소할 수 없게 되어 있다든지 이혼을 전혀 모르고 있다고 하며, 다른 민족에서는 이혼이 아주 드물다거나 혼인이 한평생 지속된다고들 한다. 그런 반면에 이혼이 자주 행해지거나 혼인이 아주 짧은 기간에 걸쳐서 밖에 지속하지 못한다고 보고된 민족도 많이 있다. 우리가 다루는 자료가 완벽한 것만은 아니기 때문에 저급한 족속 일반에서 한평생을 지내는 결합과 살다가 헤어지는 이혼의 어느 쪽이 더 많은가 하는 비교나 경제적 문화가 다른 각 단계에서의 혼인존속기간(婚姻存續其間)의 상호 비교 같은 것에 관하여는 어느 누구도 명확하게 답할 수가 없다. 그러나 실론의 베다족(Veddas), 안다만섬사람(Andamanese), 수마트라의 오랑마마크족(Orang Mamaq)이나 오랑아키트족(Orang Akit) 및 말레이반도의 '순수한' 여러 부족과 같은 몇몇 저급한 수렵민(狩獵民)과 초기 단계의 농경민(農耕民) 사이에서 일생을 함께 사는 결합이 보편적으로나 거의 전반적으로 행해지고 있는 것은 어떠한 이유에서든지 매우 분명한 사실로 되어 있다.

비교적 발달하지 못한 민족에 있어서 실제로 이혼이 얼마나 행해지고 있는지에 관하여 우리가 알고 있는 것보다 그들의 관습상 어떠한 상황에서 이혼이 허용되는지에 관한 보고는 훨씬 더 명확하다. 적지 않은 부족에서는 남편은 임의로 또는 사소한 이유나 명분으로 혼인을 파기할 수 있다고 하는데, 이들 대부분의 경우에 동일한 권리가 처에게도 부여된다. 이러한 사실은 내가 가지고 있는 자료뿐만 아니라 홉하우스(Hobhouse), 휠러(Wheeler) 및 긴스버그(Ginsberg)가 작성한 일람표에 의하여도 증명된다. 어느 부족에 관하여 겉으로 보기에는 처가 임의로 이별할 수 있다고 들어서 알고 있다. 그리고 이들 부족 가운데 몇몇 또는 상당수의 부족에서는 남편도 아마 동일한 권력을 가지고 있었지만 부족 전부에서 그랬던 것은 아니다. 그러나 이보다 더 뒤떨어진 많은 민족에서는 그대로 수긍할 만한 여러 이유가 없는 한, 혼인은 당사자 상호간의 동의가 있어야 비로소 해소될 수 있으며, 어느 경우는 당사자 일방이 하고 싶어도 타방(他方)의 의사(意思)에 반하여 혼인을 해소할 수 없는 것으로 되어 있기까지 하다. 그리고 이러한 경우 처의 동의(同意)보다 남편의 동의를 얻어야 하는 경우가 더 많지만 처의 의사를 고려하지 않으면 안 되는 경우도 적지 않음도 사실이다.

정당한 사유 없이는 남자라도 자기의 처와 이혼하지 말아야 하며, 처도 남편과 헤어져서는 안 되는 것은 자명한 일이다. 어떠한 사유가 정당한 사유로 되는지에 관한 관념은 부족에 따라 다르다. 가장 일반적으로 인정되고 있는 이혼원인(離婚原因)은 아마도 처의 간통(姦通)이다. 그리고 많은 경우에 그것은 유일한, 아니면 그렇게 다뤄지는 이혼원인으로 되어 있는 것 같다. 그러나 이와 달리 남편이 다른 이유에서는 처를 저버리더라도 간통을 이유로 그렇게 하는 것은 옳지 않게 여기는 문명화되지 못한 민족도 있다는 말을 들은 적도 있다. 어느 민족에서는 처도 부정한 남편과 이혼할 수 있는 권리를 가지고 있다고 한다. 그리고 아주 흔히 찾아볼 수 있는 다른 이혼원인의 하나는 처의 임신불능(妊娠不能)이고, 반면에 자녀의 출생으로 말미암아 혼인을 해소할 수 없게 되는 경우도 있다. 그런가 하면 남편이 성교불능(性交不能)이라는 것이 판명되고 난 다음에는 처가 이혼을 할 수 있게 되어 있는 경우도 있다. 이 밖에도 야만인의 세계에서 다소 빈번하게 발견되는 여러 가지 공인된 이혼원인이 있다. 예를 들어 남자는 다음과 같은 경우에 처와 이혼할 수 있다. 처가 게으르거나 냉담한 경우, 처가 남편의 음식물을 제대로 요리하지 못하는 경우, 처가 심술궂거나 자주 다투거나 공손하지 못하거나 도벽(盜癖)이 있거나 요술기가 있다고 추단되는 경우, 처가 악질(惡疾)이나 고칠 수 없는 병에 걸린 경우, 처가 너무 늙어버린 경우, 처의 자녀가 모두 사망한 경우, 남편을 유기(遺棄; desert)한 경우 등이다. 또한 처는 다음과 같은 경우에 혼인을 해소할 수 있다. 남편이 처의 부양을 게을리하거나 학대(虐待)하거나 중대한 비행(非行)을 저지른 경우, 남편이 게으르고 자기가 마땅히 해야 할 일을 하려고 하지 않는 경우, 남편이 처를 유기하였거나 오랜 동안 부재인 경우, 또는 드문 예이기는 하지만 처가 남편에 대하여 강한 반감을 가지고 있는 경우 등이다. 동부 중앙아프리카의 소수 토착민에서는 처가 자기의 옷을 제대로 얽어 매주지 않은 남편과 이혼할 수 있게 되어 있다. 미얀마의 샨족(Shans)에서는 남편이 음주 또는 기타의 비행을 하는 경우에는 처가 남편을 내쫓고 부부가 공동으로 소유하던 재산 및 금전을 차지할 권리를 갖는다.

_ 이들 민족에서의 이혼의 경제적 중요성

정당한 이유를 수반하지 않는 이혼을 하는 당사자는 경제적 손실을 입게 되고, 이에 반하여 정당한 이유에 의한 이혼은 유책당사자(有責當事者) 쪽이 손해를 입게 된다. 예를 들어 그럴 만한 이유 없이 처를 내쫓거나 유기한 남편은 그녀를 맞아들이기 위하여 지급한 대금이나 제공한 예물(禮物)에 대한 권리를 잃게 되거나 또는 배상금(賠償金)을 주거나 일정한 몫의 자기 재산을 이전해 주어야 한다. 그러나 처가 부정하거나 임신불능으로 판명되거나 기타의 명백한 이혼원인이 존재하여 이혼하게 되는 경우에는 남편이 그녀를 위하여 지급하였던 대금을 돌려받는다. 이와 마찬가지로 처가 혼인을 해소하는 경우에도 그 대금을 반환해야 한다. 그렇지만 남편의 특정한 잘못을 이유로 처가 혼인을 해소하는 때에는 신부대금(新婦代金)은 남편에게 반환해 주지 않아도 되는 것이 보통이다.

_ 이혼과 자녀문제

이혼원인이 될 만한 행위를 한 당사자는 그로 말미암아 자녀와 함께 살지 못하게 되는 경우가 종종 있다. 그러나 통상적으로 자녀의 생활문제는 부모 중 누가 이혼책임(離婚責任)을 지느냐에 그다지 큰 영향을 받지 않는 것 같다. 만일 자녀들이 아주 어린 경우에는 그들은 당연히 어머니와 함께 살아간다. 그렇지만 이 자녀를 후에 아버지에게 돌려보내야 하는 경우도 있는데, 많은 민족에서 아버지가 자녀들에 대한 권리를 가지는 것으로 인정하고 있다. 순수한 구매혼(購買婚)이 성행하고 있는 아프리카에서 더욱 두드러진다. 또한 부모가 자녀를 나누어 양육하는 경우도 있다. 그리고 이러한 경우에는 아들은 아버지가 데려가게 되고 딸은 어머니가 데려가게 된다. 그렇지만 상당히 많은 민족에서 어머니가 아이를 양육하는 것이 일반적인 경향이다. 이러한 현상은 출계(出系)가 모계적(母系的)인 곳에서 특히 현저하며, 북아메리카의 토착부족에서는 일반적인 규칙으로 되어 있는 것 같다. 서아프리카의 여러 부족에서의 어머니는 어린애들을 맡아 기르게 되는데, 이때 그 어머니는 남편이 자녀를 부양하면서 지출하게 될 것을 담보할 만한 일정한 금액을 그 남편에게 지급하여야 하는 의무(義務)를 지게 된다. 그러나 이 의무는 자녀가 아버지와 함께 그대로 지내는 것을 어머니가 인정함으로써 타협적으로 면제되는 경우가 종종 있다. 어느 경우에는 자녀 자신이 어머니와 함께 갈 것인가, 그대로 아버지와 함께 지낼 것인가를 선택하기도 한다.

_ 이혼 후의 재혼금지

몇몇 문명화되지 못한 민족에서는 남편에게 이혼당한 여자는 독신으로 살아가야 하는 것으로 되어 있다. 그런가 하면 브라질의 카라야족(Karayá)에서는 처와 이혼한 남자는 비록 자기를 위하여 가사를 돌볼 여자를 고용할 수는 있지만 다른 처를 얻을 수는 없게 되어 있다. 멕시코의 테페화네족(Tepehuane)에서는 부부의 어느 일방이 부정한 것으로 판명되면, 그 부부는 뒤이어 바로 별거해야 하고, 부정을 저지른 자는 중한 처벌을 받게 되며, 그리고 이들 모두는 재혼을 하지 못하게 되어 있다.

고도의 문화수준에 달한 민족에서의 혼인의 안전성(安全性)은 저급한 족속에서 못지않게 상당히 유동적이다. 이 점에 관하여 신세계이든지 구세계이든지 여러 고대 문명국가 민족 간에 아주 두드러진 차이가 있다.

_ 고대 아즈텍족과 마야민족의 이혼

멕시코의 아즈텍족(Aztecs)에서는 혼인을 당사자들이 죽은 다음에야 해소되는 엄격하고 구속적인 것으로 보았다. 남자가 그 본처(本妻) 또는 정처(正妻)와 이혼을 할 수 있도록 허용된 것은 그녀에게 증오심이 있거나 그녀가 음탕하거나 임신을 하지 못하는 경우뿐이며, 간부(姦婦)는 이혼을 하게 되는 것이 아니고 사형에 처해졌다. 그리고 '지위가 낮은 처'(less legitimate wife)이더라도 처인 경우에는 정당한 이유와 법원의 허가 없이는 함부로 내칠 수 없었다. 다른 한편 마야(Maya)의 여러 민족에서 이혼은 아주 쉽게 할 수 있었다. 니카라과(Nicaragua)에서의 간부(姦婦)는 내쫓기고 다시는 혼인할 수 없었다. 그렇지만 처가 남편을 유기하였더라도 그녀는 처벌되지 않았을 뿐만 아니라 비난조차 받지 않았다. 과테말라(Guatemala)에서는 남편이 사소한 사유로 처와 이혼할 수 있는 것과 마찬가지로 처도 대수롭지 않은 사유로 남편과 이혼할 수 있었다.

_ 중국과 일본에서의 이혼

중국법에 의하면 남편은 오로지 몇 가지 사유에 의해서만 처와 이혼할 수 있었다. 형법전(刑法典; Penal Code)에는 만일 "처가 간통 기타의 죄에 의하여 혼인관계를 파기하지도 않고 이혼을 정당화시켜 주는 일곱 가지의 사유 중 어느 한 가지도 저지르지 않았는데도", 남편이 이혼하게 되면 각 경우 그는 장(杖) 80의 처벌을 받아야 하는 것으로 되어 있다. 그 일곱 가지의 사유는 다음과 같다. 즉 무자(無子), 음탕(淫蕩), 구고불사(舅姑不事; 시부모에 대한 무시), 다언(多言), 절도(竊盜), 투기(妬忌) 및 악질(惡疾) 등이다. 그렇지만 만일 처가 시아버지나 시어머니의 3년상(喪)을 치른 경우, 전에는 가난하였던 남편의 가(家)가 잘 살게 된 경우 또는 그 처를 되돌려 맞아줄 양친(兩親)이 없는 경우에는, 비록 일곱 가지의 사유 중 어느 하나가 있더라도 그것이 이혼을 할 수 있게 해주는 근거가 되지 못하는 것으로 규정하고 있었다. 이 가운데 앞의 두 규정은 처가 남편과 함께 어려운 역경을 견뎌냈기 때문에 남편의 영속적인 배려에 대한 청구권을 처에게 인정해 주어야 한다는 관념에 근거하는 것이라 할 수 있다. 그런데 간통을 범한 처는 유보조항(留保條項)의 어느 것에 의해서도 보호받지 못하고, 더욱이 그러한 처를 데리고 사는 남편은 처벌을 받게까지 되어 있었다. 이 밖에 혼인은 합의에 의해서도 해소될 수 있다. 이 규정은 '지위가 낮은 처'나 합법적인 처에게도 적용된다. 다만 이 경우에는 설령 남편이 법을 위반하였더라도 그의 처벌이 다소 경감된다는 차이가 있다. 이렇게 되어 있더라도 남편이 가지는 이혼할 수 있는 권리가 법률규정 이상으로 확대되어 있었던 점은 분명하다. 다른 한편 법이나 여론 모두 처가 남편을 저버리거나 남편과의 별거를 요구하는 것을 정당화하려고 한 것은 아닌 것 같다.

일본의 다이호율령(大寶律令; Taihō Code)의 이혼법은 실질적으로 중국의 이혼법과 동일하지만 실제로 처는 아주 사소한 사유만으로도 남편이 임의대로 이혼을 할 수 있게 되어 있었으며, 그 가장 흔했던 사유는 처가 "가풍(家風)에 순응하지 못한다"는 것이었다. 중국에서와 마찬가지로 처는 어떠한 이유가 있더라도 남편과의 이혼을 요구할 수 있는 법률상 권리를 가지고 있지 못했다. 1873년까지 이러한 실정이었는데, 같은 해에 처음으로 처로 하여금 남편을 상대로 하여 이혼소송을 할 수 있도록 하는 법이 제정되었다. 그리고 1896년부터 1898년에 걸쳐서 공포된 신민법전은 동일한 방향으로 한 걸음 더 진척을 보였다. 호즈미 교수(Professor Hozumi)는 신민법전에 관한 주석서에서 동 법전은 이혼의 권리에 관하여 부부를 대등한 지위에 두고 있다고 하고 있다. 그러나 남편이 부정한 처와 이혼할 수 있음에 반하여 남편의 단순한 간통이 있는 경우 처도 이혼할 수 있는 권리를 가지게 되어 있는지 잘 모르겠다. 일본에서는 이혼이 자주 행해졌던 편인데 신민법이 시행되고 나서 그 숫자가 급속히 줄어들었다. 즉 1897년에는 혼인에 대한 이혼의 비율이 34%였는데, 1907년에는 18.5%로 줄어들었다.

_ 바빌로니아와 유태인의 이혼

셈족계의 여러 민족의 경우 남편은 마음대로 처를 버릴 수 있는 법적인 권리를 가지고 있었으며, 민족에 따라서는 아직까지도 그러한 권리를 가지고 있다. 그렇지만 함무라비법전에 의하면, 바빌로니아에서는 처 및 심지어 첩까지도 자의적인 이혼시 일정한 금전적 보증을 받고 있었으며, 그녀 자신이 특정한 사유가 있는 경우에는 이혼을 청구할 수 있었고, 특정한 사유가 없이 별거를 청구할 수도 있었다. 처와 임의로 이혼할 수 있다고 하는 남편의 권리는 유태 이혼법의 전 체계에서 중심적 사상을 이루는 것이며, 율법학자들은 비록 당해 권리의 가혹함을 다수의 제한입법에 의하여 점차적으로 완화시키려고 하였지만, 그 권리 자체를 폐지시키려고 하지는 않았으며, 또한 그렇게 할 수도 없었다. 신명기(申命記)의 규정에 이미 두 가지의 제한이 나타나 있는데, 즉 남편이 거짓으로 처의 혼인 전의 부정을 비난한 경우나 남편이 혼인 전에 처를 강간한 경우에는 그 남편은 한평생 내내 자기의 처를 버릴 수 없게 되어 있었다. 이러한 경우에 남편이 이혼할 수 있는 권리를 상실하게 되는 것은 실제적으로 그 자신의 불법적인 행동에 대하여 그에게 부과되는 형벌과 같은 것인 셈이다. 미슈나(Mishna)에는 이들 제한에 다시 세 가지의 제한이 덧붙여 규정되어 있었는데, 즉 처가 정신이상에 걸린 경우, 처가 포로의 몸이 되어 있는 경우 그리고 처가 이혼소장(離婚訴狀; bill of divorce)을 처리하기에는 너무 어린 미성년자인 경우에는 남편은 그 처와 이혼하지 못한다고 하였다. 그러나 미슈나(Mishnah)시대에 벌써 그러한 법이론은 샤마이(Shammai)학파에 의하여 도전을 받았다. 즉 이들은 신명기에 의하여 남편은 처가 성적 비행(性的 非行)을 저지르지 않은 한, 처와 이혼하지 못한다고 주장하였다. 그렇지만 오래전부터 주장되어 온 교리는 힐렐(Hillel)학파에 의하여 강력하게 지지되고 있었다. 그리고 이들은 한 걸음 더 나아가 남자는 아무리 사소한 사유에 의해서라도 처와 이혼할 수 있다고까지 하였다. 예를 들어 처가 남편의 음식물을 상하게 하거나 남편을 더 기쁘게 해 주는 다른 여자를 찾아낸 경우에도 처와 이혼할 수 있다는 것이다. 이들 두 학파는 신명기(제24장 제1절)에 그 견해의 기초를 두고 있으면서 그 구절의 해석을 달리하였다. 법적인 입장에서는 힐렐의 견해가 보다 우수하지만, 그 가운데서 정당한 이유 없이 이혼할 수 있게 하는 것은 모든 율법학자에 의해서 비난받았다. 남편이 마음대로 처와 이혼할 수 있다고 하는 이론상의 권리는 사실상 소멸되었으며, 11세기 초에는 남편이 정당한 사유를 제시할 수 있는 경우에만 처와 이혼할 수 있는 권리를 그대로 지니는 것으로 존치시켜 왔는데 끝내 이것마저도 폐지되고 말았다. 구약성서(舊約聖書)에는 처의 의사에 의하여 혼인을 해소할 수 있다는 내용의 구절을 어디에서도 찾아볼 수 없으며, 유태법도 남편과 이혼할 수 있는 권리를 처에게 부여한 적이 결코 없다. 그러나 미슈나에는 처에게 이혼의 소(訴)를 제기할 수 있게 하고, 만일 법원이 처에게 이혼할 수 있는 권리가 있다고 결정한 경우에는, 남편은 그녀에게 이혼소장을 주지 않을 수 없게 되어 있었다. 다만 이 경우에도 남편은 자기 자신의 자유로운 의사에 의하여 자발적으로 이혼소장을 처에게 주는 것으로 하고 있다. 처의 이혼청구권이 한번 확립되고 난 다음에는 그것을 행사하게 되는 원인이 늘어나게 됨은 자명한 일이다. 유태법에서는 다음과 같은 경우에 처는 남편에 대하여 이혼소장을 요구할 수 있게 되어 있다. 즉 남편이 계속하여 처를 학대하는 경우, 남편이 방탕한 행위를 범하여 널리 알려진 경우, 남편이 재산을 낭비하면서 처의 부양을 거부하는 경우, 남편이 혼인 후에 일정한 만성적 악질에 걸린 경우, 남편이 신체적으로 성교를 할 수 없게 된 경우, 기타 일정한 사유가 있는 경우 등이다. 협의이혼(協議離婚)을 함에는 특별한 원인이 필요 없다. 즉 율법학자법(Rabbinical law)의 원리에 따르면 양 당사자가 자기들의 혼인은 실패로 돌아간 것이고, 그들 자신은 당해 혼인을 해소시키고 싶어한다고 선언한 때에는 법원은 그것에 간섭할 아무런 권한도 가지지 못하는 것으로 되고 만다.

_ 이교도의 아라비아인과 이슬람교도의 이혼

고대의 히브리인과 마찬가지로 이교도(異敎徒)의 아라비아인도 남편이 마음대로 처와 이혼하는 것을 허용하였으며, 그 결과 아무런 제한도 받지 않는 관습상의 이러한 권리는 이슬람교법에 그대로 구체화되어 있다. 그리고 유태법과 마찬가지로 이슬람교법에서도 처는 비록 혼인해소를 가져오게 하는 조치를 취할 수는 있었지만 자기의 남편과 바로 이혼할 수 없었다. 즉 그녀가 이혼을 하고 싶은 경우에는 이미 설정되어 있는 과부산(寡婦産)이나 기타의 자기의 어느 특정한 재산을 포기하여야만 남편과의 혼인계약으로부터 해방을 얻어 낼 수 있었다. 그런데 남편이 처가 참으면서 혼인생활을 할 수 없는 행위를 저지른 경우, 남편이 법률상 혼인으로부터 발생하는 의무로서 그에게 부여된 의무 이행을 게을리한 경우나 혼인계약시에 자발적으로 체결한 약속을 남편이 실행하지 않는 경우에는 처는 재판관에게 소를 제기하고 판결의 효력에 의하여 이혼을 요구할 수 있는 권리를 가지는 것으로 되어 있었다. 이혼을 선고할 수 있는 재판관의 권력은 마호메트(Muhammad)가 표명한 어구(語句), 즉 "만일 부녀자가 혼인에 의하여 해를 입게 되면 그 혼인은 파기시켜 버릴지니라"에 근거를 두는 것이다. 그러나 이슬람교도의 여자가 이혼을 얼마나 쉽게 할 수 있는가는 지방적 관습에 의하여 영향을 받을 수밖에 없다. 또한 이혼을 얼마나 자주 하는지도 이슬람교세계의 각 지방에 따라 각각 다르다. 어느 지방에서는 다른 지방과 비교도 되지 않을 만큼 많이 이혼이 행해지고 있다. 레인(Lane)에 의하면 카이로에는 오랜 동안 혼인생활을 한 사람으로서 자기의 처와 한 번이라도 이혼을 해 보지 않은 사람은 그렇게 많지 않다고 한다. 이집트에는 2년 동안에 20명, 30명 또는 그 이상의 처와 혼인을 한 바 있는 남자가 적지 않다고 한다. 부르크하르트(Burckhardt)는 50명 이상의 처를 거느리고 있는 45세 가량의 아라비아인을 확인한 바 있었으며, 나도 언젠가 모로코의 남부에서 온 베르베르인을 고용한 적이 있는데, 그는 23명의 처와 이혼하였다는 얘기를 들은 바 있다. 다른 한편 게이트 씨(Mr. Gait)에 의하면 인도의 이슬람교도의 남편은 특별한 사유가 없는 한 처와 이혼할 권리를 행사하는 예는 매우 드물다고 한다. 이것은 힌두인의 영향인 것으로 생각된다.

_ 힌두인의 이혼

전통적인 힌두인의 혼인은 해소될 수 없는 종교적 성사(聖事)이다. 간통을 범한 여자는 그 지위를 박탈당하게 되고 자기가 속해 있는 카스트계급에서 쫓겨난다. 그러나 이 경우에도 통상적인 의미에서의 이혼은 불가능한 것으로 되어 있다. 그녀는 새로운 관계를 맺을 수 없고, 때로는 노예자격으로 자기 남편의 집에 남아 있게 된다. 아무런 잘못도 없는 처가 비행을 저지른 남편에 대하여 강구할 수 있는 유일한 구제책은 별거부양판결(別居扶養判決)을 얻는 것이며, 이 판결은 실제로 재판상 별거판결에 상응하는 것이다. 그렇지만 법이 반드시 그렇게 엄격하였던 것만은 아니다. 오늘날 전통적인 힌두인의 이혼법(離婚法)은 인도 북부의 몇몇 낮은 계급 및 지위가 좁기도 하고 잦기도 한 남부의 많은 계급에 의하여 적지 않게 무시되고 있다. 이들 사이에서는 관행이 성구(聖句)에 갈음하여 통용된다. 그러한 관행에 의하면 적정하게 행해진 이혼을 허용하거나 인정하는 것은 각 계급의 의무로 되어 있다. 이혼이 관습상 허용되고 있는 곳에는 협의이혼(協議離婚)도 법에 의하여 인정된다. 일반적으로 인도에 이혼이 보급되어 있는 정도는 각 계급이 브라만의 습속을 모방한 정도에 정비례한다고 할 수 있을 것이다.

_ 고대 그리스의 이혼

이제 유럽의 이른바 아리아계 민족으로 눈을 돌려 보면, 초기의 그리스인이나 로마인 사이에서는 힌두인과 마찬가지로 혼인은 분명히 매우 공고한 결합이었음을 알 수 있다. 그렇지만 후기에는 인도의 아리아인과 정반대로 이혼이 아주 쉽게 자주 행해지는 것으로 되었다. 호메로스시대의 그리스인 사이에서의 이혼은 거의 알려져 있지 않았는데, 후에는 이혼이 그리스에서 용이하게 되었다. 아티카(Attica)의 법에 의하면 남편은 언제든지 자기가 하고 싶으면, 그리고 아무런 이유도 밝히지 않고서도 자기의 처와 이혼할 수 있었는데, 다만 이혼한 처를 그녀의 지참금(持參金)과 함께 그녀 아버지의 집에까지 데려다 주어야 하였다. 처는 집정관(執政官; Archon)에게 진정하는 방식으로 이혼을 요구할 수 있었는데, 이 경우에는 이혼을 요구하는 사유를 밝혀야 했다.

_ 고대 로마의 이혼

로마인의 혼인은 아마도 어느 시대에서든지 해소할 수 없는 그러한 것은 아니었던 것 같다. 그러나 유독 귀족적인 종류의 혼인, 즉 콘파르레아티오(confarreatio)만은 거의 해소불능에 가까운 것이었다. 다른 혼인형식은 그와 같은 신비적이고 성사적(聖事的) 성격을 지니지 않았기 때문에 그다지 어렵지 않게 해소될 수 있었다. 남편은 자기가 그 자녀를 해방시키는 방식과 같은 방법으로 처를 그 권력으로부터 해방 내지는 면제시킬 수 있었다. 고대법에서 수권(手權)에 따르는 처(wife in manu)는 아이와 마찬가지로 가부권면제(家父權免除; emancipation)의 행위를 할 수 있는 자유로운 당사자가 되지 못하여 이혼을 할 수 있는 자유로운 당사자가 되지 못했다. 또한 처는 이혼을 요구할 수 있는 권한도 가지고 있지 못하였으며, 그것을 저지할 수 있는 권한도 없었다. 수권부혼인(手權附婚姻)의 해소에 관한 남편의 법률상 권한은 그러한 혼인의 다른 부대사항에 관한 것과 마찬가지로 절대적이었다. 그렇지만 실제로 남편의 권리가 여론이나, 경우에 따라서는 호구총감(戶口總監; censor)에 의해서도 일정부분 제약을 받았던 것은 명백한 사실이다. 5백 년 동안에 걸쳐서 아무도 이혼의 자유를 이용한 적이 없다고 하는데, 이것은 어떻게 되었든지 초기 로마에서는 이혼이 아주 드문 일이었음을 보여 주는 사실이다. 남편의 수권에 따르지 않는 것을 의미하는 '자유'(自由; free) 혼인에 있어서는 이혼에 관한 원칙이 매우 달랐다. 그러한 혼인의 해소는 양 당사자 간의 협의나 일방 당사자의 의사만으로도 이루어질 수 있었다. 그런가 하면 처가 자기 아버지의 권력(權力; potestas) 아래에 그대로 남아 있는 경우에는 그 아버지는 자기의 권력을 행사함으로써 양 당사자의 의사에 반해서라도 딸을 그녀의 남편으로부터 되돌려 올 수 있었음을 주의하지 않으면 안 된다. 그렇지만 딸에 대한 아버지의 간섭권(干涉權)은 몇몇 칙령(勅令)에 의하여 제한되어 있었다. 더구나 자유혼의 경우에 인정되었던 이혼원칙이 나중에는 수권부혼인에까지 실제로 확대되었으며, 끝내는 수권부혼인은 완전히 폐지되었다. 공화정시대 말기 및 제정시대를 통하여 이혼은 고위계급에서 대단히 빈번하게 행해졌다. 키케로시대에 이름이 널리 알려져 있었던 거의 모든 여자는 적어도 한번 정도는 이혼을 한 적이 있었으며, 세네카(Seneca)는 어떠한 여자는 자기의 나이를 집정관에 의거하여 따지지 않고, 자기 남편의 수에 맞추어 계산하기도 하였다고 하였다.

_ 켈트족 · 튜튼족의 이혼

켈트계 여러 민족의 법서(法書)에서 우리들은 이혼에 관한 여러 원칙을 찾아볼 수 있는데, 당해 원칙으로는 혼인배우자 사이의 별거(別居)가 그다지 이상한 일이 아니라는 결론을 이끌어 낼 수 있다. 고대 아일랜드(Ireland)에서는 별거를 합의에 의해서나 법률적 절차에 따라서 하면서 지낼 수 있었다. 그리고 법률적 절차에 따라서 행해지는 별거에 관하여 브레혼 법령집(Brehon law tracts)의 하나는 기혼부인이 자기의 지참금을 그대로 차지하면서 동거생활을 하지 않을 수 있는 일곱 가지의 원인을 규정하고 있다. 고대 웨일즈(Wales)에서는 실제로 부부 중 어느 한 사람이 하고 싶으면 별거할 수가 있었다. 튜튼계 여러 민족의 고대 관습법에 의하면 혼인은 남편과 처의 친족(kin) 간의 협의에 의하여 해소될 수가 있었으며 또한 남편은 처가 임신을 하지 못하거나 부정을 저질렀거나 그 밖의 비행이 있는 경우에는 자기의 처와 이혼할 수 있었다. 만일 남편이 정당한 이유 없이 처와 이혼하게 되면 혼인이 해소되더라도 일반적으로 남편은 처의 양계친족(kindred)의 복수를 받거나 배상금을 지급하거나 기타의 재산상 손실을 입게 되었다. 처는 본래 혼인을 해소할 수 있는 아무런 권리도 갖지 못하는 것으로 되어 있었다.

_신약 및 초기의 기독교와 천주교 교리에 따른 이혼

기독교는 이혼에 관한 유럽의 입법에 적지 않은 변혁을 가져왔다. 신약성서에는 이러한 문제에 관한 여러 구절이 포함되어 있다. 즉 처를 내쫓고 다른 여자와 혼인하는 자는 처에 대하여 간음을 범하는 것이며, 남편을 내쫓거나 내버려 두고 다른 남자와 혼인하는 부인도 동일한 죄를 짓는 것이다. 남자는 자기의 처와 굳건히 결합한 채 지내야 하는바, "그들 두 사람은 하나의 육신이 되는 것이며" 또한 "하느님께서 결합시켜 주신 것을 사람이 나뉘게 할 수는 없는 것이니라" 등이다. 그렇지만 이 원칙에는 두 가지의 예외가 있다. 샤마이(Shammai)와 그 학파의 주장처럼 성 마태(St. Matthew)에 따르면 예수는 남자가 음행을 이유로 해서 자기의 처를 내쫓을 수는 있지만 다른 어떠한 이유에 의하여도 처를 내쫓아서는 안 된다고 가르쳤다고 한다. 그리고 성 바울(St. Paul)은 만일 기독교도가 비기독교도와 혼인하고 난 다음 그 비기독교도가 떠나버리면, 기독교도는 "그러한 경우 속박에 얽매이지 않는다"는 규율을 정해 놓았다. 이혼한 간부(奸婦)를 얻는 자는 그 자신도 간음을 범하는 것이 되는데, 죄가 없는 남편이 재혼하지 못함을 정하는 예는 하나도 없다. 그러나 초기 기독교의 금욕적 경향에 의하여 그러한 재혼(再婚)도 허용되지 않는 것으로 하였던 것이 초기 3세기 동안의 교부(敎父)들의 일반적 경향이었던 것 같다. 만일 홀아비나 과부의 경우까지도 두 번째의 혼인이 간음으로 비난받게 된다면 처음으로 한 혼인의 배우자가 살아 있는 동안에는 도대체 어떻게 해야만 재혼이 허용되는 것인가? 이후 관용적인 의견이 표명되기도 하였지만 성 아우구스티누스(St. Augustinus)의 영향을 크게 받아서 교회는 유효한 신자의 혼인(valid Christian marriage)은 적어도 그것이 완성된 이상에는 해소할 수 없다고 하는 결의를 점차적으로 굳혀가게 되었다. 이러한 의미에서 혼인은 성사(聖事)이기 때문에 영원히 그 유효성이 보존되지 않으면 안 되는 것이다. 다른 한편 아직 완성되지 않은 기독교도의 혼인은 해소할 수 없는 것이 아니다. 혼인은 완성에 의하여서만 성사(聖事)가 되고 예수와 교회의 결합의 상징으로 되는 것이다. 또한 만일 비기독교도의 혼인은 완성되더라도 성사가 아니다. 그러므로 성 바울이 정한 규율에 의하면 그러한 혼인은 일정한 사정이 있는 경우에는 해소할 수 있는 것이다. 이와 같이 기독교도의 혼인의 불해소원칙을 주장하지만, 교회는 '불완전이혼'(不完全離婚; imperfect divorce), 즉 일정기간이나 불특정기간 동안 당사자로 하여금 동거의무를 면제시켜 주는 '침상과 식탁의 분리'(separation from bed and board)를 인정하였다. 그렇지만 당사자를 그대로 부부로 남아 있게 하였기 때문에, 다른 사람과 혼인할 수 없게 하였다.

그러나 기독교도혼인의 비해소원칙(非解消原則)의 이론에도 불구하고 로마기독교의 교리는 완전히 유효하게 성립된 것 같이 보이는 혼인을 해소시킬 수 있는 중대한 실질적인 권력을 성직자에게 부여하고 있다. 부정확할지는 모르겠지만 교회는 결합이 일정한 친족관계 또는 적령미달시의 혼인체결과 같은 교회법상의 장애로 말미암아 처음부터 위법이었던 경우에는 일반적으로 '혼인의 결합으로부터의' 이혼이라고 하는 법적 절차를 인정하였다. 이는 유효하지 않은 혼인은 언제까지나 무효라고 하는 것을 의미할 뿐이지만, 실질적으로는 이론상으로 해소할 수 없는 혼인까지도 해소할 수 있게 해 주는 것이다. 이러한 점은 브라이스 경(Lord Bryce)이 "혼인장애에 관한 규정은 대단히 많고 너무나도 복잡하여 만일 정치적이든지 금전적이든 이유가 있기만 하면 대부분의 혼인을 무효로 선언하기에 충분한 이유를 찾아내는 것은 아주 쉬운 일이다"라고 하고 있는 것만 보더라도 잘 알 수 있다.

_ 세속입법에 대한 천주교의 영향, 동방교회의 이혼

서구 유럽교회의 이러한 교리는 각 교회가 설립되어 있는 여러 나라의 민사입법(民事立法)에 많은 영향을 주었다. 그렇지만 상당히 오랜 기간 동안 그것은 입법자들에 의하여 긍정적으로 받아들여지지 못했다. 기독교도가 된 몇몇 황제는 아무런 비난도 받지 않고 남편이 처와 이혼할 수 있고, 처가 남편과 이혼할 수 있는 몇 가지 이유를 설정하였다. 이 문제에 관한 여러 입법이 있은 후 유스티니아누스(Jstinianus) 황제는 이혼사유(離婚事由)를 다시 조정하였다. 그는 당시까지 아무런 법률상 제한 없이 할 수 있는 것으로 생각해 온 협의이혼을 금지시켰다. 그러나 유스티니아누스 황제의 이와 같은 방식의 금제(禁制)는 그의 후계자들에 의하여 폐지되었다. 협의이혼을 쉽게 할 수 있음은 여러 게르만국왕들의 로마식 법전에도 유지되고 있으며, 협의이혼 이외에도 남자는 특정한 비행을 이유로 하여 자기의 처와 이혼할 수 있었다. 고대 튜튼인의 법체계에 맞춰 생활하기로 결정했던 서구의 통치자들의 신민들도 마찬가지의 제도를 가지고 있었던 것 같다. 예를 들어 에텔버트(Aethelbirht) 왕의 신민은 기독교도였지만, 그 판결집을 보면 혼인은 양 당사자의 의사나 심지어 일방 당사자의 의사에 의하여 해소될 수 있었다. 앵글로색슨인 및 프랑크인의 참회율서(懺悔律書; penitential)까지도 여러 경우에 이혼을 허용하고 있다. 10세기에 들어서서야 비로소 교회규범과 교회법원이 독일에서 이 법 영역으로 독점적인 지배를 할 수 있게 되었다. 이보다 조금 먼저 로마법의 규정은 제국법(帝國法)이 지켜지고 있는 지역에서는 교회가 실시하기 시작한 신규범에 의하여 대체되었다. 그러나 서방교회가 혼인에 관하여 그 지배 아래에 있는 여러 나라에서 마침내 완전한 승리를 거둔 반면에 동방교회는 세속법의 내용을 정형화해 주지 못한 채 오히려 세속법(世俗法)에서 많은 영향을 받았다. 이혼사유에 관한 한 황제나 제후의 법령은 교회의 반대가 있더라도 결코 받아들이지 않았다. 재혼의 권리를 수반하는 이혼사유는 유스티니아누스 황제의 법률로써 승인되었던 것이 다소 수정되어 후대에 그대로 시행되었다.

혼인이 성사(聖事)이고 사별(死別)의 경우를 제외하고 해소할 수 없다고 하는 교회법상 교리는 종교개혁자들이 이를 그대로 받아들이지 않았다. 종교개혁자들은 모두 무책배우자(無責配偶子)의 재혼의 자유와 더불어 간통에 대하여서는 이혼이 허용되어야 한다는 점에 대해서 의견을 같이하였다. 또한 이들의 대다수는 악의의 유기를 혼인해소의 두 번째의 합법적 원인으로 인정하고 있다. 이 후자의 견해는 성 바울의 다음과 같은 단언, 즉 비기독교도와 혼인한 기독교도는 만일 그 비기독교도가 떠나가 버리면 "결합에 얽매일 필요가 없다"고 하는 주장에 근거를 두는 것이다. 그리고 이것은 루터(Luther)에 의하여 종교적 동기를 수반하지 않는 악의의 유기까지도 포함하는 것으로 확대되었다. 또한 그는 세속의 권위도 기타의 중대한 사유가 있는 때에는 이혼에 대하여 허용할 수 있다고 인정하였으며, 여러 명의 종교개혁자들은 루터보다 더 진취적이었다. 이들의 견해는 독일 및 기타 대륙의 여러 나라에서 신교도의 입법자들에게 계속 영향을 주었다.

_ 영국의 이혼

영국의 신교도의 교부들은 대체로 해협의 건너 편에 있는 교부들보다 한층 보수적이었다. 그렇지만 그들은 남편이 부정한 처를 내쫓고 재혼하는 것을 허용하는 점에서는 완전히 의견이 일치하였고, 또한 같은 원인이 있는 경우에는 처에게도 유사한 특권(特權)을 부여해야 한다는 것이 지배적인 견해였다. 종교개혁의 초창기에 이혼법에 특별한 관심이 모아졌던 교회법전을 전반적으로 개정하려는 움직임이 있었다. 이 목적을 위하여 헨리 8세(Henry VIII)와 에드워드 6세(Edward VI)는 지도적인 성직자들로 구성된 위원회를 발족시켰다. 이 위원회는 개정교회법전(Reformatio Legum)이라고 알려져 있는 상세한 보고서를 작성하였는데, 그들은 이 보고서에서 16세기의 영국의 거의 모든 종교개혁자에 의하여 카톨릭신자 개혁(papist innovation)으로 배척된 '침상과 식탁의 분리'는 폐지되어야 하고, 그에 갈음하여 간통, 유기 및 학대의 경우에 무책배우자에게는 재혼의 자유를 포함하는 완전한 이혼이 허용되어야 한다고 건의하였다. 그렇지만 그 전반적인 기획(企劃)은 수포로 돌아가고 말았다. 그러나 이 기획에서 표명된 원칙은 유명한 노샘프턴 경(Lord Northampton) 사건에서 실제로 실행되었다. 그의 재혼은 국회의 법령에 의하여 유효한 것으로 선언되었다. 이 결의는 1602년까지 정당한 법으로 여겨져 온 것 같은데, 같은 해 폴잠브 사건(Foljambe case)에서 재판상 별거 이후의 재혼은 무효라는 판결이 내려졌다. 이 구교회법(舊教會法)이 부활된 후 제프레슨(Jeaffreson)은 "우리들의 조상들은 여러 세대 동안 비교할 수 없을 만큼 엄격하고 편협한 혼인법(婚姻法) 하에서 생활하였다. 제대로 체결될 혼인에서 벗어날 수 있는 탈출구는 죽는 경우를 제외하고는 완전히 닫혀 있다. 종교개혁은 부자연스러운 혼인장애와 함께 허구적인 이유에 근거하여 혼인을 무효로 만드는 제도를 폐지시켜 버렸다. 그 이후로 어느 남자도 자기가 처의 먼 사촌인 친족이라든가, 젊었을 때 처의 여동생을 사랑하였다든지, 또는 혼인하기 전에 처의 가까운 영적 친족(靈的 親族)의 한 사람에게 대부(代父)가 된 적이 있다고 선서한다 하더라도 혼인의 속박에서 벗어날 수 없었다"고 한다.

_ 스코틀랜드의 이혼

17세기 후반에는 법의 엄격성을 조금이나마 완화시키려는 움직임이 생겨났다. 즉 영국인의 유효한 혼인은 단순히 사법기관에 의해서 해소되지는 않았지만, 국회의 특별법령에 의해서는 해소될 수 있게 되었다. 그렇지만 이러한 의회입법이혼(議會立法離婚; parliamentary divorce)은 일정한 상황 아래에서 간통을 이유로 해서만 허용되었으며, 때로는 수천 파운드에 달하는 많은 금액을 지출해야 할 수 있었다. 1857년의 민사이혼법(民事離婚法; civil divorce law)에서는 비록 끈질긴 항쟁이 있은 다음이기는 하였지만, 혼인불해소(婚姻不解消)의 법원칙이 마침내 폐기되고 말았다. 다른 한편 스코틀랜드에서는 로마 카톨릭종파가 거부된 직후에 법원이 이혼을 허용하기 시작하였으며, 1573년의 법률은 이혼사유로서 남편이나 처의 간통에 유기(遺棄)를 추가하였다.

_유럽과 미국의 이혼

대륙에서는 이혼에 관한 보다 자유로운 입법을 촉진시키는 새로운 원동력이 인간의 자유와 자연권(自然權)이라고 하는 개념을 수반하는 새로운 철학에 의하여 부각되었다. 만일 혼인이 합의에 의하여 체결된 계약이라고 한다면, 양 당사자가 그 계약을 취소하려고 하는 이상, 그 계약은 당연히 해소될 수 있는 것으로 하지 않으면 안 된다. '이성과 분방국제도(分邦國制度)에 기초를 둔' 1749년의 「프리드리히법전의 초안」(Project des Corporis Juris Fridericiani)에서는 기혼자가 합의에 의하여 자기들의 혼인해소를 요구할 수 있다는 것이 인정되었다. 이 '초안'(草案; Project)은 끝내 법으로 되지는 못하였지만 실제로 이혼은 부부 공동의 요청이 있는 경우에는 '황제의 은총에 의거하여'(exgratia principis), 즉 프리드리히 2세(Friedrich II)에 의하여 곧바로 재가되었다. 그리고 1794년의 프로이센 「분방법」(分邦法; Landrecht)에서는 부부에게 자녀가 없고, 경솔이나 강제에 의하는 것이라고 추정할 만한 이유가 전혀 없는 때에는 협의이혼이 가능하게 되었다. 프랑스에서는 새로운 사상 조류로 인해 1792년 9월 20일에 「이혼법」(離婚法)을 제정하게 되었다. 이 신법(新法)의 전문에는 이혼을 어렵지 않게 할 수 있다는 것은 개인적 자유권의 당연한 귀결이고, 만일 혼인계약이 해소할 수 없는 것으로 체결되었으면 당해 개인적 자유권은 인정되지 않는다고 되어 있다. 이혼은 양 당사자의 합의에 근거하여 허용되고, 또한 일방 당사자의 의사에 의거하는 경우로서 성격의 불일치 및 기타의 사유에 의하여 허용되었다. 신법은 대중적 열망에 적합한 것임에 틀림없었다. 혁명력(革命曆) 6년에 파리의 이혼건수는 혼인건수를 앞섰다. 그러나 6년 후인 1804년의 나폴레옹의 「프랑스민법전」(Code Civil des Francais)의 새로운 규정이 1792년법을 대체하였는데, 이 새로운 법은 이혼을 한층 하기 어렵게 만들어 놓았다. 그리고 1816년의 왕정복고시기에는 프랑스에서 이혼이 폐지되고 말았다. 이혼이 다시 허용된 것은 1884년법에 의해서인데, 동법은 나폴레옹법전의 이혼법을 다시 채용하였다. 그러나 중대한 변경이 있었던 것으로, 예를 들어 협의이혼은 나폴레옹법전에 규정되어 있는 제한이 있는 경우조차 허용하지 않았던 것이다. 그러나 19세기와 그 이후로 여러 천주교국가에서는 이혼을 합법적으로 인정하였으며, 심지어 천주교도 간의 혼인의 경우에도 이혼을 합법적으로 인정하였다. 미국에서는 남캐롤라이나주(South Carolina)만이 이혼을 전혀 인정하고 있지 않은데, 이는 남캐롤라이나주만큼 천주교도를 적게 포함하고 있는 주(州)도 없음에도 불구하고 그렇게 규정하고 있는 점에 한층 주목할 만한 일이다. 이 남캐롤라이나주는 오늘날 혼인을 해소할 수 없는 것으로 유지하고 있는 세계에서 유일한 신교도사회이다.

_ 유럽과 미국의 이혼원인

이혼을 인정하고 있는 유럽과 미국의 법률에 의하면, 가장 일반적인 이혼원인은 부부 중의 어느 일방이 범하는 일정한 종류의 비행(非行)이고, 이 비행은 다른 당사자에 대하여 혼인해소를 요구할 수 있는 권리를 부여하는 사유로 되어 있다. 이 점에 있어서 배우자 쌍방은 원칙적으로 완전히 평등한 입장이다. 그렇지만 이 원칙에는 약간의 예외가 있다. 즉 어느 곳에서든지 처의 간통행위는 혼인을 해소할 수 있는 충분한 사유로 삼고 있음에 대하여 남편의 간통은 일정한 사정이 있는 경우에만 처에게 이혼청구권(離婚請求權)을 부여하는 나라가 아직까지도 남아 있다. 흔히 유기(遺棄)든지, 악의 있는 유기라든가 또는 '정당한 이유 없는' 유기는 이혼원인으로 하는 경우가 대단히 많으며, 신교국가의 법전에서는 특히 두드러진다. 이혼이 허용되고 있는 대부분의 나라에서는 일정한 종류의 학대가 이혼을 할 수 있는 충분한 이유로 되어 있다. 아주 여러 나라에서 찾아볼 수 있는 이혼원인은 당사자의 일방이 일정한 범죄를 범하여 일정한 형벌(刑罰)의 선고를 받는 것이다. 또한 특정한 비행이 몇몇 국가의 법전에 이혼원인으로 규정되어 있기도 하다. 예를 들면 남편이 처를 부양할 수 있음에도 불구하고 처를 부양할 의무를 게을리한 경우(미국의 많은 법역에서), 주벽(酒癖), 상습적 도박 및 자녀의 학대가 그러한 것이다.

이 밖에도 이혼원인으로서 인정되는 몇 가지의 특수 사정이 있다. 그것은 당사자의 일방에게 책임을 돌릴 수 있는지 없는지에 관계없이 어느 경우에나 일방 당사자의 사정으로 말미암아 혼인이 타방배우자에게 부담으로 생각되는 경우이다. 예를 들면 남편 또는 처의 성교불능(性交不能), 특정한 종류의 악질 및 정신이상이나 불치의 정신병 등이다. 스위스법전에는 아무런 특별한 이혼사유가 존재하지 않는 경우에도 혼인결합을 유지하는 데 중대한 영향을 미치는 사정이 있는 때에는 혼인을 해소시킬 수 있도록 하는 규정을 두고 있다.

협의이혼은 우리가 이미 살펴본 바와 같이 로마제국에서는 기독교시대에도 허용되어 있었으며, 1792년의 프랑스법과 중대한 제한이 따르기는 하지만 1794년의 프로이센법전에 의하여 법의 관행으로 다시 채용되어 시행되었다. 오늘날 일정한 조건을 붙여서이긴 하지만 여러 나라에서 채택하고 있다. 그러한 조건은 합의나 기타의 방법에 의하여 일정기간, 사실상(de facto) 별거하는 것 정도이다. 스웨덴에서는 재판상 별거(裁判上 別居)는 남편이나 처의 신청에 의해 1년이 경과한 다음에 이혼으로 전환될 수 있도록 되어 있다. 러시아의 새로운 「소비에트 혼인가족법」(Soviet Law of Marriage and the Family)에서는 그러한 절차가 전혀 필요 없는 것으로 되어 있다. 실제로 그것은 1792년의 프랑스법보다도 한 걸음 더 나아가 "이혼사유는 양 당사자의 합의나 일방 당사자의 의사만으로 가능하다"고 규정되어 있을 뿐이다.

_ 재판상 별거

이혼을 인정하는 상당히 많은 법전은 한평생 동안 또는 일정 기간의 재판상 별거(裁判上 別居)를 인정하고 있다. 그것은 바로 어느 당사자도 다른 당사자가 사망하기 이전 또는 혼인이 이혼에 의하여 해소되기 이전에는 다른 혼인을 체결할 수 없다는 것을 의미한다. 이들 법전(法典) 중 어떤 법전에서는 별거원인은 이혼원인과 다소 다르게 정하고 있다. 한편 다른 법전에서는 별거는 영국에서와 같이 경미한 비행에 대한 부차적인 구제책으로서의 의미를 가지는 데 그치는 것이 아니라 신청인으로 하여금 혼인유대를 완전히 끊어 버리지는 않으면서 일반적인 구제수단은 가질 수 있도록 해주는 대체물로서 마련된 것이기도 하다. 이혼을 아직까지도 금지하고 있는 천주교국가에서는 재판상의 별거원인은 다른 나라에서의 이혼원인에 비하여 다소 그 범위가 넓은 경우도 많지만 일반적으로는 그것과 거의 유사한 것으로 되어 있다.

_ 이혼에 따른 경제, 자녀 문제

다른 여러 나라와 마찬가지로 서양 문명제국에서의 혼인해소는 일정한 종류의 경제적 처리문제를 수반하는데, 그 내용은 나라마다 각각 다르다. 그렇지만 모든 근대적인 이혼법에 의하면 책임 있는 남편이나 처는 적어도 일정한 사유가 있는 경우에는 무책배우자에 대하여 부양료를 지급하여야 하는 것으로 되어 있다. 무책 또는 유책의 문제는 자녀에 관하여도 영향을 미친다. 그렇지만 이 문제에 관하여 다소의 차이는 있지만 일반적으로 법원에 일정한 자유재량권(自由裁量權)이 부여되어 있다. 영국에서는 그 자유재량권이 인정되는 범위가 매우 넓다. 자녀의 복리(福利)를 배려하여야 하는 것이 법원의 일차적인 의무이기 때문에, 이 원칙에 따라서 법원은 자녀의 감호(監護)를 과실 있는 부모에게 맡기더라도 자녀가 정신적으로 박해를 받게 되지 않으리라고 예견할 수 있는 경우에는 과실 있는 남편이나 처에게 적은 예이지만 감호권을 부여하기도 한다.

_ 유럽과 미국의 이혼비율

법률에서 현실로 눈을 돌려 보면, 우선 이혼율(離婚率; divorce rate)이 서양의 각 국가마다 크게 다르다는 것을 알게 된다. 유럽에서는 스위스의 이혼율이 가장 높지만, 미국의 이혼율은 유럽 국가의 이혼율보다 높으며, 이혼건수도 아마도 유럽의 모든 국가의 이혼건수를 합한 총수보다 많을 것이다. 통계를 입수할 수 있는 나라에서는 이혼이 최근 몇 년 동안 계속하여 증가해 왔다. 유럽이나 미국 어느 곳에서나 시골과 도시를 비교해보면 도시에서 이혼이 많다. 미국에 관하여 윌콕스 박사(Dr. Willcox)는 대도시의 이혼율이 당해 주의 다른 중소 도시의 이혼율보다도 높은 경우가 전체의 약 95%나 된다고 한다.

_ 혼인의 존속기간 및 이에 관한 관습이나 법의 필요성

혼인의 존속기간 및 혼인을 규제하는 관습이나 법은 여러 가지 사정에 맞춰서 짜여지기 때문에 이들 각 사실에 관한 설명도 아주 불완전할 수밖에 없다. 내가 할 수 있는 연구도 양성 간의 결합을 연장시키거나 단축시키게 하는 영향이나 그러한 결합의 해소를 저지 내지 통제하는 규범에 관하여 다소의 일반적인 고찰을 한 것에 지나지 않는다.

앞에서 살펴본 바와 같이 혼인은 그 자체의 성질상 단순한 번식행위(繁殖行爲)가 아니라 그 이상 지속적으로 살아가는 관계이다. 그것은 원시 초기의 관습에 기초를 두고 있는 것으로 생각된다. 원시시대에도 한 명의 남자와 한 명의 여자나 여러 명의 여자가 자녀의 출산 후에도 그대로 함께 사는 것이 습속으로 되어 있었으며, 이들은 자녀가 어머니의 보살핌과 아버지의 보살핌을 모두 필요로 하는 것에 맞추어 자연도태(自然淘汰)에 의하여 획득된 본능에 따라서 그렇게 한 것이라고 생각할 만한 여러 근거도 있다. 동일한 습속을 가지고 있는 다른 종이라 하더라도 그 결합이 존속하는 기간이 크게 다르다. 많은 조류는 살아 있는 한 함께 지내는 데 반하여 포유동물의 종에서는 동일한 암컷과 수컷이 1년 이상 함께 사는 경우가 드문 것 같다. 유인원(類人猿; man-like ape)에서는 나이가 어린 새끼를 포함하고 있는 가족집단을 찾아볼 수 있지만 그러한 경우에도 그 어린 새끼가 동일한 수컷의 새끼라고 확신할 수 있는 것은 물론 아니다. 아주 저급한 몇몇 족속들에 있어서 혼인이 반드시 한평생 동안의 결합으로 되어 있는 것은 주목할 만한 일이다. 그러나 이것이 우리 초기 인류의 조상들도 그렇게 하였다는 것을 증명하는 것은 결코 아니다. 만약 인간이 처음에는 일정한 계절에만 성교를 하다가 그 뒤 1년 내내 성교를 하게 되었다고 한다면, 그것은 배우자들이 서로 동거할 수 있는 새로운 자극제가 되는 것이며, 또한 그들의 결합을 한층 오래가도록 만들어 준 것이라고도 할 수 있다. 그러나 순수한 성적 본능이 아니더라도 부부의 애정은 그들의 혼인이 본래의 목적을 달성한 다음에도 남편과 처를 함께 결속시킬 수 있게 해 줄 것이다. 그리고 부부의 애정은 사랑이 인간의 정신적 특성에 의하여 영향을 받게 되는 것에 비례하여 한층 더 지속적인 것으로 될 것임은 틀림없다.

_ 부모의 감정

부모의 자녀에 대한 애정(愛情)도 유사한 영향을 미치게 마련이며 이 애정은 자녀의 양육이 그것을 필요로 하는 것 이상으로 장기에 걸쳐서 필요한 것이다. 혼인은 후손을 얻기 위하여 생겨난 것일 뿐만 아니라 때로는 자녀가 있음으로 인해서 영속적인 결합으로 되기도 한다. 발달하지 못한 많은 민족에서는 자녀의 출생이 혼인유대의 계속을 위한 가장 좋은 보증이 되는가 하면 자녀가 없는 혼인은 해소되고 마는 경우가 종종 있다. 그리고 한층 높은 문명단계에 도달한 많은 민족에서도 사정은 마찬가지다. 단지 임신불능만으로 처와 이혼을 할 수 있게 인정하지 않는 근대 문명국민 사이에서도 이혼은 자녀가 없는 경우에 훨씬 더 쉽게 하게 된다. 윌콕스 박사는 미국에서 자녀가 없는 혼인이 자녀가 있는 혼인에 비하여 3배 내지 4배나 더 이혼을 한다는 결론을 내려도 잘못이 아니라고 생각한다. 그리고 지난 세기의 중기 이후의 통계는 프랑스에서도 유사한 경향임을 보여주고 있다. 스위스에서는 임신을 하지 못하는 혼인이 혼인 총수의 5분의 1임에 비하여, 전체 이혼건수의 5분의 2가 자녀를 두고 있지 못한 기혼자 사이에서 발생한다고 보고되고 있다.

_경제적 요인

혼인유대(婚姻紐帶)는 경제적 요인에 의하여 한층 강화된다. 혼인해소에 의하여 여자는 부양자(扶養者)를 잃게 되고, 남자는 협력자와 많은 경우 노동력 제공자를 잃게 된다. 남자는 이혼한 처에게 생활자금을 제공해 주거나, 아주 많은 경우 그녀가 남편의 집으로 가지고 온 것 및 심지어 공유재산의 일정부분까지 그녀에게 이전해 주어야 한다. 만일 혼인이 해소되면 남편이 처를 위하여 지급하였던 대금을 상실하게 되기도 하고, 다른 한편 처의 본가(本家)도 그녀로 인하여 받았던 대금을 반환해야 하는 경우도 있다. 딸에게 지참금을 주는 관습 및 처의 구매는 명백히 혼인을 보다 지속적인 것이 되게 하기 마련이다.

문명사회에서는 경제적 요인이 이혼의 장애가 되는 것임이 여러 가지 형태로 나타나고 있다. 미국에서는 불황이 혼인이나 이혼을 모두 감소시키는 경향을 띠어 왔다. 윌콕스 박사는 "대단히 많은 사람들 사이에서는 불황은 변화를 생각할 수 없게 만들어 버리고, 남녀로 하여금 그들이 어떠한 상태에 놓여 있든지 간에 그것에 만족하게 하며, 경우에 따라서는 적어도 변화의 관념을 버리게 하거나 미루게 한다"고 한다. 그는 이에 덧붙여서 영국에서는 이와 달리 불경기로 말미암아 혼인건수가 감소한 해에도 이혼건수가 감소되지 않고 증대하였다고 하는데, 이 설명을 함에 있어서 그는 영국에서는 이혼하는 데 드는 경비와 기간이 막대하기 때문에, 재정적으로 심각한 부담을 그렇게 대수롭지 않게 생각하는 소수의 부유층만이 법원에 제소(提訴)할 수 있는 것이라고 추측하고 있다. 소송을 수행함에 필요한 비용이 잉글랜드와 웨일즈에서 이혼건수가 놀랄 만큼 적은 데 대한 중요한 이유가 된다는 것은 명백하다. 지나치게 많은 비용의 지급을 필요로 하였던 의회입법 시대에는 이혼건수는 아주 적었다. 다른 한편 최근 영국에서 이혼이 증가하는 것은 비록 전쟁으로 발생한 여러 사정의 결과에서 비롯하는 현상이라는 이유가 크더라도 이혼을 이전보다 훨씬 용이하게 할 수 있다는 사실과도 관련되어 있다는 점은 의심할 여지가 없다.

_성적 본능의 특이성

이와 같은 여러 요인이 교착적(交着的)으로 혼인을 지속적인 것으로 되게 하는 데 반하여, 다른 일면 정반대의 경향을 지니는 그 밖의 요인도 있다. 이러한 요인의 하나는 성본능의 특수성이다. 즉 성적 자극으로서 작용하는 남녀의 육체적 특성은 불멸적인 것이 아니고, 매력적 특성의 감퇴가 남녀의 결합을 끝내는 경우도 있다. 우리는 야만인의 남편이 늙거나 추하게 되어 버린 자기의 처와 이혼한다는 말을 종종 듣고 있으며, 또한 스위스에서는 처가 남편보다 연장(年長)인 경우에 그 반대의 경우보다도 혼인해소가 훨씬 많다는 사실이 지적되고 있다.

이 밖에도 성욕은 오랜 동안 교접을 함으로써 무뎌지고 새로운 상대에 의하여 촉발된다. 폰 외팅엔(von Oettingen)에 의하면, 유럽에서의 이혼과 재혼의 통계는 변화에 대한 취향이 종종 혼인해소의 중요한 원인으로 된다는 것을 보여 준다. 그리고 이혼이 일상적으로 행해지는 나라에서는 성적 무관심이나 성적 본능의 새로운 충족에 대한 욕구가 혼인해소의 유력한 원인이 된다는 것은 통상적인 경험에서 알 수 있는 일이다.

_ 당사자를 모르면서 하는 혼인

미리 배우자를 알지 못한 채 혼인하는 관습을 많은 나라에서 찾아볼 수 있는데, 이것도 혼인의 안정에 해로운 것임에 틀림없다. 이슬람교도의 이혼이 많은 이유는 무엇보다도 남녀를 격리시키는 사회제도의 필연적인 결과이다. "만일 남자가 한번도 본 적이 없고 어느 모로 보아서도 자기의 마음에 들지 않는 부인으로부터 이혼하여 벗어날 수 있는 방법이 갖춰져 있지 않으면 그는 동양식의 혼인하기 위한 모험적인 제비를 뽑으려고 하지는 않을 것이다." 고대 아테네나 몇몇 단순한 민족에서 이혼이 빈번하게 행해졌던 것도 이와 유사한 원인에 근거하는 것이다.

_ 개성적 욕구와 혼인, 여성의 해방

그러나 아무리 주의하여 배우자를 선택하더라도 혼인은 언제나 모험적인 일이다. 두 사람이 서로 밀접하게 접촉하여 살아야 하고 끊임없이 서로 의존하여야 하는 경우에 만일 그들의 의사가 언제든지 완전히 일치하기만 한다면 그것은 다름이 아닌 기적이라고 해야 할 것이다. 근대문명사회에서는 경제적인 면에서 생활이 한층 풍부해지고 개성의 상위는 보다 강조되어 가고 있어서 그에 따라 불화의 원인도 많아지고 알력도 더욱 심각해지며, 이 결과 혼인유대의 파멸을 빚게 될 가능성이 많아짐은 당연한 일이다. 자기 자신의 개성을 주장하는 것이 권리나 의무라고까지 하는 관념은 현대에 두드러진 특색으로 되어 있다. 브라이스 경(Lord Bryce)은 "각자가 자기가 좋아하는 것을 하고 자기의 취미 · 기호 · 기분을 만족시키며 타인의 의사에 의하여 지배당하지 않는 생활을 영위해 나가려고 하는 욕구—이 욕구는 점차적으로 강화되어 간다. 그리고 신경조직의 감수성을 자극하는 것은 그것이 무엇이든지 간에 기분을 보다 예민하게 만들며 계속적으로 접촉하고 있는 사람들 사이에 알력을 일으키기 쉽다. …… 불법적인 열정보다도 오히려 기분 풀이가 앞으로 혼인관계의 안정성에 가장 위험스러운 적이 된다는 점이 머지않아 증명될 것이다"고 한다. 현대에는 또한 불만의 정신도 팽배해 있으니, '불만의 시대'라고 지칭되어 오고 있는 것은 바로 그것을 뜻하는 것이다. 이혼율(離婚率)과 자살률(自殺率)—이것은 불만의 최고의 표현이다—이 서로 밀접한 관계를 보여 주고 있는 점은 주목할 만한 일이다. 이 두 비율은 모두 천주교도 사이에서보다 신교도 사이에서, 켈트족에서보다 튜튼족에서, 그리고 시골보다 도시에서 훨씬 높다. 또한 두 가지는 급속히 증대되고 있으며 이혼당사자들의 자살의 비율은 비교할 수 없이 높다. 여성해방도 혼인의 불안정성(不安定性)을 증대시키는 데 한 요인을 차지하고 있다. 여성이 자기의 빵을 쉽사리 해결할 수 있는 곳에서 이혼이 자주 행해지게 된다는 것은 너무나도 당연한 일이다. 미국에서는 이혼의 3분의 2 가까이가 처의 청구에 의하여 허용되고 있다.

_ 관습과 법의 영향

이혼수가 관습이나 법으로 정하여진 규칙에 의하여 영향을 받게 됨은 너무나도 자명한 일이다. 다만 법률제한의 효과가 때때로 지나치게 과장되는 경우가 있다. 윌콕스 박사는 "입법에 관한 즉각적이고 직접적이며 측정할 수 있는 영향은 부차적이고 중요하지도 않을 뿐만 아니라 거의 알아차릴 수 없을 정도이다"라고까지 주장한 바 있다. 이 견해를 뒷받침하기 위하여 그는 뉴욕주의 이혼법이 뉴저지주나 펜실베이니아주보다도 엄격함에도 불구하고 뉴욕주의 이혼율은 뉴저지주에서보다는 다소 높고, 펜실베이니아주에서보다는 조금 낮을 뿐이었음을 지적하고 있다. 이것은 뉴욕주에서 간통을 이유로 하는 이혼이 인구에 비례하여 뉴저지주에서의 간통과 유기를 이유로 하는 이혼보다도 더 많았으며, 또한 펜실베이니아주에서의 간통 · 유기 · 학대 및 수감(收監)을 이유로 하는 이혼과 거의 같은 수였음을 의미한다. 이로부터 그는 "원인을 제한하는 것은 그 밖의 원인으로 인한 이혼건수를 증대시키지만 그러한 제한이 실질적으로 이혼의 총수에 영향을 주지는 못한다. 이들 3개 주에서의 기혼자의 일정한 비율의 사람들은 이혼을 하고자 하였으며 이혼판결을 얻기 위하여 필요한 증거를 제출하려고 하였다"는 결론을 이끌어내고 있다. 유럽에서도 이혼율은 법에 따라서 이혼을 할 수 있는 용이성에 비례하지 않는 것이 확실하다. 예를 들면 노르웨이의 법은 매우 자유롭게 이혼할 수 있지만 이혼은 다른 대륙의 여러 나라보다 적다. 그렇지만 나는 윌콕스 박사가 법률적인 장애의 영향력을 다소 낮게 평가한 것이라고 생각한다. 그는 이혼과 이혼 후의 재혼에 대한 제한이 여러 곳에서 각 시대마다 실시된 바 있었지만 아무런 효과도 없는 것으로 판명되었다고 주장하고 있다. 이 주장은 일본에서의 최근의 경험에 의해서도 결코 지지될 수 없는 내용의 표명이다. 왜냐하면 일본에서는 이혼을 이전보다도 훨씬 까다롭게 규정한 신민법전(新民法典)의 채용이 이혼건수를 급격히 현저하게 감소시켰기 때문이다. 물론 그 대부분은 법을 시행하는 방법에 달려 있다고 할 수 있다. 미국에서 이례적으로 이혼율이 높은 것은 미국에서 발달시킨 절차의 이완성(弛緩性) 때문인 것으로 생각된다. 어느 처는 남편이 자기를 '승마(동승외유)'에 데리고 가겠다고 말한 적이 없다고 주장하고, 다른 어떤 처는 남편이 밤 10시 까지 집에 돌아오지 않고 돌아와서는 얘기를 하여 자기가 잠을 이루지 못한다고 주장하기도 한다.

_ 이혼제한사유

법률과 관습규범이 사람들이 행위에 영향을 주는 것은 틀림없는 사실이지만 그 자체도 행위에 의하여 영향을 받으며, 주로 사회에서 습속적(習俗的)인 것으로 되어 있는 행동에서 발생한 것들이다. 그러므로 남녀 사이의 결합을 유지시키거나 해소시키려고 하는 기준도 이혼에 관한 규칙을 확립하는 데서 알아낸 것들이다. 그러나 이와 마찬가지로 작용하는 다른 이유가 있다. 혼인해소(婚姻解消)는 한 사람의 이해관계에 관련된 문제가 아니고, 그렇기 때문에 개인의 의사도 사회의 대중적인 감정에 의하여 저지되는 경우가 있게 된다.

이혼에 대하여 자주 설정되는 제한의 특질은 일반적으로 그 제한을 발생시킨 원인을 밝혀내 준다. 그 제한은 무엇보다도 혼인해소를 바라지 않는 배우자에게 손해를 주는 것을 방지한다는 의도를 가지고 있다. 그러나 특정한 사정 아래에서는 배우자의 이해관계에 관한 이러한 배려는 억지작용을 하지 못하는 수도 있다. 그러한 사정은 곧 배우자가 범죄행위를 범한 경우나 그 밖의 다른 이유 —성교불능, 정신이상 또는 질병—로 말미암아 혼인유대의 존속(存續)이 혼인해소를 바라는 당사자에 대하여 지나친 고통을 입히게 되는 경우이다. 이와 같이 이혼에 관한 규칙은 대부분의 사회구성원이 비난을 받지 않고 행동을 하는 한, 그의 고통에 대하여 동정을 하게 되는 사회적 성향에서 발생한 것이다. 이 성향은 내가 다른 어디에선가 밝히려고 하였던 것과 같이 관습이나 법에 표현되어 있는 도덕규범(道德規範)의 주요한 원천이다. 한편으로 혼인은 권리를 승인하고 의무를 부과하는 계약이지만 다른 한편으로는 혼인은"어느 일방 당사자에게 다른 당사자를 해치는 권한을 부여"하는 것이다. 사회는 당사자 쌍방 또는 일방의 이익을 보호하며 혼인이 실패로 돌아간 것으로 판명된 경우에 대비하여 그 구제방법으로 이혼을 마련하고 있는 것이다. 그런데 사회가 이혼규칙을 정함에 있어서 공평하지 못한 경우가 있을지 모른다. 그러나 이것은 양성 간의 법률적 관계를 일반적으로 특징짓는 권리의 불평등한 하나의 예에 지나지 않는 것이다.

남편이나 처만이 이혼에 의하여 그 이해의 영향을 받게 되는 유일한 사람들은 아니다. 혼인해소를 규제하는 법률에서는 자녀의 복리(福利)도 고려해 온 사항이다. 자녀의 장래를 보호하는 규정이 있을 뿐만 아니라 우리가 이미 앞에서 살펴본 바와 같이 어느 경우에는 자녀의 출생이 혼인을 해소할 수 없게 만들기도 한다. 우리 사회에서는 현행의 이혼법이 짜여져 오기까지 아무리 자녀들이 고려되지 않았더라도 자녀의 이익은 현행법의 개정에 반대하는 사람들조차도 일반적으로 요구해 온 사항이다.

_ 이혼규칙에 관한 종교의 영향, 협의이혼에 대한 반대

많은 경우에 이혼의 규칙은 종교에 의하여 크게 영향을 받아 왔다. 일본과 고대 그리스와 같은 몇몇 국가에서의 이러한 영향은 일정한 사정과 특히 처가 임신을 하지 못하는 경우와 결부되어 이혼을 하는 데 사유를 마련해 주는 것으로 되어 왔다. 다른 한편 그 밖의 경우에 종교는 어떠한 경우나 이혼에 대한 장애로서 작용하였다. 비록 샤마이학파(school of Shammai)와 마찬가지로 예수가 단지 간음(姦淫) 이외의 이유로써 남편이 처를 내쫓거나 부인이 남편을 저버리는 것을 금지하였을 뿐이었는데, 기독교사회는 유효한 혼인은 결코 해소하지 못하며, 처의 간통의 경우에도 남편은 다른 처를 얻을 수 없다는 교의(教義)를 확립시켰다. 이러한 아주 엄격한 입법이 교회의 금욕적 성향(禁慾的 性向)에서 비롯하는 것이라는 점은 의심할 나위도 없으며, 이러한 경향은 교

회로 하여금 불행한 혼인으로 발생하는 현실에 무감각하게 만들기도 하였던 것이다. 교회는 기독교도로서의 입법자의 마음에 이러한 교회의 관점을 명심시키는 데 전적으로 성공을 거두었기 때문에 오늘날 민사혼(民事婚)을 채용하고 있는 많은 천주교국가에서까지도 아무런 사정에서나 이혼을 허용하는 것은 완강하게 금지하고 있는 것이다. 혼인불해소(婚姻不解消)의 원칙이 이미 오래전에 무너져 버리고 그리스도(Christ)의 명시적인 금령까지도 지켜지지 않고 있는 다른 나라에서는 교회의 융통성 없는 태도가 가장 필요한 개혁을 위한 장애가 되는 감정을 그대로 남겨 두고 있다. 입법자들은 아직까지도 이혼을 하게 되면 그 당사자는 배우자 일방의 사망이나 커다란 재난이나 범죄행위나 비도덕적인 행위를 범함으로써 필연적으로 비참한 종말로 끝난다는 관념에 사로잡혀 있다. 새로운 필요에 따른 이유가 옛날의 제한에 대체되고, 새로운 술이 예전의 술병에 부어지고 있다(new wine is poured into the old bottles). 합의(合意)에 의하여 체결된 계약(契約)이라면 그것은 합의에 의하여 해소될 수 있어야 하는 것으로 생각된다. 그러나 혼인은 통상적인 계약으로 취급할 수 없으며, 그 해소는 매우 중대한 사유가 있는 경우에만 허용되어야 한다고 주장되고 있다. 자녀의 정신적 복리를 위하여도 부모의 이혼만큼 해로운 것이 없다고 한다. 이것은 틀림없는 진실이지만, 이것이 이혼을 반대하는 합리적인 논거는 전혀 될 수 없다. 자녀가 없는 혼인의 경우에는 자녀의 이익은 분명히 문제되지 않으며, 또한 자녀가 있는 경우에도 서로 화합하지 못하고 어떠한 이유로든지 가정을 파괴하려고 하는 부모와 함께 사는 것보다는 어느 한 부모와 평화롭게 함께 사는 것이 자녀를 위하여도 나쁜 것이 아니라 훨씬 좋다고 생각해야 할 이유가 얼마든지 있다. 더구나 자녀의 복리에 대한 배려가 협의이혼의 금지에 관한 진정한 이유라고 한다면, 협의에 의한 별거를 허용하고 있는 그렇게 많은 나라에서 협의이혼(協議離婚)이 금지되고 있는 것은 무슨 까닭에서일까? 우리들은 협의이혼이 몇몇 근대적 법전(近代的 法典)에서 채용되고 있음을 보았다. 그리고 협의이혼을 허용함으로써 어떠한 해악이 발생하고 있다는 것은 아직 알려지지 않고 있다. 그러한 이혼이 법에 의하여 허용되고 있지 않은 곳에서도 사실상 이혼은 어렵지 않게 행해지고 있다. 그리고 어느 입법자는 아직도 배우자의 어느 일방의 범죄나 비도덕적 행위가 배우자 쌍방의 협의에 비하여 혼인해소를 위한 보다 적절한 사유나 구실이라고 주장하고 있는데, 이것은 잘못된 주장이다.

_ 이혼은 혼인의 적이 아니다

이혼은 혼인의 적(敵)이고, 만일 이혼을 용이하게 할 수 있게 된다면 가족제도 자체를 파괴할 것이라는 관념이 널리 유포되어 있다. 나는 이러한 견해에 동조할 수 없다. 나는 이혼을 불행에 대한 필요한 구제수단(救濟手段)으로 보며, 또한 혼인의 영예로움을 더럽히는 결합을 종결시킴으로써 혼인의 위엄(威嚴)을 보전시키는 수단으로 본다. 혼인의 존재는 법에 의거하는 것이 아니다. 만일 본서의 주제가 올바르다면, 즉 만일 혼인이 인위적인 창조물이 아니라 심원한 부부감정(夫婦感情) 및 부모정감(父母情感)에 기초를 두고 있는 제도라고 한다면, 이러한 감정이 존속하는 한 혼인도 존속할 것이다. 그리고 이러한 감정이 완전히 소멸되어 버리면 세계의 어떠한 법도 혼인을 파멸로부터 구제해 내지 못할 것이다.

찾아보기

人類婚姻史

ㄴ

ㄷ

ㄹ

ㅁ

ㅂ

ㅅ

ㅇ

ㅈ

ㅌ

ㅍ

ㅎ

〈저자 약력〉

E. A. 웨스터마크(Edward Alexander Westermarck, 1862.11.20.~1939.9.3.)

1862년 핀란드의 수도 헬싱키에서 출생한 웨스터마크는 영국의 런던, 핀란드 및 모로코를 왕래하면서 수많은 문헌, 철저한 현지답사 그리고 다수인의 보고자료를 근거로 삼아 보기 드문 연구활동을 펼쳤다. 그리하여 약관 29세에 불후의 명작 인류혼인사(人類婚姻史; The History of Human Marriage) 제1판을 펴내 진화주의적 인류학자의 일원이 되었으며, 이후 헬싱키대학의 사회학교수(1890~1906), 아보아카데미의 도덕철학교수(1906~1918), 철학교수(1918~1930), 런던대학의 사회학교수(1907~1930)로 재직하면서 많은 논문을 쓰고 귀중한 저서를 남겼다. 그가 원시난교·집단혼(原始亂交·集團婚)의 논쟁에서 그 실질적 보급의 한계성을 지적하고 혼인에서의 "생물학적 조건"을 근거로 원시일부일처제(原始一夫一妻制)를 주창한 것은 남다른 예지적 연구의 공적이라고 할 수 있다.

〈저서 및 논문〉

The History of Human Marriage, MacMillan, London. (1891)

The Origin and Development of Moral Ideas. 2 Vol, MacMillan, London. (1906)

Marriages Ceremonies in Morocco, London. (1914)

The Belief in Spirits in Morocco, in Acta academiae Aboensis, in Humaniora, Ⅰ, Helsingfors. (1920)

Ritual and Belief in Morocco. 2 vols, London. (1926)

Ethical Relativity, New York. (1932)

〈역자 약력〉

정동호(鄭東鎬)

고려대학교 법과대학 법학과 졸업, 동 대학원(법학석사, 법학박사)
법제처 법제조사위원회 전문위원 역임
강원대학교 법과대학 부교수 역임
현재 한양대학교 법학전문대학원 교수

〈역서〉
고대사회, 현암사, 1978.
비교법과 사회이론, 고려대출판부, 1983.
법과 사회변동, 나남, 1986.
재산의 기원과 촌락공동체의 형성, 세창출판사, 2007.
원시사회, 세창출판사, 2008.
고대법, 세창출판사, 2009.
사법제도의 사회적 기능, 세창출판사, 2011.

신영호(申榮鎬)

고려대학교 법과대학 법학과 졸업, 동 대학원(법학석사, 법학박사)
동아대학교 법과대학 전임강사, 조교수, 단국대학교 법과대학 조교수, 부교수, 교수 역임
현재 고려대학교 법학전문대학원 교수
현재 고려대학교 법학전문대학원 원장

〈저역서〉
법과 사회변동, 나남, 1986.
공동상속론, 나남, 1987.
북한법입문, 세창출판사, 1998.
조선전기상속법제, 세창출판사, 2002.
가족관계등록법, 세창출판사, 2009.
러시아민법전, 세창출판사, 2010.
사법제도의 사회적 기능, 세창출판사, 2011.
로스쿨 가족법강의(제2판), 세창출판사, 2013.

인류혼인사 A Short History of Marriage

2013년 10월 10일 초판 인쇄
2013년 10월 15일 초판 발행

저 자 Edward Westermarck
역 자 鄭東鎬 · 申榮鎬
발행인 이 방 원
발행처 세창출판사
서울 서대문구 경기대로 88 (냉천빌딩 4층)
전화 723-8660 팩스 720-4579
e - mail: sc1992@empal.com
http://www.sechangpub.co.kr
신고번호 제300-1990-63호

정가 27,000 원

ISBN 978-89-8411-430-2 93330